二十世纪重要经济学家货币金融思想
（增订版）

欧阳卫民　欧阳裕德　主编

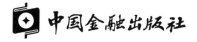

中国金融出版社

责任编辑：黄海清
责任校对：李俊英
责任印制：丁淮宾

图书在版编目（CIP）数据

二十世纪重要经济学家货币金融思想（Ershi Shiji Zhongyao Jingji Xuejia Huobi Jinrong Sixiang）/欧阳卫民，欧阳裕德主编 . —增订版 . —北京：中国金融出版社，2017. 10

ISBN 978 - 7 - 5049 - 9175 - 1

Ⅰ. ①二…　Ⅱ. ①欧…②欧…　Ⅲ. ①货币史—经济思想史—世界—20 世纪　Ⅳ. ①F821.9

中国版本图书馆 CIP 数据核字（2017）第 222148 号

出版
发行　　中国金融出版社

社址　北京市丰台区益泽路 2 号
市场开发部　（010）63266347，63805472，63439533（传真）
网 上 书 店　http://www.chinafph.com
　　　　　　　（010）63286832，63365686（传真）
读者服务部　（010）66070833，62568380
邮编　100071
经销　新华书店
印刷　北京市松源印刷有限公司
尺寸　169 毫米 ×239 毫米
印张　28.25
字数　427 千
版次　2017 年 10 月第 1 版
印次　2017 年 10 月第 1 次印刷
定价　78.00 元
ISBN 978 - 7 - 5049 - 9175 - 1
如出现印装错误本社负责调换　联系电话（010）63263947

出版说明

一、2009 年，中国金融出版社出版了我主编的《二十世纪重要经济学家货币金融思想》，书中包括四位经济学家，即凯恩斯、熊彼特、哈耶克、弗里德曼；本次出版的《二十世纪重要经济学家货币金融思想》（增订版），相当于上次版本的增订本，既保留了上次四位经济学家，又新增了缪尔达尔、蒙代尔、麦金农、古德哈特四位经济学家；既保留了原"序""后记"，又新增了"出版说明"。

二、新增的四位经济学家的货币金融思想，由我在中国科学院指导的学生赵明、王东、杜国辉、何天心分别撰写，风格不变，我和欧阳裕德共同撰写了书中"批注"并完成了统稿工作，全书由我和欧阳裕德担任主编。

三、新增四位经济学家的货币金融思想同前面四位经济学家一样深刻，一样具有现实意义。作为瑞典学派的代表缪尔达尔，继承和发展了维克塞尔的理论，他的一般动态均衡理论，以及把预期的概念引进货币系统分析很有价值；蒙代尔，作为欧元之父，他的最优货币区域思想，不仅对欧洲货币统一起到了指导、促进作用，而且对其他经济区域货币合作、改革不乏借鉴意义；麦金农的金融发展理论特别是金融抑制和金融深化理论对中国等转轨国家的金融改革富有启迪；古德哈特认为，一项经济指标，不应该成为政策制定者制定政策的依据，否则，会强化这项指标，使该指标失去它代表的价值和信息内涵。

四、我们的研究还将继续下去，下次再版一定会有更多的重要经济学家被列入。书中不妥之处，敬请读者批评、指正！

欧阳卫民

2017 年 7 月 24 日于广州

序

研究是行政的基础，历史是最好的导师。

二十世纪已经过去，但是，世界大战、大萧条、马歇尔计划、布雷顿森林会议、失业、通货膨胀……并没有从我们的记忆、文字和影像中消逝。同样，许多人离我们而去，他们的思想却根植于我们的灵魂深处。当萧条来临并蔓延时，我们会自觉或不自觉地想起凯恩斯；而当政府干预过度，出现滞胀时，我们又会对哈耶克、弗里德曼表示深深的敬意；当我们裹足不前，平淡无奇时，我们会意识到熊彼特创新理论的必要性和重要性。

是的，历史是"在另一个时代发现的一个时代的值得记录的东西"（J. Burckhardt）。二十世纪货币金融思想极其丰富，我们相信，重要经济学家留下的宝贵精神财富是值得记录的。

孔子说："温故而知新。"卡尔先生说："我们只有根据现在，才能理解过去；我们也只有借助于过去，才能理解现在。使人能够理解过去的社会，使人能够增加把握当今社会的力量；便是历史的双重功能。"[1] 我希望，摆在我们面前的这本书——《二十世纪重要经济学家货币金融思想》能发挥"历史的双重功能"，对读者特别是金融研究和从业人员有所帮助。

欧阳卫民

2009 年 9 月 16 日

---

[1] E. H. 卡尔：《历史是什么?》，146 页，北京，商务印书馆，2007。

目　录

第三编　缪尔达尔的货币思想

第四编　哈耶克的"货币非国家化"理论与实践

第五编　弗里德曼的货币理论

第六编　蒙代尔的最优货币区理论

第七编 麦金农的"金融抑制"思想与国际实践

第八编　古德哈特的货币政策理论

第一编

凯恩斯的货币理论

KAIENSI DE HUOBI LILUN

John Maynard Keynes（1883—1946）

凯恩斯生平简介

　　《泰晤士报》在凯恩斯去世时发表的讣告这样描述他："如果要找到一位同他的影响同样大的经济学家，我们就不得不追溯到亚当·斯密（Smith，A.）。"

　　约翰·梅纳德·凯恩斯（John Maynard Keynes），20世纪最伟大的经济学家之一。凯恩斯以1936年出版的《就业、利息和货币通论》闻名于世，之后他和他的追随者不断修正、补充、完善和发展他的理论，形成了一个影响深远的经济理论学派——凯恩斯主义。他们所倡导的总量分析、政府干预的经济思想已普遍为经济学界广泛接受，也成为当前各国制定政策的理论依据。

凯恩斯 1883 年 6 月 5 日出生于英国一个大学教授的家庭。其父约翰·内维尔·凯恩斯（Keynes，J. N.）曾在剑桥大学任哲学和政治经济学讲师，母亲弗洛朗斯阿达·布朗（Brown，F.）是一位成功的作家和社会改革先驱。

凯恩斯 11 岁时（1894 年）以全班第一的优异成绩从圣菲斯学院的预科班（St Faith's preparatory school）毕业，并获得数学奖。一年后，他考取伊顿公学（Eton），于 1899 年和 1900 年连续两次获数学大奖；最后他以数学、历史和英语三项第一的成绩毕业。1902—1905 年凯恩斯就读于英国剑桥大学皇家学院（King's College，Cambridge），并获得数学学士学位。

1906 年凯恩斯在外交部的印度办公室工作；1908 年回母校剑桥大学皇家学院任经济学讲师。1909 年创立政治经济学俱乐部，并因其最初著作《指数编制方法》而获"亚当·斯密奖"。

1914 年，凯恩斯作为货币问题专家赴财政部任职。1929—1933 年，他主持英国财政经济顾问委员会工作。1942 年，凯恩斯被晋封为男爵（Baron Keynes）。1944 年，他出席布雷顿森林联合国货币金融会议，并担任了国际货币基金组织（International Monetary Fund，IMF）和国际复兴开发银行（即后来的世界银行，World Bank）的董事。

1946 年凯恩斯猝死于心脏病，享年 63 岁。

凯恩斯是个奇妙的"多面手"，哈耶克（Hayek，F. A. V.）评价凯恩斯道："他能够同时做无数的事情：教经济学，组织芭蕾演出，搞金融投机，收藏绘画，开办信托投资公司，为剑桥学院筹集资金，还是一家保险公司的董事，实际经营着剑桥艺术剧院，亲临剧院关心旅馆提供的食物和酒水这样的细节问题。"还有最重要的哈耶克没有说出来，凯恩斯几度左右英国国家和社会治理的政策制定。我们可以说，凯恩斯在他 63 年的人生中成功扮演了经济学家、政策建议者和投资家多种角色，的确称得上丰富多彩。

凯恩斯首先是一位经济学家，他是马歇尔（Marshall，A.）的得意弟子，却反叛了新古典经济学（Neoclassical Economics）的传统，开创了一门新的经济学分支——宏观经济学。凯恩斯主张总量分析的方法，从总收入、就业、物价总水平的宏观视角分析经济现象，而不是继续局限在新古典经济学家讨论的以价格和完全竞争为核心的一般均衡体系。凯恩斯进行理论创造的动机在于原有的经济理论无法很好地解释正在发生的经济事件。凯恩斯一生经历了两次世界大战和一次世界性经济危机，在动荡的国际经济形势下，他得以成名的作品——包括建立其货币经济学家地位的《货币论》（*A Treatise on Money*，1930），奠定其经济学泰斗地位的《就业、利息和货币通论》（*The General Theory of Employment, Interest and Money*，1936）——几乎都是关注现实问题的成果。凯恩斯的理论也并非一成不变，解释力和说服力是他对理论的首要要求，他经常重新改写自己的理论以便击垮那些"实际政策制定者"心中过时的经济"模式"。

凯恩斯不仅仅是一位理论经济学家，他还是一位重要的政策建议者。凯恩斯认为，经济发展只有在当它能够使人们在道德上得到改善时，才算是正当的事情。是凯恩斯实现了从自由放任主义模式向新的国家和社会治理政策模式的转变，也正是那些接受凯恩斯思想的哈佛大学活跃的年轻人，挽救了当时岌岌可危的"罗斯福新政"。到了 20 世纪 30 年代末，凯恩斯革命已经完全处于攻势，人们也渐渐地意识到这个世界也许正是凯恩斯描绘的那个世界。

其实在《就业、利息和货币通论》面世以前，凯恩斯已经在英国财政部甚至白厅（英国政府机关所在地，人们常用白厅指代英国公共服务部门）有着积极的影响；在巴黎和会上，他便是以英国财政部首席代表身份出席的。第二次世界大战前凯恩斯在政府的召唤下重返财政部，成为英国战时经济政策的主要制定人。时至今日，凯恩斯的"遗产"仍然在造福人类，他的经济理论和政策建议仍对当今政府的宏观调控具有指导意义；他参与建立的国际货币基金组织、国际复兴开发银行和关贸总协定（WTO 的前身）等机构，在今天的世界经济体系中仍起着举足轻重的作用。

GDP 只有给大多数人带来幸福和愉悦时，才真正有意义。

第一章　凯恩斯货币
思想的发展

微观可以
持家，宏观才
能治国。

从经济研究方法的沿革来看，凯恩斯开创了以"收入"为中心的宏观经济分析方法（即总量分析方法）：以国民收入、总产出、消费和投资、总就业、物价、工资水平等国民经济总量的变动以及它们之间的相互关系作为考查的对象。正如萨缪尔森（Samuelson，P. A.）评价说，"宏观经济学是他的创造"。

货币理论是凯恩斯宏观经济理论的重要组成部分。凯恩斯自己也认为，是他把传统的货币理论推回到总产量理论。凯恩斯的货币理论经历了一个从传统的货币数量论，到将这一理论系统化和动态化，最后到对这一理论进行"革命性"变革的过程。这就是由凯恩斯的《货币改革论》（*A Tract on Monetary Reform*，1923）、《货币论》和《就业、利息和货币通论》所组成的凯恩斯货币思想发展的三部曲（Patinkin，1976）。

第一节　《货币改革论》

凯恩斯师从剑桥学派的代表人物马歇尔，他早年的货币思想仍属于研究决定物价水平的传统货币数量论，这在他1923年出版的《货币改革论》中得以体现。这时他的货币理论完全是从古典货币理论演绎而来，以传统的剑桥货币数量方程式为基础。

1920年，英国爆发了经济危机，随后处于慢性萧条的窘境。经济灾难刺激了凯恩斯的写作，1923年，凯恩斯出版《货币改革论》，发表他关于如何摆脱这种经济困境的对策。

《货币改革论》共分五章："货币价值变动对社会的诸种后果""公共财政与货币价值的变动""货币理论和交换""货币政策的诸种选择目标""对今后货币调节的建设性意见"。凯恩斯在第一章、第二章分别论述了货币购买力不稳定产生的不良后果，特别是这种不稳定在公共财政危机中所扮演的角色；第三章论述了货币理论中的一些基本问题；第四章、第五章则是对前三章的引申和发挥。其中第三章货币理论和交换是全书的重点。

一、实际余额数量方程

"在整个 20 年代，凯恩斯都一直坚持价格稳定，其所拟议的政策措施则是以货币数量学说或与其密切相关的学说为基础。"（克莱因，1980，第 13 页）也就是说，凯恩斯早期是以剑桥学派的货币数量论为理论基础的。

剑桥学派用以表述货币数量论的方程式通常称为"现金余额方程式"，其代表人物庇古（Pigou，A. C.）在他的《货币的价值》（*The Value of Money*，1917）中提出以下方程式

$$P = \frac{KY}{M} \qquad \text{（公式 1.1）}$$

P——以小麦表示的货币单位的价值或价格（即货币的购买力）

Y——每年全社会以小麦表示的总资源（即实际的国民收入）

K——总资源（国民收入）中人们愿意以货币形式持有的比例

M——货币单位的数量

KY——人们愿意以货币形式持有的总资源的数量（即真实货币需求）

考虑到人们持有在手中的货币不会全部是现金的形式，其中还有一部分是活期存款的形式，庇古将上式扩展为

$$P = \frac{KY}{M}[c + r(1 - c)] \qquad \text{（公式 1.2）}$$

c——现金占实际货币量的比例

r——存款准备金率

$1 - c$——银行存款占实际货币量的比例

$KY[c + r(1 - c)]$——现金与存款准备金之和，即基础货币量

那时的凯恩斯虽然属于剑桥学派，但他并不完全同意庇古的上述观点。他认为庇古以某种消费品（小麦）的数量来表现货币的价值（即一个货币单位相当于多少小麦），实际上回避了物价问题。一个人持有的实际余额数量应该同他的实际交易数量相适应。因此，他用消费单位（the consumption units）代替了庇古的小麦。在《货币改革论》中，他提出自己的货币数量公式

$$n = pk \qquad\qquad\text{（公式 1.3）}$$

考虑到银行存款，上述方程变为

$$n = p\ (k + r \cdot k') \qquad\qquad\text{（公式 1.4）}$$

n——货币总量

p——一个消费单位的价格

k——现金形式的消费单位数量

k'——银行存款形式的消费单位数量

r——银行利率

凯恩斯通过引入消费单位的概念，直接面对了经济生活中的物价问题。人们所持有的货币总量取决于每个消费单位价格与以货币形式存在的消费单位的数量之积。

凯恩斯的货币数量公式突出了货币数量调节的政策含义。他认为，如果 k、k' 和 r 不变，那么 n 与 p 成正比例变动。但是，n 和 r 直接受货币当局的控制。k 和 k' 随公众的消费和储蓄的心理而变动，也随经济周期而变动，唯一的因变量就是价格 p。因此，货币当局可以运用利息率影响 k 和 k'；还可以直接调节 n 和 r，以影响 k 和 k'，从而影响价格 p，获得价格的稳定（Keynes，1923，pp. 85 – 87）。但是，凯恩斯同时也指出，在货币数量变动过程中，如果这种变动被预期到，k、k' 和 r 的值就会发生变化；结果是，价格的变化至少在短时期内，或许在长时期内（因为习惯和惯例一旦改变就不大可能完全恢复到它们的原始状态），都不会恰好等比例于货币数量的改变。

二、出现"经济干预"观点的萌芽

在《货币改革论》中，凯恩斯把货币数量的增加和减少定义为通货膨

消费单位是一个纯粹的抽象概念，所以最适货币量事实上难以得出。

理论基础仍然是货币数量说。而物价上涨、货币贬值几乎是一条历史规律。

胀和通货紧缩，而把银行存款准备率 r 的增加和减少定义为信用紧缩和信用膨胀。

凯恩斯认为经济周期（即繁荣和萧条的交替）的特点包括这样一种趋向：不论货币数量 n 和银行准备金率 r 的变动如何，在繁荣时，k 和 k'（货币形式的消费单位）减少，人们倾向于更多地持有非货币资产；而在萧条时，k 和 k' 增加，人们倾向于更多地持有货币资产。凯恩斯由此得到的结论是：信用——经济周期的特征不是货币量（n）和银行利率（r）的变动，而是货币形式的消费单位（k 和 k'）的变动，k 和 k' 的变动对物价产生决定性影响。反过来说，在其他条件不变的情况下，价格变动成为生产水平波动的原因，经济周期是"金元的舞蹈"，即要稳定生产水平，必须稳定价格水平，而价格水平的稳定和减少经济周期的波动，首先必须使 k 和 k' 稳定下来。凯恩斯指出，以前的货币政策的旧模式一直把重点放在保持 n 和 r 的稳定上，其实，当 k 和 k' 不稳定时，如果 n 和 r 稳定的话，也会导致价格的不稳定。所以，当 k 和 k' 出现变动时，人为地增加或减少 n 和 r 则可抑制价格的周期性波动。据此，凯恩斯指出，国家金融机构应该调节经济：在 k 和 k' 增加时，降低银行利率（r）就可以维持原有经济的均衡状态。一旦利率降低，流通中的货币数量增加，货币的贬值也会冲销 k 的增长；在 k 和 k' 有下降的趋势时，则可提高利率，如果利率政策不能奏效，则可减少货币总量 n，以便抵消 k 和 k' 的变动。这样，国家金融机构通过调节利率 r 和货币总量 n 使价格水平、产量水平保持稳定。

从这里可以看出，尽管凯恩斯仍以货币数量论为理论基础，但他对自由放任的信念已经开始动摇，已经觉察到仅凭市场机制自动调节难以保持产量水平的稳定和经济的平衡，非辅之以货币金融力量的干预不可。这是"经济干预"观点的萌芽，后来在《货币论》中继续发展，到《就业、利息和货币通论》中就正式否定了自由放任的传统货币数量论，确立了政府干预论的立场。

三、通货膨胀政策和废除金本位的主张

凯恩斯在《货币改革论》中考察了当时争论十分激烈的两个问题：（1）通货膨胀还是通货紧缩；（2）金本位还是管理本位。

通货与信用是有区别的。

利率、通货数量、价格对实体经济影响巨大且深远，所以货币政策委员会应该包括实业界人士。

关于第一个问题，凯恩斯和其他经济学家一样赞成物价稳定，但是，如果经济失调需要价格控制来调整，那就不得不在两者之间进行选择。凯恩斯认为，无论是价格上涨还是下跌都有不利之处。他细致地分析了这两种现象对社会各阶级、阶层之间引起财富重新分配的影响。通货膨胀造成对某些个人和阶层的不公平，特别是投资者，同时也不利于储蓄；通货紧缩则造成劳动者和企业家的贫困，因为它使得企业家为避免损失而削减生产从而引起大量失业。但比较起来，通货紧缩是更糟糕的情形。凯恩斯还认为，通货膨胀是以食利阶级（经济上不活动的阶级）为牺牲的，但它却给企业带来意外的利益，从而提高潜在投资者的预期，这对促进高水平的收入与就业是一种必要的刺激；而通货紧缩会使财富从"活动的阶级"（从事生产活动的阶级）转到食利阶级，这对投资和企业是一种障碍。因此，凯恩斯明确指出："在一个变得贫困的世界里，引起失业比使食利阶级失望更要坏一些。"（Keynes，1923，pp. 44 - 45）这就是他为什么偏好温和的通货膨胀而坚决反对通货紧缩的理由。

关于第二个问题，凯恩斯坚决反对恢复金本位制度，尤其反对把英镑汇率抬高到战前平价。当时英国朝野人士正在企图恢复金本位制，他在《货币改革论》最后的65页严厉斥责这种货币制度为"古老而受尊敬的偶像"。他认为，这种制度不仅不能保持英镑、黄金与固定不定的国内价格之间的稳定关系，并且还会造成英国的货币制度受制于美国的局面。他警告说，在当前的世界黄金分布情况下，恢复金本位制度必然使英国把调节价格和信用周期的职能让给美国的联邦储备局。他主张，英国应把它的币值确定在当时战后的汇率上，而不是通过紧缩将英镑恢复到战前平价。他说，价格、信用和就业是最重要的，而老式的金本位制度已不能再给英国带来它曾经带来的那种稳定了。他的结论是：国家金融机构公开操纵货币系统，实行"管理的"纸币制度比恢复金本位制度好得多。

虽然，《货币改革论》远不是一本体系完整的理论著作，更多的是凯恩斯在传统货币数量论的基础上对当时经济生活中的问题提出的解决之道，还没有考察到货币作为价值贮藏手段的功能，也还没有正式的关于储蓄和投资问题以及它们对生产、就业水平影响的深入研究，尽管在其序言

货币是经济活动追逐的目标。温和通胀有利于刺激经济，有利于政府财政。

谁控制黄金，谁就控制金本位。当财富增长速度超过黄金增长速度，金本位就会动摇，或者当纸币含金量明显下降，金本位就会放弃。

中凯恩斯开始意识到这一问题。但不可否认，这本著作毕竟是凯恩斯货币思想系统化的一个先导。

第二节　《货币论》

随着英国 20 世纪 20 年代慢性萧条的旷日持久、不断深化，凯恩斯逐渐意识到在《货币改革论》中提出的理论不再合乎时势的要求。他认为在《货币改革论》中作为理论基础的传统货币数量论及由此引申出来的货币调节政策所包罗的因素太笼统、太简单，忽略了应该考虑的一些复杂因素，对日益严重的慢性萧条痼疾解释得不够深透，必须进行修正。于是，《货币改革论》出版不久，凯恩斯就着手撰写新著，1930 年，凯恩斯发表了他的两卷本著作《货币论》。

这本书是 20 世纪 20 年代许多重大经济、货币理论问题的总结。该书第一卷为《纯粹货币理论》，第二卷为《实用货币理论》；全书分七编三十八章。与《货币改革论》迥然不同，该书的结构和内容非常正式和严谨，是为专业读者而写，主要是论述货币理论的，而不仅仅涉及货币政策。凯恩斯在书中按正式严格的学术著作的程式来展开其货币理论，并详细论述了问题的静态方面和动态方面。他首先定义货币的性质，描述它的历史起源，论述它的价值以及货币价值基本方程式（第一、第二、第三编），接着提出物价水平的动态观（第四编），然后集中论述了影响银行货币总量的各种因素，以及影响投资变动的原因（第五、第六编），最后，凯恩斯在其理论的基础上，系统陈述了他所主张的国内和国外的货币政策（第七编）。

综观《货币论》，其核心内容是将《货币改革论》中的传统货币数量论加以修订，增加一些被忽略的因素，扩展成为"货币价值基本方程式"，并以此为理论基础，论证物价水平稳定和经济均衡的条件。其全部目的在于，考察如何维持物价水平的稳定和经济的均衡，如何维持投资和储蓄之间的相等，如何促使市场利率（实际通行的利率）与自然利率（使储蓄与

"均衡"是经济学家和经济政策制定者必须遵循的原则。均衡意味着经济的健康发展。

投资相等的利率)① 相一致。《货币论》中提出的具体建议是实行银行体系的货币金融管理，操纵并调节利率去影响投资，使投资与储蓄相等，并保持稳定，从而达到物价稳定与经济均衡的战略目标。凯恩斯在书中"关心的只是严格地限于一般物价水平"（琼·罗宾逊，1979，第19页）。可以这么说，《货币论》是物价决定理论，以物价稳定为核心，对影响物价波动的各种因素进行理论上和政策上的探索和分析。

一、货币价值基本方程式

凯恩斯在《货币论》中的"货币价值基本方程式"是他在《货币改革论》中货币数量论的一种扩展和修正。在《货币论》中，凯恩斯抛弃了以前从货币总量出发的传统分析方法，而以社会的报酬或货币收入流量为分析的出发点进行重新表述。

首先，凯恩斯将原来在传统货币数量论中忽略了的因素加以增补和分析，将原有的货币数量方程式在内容上和形式上扩大化、复杂化。具体来看：（1）将原来笼统的货币总量进行明细分类；（2）将原来单一的银行存款分解为收入存款、企业存款和储蓄存款；（3）将原来笼统的产品总量分解为消费品和投资品；（4）相应地，将支出分解为消费支出和投资支出；（5）将原来统一的物价水平分解为消费品价格和投资品价格；（6）将原来属于利润的部分分解为企业家的正常收入和"意外利润"，将原来单一的利率分解为自然利率和市场利率；（7）将只在《货币改革论》的序言中提到的"储蓄—投资"的关系问题，在《货币论》中就储蓄和投资两者的均衡与矛盾问题详加阐述。

其次，凯恩斯在《货币论》中规划了经济均衡的三个条件（即"利润"为零，投资＝储蓄，市场利率＝自然利率），并将这三个均衡条件的各种有关因素加以编排，组成独特的"货币价值基本方程式"。

1. 均衡条件一："利润"为零

凯恩斯承袭了马歇尔的生产四要素说（马歇尔，2005，第 35 ~ 36

> 经济生活远比经济学复杂。这就是经济学的魅力所在。

---

① "市场利率"和"自然利率"这两个概念，以及这两种利率相等导致经济均衡，背离导致经济波动等观点均是凯恩斯借用维克塞尔的理论。

页），把收入分为四类：工资、地租、利息和企业家报酬。值得注意的是，它把利润这个范畴区分为"企业家的正常报酬"和"利润"两部分。把"企业家的正常报酬"当作生产成本和收入的一部分，而把"利润"算为"意外利润"，不算入生产成本，也不是社会收入的一部分。

所谓"企业家的正常报酬"，是企业家获得符合当时通常的报酬率的收入，该报酬使企业只维持原有的生产规模。如果获得的实际利润超过正常收入，即利润大于零，企业家就扩大生产规模；反之则缩小生产规模。企业家获取"利润"并不是必然的，而是意外的，因而称为"意外利润"。

凯恩斯认为，"利润"是当时经济制度下经济波动的主要原因。大于零的"意外利润"将引起一种促进就业率和经济扩张的倾向；而小于零的"意外利润"会引起一种降低就业率和经济收缩的倾向；若"意外利润"为零，即产品的价格等于其生产成本，则经济将处于静止的均衡状态，既不扩张，也不收缩。因此，他提出的第一个均衡条件就是经济的发展会消除"意外利润"，使"意外利润"为零。

2. 均衡条件二：投资＝储蓄

在凯恩斯主要货币理论著作"三部曲"中，关于储蓄和投资二者之间的关系问题，观点不断发展。他在《货币改革论》中没有正式涉及这个问题，仍相信"储蓄全部自动转化为投资"的古典经济学观点。但到在为行将出版的《货币改革论》写"序言"时，他开始意识到储蓄和投资两者未必相等的可能，对于这方面的思索初露端倪。

随着英国经济萧条的蔓延持久，凯恩斯在《货币论》中把储蓄和投资两者之间的分离与矛盾看成是英国当时经济萧条的病根。按照他的定义，储蓄是"个人的货币收入与他对本期消费的货币支出之间的总差额"，也就是收入减去消费；投资是"社会的资本在一个时期内的净增加额"（凯恩斯，1986，第105页），可以理解为资本的净增量。从行为者角度来说，储蓄是一群人的积累，而投资是另一群人的行为，因此，没有任何一种自身机制能够使得一群人的储蓄必然等于另一群人所从事的自愿性投资。如果从逻辑上分析的话，"意外利润"不是收入的组成部分，储蓄自然也就不包含"意外利润"，而投资是资本的净增量，即储蓄和"意外利润"的总和，所以在"意外利润"不为零的情况下，储蓄和投资不会相等（如图1.1所示）。

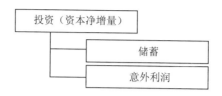

图1.1　投资、储蓄和意外利润的关系

凯恩斯分析到，当储蓄超过投资时，就像单独的一个人不肯把得来的全部收入消费出去一样。这个人如何使用其余额不重要，问题在于由于他的储蓄使市场上少了一位消费品的购买者，从而使价格下跌，这会使社会其他人的货币收入的购买力增加。但如果其他人也减少他们的消费来增加储蓄，那么储蓄者按其所储蓄的份额变得更富有了，但消费品的生产者则只得将其产出按较低的价格来出售。在这种情况下，储蓄并没有增加财富总量，而仅发生了一次双重的转移：先由储蓄者的储蓄行为通过提高货币购买力将消费品转移到全体消费者中去，接着财富从全体生产者转移到储蓄者手中，在这一过程中，总消费量和总财富均无变动，因此，储蓄是"无用的"（凯恩斯，1986，第128～130页），财富并没有通过储蓄的增加而增加。当投资超过储蓄时，消费者的支出将超过生产者的生产成本，而发生消费品价格的上涨，高于其生产成本，企业家获得"意外利润"。

总之，投资大于储蓄，则物价上涨，企业家获得"意外利润"；投资小于储蓄，企业家遭受"意外损失"（即"意外利润"小于零）。因此，"投资＝储蓄"便是物价稳定、经济均衡的第二个条件。

3. 均衡条件三：市场利率＝自然利率

自然利率是使储蓄和投资相等的利率，从而也是总产品的价格水平与各生产要素的收入完全相等的利率；而市场利率是市场上的真实利率，它围绕着自然利率而上下波动。凯恩斯认为，正是由于市场利率的波动，使投资和储蓄不能相等，物价不能稳定，经济失去均衡。投资与储蓄的差额（即"意外利润"）决定于市场利率与自然利率的差额。如果市场利率低于

这些对我们今天如何看待高储蓄率和巨额投资仍具有参考价值。

自然利率，意外利润大于零，经济扩张；反之，市场利率高于自然利率，意外利润小于零，经济紧缩；当二者相等时，经济保持均衡。

　　凯恩斯坚信利率有调节储蓄和投资的巨大作用。古典经济学认为利率的波动只有通过诱发现金余额数量的变动才能影响价格水平，也就是说，市场利率的变动使银行信用膨胀或紧缩，进而再影响到价格的变动。凯恩斯则认为，价格水平不是直接受货币数量或流通速度的影响，而是通过利率变化导致投资和储蓄变化而受影响。"利率变动对储蓄有着直接的和实质的影响，这是不用特别解释的，尽管影响从数量上说，在实践中特别是在短期内是小的。因此，利率上升将有直接增加储蓄率的趋势。"（凯恩斯，1986，第171页）"一般而言（即除非银行利率变动被其他同时发生的变动所抵消），我们可以预期银行利率上升的直接而基本的影响是固定资本价格的下跌，从而投资品的价格水平也下跌，而储蓄增加。"（凯恩斯，1986，第174页）

　　总的来看，不难发现凯恩斯的这三个均衡条件是一以贯之的。市场利率与自然利率的不一致，导致"意外利润"的存在，从而储蓄和投资不等。凯恩斯之所以对这三个方面详加论述，是想说明他对原有传统货币数量论怀疑的理由以及面对严峻的经济现实所引发的新的思考成果，这些成果已经隐约形成一个体系，尽管此时的凯恩斯仍然还是一个后剑桥学派的货币经济学家。

　　最后，通过这三个均衡条件，凯恩斯提出了他的"货币价值基本方程式"。在《货币论》中，货币价值基本方程式演化成十个方程式，其中主要两个为

$$P = \frac{E}{O} + \frac{I' - S}{R} \qquad \text{（公式 1.5）}$$

$$\pi = \frac{E}{O} + \frac{I - S}{O} \qquad \text{（公式 1.6）}$$

P——消费品的价格

π——社会总产品的价格水平

E——社会各生产要素的收入，也就是生产成本

O——社会总产量

考虑到发达的资本市场，情况会变得复杂和不确定。当资本市场收益率高于利率甚至有这方面的预期，利率上升未必有直接增加储蓄率的趋势。

I'——投资品部门获得的生产要素收入，是 E 的一部分，也就是投资品部门的生产成本

S——储蓄

R——消费品的产量

I——新生产出来的投资品的市场价值

上述（公式 1.5）表明消费品价格水平（P）是如何决定的；（公式 1.6）表明社会总产品的价格水平（π）是怎样决定的。这里价格决定是由"价格 ＝ 单位产品生产成本 ＋ 单位产品的利润"原理得出的。从公式中我们可以看出，右边第一项 E/O 是单位商品的生产成本，无论消费品价格还是社会总产品价格都包含这部分成本；右边第二项，在（公式 1.5）中是（$I'-S$）$/R$，分子 $I'-S$ 表示社会总消费品的利润①，除以消费品数量，得到单位消费品的利润；在（公式 1.6）中是（$I-S$）$/O$，它体现社会总产品的单位利润②。通过以上两个公式我们看出，两种价格水平都由两个因素加以决定：（1）生产成本；（2）利润。由于利润的数值可正、可负、可为零，利润的波动导致了价格水平的波动。由此可见，要稳定价格，必须使"意外利润"为零，方法是使新投资等于储蓄，使市场利率等于自然利率，也就是满足前面所述的三个均衡条件。

在这两个公式中，关于价格水平稳定的各种因素，凯恩斯没有考虑到产量（总产量"O"或消费品数量"R"）的变动问题，这就是说"O"和"R"是假定不变的。所以他在《就业、利息和货币通论》的"序言"中承认："该书所谓'基本方程式'，是在一定产量这个假定之下所得到的刹那图。"（凯恩斯，1993，第 2 页）他自己明确承认，《货币论》里边提出的货币理论和由此而来的政策调节，"对于产量变动的后果，并没有充分的讨论"（凯恩斯，1993，第 2 页），他认为这是《货币论》一个显著的缺点。

总之，基本方程式主要是企图改进传统的货币数量论公式，把利率、

市场利率是具体的、看得见的；自然利率是抽象的、看不见但的确存在的。中央银行利率管理水平高和低，就看其制定的基准利率接近自然利率的程度。

---

① 推导过程：在两部门经济中，从收入来看，社会总收入 ＝ 消费 ＋ 储蓄（$E = C + S$），所以，消费品的收入 ＝ 收入 − 储蓄（$C = E - S$）；另一方面，从支出来看，消费品的成本 ＝ 社会总成本 − 投资品成本 ＝ 社会总收入 − 投资品成本（$C' = E - I'$）。综上，消费的利润 ＝ 消费品的收入 − 消费品的成本 ＝ $C - C' = I' - S$。

② $I - S$ 表示利润由第一个均衡条件得出，投资 − 储蓄 ＝ "意外利润"。

现金余额与各种价格水平（尤其是社会总产品的价格和消费品的价格）的决定联系起来，凯恩斯企图通过这些方程式表明市场利率相对于自然利率的变化，如何引起储蓄与投资水平之间的差距，这又会转过来引起价格水平的波动。因此，货币价值基本方程式是凯恩斯《货币论》的核心理论，并以此为基础提出他的货币调节方案。

二、《货币论》中的货币调节方案

《货币论》中提出的货币调节方案所包罗的因素颇为复杂，在这里借用武汉大学刘涤源等学者精辟的观点（刘涤源，1997，第 151～152 页），对此作如下简要剖析。

（一）战略目标

物价稳定和经济均衡，解救英国的长期慢性萧条困境。

（二）理论结构

1. 一些独特的理论概念。如"意外利润"、市场利率和自然利率。

2. 根本理论：以货币购买力为具体内容的货币价值论。

3. 核心理论：以传统货币数量论为基调转化而成的"货币价值基本方程式"。

4. 中介理论：

（1）利率理论——市场利率和自然利率两者间的矛盾与相等。

（2）投资理论——储蓄和投资两者间的背离与一致。

（三）政策方略

1. 基本方针——市场调节为主，辅之以货币金融领域的调节，促使物价稳定，经济均衡。对以中央银行为主导的银行体系在调节经济方面具有巨大威力信心十足，坚持把货币金融调节定为摆脱经济困境的有效途径。

2. 货币调节的操纵者——中央银行。

3. 货币调节的杠杆——利率：中央银行指挥整个银行系统，操纵市场利率使之与自然利率相一致。

这一点与马克思关于货币资金只有转化为生产要素、转化为资本，才能转化为现实生产力的观点是一致的。

4. 货币调节的对象——投资。凯恩斯诊断：经济衰退的病根在于投资与储蓄的差距。救治对策在于，促使储蓄转化为投资，做到"储蓄＝投资"。

5. 货币因素及其波动的分析。货币因素的管理：特别着重对银行货币的管理，对收入存款、企业存款和储蓄存款及其对各自的流通速度进行管理。

6. 货币管理的运用：国内金融管理与国际金融管理相结合。利率政策（贴现政策）与公开市场政策配合使用。

三、《货币论》的过渡性

在凯恩斯主要专业著作的"三部曲"中，《货币论》具有过渡性质，尽管它基本上属于古典学派的理论模式，但其中包含了一些新的经济思想，为其后来的《就业、利息和货币通论》做了很多思想上的铺垫。

（一）储蓄和投资的行为主体不同

凯恩斯认为："储蓄是单个消费者的行为，这是不肯将其当前全部收入用于消费的消极行为。另一方面，投资则是企业主的行为，他的职能是作出决策，进行或维持某种生产过程或保留流动性物品的积极行为。这种行为是用其财富的净增加来衡量，无论是采用固定资本、周转资本或流动资本的形式。"（Keynes，1930，p. 172）这时的凯恩斯已经认识到投资并不必然等于储蓄。当然，二者的这种不相等是他根据收入、利润等概念的特殊定义得出的，与他在《就业、利息和货币通论》中关于投资不必然等于储蓄的认识是有区别的。他在《货币论》中的这一新观点在后来的《就业、利息和货币通论》中进一步演化和发展，形成了"投资支配储蓄"等重要理论。

（二）对人们保持现金余额的分析

在《货币论》中，凯恩斯已经把现金余额中的银行存款分为收入存款、企业存款和储蓄存款三种，并且考察了各自的流通速度，虽然仍属于传统货币数量论研究流通速度的范畴，但是他已开始摒弃粗糙的、简单的货币数量论。并且，他还进一步将保持现金的动机划分为交易动机、谨慎动机和投机动机。银行货币的这种分类与保存现金的动机分类，后来演化

储蓄转化为投资可以是个人行为，也可以是政府行为。在一个储蓄率高的社会，政府投资是极为重要的。

发展成《就业、利息和货币通论》中流动偏好的利息理论。

（三）借用了维克塞尔的"市场利率"和"自然利率"理论

充分探究利率对经济均衡的杠杆作用，把利率的适度调节作为实现经济均衡的方法，这无疑是《货币论》的一个新见解。在《就业、利息和货币通论》中，凯恩斯抛弃了"自然利率—市场利率"等术语和相关理论，但保留了"利率调节作用甚为重要"这一基本论断，并且演化、发展成为利率调节机制的新理论。

（四）对于预期和"看跌"心理的强调

凯恩斯在论述企业主行为时，很重视预期对企业主管与生产规模决策的作用。"严格说来，正是预定的利润或亏损，才是变动的主因；也正是通过引起适当种类的预期，银行体系才能影响价格水平。的确，众所周知，银行利率迅速变动之所以能够改变企业主的行动决策，原因之一就是由于它们所引起的预期。"（Keynes，1930，Vol. 1，p. 159）在论述储蓄可能小于投资时他引入公众的"看跌"心理，认为这种心理会引起"窖藏"货币的行为，从而导致投资不足。熊彼特评论凯恩斯在《货币论》中的这些论述时说，"对于预期的强调，对于'看跌'心理（尚未从投机动机而形成流动偏好）的强调……我们可以当作《就业、利息和货币通论》中有关命题之不完整、错杂的最初表述来读。"[1]

（五）主张扩大消费

与传统经济学崇尚节俭不同，凯恩斯在《货币论》中提出储蓄"无用"，并不会增加社会财富。他认识到：失业和经济均衡会来自消费不足或储蓄过度，而储蓄行为本身并不一定引起相应的投资。他的这种反对节约、鼓励消费的观点，后来演化并发展成为《就业、利息和货币通论》中提倡消费与增进投资"双管齐下"，提高有效需求水平的重要理论。

从长期的、整体的、本质的角度看，利润率决定利息率。但银行业强大到如此地步，仿佛是利率水平决定利润率水平，从而决定企业主的行为决策。这种现象可以理解为一种"异化"，它使利率调整变得更加复杂和谨慎。

① Harris, S. E. (1947), "The New Economics, Keynes' Influence on Theory and Public Policy", Alfred A. Knopf, New York.

（六）关于"投资的引诱力"

凯恩斯论断："投资的引诱力取决于企业主预期从当前的投资中所获得的未来收入与得到资金融通所必须支付的利率之间的关系……"（Keynes，1930，Vol. 2，pp. 148－149）这实际上就是《就业、利息和货币通论》中的资本边际效率与利率关系的论断。显然，关于这一方面的论点，后来演化、发展而构成资本边际效率"基本心理规律"。

《货币论》这部两大卷本巨著在内容上涉及面很广，体系庞杂。凯恩斯在此书的"序言"中明确承认其中的一些缺点。其中最突出的一个缺点就是，在他漫长的撰写过程中，很多论点都在不断变化和发展，结果导致此书的各部分之间并不能完全协调呼应，前后观点不统一。在他写完此书时，所持论点同他开始撰写时有着巨大的差异。他甚至承认，如果他重新写过，将大幅缩短篇幅，写得更好一些（Keynes，1930，Vol. 1，p. 1）。

尽管如此，该书精深的思想和严谨的推理还是为凯恩斯赢得了当代经济学理论家的声誉。该书的经济思想尽管还没有脱离古典理论的窠臼，但书中出现了若干新经济思想，表明了凯恩斯对于古典理论有所怀疑，并试图通过对英国当时严峻的经济病症的旁敲侧击，寻找到一条解决之路，为之后《就业、利息和货币通论》的脱颖而出奠定了一定的思想基础。

奥斯汀·罗宾逊（Robinson，E. A. G.）形象地说："《货币论》和《就业、利息和货币通论》倒像是拍摄运动员连续动作的纪录影片，而不是表现各个分解动作的、仔细摆好姿势的单独照片。"（奥斯汀·罗宾逊，1977，第50页）这一形象化的比喻，对于说明《货币论》导向《就业、利息和货币通论》所起的过渡作用是恰当而富有启发性的。

第三节　《就业、利息和货币通论》

1929—1933 年，经济大危机首先在美国股市爆发，并迅速扩展到国民经济的各行各业，同时波及整个资本主义世界，灾情猛烈犹如一场空前严重的"社会瘟疫"。英国自难幸免，在 20 年代原有的长期慢性萧条的基础上，犹如火上浇油，遭受了空前严重的经济大萧条。而英国在这次极端严重的经济局势面前，仍实行着传统的保守经济政策，如健全财政原则、收支平衡、自由放任等，使困厄变本加厉。凯恩斯面对这种危难局面忧心忡忡，这一阶段他对当时经济困境的深深思索，大大扩展、加深了他同传统经济学教义的背离，同时也就大大加速了"凯恩斯经济学"体系的形成过程。

在思考过程中，凯恩斯逐渐感到，就业问题是首要问题。就业水平的高低，同生产力水平的高低、收入水平的高低直接相关。我们可以看到他把就业总量、生产总量和国民收入三个变量视为同义词，三个词汇可以互换。他的根本目的是要解释什么因素决定就业量及其变动，也就是要说明什么因素造成失业，并寻找解决对策。于是，在 1936 年，凯恩斯出版了《就业、利息和货币通论》（以下简称《通论》），这时的凯恩斯已经把其"货币理论"直接与他对就业、产量和价格的分析联系、融合在一起了。他把重点放在研究整个产量、就业水平变动的各种决定力量上（虽然凯恩斯在《货币论》中也讨论了产量与就业量的变化，但却是以价格决定论为其核心）。正是基于这一改变，凯恩斯展示了一套新的理论体系：他以社会总体为研究对象，探讨就业量与产量决定的动态过程，并以货币贯穿在各种非货币性的概念之中，从而完成了他对古典经济学的革命。

在货币理论方面，凯恩斯在《通论》中把货币带到一般经济理论领域，使它在决定整个经济体系的总就业量与总生产量中占有非常重要的地位。他特别强调货币巧妙地联结现在同未来这个特性，认为货币经济的特征是在经济体系中人们对未来预期的改变，不仅可以影响就业的方向，而且可以影响就业的数量。于是货币以重要而特殊的格调进入经济结构，在决定总产量与总就业量方面发挥重要作用（凯恩斯，1993，第 2 页）。这样，凯恩斯把他的理论称为货币经济的总产量（总就业量）理论。下面，我们从两方面简要论述凯恩斯在《通论》中对货币理论作出的突出的发展和贡献。

一、货币需求和利息理论

在《货币论》中，凯恩斯曾把现金余额划分为收入存款、企业存款和储蓄存款，只是粗略涉及了货币需求的动机方面的问题。但在《通论》

> 充分就业是解决现代社会各种矛盾的关键。

中，凯恩斯全面展开了其独具一格的货币需求理论：他认为，传统的现金交易说只重视货币作为交易工具的职能，人们手中的货币会自动用于交易；而现金余额说肯定了货币作为价值贮藏工具的职能，认为人们所贮藏的现金余额的变动是决定物价涨跌的主要因素。凯恩斯认为这两种学说都有缺陷，他把货币的上述两种职能联系起来，把人们对货币需求的动机分为：交易动机（the transaction motive）、预防动机（the precautionary motive）和投机动机（the speculative motive）。出于交易动机和预防动机的货币需求是货币收入的增函数，持有这部分货币是为了满足交易和预防的需要，即弥补货币收入与支出之间的时间间隔和应付突然开支的紧急情况。显然，这一部分货币需求与现金交易说的原理相似，他们都假定人们以货币形式持有他们的一部分收入是为了方便交易。投机动机对货币的需求是利率的减函数，持有这部分货币是为了将来在有利的时机通过投机获得利润。货币的交易动机和预防动机基于货币交易媒介职能，而投机动机基于货币价值贮藏职能，它们的总和构成社会的总货币需求。这样，凯恩斯就把货币的两种职能统一起来，形成了与传统学说相区别的货币需求理论。

在《通论》中，凯恩斯以就业量如何被决定来展开他的货币理论。他指出，决定就业量的是有效需求，而有效需求包括消费需求和投资需求；由于边际消费倾向递减规律，消费需求是不足的。因此，有效需求的大小关键取决于投资需求。投资需求受制于两个因素：资本边际效率（预期利润率）和利率。资本边际效率属于心理因素，在长期中有下降趋势，并且是变动无常的，因此，要实现充分就业，利率起着重要的作用。

凯恩斯进一步认为，利率纯粹是一种货币现象，它是使用货币支付的报酬，是由货币的供给和需求两方面决定的。货币的需求方面主要是流动性偏好，特别是受投机动机所左右的；货币的供给方面主要是由货币当局变动货币数量来决定的。流动性偏好作为一个心理规律，是无法操纵和控制的，但货币供应量则是外生政策变量，可以由货币当局控制。凯恩斯认为，在经济萧条、存在非自愿失业时，通过增加货币供应量，降低利率，可以起到刺激投资、增加就业的作用。这是因为，增加货币供应量使得货币的供给大于货币的需求，这会导致人们对证券的超额需求，从而使证券的价格升高，结果使利率降低。在资本边际效率不变的情况下，利率的降

（左栏旁注）

随着货币数字化、交易工具非货币化（电子化），凯恩斯的这些理论需要修正和更改。现金的作用越来越小，影响也越来越微不足道。

"无效需求"也能增加就业，但本质上是一种救济或福利形式。

低会刺激更多的投资，投资的增加通过乘数作用使就业量和国民收入成倍增长。但是，凯恩斯同时指出，这种作用是间接的和有限的，因为流动性偏好使得利率的降低总有一个限度，当利率降低到某种水平时，对于货币的投机需求就会变得无限大，也就是具有无限弹性，这时无论如何增加货币供应量，利率都不可能再降低了（即流动性陷阱）。据此，凯恩斯认为货币政策的作用是有局限的。

关于货币供应量对物价的影响，传统的货币数量论总是以充分就业为前提，他们认为物价与货币数量同比例地变化，没有考虑过投机动机。在《通论》中，凯恩斯放弃了充分就业的假设，同时强调了满足投机需求所需货币量的重要性，这就与传统货币数量论有了区别。凯恩斯认为，货币量不是直接对物价产生影响，而是通过利率来影响就业量和国民收入，同时影响物价。他把货币量的增加对物价的作用分为两个阶段。第一阶段，货币数量增加后，最先不是用在满足交易动机和预防动机的货币需求上，而是首先满足投机动机的货币需求，通过投机对利率的敏感性降低利率，从而刺激投资，增加就业和国民收入。第二阶段，国民收入增加意味着需求的增加，导致物价的升高，同时，供给的增加却会使价格降低，所以对价格的最终影响取决于这两种力量的对比，有可能出现以下三种情况：（1）如果社会上存在着大量闲置的资源和非自愿失业人员，产品的短期供给弹性无限大，扩大产量并不会提高边际生产成本，那么货币数量增加，物价不可能上升，因为增加的货币量会全部被运用到闲置资源的吸收利用上；（2）随着产量的扩大，闲置资源和非自愿失业人数逐渐减少，出现"瓶颈"状态，这时供给的弹性降低，生产的边际成本增加，从而引起物价上升，但物价上升的幅度要小于货币量增加的幅度；（3）各种资源已经被充分利用，供给完全无弹性，任何货币量的增加都表现为物价同等幅度的上升。

二、收入支出学说

传统的货币数量论把价值论（关于相对价格和资源配置的理论）和货币论（关于一般物价水平的决定的理论）割裂开来，犯了"两分法"的错误。凯恩斯在《通论》中力图把两者衔接起来，克服古典学派的错误。人

一种商品的价格既是这种商品供求关系作用的结果和反映，又是这种商品新的供求关系格局形成的动力和原因。而作为资金的价格——利率，是所有商品供求关系作用的结果和反映，是所有商品新的供求关系形成的动力和原因。这大概是经济学家对利率格外重视的一个原因吧。

们通常把凯恩斯的这一结合称为"收入支出学说"。这个理论的基本点在于，把货币收入和支出（或储蓄和投资）的循环运动与实际的收入、产出、就业，即实际的经济过程，结合起来，阐明了货币的价值，即一般物价水平的变动。

早在《通论》出版之前，已经有经济学家（如维克塞尔）对收入支出说的创立作出过贡献。但是，他们只是提出了收支上下波动的累进过程，并没有对收入的决定进行任何系统的分析，所以他们都没有能够建立起较为完整的收入支出学说理论，从而也就没能彻底地解决货币理论与价值理论分割的问题。而在《通论》中，凯恩斯从对储蓄和投资的关系分析入手，详尽地阐明了收入和支出的组成要素，以及物价水平变动的基本原因和过程，成功地把货币理论与价值理论结合在一起，建立起了完整的收入支出说的货币经济理论体系（程英琦、何泽荣，1988，第23页）。

凯恩斯的收入支出说是从总量上研究整个经济如何通过货币收支运动而运转的。它研究各种经济总量是如何被决定的以及这些经济总量的相互关系。我们把这套理论的基本要点概括如下：

（一）收入既指货币收入，也指实际收入

凯恩斯对两种收入概念分别作了分析。在任何时候，社会的总货币收入都意味着那个时期的产品的货币价值，它等于总的货币成本，即总的货币支出。货币收入可以看作是一定时期内各种生产要素的货币收入总量。货币收入的变动取决于两个因素：可得到的货币量和收入弹性。其中可得到的货币量取决于银行体系货币供给的条件和状况，而收入弹性取决于生产周期内企业家的预期利润，以及他们的货币收入的支出决策。

实际收入指的是一定时期内全社会的总产量，这决定于国家已经就业的各种生产要素和使用这些生产要素的企业家的决策。这两个因素都是以总的有效需求为基础的。

（二）有效需求

总的有效需求就是社会的总支出。它等于全社会在一定时期内购买消

费品（C）和投资品（I）的货币支出的总量，即 $C+I$。

消费支出是由实际的收入水平和消费倾向决定的。消费支出是收入的增函数:收入增加，消费支出随之增加。由于短期内消费倾向比较稳定，没有消费的部分就转化为储蓄，因此，储蓄也是稳定的。同时储蓄也是收入的增函数:收入增加，储蓄也会随之增加;反之，则储蓄减少。

投资支出指的是用于新的资本品的耗费，它是由资本边际效率和利率决定的。资本边际效率也是企业家的预期利润率，利率可以看作是企业家使用资本的成本。如果资本边际效率大于利率，则企业家会扩大投资支出;如果资本边际效率低于利率，企业家无利可图，便会减少投资支出。此外，资本边际效率还受当时社会对商品的需求水平和社会闲置资源存量的影响，因此它是很不稳定的。

利率主要取决于两个因素:一是需求方面的，即收入和投机需求决定的流动性偏好;二是供给方面的，即货币供给总量。

各经济总量相互关系如图 1.2 所示。

资本边际效率还存在行业和地区差异，不只是时间上的差异。

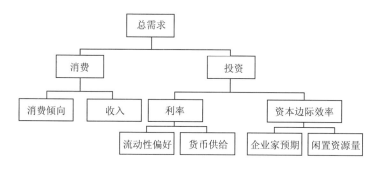

图 1.2　有效需求的决定

（三）从全社会看，总收入水平和总支出水平是基本相等的

凯恩斯认为，总支出水平（即总需求）决定了就业水平、产出水平，从而决定了物价水平;而古典经济理论则相反，他们把支出看作完全被动的因素，认为支出决定于交易水平或产量和货币的供给，也就是"供给自动创造需求"的"萨伊定律"（Say's law）。凯恩斯则把支出作为社会经济活动的能动性的决定因素，认为社会的支出水平和状况决定了整个经济运

行的规模和状况。

（四）货币价值的决定

货币的价值决定于货币收入的流量与实际流量之间的对比关系。如果货币收入增加的速度快于实际收入增加的速度，则货币价值下降，物价水平上涨；反之，则货币价值上升，物价水平趋于下降。

（五）储蓄与投资的关系

储蓄并不是在任何时候都等于投资。当储蓄大于投资时，物价水平、就业水平和收入水平都趋于下降；相反，当储蓄小于投资时，物价水平、就业水平和收入水平都趋于上升。只有在既没有通货膨胀，也没有通货紧缩的条件下，投资与储蓄才可能出现较为稳定的状况。

（六）非充分就业的假定

传统货币数量论建立在充分就业的假定基础上，认为物价水平与货币数量同比例变化。而凯恩斯的收入支出说则建立在非充分就业的假定基础上，认为物价水平与货币数量的关系是间接的，在未充分就业时，物价水平并不随货币数量的变动而发生同比例的变动。货币供给的增加只是部分地增加产量和就业；物价的变动仅仅是经济活动的表面现象，而根本原因则在于储蓄和投资的相互关系，以及它们对整个经济的作用（程英琦、何泽荣，1988，第25页）。

对于凯恩斯的收入支出说，钱得勒（Chandler, L. V.）认为："收入支出说的流行并不在于这个理论的主旨，而在于这个理论的严密的逻辑结构。……收入支出说能把一般经济学的价值理论和货币理论结合起来。"（Chandler，1940，pp. 115 – 116）

《通论》的出版体现了凯恩斯一生的治学风格:绝不是为了学术而学术，他的目标很明确，就是要解救当时陷入困境之中的资本主义世界。他在《通论》中提出的理论与政策，用他自己的话说，"是避免现在的经济制度完全被摧毁的唯一可行之道。"（凯恩斯，1962，第245页）尽管这部著作仍然存在语言晦涩、内容驳杂、前后矛盾等缺陷，但其提出的理论体

当生产力不再成为财富创造的障碍时，支出在社会经济活动中的能动性就会大大提高。

"经世济用"是经济学家追求的终极目标。

系颠覆了此前的古典经济学理论，开创了"凯恩斯经济学"的新时代，对第二次世界大战以后世界经济的发展方向产生了深远的影响。尽管后人多数认为《通论》中凯恩斯更加侧重于财政理论和政策，但我们仍可以从其中发现这位最初以货币经济学家闻名于世的思想者对货币理论的开创性发展和贡献。在这里，我们引用奥斯汀·罗宾逊的评价作为本章的结束（奥斯汀·罗宾逊，1977，第48页）：

"如果凯恩斯和马克思、达尔文、弗洛伊德以及爱因斯坦都属于最宏伟层次的创新性的思想家，从而导致现代思想革命的话，那是由于他在《就业、利息和货币通论》中对经济学的贡献，其中包括对经济科学和对政策指导的贡献。"

第二章　凯恩斯的主要货币理论

第一节　凯恩斯的利息理论

经济学者习惯上把利息称为使用货币的"价格"，利息的大小用利率来表示。萨缪尔森是这样定义利率的："市场利率是任何无风险的贷款、任何无风险的债券或其他证券，或任何无风险的资本资产（如机器、旅馆、建筑物、专利权）的价值在竞争市场上每年所获得的收益的百分比。"（P. A. Samuelson，1980，p. 560）

利率是凯恩斯经济学的中心概念之一，是凯恩斯宏观货币理论和政策的精髓。凯恩斯一直强调投资是决定产量和就业水平的决定性因素，而利率则是货币与投资之间的连接物（希克斯，1979，第26页），在实际经济体系中起着桥梁的作用。凯恩斯主义学者罗宾逊（Robinson，J.）特别强调利率在经济中的重要影响，"货币数量的变动对于经济具有积极的作用，但是这种作用只有通过它对利率的影响才能体现出来。因此，任何没有把利率作为重要组成部分的货币理论都不是名副其实的理论。"（Robinson，1938，p. 77）

一、流动性偏好

凯恩斯把货币在社会经济中的重要性归结为"货币是现在与将来的联系"（凯恩斯，1993，第251页）。凯恩斯认定利息纯粹是货币现象，是使用货币支付的代价，是在特定时期内放弃流动偏好的报酬。换句话说，利息不是储蓄本身或等待本身的报酬，而是在一定时间内放弃周转流动性的报酬。谈到决定利率的因素时，凯恩斯认为，利率的高低并不取决于传统理论中的储蓄与投资的相互关系，而是取决于货币数量的供求关系。为了论证他的利息论，凯恩斯提出，人们在取得收入后，对货币收入的分配使用要经过两个抉择（凯恩斯，1993，第251页）：

第一个抉择，时间偏好的抉择。即一个人决定消费与储蓄二者在收入中的比例，多少用于现在的消费，多少用于未来的消费，即储蓄。在这里，凯恩斯引入了"边际消费倾向"和"边际储蓄倾向"两个心理因素。边际消费倾向（MPC）表示消费与收入之间的比例关系。消费是收入的增函数，当收入增加时，消费随之增加，但消费的增加额小于收入的增加额，即边际消费倾向是小于1的正数，其数学形式为：$0 < MPC = \Delta c / \Delta y < 1$。由边际消费倾向引申出"边际储蓄倾向"（MPS），等于$1 - MPC$，它"被动"地取决于收入，而不是取决于利率的高低；在收入一定的情况下，储蓄的比例随边际消费倾向的增大而减小。

第二个抉择，流动性偏好的抉择。储蓄的比例确定以后，该采取何种方式进行储蓄，是持有货币还是持有有价证券？众所周知，持有货币是没有利息报酬的。而人们之所以还会以货币作为部分储蓄的形式，是因为货币是流动性最大的资产，货币随时可作交易之用，随时可应付不测之需，随时可作投机之用，因而凯恩斯将人们对货币的偏好称作"流动性偏好"。可见，第二个抉择实际上是说：人们在流动性偏好和利息之间进行抉择，因此，利息就是特定时期放弃流动性的报酬。

凯恩斯认为存在流动性偏好这种心理状态的原因有三：一是持有货币能为持有者提供周转灵活的便利；二是持有货币能消除人们对未来的不安定感；三是利率的不确定也是人们有流动性偏好的原因。

凯恩斯的流动性偏好动机提出后，有些经济学者认为这一理论是凯恩斯的最主要和最具创造性的理论之一（P. A. Samuelson，1946）。即使凯恩斯的学术对手弗里德曼（Friedman, M.）也承认："货币理论的一个具有根本性的发展，是在凯恩斯的流动性偏好分析方式的启示下重新描述的货币数量说。"[1]

所有的心理活动都是某种社会存在的主观反映。经济学要研究心理，更要研究产生某种社会心理的客观原因，这样才能真正完善社会制度，并因势利导。

---

[1]　弗里德曼：《货币理论和政策在战后的趋势》，参见林钟雄译《最适货币论文集》，第83页。

二、货币需求论

货币需求是指社会各经济主体要求在一定时期内保存一定货币量在手边的需求（程英琦、何泽荣，1988，第42页）。凯恩斯认为人们对货币的需求主要来自流动性偏好，具体的持币动机有交易动机、预防动机和投机动机。在这三种动机中，前两种在传统货币理论中很早就被提出来了，而凯恩斯在这两种动机之外提出货币的投机动机来加以强调，并进而论证在整个货币需求中，投机动机起着特别重要的作用。

（一）交易动机

交易动机指因个人或企业作当前交易之用而持有现金的动机。由于收入和支出在时间上不是同步的，因而个人和企业必须有足够的货币资金来支付日常需要的开支。个人或企业出于这种交易动机所需要的货币量，决定收入水平以及货币流通速度，货币流通速度取决于惯例和商业制度，而惯例和商业制度在短期内一般可假定为固定不变。因此，按凯恩斯的说法，出于交易动机的货币需求量主要决定于收入水平，收入水平越高，交易数量越大，交易数量越大，所交换的商品和劳务的价格越高，从而为应付日常开支所需的货币量就越大。用公式表示就是

$$M_1 = L_1（Y）\hspace{3cm}（公式1.7）$$

M_1——由交易动机决定的货币需求

L_1——流动性偏好的函数

Y——收入水平

货币交易需求不仅与收入相关，而且与利率也存在一定的关系。由于持有货币而不持有其他资产就要牺牲利息，因而人们持有的货币量对利率的变化就不能没有反应。凯恩斯虽然认为这种反应不太敏感，但并不否认此种反应的存在，不排斥货币的交易需求是利率的函数，当利率升高时，"使用现金就会节约"（汉森，1963，第113页），"利率降低时，就会吸纳较多的现金"（凯恩斯，1993，第176页）。这表明，关于货币的交易动机和利率的关系问题，凯恩斯还是认为人们出于交易动机所持有的货币量或多或少还是受利率高低的影响。

建立在远程通信和计算机技术基础上的现代支付系统彻底改变了货币需求分析。货币价值尺度功能保留着，交易媒介无形化、电子化、数字化。支付表现为交易数据的传输和双方账务处理。

　　综上所述，出于交易动机的货币需求量主要取决于收入的多少，同时也部分依存于利率的高低。

（二）预防动机

　　预防动机又称谨慎动机。它是指人们为预防意外支出而持有一部分货币的动机，如个人或企业为应付事故、失业、疾病等意外事件而需要事先持有一定数量的货币。因此，如果说货币的交易需求产生于收入和支出之间缺乏同步性，那么货币的预防需求产生于未来收入和支出的不确定性（高鸿业，2001，第486页）。出于这一动机而贮存的货币量取决于收入的多少，收入越多的人贮存的货币量越多，它是收入的增函数。由于预防动机在凯恩斯的货币需求公式中并不起主要作用，其性质与交易动机类似，凯恩斯主义的学者往往把它并入交易动机。

（三）投机动机

　　人们往往相信自己对未来的看法优于市场上一般人的看法，并想通过持有一定货币，在合适的时候进行投资并从中取利，这种持币动机就是投机动机。交易动机和预防动机强调货币作为交易媒介的作用，而投机动机强调货币作为价值贮藏手段的作用。如前所述，这种需求在凯恩斯的利息理论中占有非常重要的作用。

　　凯恩斯认为，为满足投资动机而持有的货币，对利率的变动十分敏感。利率是一个高度的心理现象，它的高低取决于人们对利率未来变化的预测（凯恩斯，1993，第172页）。可以假设，任何人，在任何时间，都有一个"正常"利率的概念，这就是凯恩斯根据或然率计算出来的"相当安全水平"的利率概念。人们根据这一安全利率水平对未来进行预测，从而对自己的资产如何在货币与有价证券之间分配作出决策。凯恩斯在分析时，以债券作为有价证券的代表。如果市场上的实际利率低于安全利率较多，人们就会认为将来利率上升的可能性比较大，债券的价格就很有可能会下降，于是人们就要求持有较多的货币和较少的债券，等到将来利率上升、债券价格下跌时，再购进债券从中获利；反之，则持有较少的货币和较多的债券，等到利率下降、债券价格上升时，卖出债券从中获利。由此

可见，对货币的投机需求是利率的减函数，即当利率下降时，对货币的需求增大；当利率上升时，对货币的需求减少，用公式表示为

$$M_2 = L_2 \ (i) \qquad \text{（公式 1.8）}$$

M_2——由投机动机决定的货币需求

L_2——流动性偏好的函数

i——利率

如何解释零利率政策下证券市场的繁荣现象？

凯恩斯在论及投机需求和利率的关系时，还谈到了二者之间一种特殊的形式——"流动性陷阱"（liquidity trap）。流动性陷阱是指，当实际利率尽管还是正数，但按照历史标准来看，已经达到某一下限，例如 1% 左右时，对货币的投机需求就会无限增大，增加的货币数量完全被公众所贮存，因而不能再使利率进一步下降。凯恩斯说："当利率降低到某一水平时……流动性偏好可能几乎变成是绝对的，就是说，当利率降低到那一低水平时，因利息收入太低，因而每个人都宁愿持有现金，而不愿持有债券。"（凯恩斯，1993，第 176 页）如图 1.3 所示。

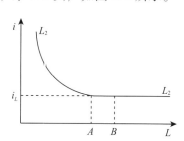

图 1.3　"流动性陷阱"

在图 1.3 中，流动性陷阱表现为 L_2 曲线上 A 点右边的平坦部分。当利率低于 i_L 时，人们对利率的需求变为无限大。

综上所述，流动性偏好的三个动机——交易动机、预防动机和投机动机——的总和构成人们对货币的总需求，即 $L = L_1 + L_2$。由于 L_1 主要受收入的影响，L_2 主要受利率的影响，所以这一公式可以表述为

$$L = L_1 \ (Y) \ + L_2 \ (i) \qquad \text{（公式 1.9）}$$

（公式 1.9）表明，人们持有的货币总量取决于收入水平和利率。在利率和收入水平这两个变量中，总的货币需求与收入成正比例关系，与利率

成反比例关系。由于凯恩斯认为收入水平在短期内是稳定的，因此，利率就成为影响人们的货币需求的主要因素，如图 1.4 所示。

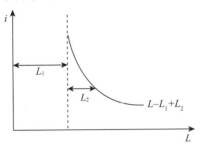

图 1.4　货币需求函数

三、利率的决定

凯恩斯的流动性偏好利息论的核心是利率决定于货币的供给量与货币的需求量（流动性偏好）两个因素（凯恩斯，1993，第 143 页）。凯恩斯假定货币供给是由货币当局控制，是一个外生变量，其大小与利率无关，因此在"利率—货币量"平面，货币供给曲线是一条垂直于横轴的直线，如图 1.5 中的 M 直线，这条货币供给曲线和货币需求曲线 L 相交的点 E 决定了利率的均衡水平 i_0。均衡利率水平表示，只有当货币供给等于货币需求时，货币市场才能达到均衡状态。如果市场利率低于均衡利率 i_0，说明货币需求超过货币供给，这时人们感到手中的货币太少，就会卖出债券，债券价格就会下降，利率就会上升，直至回到均衡利率 i_0。反之，当利率高于均衡利率 i_0 时，说明货币供给超过货币需求，这时人们感到手中的货

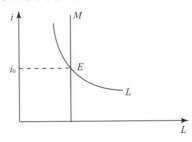

图 1.5　货币供给和需求的均衡

币太多了，就会买进债券，债券价格就会上升，利率随之下降，直至回到均衡利率 i_0。只有当货币供求相等时，利率才不再变动。

凯恩斯的利率决定理论只考虑了货币市场的均衡，而凯恩斯主义者希克斯（Hicks, J. R.）在这一基础上推演出能够使货币市场和产品市场同时达到均衡时，利率 i 和收入水平 Y 这一对变量的组合，即 $IS - LM$ 模型。其中，凯恩斯的利率决定理论被希克斯用 LM 曲线来表示。

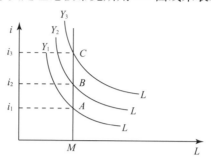

图1.6　货币市场均衡的组合

图1.6中三条曲线——Y_1L、Y_2L 和 Y_3L 分别代表收入水平为 Y_1、Y_2 和 Y_3 时的流动性偏好曲线（货币需求曲线）。它们表示，在货币供给量既定不变（为 M）的情况下，不同的收入水平会有不同的但能分别使货币需求与既定的货币供给相等的均衡利率。这些不同的均衡利率由图中的 A 点、B 点、C 点表示出来。因此，如果实际收入为 Y_1，则均衡利率为 i_1；实际收入为 Y_2，则均衡利率为 i_2；实际收入为 Y_3，则均衡利率为 i_3。将这一系列利率与收入的组合点连接起来，用图1.7表示。

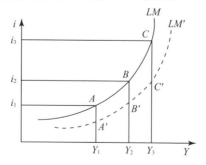

图1.7　LM 曲线

　　图1.7中的 *LM* 曲线，不过是把货币市场供求均衡所表达的内容用另一种形式表达出来。在图1.6中，有三条货币需求曲线，每一条曲线代表在不同收入水平下的货币需求量，从 *A* 点到 *C* 点，每一点上，货币的需求量正好等于货币供给量。这些不同的货币市场均衡点分别对应着不同的收入水平，把这些组合都画在一条线上，就是 *LM* 曲线。

　　图1.7中的 *LM* 曲线是向右上方倾斜的。这是因为，在货币供给不变的情况下，如果收入水平由 Y_1 上升到 Y_2，对货币的交易需求就会增加，此时利率会上升；利率上升，又会导致货币的投机需求下降，减少的投机需求与增加的交易需求加在一起，恰好等于既定的货币供给量。可见，由产品水平决定的收入水平越高，与它相应的货币市场的均衡利率就越高。

　　LM 曲线的陡峭程度即斜率的大小主要取决于货币需求对利率的敏感度。货币需求对利率越敏感，也可以反过来说，利率对货币需求不敏感。当收入增加时，货币需求的增加对利率影响不大，因此，*LM* 曲线就越平坦。反之，当货币需求对利率不敏感时，*LM* 曲线就会越陡峭。

　　以上推理都是假定货币供给量固定不变。但是，如果货币当局基于某种原因而使货币供给量增加，*LM* 曲线就会右移为 *LM'*（如图1.7所示），原因是货币需求此时不变的话，货币供给的增加必使利率下降，从而刺激投资和储蓄，使收入 *Y* 增加。

　　但是，要确定确切的利率水平，单有 *LM* 曲线是不够的。因为利率的决定不仅受货币部门的货币供求的影响，而且受实体部门的投资和储蓄的影响，即 *IS* – *LM* 模型中的 *IS* 曲线（这一点我们会在第二节第四部分具体介绍）。

四、政策意义

　　凯恩斯的利息理论为他论述"货币同整个经济的生产和就业理论紧密联系"奠定了理论基础，因此，利息理论成为一般经济理论的主要部分，影响利率变动的货币政策也成为一般经济政策的重要部分。凯恩斯的利息理论阐明了货币当局可以通过控制、调节货币供应量实现对利率的控制和调节，从而实现对生产和就业的调节。他确信对货币的控制和调节是控制生产和就业的有效的、最不受人反对的方法之一。凯恩斯的利息理论的主题即在于此，他之所以把利息列入《通论》的标题，与就业并列，使利息理论与一般经济理论融为一体，目的也是如此。由此可见，利息理论不仅对于凯恩斯的货币理论，即便对于他的整个经济理论体系来说，都具有独特的理论意义和实践意义。

第二节　凯恩斯的投资理论

投资问题涉及社会总产量、总就业量和国民收入问题。米什金认为，是凯恩斯"创立了商业循环的投资理论和投资的金融理论"（Minsky，1976）。

凯恩斯自己曾明确指出《通论》一书，"首先在于研究解决决定总产量与就业规模发生变化的力量究竟是什么。"（凯恩斯，1993，第 2 页），而总产量和就业量的大小取决于投资支出，对于这一点，凯恩斯是通过有效需求理论来进行解释的。

一、有效需求理论

凯恩斯主义者们认为凯恩斯在理论上的最大贡献，就是提出"有效需求理论"。如克莱因曾认为，凯恩斯革命的贡献在于"发展了有效需求理论：决定整个产量水平的理论"（克莱因，1980，第 60 页）。

凯恩斯的有效需求理论，是在批判古典经济学的基础上建立起来的。古典经济学的理论基于充分就业和其他资源充分利用的假定，并以"供给自动创造需求"、"弹性利率调节储蓄和投资"、"弹性工资率调节劳动力市场"等作为主要的理论依据。"供给自动创造需求"是法国经济学家萨伊提出来的，其主要意思是说，凡生产出来的商品和劳务都能找到买主，因而一个生产体系不可能有生产过剩。由于供给自动创造需求，因而生产者必然利用一切生产要素去进行生产，从而使整个经济体系达到充分就业；既然生产商品和劳务是为了交换别人生产的商品和劳务，没有人生产的最终目的是货币，因而货币不过是充当交换的媒介。"弹性利率调节投资和储蓄"，是指投资和储蓄是利率的函数，资本市场可以通过利率的自动调节作用达到均衡。"弹性工资率调节劳动力市场"，是指通过工资的自动调节，使劳动力市场上的供给与需求趋于平衡。总之，谁也不会满足于"非充分就业"的状态，追加的生产会一直进行下去，直到达到"充分就业"水平时为止。

凯恩斯认为"供给自动创造需求"更多的是从实物经济（物物交换）而不是从货币经济进行的一种描述；古典理论关于充分就业的理论并非总是成立，即使能够成立，最多也只适用于特殊情况，而不能适用于一般情况。这种理论不能解释在凯恩斯所处的时代，社会中存在市场价格自动调节机制失灵和结构性失业的情况。凯恩斯提出有效需求理论来分析这种"富裕中的贫困"现象（凯恩斯，1993，第30页），即一方面是工业高度发展，另一方面是国民经济在一个存在大量失业和闲置生产能力的情况下趋于均衡。

在这样的理论和现实前提下，凯恩斯提出了"有效需求理论"。什么是有效需求呢？这个概念具有两层含义：（1）必须是既有购买欲望，又有购买能力的需求，才算是"有效"的；（2）这种需求指的是全社会的总需求。"有效"这个词是用来说明总供给曲线和总需求曲线相交的一点的。总需求曲线上的其他各点并不是有效的，对决定总就业量不起作用。

有效需求理论的主要内容是：总就业量决定于有效需求；失业是由于有效需求不足造成的。由于有效需求不足，商品滞销，引起生产缩减，企业家解雇工人，造成失业。

有效需求为什么会不足呢？有效需求由消费需求和投资需求组成。边际消费倾向递减、资本的边际效率递减和流动性偏好"三大社会心理因素"造成消费需求和投资需求不足，进而导致商品滞销，失业增加，整个国民经济在存在着大量失业和闲置资源的情况下达到均衡——形成"富裕中的贫困"的现象。为了弥补收入与有效需求之间这个缺口，就只有采取必要的政策，刺激投资的增加是有效的方法。因此，凯恩斯说："这个理论（有效需求理论）可以概括地说就是，根据大众心理，整个生产和就业水平决定于投资总量。"（程英琦、何泽荣，1988，第68页）

从萨伊到凯恩斯，是经济学与时俱进的必然结果。

二、储蓄和投资

（一）储蓄与投资的关系

传统经济学坚持"储蓄全部自动转化为投资"、"储蓄 = 投资"、"储蓄支配投资"等观点。凯恩斯摒弃了这些传统教义，明确地认定"储蓄是消费者行为的结果，投资是企业家投资行为的结果"（凯恩斯，1993，第56页），没有任何一种完善的市场机制能够使一群人的储蓄必然等于另一群人从事的投资。这种分离与矛盾导致以下两个论点：（1）市场无法自动地把储蓄全部转化为投资，需要求助于市场机制以外的力量进行干预；（2）投资比储蓄重要，过多的储蓄甚至会使新投资制造的商品销售困难，从而阻滞投资。在萧条的社会里，如果储蓄既不能转化为投资，也不能转化为消费，则这种"节约"毫无益处。这样的论点进一步形成了"投资支配储蓄"的新观点。

与传统经济学用利率把储蓄和投资联系起来所不同的是，凯恩斯是用收入把二者联系起来，并通过收入的调节使二者达到均衡。他说："这两个量必然相等，因为它们都等于收入超过消费的余额。"他作出的论证是（凯恩斯，1993，第56页）：

收入 = 产品价值 = 消费 + 投资

储蓄 = 收入 - 消费

所以，储蓄 = 投资

但是，与古典学派不同的是，凯恩斯所说的储蓄和投资的均衡不是指充分就业条件下的均衡，而是小于充分就业的均衡。因为，消费需求不足和投资需求不足是当时的一般情况。这两种需求不足引起有效需求不足，失业增加，收入下降。收入的下降使企业家减少投资，同时随着收入的下降，储蓄也随之减少。这种过程会一直延续下去，直至储蓄减少到与已经降低的投资相等时为止。在这个低收入水平上，均衡得以恢复，投资等于储蓄，国民经济在一个小于充分就业的状态下稳定下来。

上述论述可以简单总结为：储蓄决定于收入，投资则是决定收入量大小的主要因素。进行储蓄和投资的动机完全不同。它们虽然都受利率的影响，但并非主要由利率变动使二者均衡。由于二者都与收入密切联系，因此，它们统一在收入的循环流中，在收入的不同水平上达到小于充分就业的均衡。

（二）乘数原理

在短期内，消费倾向是比较稳定的，投资是决定就业的主要因素。凯恩斯对投资的重视，不仅在于投资是构成有效需求的核心部分，还在于投资有一种能动的乘数作用，即投资的增加能够使收入成倍增加。这一理论的思想来源是卡恩（Kahn，R. F.）1931年提出的投资增加引起就业增加的就业乘数理论。凯恩斯提出的投资乘数（k），是通过边际消费倾向（MPC）和边际储蓄倾向（MPS）展开的。

投资乘数 k 是收入增量 Δy 与投资增量 ΔI 之比，即

$$k = \Delta y / \Delta I \qquad \text{（公式 1.10）}$$

因为

$$\Delta y = \Delta c + \Delta I$$

$$MPC = \Delta c / \Delta y = \frac{\Delta y - \Delta I}{\Delta y} = 1 - \frac{1}{k}$$

所以

$$k = \frac{1}{1 - MPC} \qquad \text{（公式 1.11）}$$

因为

$$1 - MPC = MPS$$

所以

$$k = 1 / MPS \qquad \text{（公式 1.12）}$$

（公式 1.11）和（公式 1.12）说明：投资乘数等于 1 减去边际消费倾向差的倒数，或等于边际储蓄倾向的倒数。投资乘数所以能发挥作用，其关键在于边际消费倾向的大小。因为边际消费倾向 MPC 是小于 1 的正数，因此投资乘数 k 肯定是一个大于 1 的正数。MPC 越接近于 1，投资乘数就越大，小量的投资也可以引起收入和就业量的大幅增加；反之，MPC 越接近于 0，则小量投资只能引起收入和就业的小量增加。凯恩斯说："边际消费倾向似乎是在这两个极端之间，但接近 1 的程度大，接近 0 的程度小。"（凯恩斯，1993，第 102 页）

凯恩斯正是根据乘数原理，用投资减少所引起的收入和就业的成倍减少这种剧烈波动，来解释经济危机期间的投资猛降、生产剧减、失业严重增加的病症。也正是根据乘数原理，提出政府增加投资会加倍增加收入和

就业量的政策建议，试图救治当时严峻的经济状况，重新回到充分就业情况下的均衡。但是，在政府增加投资的同时，由于"挤出效应"的存在，这种投资的效果往往会大打折扣，这也是后来很多学者反对增加政府支出的理由之一。

三、影响投资的因素：资本边际效率和利率

（一）资本边际效率对投资的影响

凯恩斯使用资本边际效率旨在说明投资动机、投资前景及投资诱因。他提出的资本边际效率的定义是："一种资产的未来收益与它的供给价格或重置成本之间的关系，即该类资本增加一个单位的未来收益与多生产一单位产品的成本间的关系，可得出该类资产的资本边际效率。说得更确切一些，我所说的资本边际效率，乃等于贴现率；用此贴现率将该资本资产在其寿命期内所预期获得的收益的一系列年金折现为现值，则该现值恰好等于该资本资产的供给价格。用同样方法，可得出各种个别资本资产的边际效率。这些资本边际效率中的最大者，可视为一般资本边际效率。"（凯恩斯，1993，第115页）

从上述凯恩斯关于资本边际效率一词的解释可以看出，它是从利润率转化出来的，但增添了下列新的因素：

1. 时间因素。凯恩斯在这里使用贴现率折现到现值的表述方式，将"未来"这个时间因素突出出来。在投资实践过程中，未来收益的前景同当前投资决策紧密联系起来，使未来经济发展的前景对当前经济活动产生十分巨大的影响。因此，时间因素——明日同今日的差别和联系——是决定资本边际效率的重要因素。

2. 预期作用。凯恩斯的整个经济理论中，贯穿着心理因素的作用。资本边际效率是以企业家对新增资本的未来预期收益所作的心理估计。正是这种资本边际效率的最重要的特征——未来收益的不确定性，使他特别强调预期的作用。预期分为长期预期和短期预期。凯恩斯更强调长期预期在决定投资中的作用。凯恩斯认为"长期预期状态不单单取决于我们所能作出的最可能的预测，也取决于我们作出这一预测的信心，即取决于我们对

自己所做的最好预测的可靠性的评价。"（凯恩斯，1993，第127页）很明显，凯恩斯实际上是强调对预测可靠性的信心是投资决策的主要因素。信心状态对资本边际效率有重要的影响，它是决定资本边际效率的主要因素之一（凯恩斯，1993，第149页）。

3. 边际概念。凯恩斯的预期利润率特指边际投资的未来收益，而非泛指一般投资的收益。他说："资本边际效率是以钱投资于新的资产，预期取得的报酬率，与历史陈迹（即在该资产寿命告终以后，回顾以往，原投资成本的报酬率）无关。"（凯恩斯，1993，第106页）。

凯恩斯对资本边际效率的特点也作了明确的论断：

1. 短期而言，资本边际效率波动不定。其原因在于"决定资本边际效率者，是不受控制、无法管理的市场心理。"（凯恩斯，1993，第272页）

2. 长期而言，资本边际效率随投资增加而呈下降的趋势。凯恩斯的这一推断，与许多著名经济学家，例如斯密、李嘉图（Richardo，D.）及穆勒（Mill，J. S.）等人关于利润率呈下降趋势的命题并无本质的不同，这里就不加详述了。

凯恩斯正是从资本边际效率具有不稳定性和长期下降趋势两大特征出发，强调了投资诱因的极端重要性。

（二）利率与投资

凯恩斯认为单有资本效率还不能决定企业家的投资决策，实际的投资量应该取决于资本边际效率与利率的关系。我们可以把资本边际效率看作投资的预期收益率，利率是投资的资本成本，那么这种分析就可以看作是最常见的收益—成本分析。资本边际效率等于利率，投资既不扩大也不缩小；资本边际效率大于利率，投资扩大；资本边际效率小于利率，投资缩小。资本边际效率（MEC）、利率（i）和投资（I）的关系可用图 1.8表示。

由于资本边际效率递减的作用，资本边际效率 MEC 曲线从左上方向右下方倾斜。当利率 i 从 i_1 下降到 i_2 时，投资量从 I_1 增加到 I_2。

由于资本边际效率在短期内较难改变，因而通过调节货币数量来影响利率，进而调节投资成为政府仅有的一种影响投资的策略。如果想抑制投

赚钱要趁早。

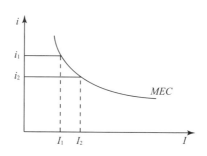

图1.8 资本边际效率、利率和投资的关系

资，就可以提高利率；想刺激投资，就可以降低利率。但是在萧条时期，货币当局是否能够通过不断增发货币，将利率压到一个相对于资本边际效率来说足够的低位，从而刺激新的投资呢？凯恩斯对此的回答是否定的，他认为理由有三：

1. 货币的生产弹性非常小。这就是说，与其他的商品不同，私人企业不能随意生产货币。货币的供给一般来说是固定的，这样，利率也不能像其他商品那样因产量的增加，即货币供给量的增加而下跌。

2. 货币的替代弹性非常小。货币作为交易媒介，没有适当的其他商品可以替代，因此无法减少对货币的需求，即使其他商品很低廉。既然货币需求无法减少到零，因此，利率也不会减少到零或零以下。

3. "流动性陷阱"。当利率降低到一定程度后，任何增加的货币量都会被人们全部持有，不会再对利率产生任何影响。

根据以上观点，凯恩斯认为利率政策在萧条时期刺激投资方面的作用非常有限。

四、*IS* 曲线和 *IS – LM* 模型

按照凯恩斯的理论，储蓄和投资是恒等的。这个恒等关系是通过利息率对收入的调节实现的。利息率影响投资从而影响收入与储蓄。如果利息率高，投资减少，收入减少，则储蓄与投资在低水平相等；反之，两者在高水平相等。这也就是说，储蓄和投资可以在利息率和任何一个收入水平的交点上相等。把这些储蓄和投资相等的点联结起来就形成 $i - Y$ 坐标系中的 *IS* 曲线（如图 1.9 所示）。

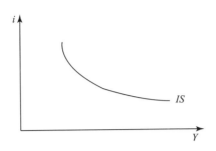

图 1.9　IS 曲线

图 1.9 中的纵轴代表利息率 i，横轴代表收入水平 Y，IS 曲线上任何一点代表利息率和收入的组合点，在这些点上，储蓄等于投资。收入、储蓄、投资和利息率四个变数的均衡组合，构成产品市场的均衡。

希克斯把产品市场和货币市场结合起来，建立了一个产品市场和货币市场的一般均衡模型，即 $IS - LM$ 模型（如图 1.10 所示）。

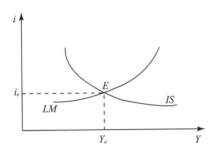

图 1.10　$IS - LM$ 模型

图 1.10 中，在 IS 曲线和 LM 曲线的交点 E 上，货币需求等于货币供给，储蓄等于投资，即货币市场和产品市场同时达到均衡。

萨缪尔森说，$IS - LM$ 模型"把货币—收入—利息之间的相互关系综合了起来。……把古典的宏观经济理论同凯恩斯的宏观经济理论综合起来。"（萨缪尔森，2004，第 502 页）当然也有人认为，$IS - LM$ 模型严重歪曲了凯恩斯的经济理论，把凯恩斯已经结合起来的价值论与货币论又分离开来。

第三节　凯恩斯的物价理论

物价理论是凯恩斯货币理论的重要组成部分，它着重阐明货币的影响与一般供求理论的关系，即作为经济的一个内在变量的货币如何作用于经济过程，货币数量的变动与一般物价水平有什么关系。

一、货币论和价值论的结合

古典货币经济学家据以分析经济的理论体系是货币数量说。这一学说主要是研究货币数量与物价的关系，对现代经济学家所关心的其他重要经济变量，如就业水平和产出水平很少予以注意。这种货币理论在 20 世纪 30 年代资本主义经济危机面前，提出的政策建议显得软弱无力。在这种背景下，人们逐渐意识到现有的经济体系不可能经过利率和工资水平的自动调节达到充分就业的均衡，整个经济完全可能在存在大量失业和闲置资源的状态下处于小于充分就业的均衡，货币在决定总产量和总就业量上的重要性也越发显露出来。这就要求经济理论来一个大的变革，从对个人在市场上的决策分析转而对总产出和总就业进行分析，产生一个关于货币、产出、就业和价格的总体理论。

瑞典经济学家维克塞尔首先提出货币对于一般经济具有重要作用，提出了以货币利率和自然利率相一致为中心的货币经济理论（维克塞尔，1983，第 214 页）。凯恩斯在《货币论》中承袭了维克塞尔的观点，之后对其思想有了进一步的发展，在 1936 年出版的《通论》中，他对古典学派将货币理论与价值理论割裂的做法提出严厉的批评，"实在是错误的分法"。他的目的之一"即在于避免这种双重生活，使整个物价理论重新与价值论发生密切接触"（凯恩斯，1993，第 252 页）。

凯恩斯是如何将两种理论结合起来的呢？汉森（Hansen，A. H.）说："凯恩斯把弹性概念引入货币论中，正像在价值论中一样。因此，凯恩斯关心物价的弹性对于总需求改变的反应，关心总需求的弹性与货币数量改变的反应。这样一来，货币论和价值论就变成一个整体的学说了。"（汉森，

1963，第 159 页）凯恩斯的逻辑简单来说就是货币数量的改变影响总需求，总需求的变化再影响物价。如果用 e 来代表物价对货币数量的弹性，则

$$e = \frac{\mathrm{d}P}{P} \bigg/ \frac{\mathrm{d}M}{M} \qquad （公式 1.13）$$

式中，P 代表物价，M 代表货币数量，$\mathrm{d}P$ 和 $\mathrm{d}M$ 分别代表物价和货币数量的增量。可以把（公式 1.13）分解为（凯恩斯，1993，第 263 页）

$$e = \frac{\mathrm{d}P}{P} \bigg/ \frac{\mathrm{d}M}{M} = \frac{\mathrm{d}P}{P} \bigg/ \frac{\mathrm{d}D}{D} \cdot \frac{\mathrm{d}D}{D} \bigg/ \frac{\mathrm{d}M}{M} = e_p \cdot e_d \qquad （公式 1.14）$$

式中，e_p 为物价对总需求的弹性，e_d 为总需求对货币数量的弹性。这样，凯恩斯就通过"货币数量—有效需求—物价"这一逻辑链条创立了完整的货币经济理论。从这里我们也可以看出，凯恩斯把两者结合起来是立足于他的收入决定论的。

二、"半通货膨胀"的物价理论

凯恩斯分析货币数量与物价的关系有两个基本出发点：（1）小于充分就业的均衡是常态；（2）货币数量对物价的影响是间接的，而非直接的。货币数量对物价的影响，必须以利率为"跳板"才能起作用。其基本思路为：货币数量—利率—有效需求—物价。基于以上两点对古典货币论的修正，凯恩斯提出了他的"半通货膨胀"物价理论。

"充分就业固然是一个最后分界点，到达此点以后，若有效需求再增，那么货币工资必须随工资品的价格上涨而同比例地提高。但在这点以前，还有一组半分界点，在这许多点上，有效需求增加时，货币工资也提高，只是不及工资品价格的上涨比例而已。……在这一点上，有效需求（用货币计算）若再增加，便将引起工资单位作不连续的上涨，故从某种观点看来，这些点可称为半通货膨胀，有些和以下所谓绝对通货膨胀相似。……所谓绝对通货膨胀，是在充分就业之下，再增加有效需求时所产生的情况。"（凯恩斯，1993，第 259～260 页）

从上面的引述中可以看出，凯恩斯把"半通货膨胀"同"真正的通货膨胀"区别开来。这主要同他的基本出发点"非充分就业下的均衡"相联系。他认为，在非充分就业的前提下，增加货币数量促使有效需求增加，

其效果一部分引起物价水平上涨，另一部分促使产出和就业增加。只有达到充分就业后，再增加货币数量才不会再促使产出和就业的增加，而只会使物价水平同比例地上涨，形成真正的通货膨胀。

具体地说，他将货币数量对物价的影响分为三个阶段，但第一阶段他没有使用"通胀"的字眼。

第一阶段，小于充分就业阶段。在这一阶段中，社会上存在大量的失业和闲置资源，产出低于整个经济能够达到的水平。在凯恩斯对现实做了一系列简化之后，可以说货币数量增加，物价不受影响。如果考虑到实际情况，则应该说货币数量增加，物价在小幅上涨。这是由于在这时每一种可用资源都还没有被充分利用，供给弹性较大，因而物价水平不会随着产量的增加而上涨很多。

第二阶段，"生产瓶颈"阶段。随着货币数量的增加，有效需求增加，生产扩大，未被充分利用的资源和劳动力逐渐减少，生产达到了瓶颈状态。这时货币数量的增加，一部分使物价上涨，另一部分还可以促使产出和就业增加。这也就是凯恩斯的"半通货膨胀"情况。

第三阶段，充分就业阶段。在达到充分就业后，生产资源和劳动力的供给不再具有弹性，商品的短期供给曲线逐渐趋近于零，这时随有效需求增加的是工资单位的连续上涨、边际成本的不断上升和物价水平随货币数量同比例上涨。这时就是真正的通货膨胀。

上述三个阶段可以用图1.11来表示。

货币政策的调整，就是对这三个阶段的准确把握。既要防止真正的通货膨胀，又要充分利用货币对产出和就业的积极影响。

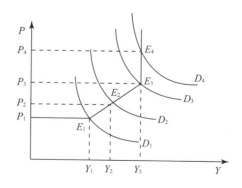

图 1.11　货币数量对物价影响的三个阶段

图 1.11 中供给曲线开始是水平的，这表示产出较低时，供给的弹性无限大。产出从零增加到 Y_1，价格水平始终稳定，E_1 点决定的价格水平为 P_1，产量水平为 Y_1；当产出到达 Y_1 后，再增加供给，就会遇到生产过程中的瓶颈现象，当需求曲线从 D_1 上升到 D_2 时，价格水平逐渐上涨，同时产出也增加；当产出达到充分就业的产量 Y_3 时，整个社会的资源得到充分利用。这时需求曲线再升高到 D_4，产出不变，仍为 Y_3，但价格从 P_3 垂直上升到 P_4。其中，产出从 Y_1 至 Y_3 阶段，即为凯恩斯的"半通货膨胀"阶段。

三、长期内的物价问题

凯恩斯认为，长期内货币数量与物价的关系问题不是一个纯粹的理论问题，而是一个历史概念的问题。其基本观点是：

（一）长期内物价总是上涨的

如果货币数量不足的话，政府不会使用强行降低工资单位以致增加债务负担的办法，而会采用改变货币本位制度或货币制度的办法，以增加货币数量。这样，在货币不足时，增加货币单位；在货币相对充足时，提高工资单位。这两种情况所采取的办法，都只能使物价上涨。

（二）长期内物价的稳定取决于几种力量的博弈

凯恩斯的结论是："国民收入和货币数量之间的长期关系取决于流动性偏好。而价格在长期内是否稳定取决于工资单位向上的趋势的强度（或更准确些说，是成本单位）与生产体系的效率增加的程度的比较。"（凯恩斯，1993，第 267 页）

从凯恩斯这个结论可以看出，凯恩斯关于长期内的物价问题的着眼点是生产的发展，有效需求的增加，而不是货币数量的多寡。汉森根据凯恩斯的这一观点指出："正因为如此，近代国家把主要重点放在财政政策，而将货币政策贬低到有用而必要的仆从地位，作为辅助手段，为财政政策服务。"（汉森，1963，第 175 页）

物价上涨，货币贬值是经济发展史的规律。以物价绝对稳定为货币政策目标，注定要失效。这一规律的形成，与历代政府将货币贬值作为非税收入来源主渠道有关，也与一般财富"折旧"和货币财富产生"利息"同时存在有关。

第三章　凯恩斯的货币政策理论与实践

凯恩斯在《就业的一般理论》中写道:"我感兴趣的不仅在于诊断,而且在于治愈:我的书中许多篇幅都用于阐述后者。"但他又说:"我认为我对于治疗的建议,坦率地说还不是一个完整的设计,而是从不同角度来诊断。它们并不意味着已成型了,还要经受各种特殊假设的检验,而且必须联系到各时期的特殊情况。"(凯恩斯,1984,第4页)第二次世界大战爆发后,凯恩斯认为他的理论和政策不仅适用于经济萧条的情况,也可以用来解决战时的通货膨胀问题。但是应该看到,凯恩斯提出的政策建议仍然比较笼统,如何使这些政策建议具体化,还需要做许多工作。凯恩斯的门徒和追随者,例如哈罗德(Harrod,R. F.)、希克斯、汉森、萨缪尔森、库兹涅茨(Kuznets,S. S.)等人,对凯恩斯的政策作了大量理论的和技术性的探索和补充。

第一节　凯恩斯的货币政策

本编的主旨是探讨凯恩斯的货币理论和政策,然而,由于当时凯恩斯要解决的经济问题主要是失业严重和经济萧条,因而特别强调财政政策的作用,而把货币政策放在次要的地位。他认为仅用货币政策操纵利率不会有很大的成就,理由是资本边际效率的变动范围甚大,而影响也很大,而利率的变动范围过于狭小,因而影响也小。由于"流动性陷阱"的存在,新增的货币量不可能将利率降低到需要的低位，与萧条时期超低的资本边际效率相比仍是很高，这样就起不到刺激投资的作用。

当然，这并不是说凯恩斯的货币政策不重要。第一，凯恩斯写作《通论》的目的就是要改变传统理论对货币与一般供求理论相脱离的观点，把货币理论直接与就业、产量相联系、相融合，建立一个关于货币经济的完整理论。他说："假设我们所研究的，只限于一业或一厂，假定就业资源总数不变，又暂时假定他业或他厂的情况也不变，则我们的确可以不顾货币的特性；但当我们进而讨论何者决定社会全体的产量和就业量时，我们就需要一个关于货币经济的全盘理论。"（凯恩斯，1993，第140页）第二，"货币是现在和未来的联系"（凯恩斯，1993，第251页）的这一特性同他的投资引诱理论紧密联系。具体一点说，就是企业家依据未来币值（未来物价水平）变动趋势的预期，调整其对现有资产的价格估计，影响资本边际效率，进而影响投资、总产量和总就业量。第三，在就业不足的假定前提下，货币数量的增加会增加有效需求，一方面会提高物价水平，另一方面可以降低利率从而刺激私人投资，而私人投资被认为是生产效率最高的投资方式。

凯恩斯自己确信对货币的控制是调控生产和就业最有效、最不受民众反对的方法之一。货币当局完全可以通过货币数量的变动来影响利率，从而对实体经济产生影响。具体地说，政府控制中央银行增发货币，人为地增加有效需求，从而解决经济危机问题。这种方法必然要涉及财政领域，由过去量入为出、收支平衡的原则，改为扩大支出、赤字预算和大量举债的方式。把政府干预推广到整个经济结构，尤其是投资领域。凯恩斯提倡扩大政府的职能，由政府管理消费倾向和投资引诱（凯恩斯，1993，第320页），特别是投资社会化，把投资的事情由社会来综揽（凯恩斯，1993，第323页）。

另外，凯恩斯还特别强调预期的作用。这一点表现在利率对货币需求中的投机需求的影响上。由于投机需求的存在，不论货币数量是有意或偶然地变动，都可以影响整个经济体系。凯恩斯认为，长期利率不仅由货币当局的政策决定，而且也由市场上对这一政策的未来状况的预测所决定。如果一般人根据以往的经验推测未来金融政策"不安全"，那么货币当局

> 对货币的控制是控制生产和就业最有效、最不受人反对的方法之一，也是最隐蔽、最广泛的方法之一。到目前为止，还没有一个理论比凯恩斯理论能更好地解释并解决经济萧条和危机问题。

就很难控制长期利率。相反，短期利率则容易控制。货币当局的任务是通过对短期利率的控制来尽量影响人们对未来的预期。在具体做法上，他主张货币当局应该买卖各种期限的金边债券，而不是只依照一个银行利率买卖短期票据，这样可以构造一个层次丰富、期限联动性强的货币市场，形成一个稳定的利率预期。

尽管凯恩斯个人推崇低利率政策，也认识到了这种政策的局限性，但却未能从经济过程中找出一条可行的有效措施。于是，他将利率问题推而广之，将其与社会、伦理等范畴联系起来，试图从中寻找一条道路，实现他的货币政策主张。

（1）反对货币"窖藏"。公众渴望"窖藏"更多的货币，这对经济体系会有重大影响；特别是萧条时期，过度的"窖藏"会使利率无法下降，造成更大规模的失业。

过度投机不仅给经济带来异常波动，偏离实体经济状况，更严重的是败坏社会风气，使劳动创造财富的信念发生动摇。

（2）对投机带来的不稳定性感到不安。凯恩斯并不反对投机，他认为投机是经济中一种很自然的现象。但他对证券市场中由投机带来的不稳定性感到不安。如果整个国家的投资都完全依赖于私人投机来进行，那么这种投机就很有可能使现有生产设备陷入突然瘫痪的崩溃状态。因此，他建议国家要多负起直接投资职责，并尽可能准确地计算资本边际效率，使投资稳定增长。

经济学最终要回到道德伦理上来，要为社会公认的道德标准服务。

（3）批评分配不均。分配过于不均不仅对社会安定不利，对经济也不利，会减少消费和投资两方面的有效需求。凯恩斯建议用累进所得税的方法，逐渐缩小贫富差距。

（4）抨击食利者阶层。凯恩斯认为，利息并不是"节欲"的代价，而是由于资本稀缺造成的。食利者坐收利息，是实行低利率政策的一道不可逾越的障碍，对投资、就业极其不利。

第二节　凯恩斯货币政策的发展

在《通论》出版近 10 年以后，资本主义国家开始以其作为政府政策的理论基础。但《通论》毕竟是一部理论著作，很多具体的政策建议仍显笼统模糊，如凯恩斯所说的："至于应当采取何种实际办法才能把这些思想逐渐实施，即使提纲挈领指示，也须另成专书。"（凯恩斯，1993，第330页）于是将凯恩斯的理论与政策建议具体化的工作，交给了凯恩斯的众多门徒和追随者们。

一、20世纪40—50年代的补偿性货币政策

第二次世界大战结束后，长期萧条局面暂时被战后的虚假繁荣所取代，这一点在美国尤为突出。各主要资本主义国家面临的主要问题是如何维持战后经济稳定，避免经济走向停滞。显然，在新形势下，凯恩斯以反萧条为重点的理论和政策建议难以解决这一问题，这就要求推进凯恩斯的理论并使他的政策建议具体化。

以汉森为代表的经济学家提出了"稳定中求发展"的"反经济周期理论"的主张，实行"补偿性财政金融政策"。必须根据经济情况的变化，安排各项"反经济周期"的支出，以便在通胀之前紧缩开支，在通缩之前扩大支出，使社会总支出保持稳定。这种政策的执行手段主要是补偿性财政政策，但补偿性货币政策仍不失为补充手段。当经济处于萧条时，货币当局通过降低法定准备金率和贴现率、买进政府债券等方式放松银根，增加货币供应量，降低利率，促进投资，从而促进就业和产出；在经济繁荣时期，则反向操作，抑制投资和需求。这一时期，凯恩斯主义者已逐渐认识到了货币政策的作用，但仍然将货币政策看作是辅助手段，居于次要地位。

二、20世纪60年代的增长性货币政策

进入60年代后，为促进经济增长，新古典综合学派的托宾（Tobin, J.）、海勒（Heller, W. W.）等人提出了"增长性赤字财政货币政策"，即政府预算不再追求每年度的收支平衡，也不要求周期的预算平衡，而是要以充分就业下的预算平衡为目标。不仅要在萧条时期实行扩张性的货币政策，而且在经济回暖期间，只要未达到充分就业，就要通过赤字财政货币政策扩大总需求，从而实现充分就业。增长性的货币政策具体措施包括：协调各国的货币政策，使各国短期公开市场证券的利率接近，减少国际间

资本的流动；国内货币当局的活动应该更接近于它所要试图控制的支出决定；财政部发行公债，通过在公开市场上的买卖可以帮助货币当局控制实际利率，并增加它对投资市场的影响等。

新古典综合学派已经认识到，由于扩张性的财政政策可能会产生"挤出效应"，因此在实行时，也应该实行扩张性的货币政策，保证利率不致升得太高，减少"挤出效应"。这就说明，在促进经济增长的过程中，财政政策固然重要，货币政策也不可或缺了。

三、20 世纪 70 年代的货币政策

进入 70 年代后，资本主义世界的经济发展遭遇了"滞胀"难题。在消除"滞胀"问题上，凯恩斯的需求管理政策不再奏效。但凯恩斯主义者并不承认其政府干预政策失效，而是认为在"滞胀"的情况下，不仅要采取加速经济增长的扩张性财政货币政策，同时必须采取其他多种政策措施如收入政策、人力政策等来消除扩张性政策的副作用；而且，随着政府干预经济的目标扩大，政策措施应该更加多样化。其中一个明显的变化是更重视货币政策的作用。凯恩斯主义者对以前的以财政政策为主导的策略有许多改变，如根据具体情况实行财政政策和货币政策的"松紧搭配"。一方面通过政府支出来刺激投资，另一方面通过控制货币供应量的增长防止通货膨胀。这说明，货币政策已经和财政政策一样在经济中起着重要的作用。

四、新凯恩斯主义的货币政策

80 年代以来，现代货币主义等新保守主义经济学取代凯恩斯主义经济学，居于正统地位。现代货币主义认为政策的首要目标是治理通货膨胀。在这一时期，各主要资本主义国家奉行新保守主义的理论和政策，更加强调货币政策在经济中的重要作用，虽然在这些理论和政策指导下通胀率有一定程度的降低，但失业率却急剧上升，经济增长率下降，政府财政状况恶化（如图 1.12 所示）。

图 1.12 中，美国在 1989—1993 年的实际国内生产总值平均增长速度约为 1%，1991 年的经济增长率甚至为负，而 1983—1988 年的实际国内生

产总值增长率为 3.8%，下滑趋势比较明显。这说明新保守主义的政策也不能有效解决经济中的现实问题，因而他们对凯恩斯主义政策的批评也不再理直气壮。在此情况下，凯恩斯主义开始以"现代主流经济学综合"或"新凯恩斯主义"的面貌出现，并日益受到人们的重视。它吸取了现代货币主义关于货币政策的主要观点，在其总需求理论中，货币政策已经具有和财政政策相同的重要性，起着同等重要的作用。1993 年初，克林顿上台后，加强政府对经济生活的干预，以实现充分就业和经济增长，其提出的理论和推行的政策具有凯恩斯主义的倾向。"因此可以认为，克林顿经济学的得势意味着凯恩斯主义的复兴：新凯恩斯主义构成这一经济学的直接基础"（傅殷才、文建东，1994）。1997 年克林顿的连任成功，也意味着凯恩斯主义的进一步复兴。

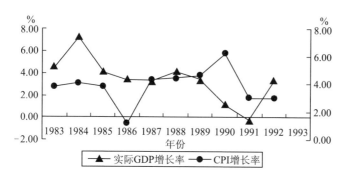

数据来源：实际 GDP 增长率数据：CEIC 数据库；

CPI 增长率数据：Bloomberg L. P. 。

图 1.12　1983—1993 年美国实际 GDP 增长率和 CPI 增长率

纵观凯恩斯主义货币政策的发展，不难看出，凯恩斯主义者对货币政策的态度从一开始的轻视，到认识货币政策可以起辅助作用，进而把货币政策与财政政策等量齐观，强调货币政策的作用。这说明随着经济的发展，政府干预经济的目标越来越多，单靠某一政策手段难以同时实现几个政策目标，必须运用多种政策手段，在经济生活中进行"相机抉择"。

第三节　凯恩斯货币政策的借鉴意义

中国经济体制改革的目标是建立完善的社会主义市场经济体系。这是一项前无古人的事业，没有可以直接拿来照搬的先例。在整个改革的进程中，如何选择适合我国国情的货币政策，需要我们不断总结我国货币政策实践中的经验教训，同时吸收西方经济学中的合理成分，借鉴西方国家的成功经验。应该看到，凯恩斯的货币理论及政策主张尽管有其错误和缺陷，在各国的实践也带来了种种恶果，但是，其对我国的货币政策仍具有一些借鉴意义。

一、强调货币政策与财政政策的搭配

凯恩斯及凯恩斯主义者们将货币政策与财政政策搭配运用的经验对我国的宏观调控具有启发意义。由于现代经济的复杂性日益增强，单纯依靠财政政策或货币政策，都无法解决经济中存在的各种复杂而尖锐的问题，必须将货币政策与财政政策配合使用。

要了解实际情况，除了关注、分析统计数字外，更要注重调查研究，听取企业家的意见和建议。

二、货币政策因时制宜

第二次世界大战后至70年代中期，西方各主要资本主义国家奉行凯恩斯主义理论，货币当局追求宏观经济增长和抑制通货膨胀的双重目标。货币当局根据运行的实际情况"逆经济风向"进行动态决策。这一政策手段取得了一定成效，在70年代中期以后，各国主要实施现代货币主义的货币政策，增加了货币政策的公开性和透明度。这一政策在反通胀方面较为成功。西方各国的实践经验表明，一国的货币当局应根据当时经济的实际情况来选择货币政策。

中央银行的"独立性"取决于业务处理的权威性和道德的不容置疑。

三、强调中央银行的独立性和权威性

具有独立性、权威性的中央银行是政府推行货币政策、进行宏观调控的基本前提。货币政策的有效与否，关键取决于其是否能够有效影响民众的预期，如果想达到这样的效果，中央银行的独立性和权威性不可或缺。西方国家的中央银行都具有很高的独立性。这一点，对中国的金融体制改革具有参考价值，值得借鉴。

四、灵活采用多种货币政策工具

在金融体系和金融管理技术比较发达的资本主义国家，虽然其制度和管理技术大致相同，但各国采用的货币政策工具因国情不同而存在较大的差异，即使使用统一货币政策工具，其具体应用方法和效果也各不相同。由于每一种货币政策工具都有一定的副作用和局限性，各国中央银行总是协调采用多种工具，视经济的具体情况交替使用经济手段和行政手段。

五、膨胀性货币政策的教训

凯恩斯的追随者采用的膨胀性货币政策所带来的后果给我们留下了非常深刻的教训，中国必须慎重地选择货币政策。西方各国的经验和我国自身的实践证明，通货膨胀对经济改革和经济发展有着十分严重的危害，任何时候，任何政府都不能对其掉以轻心。

参考文献

[1] 阿尔弗雷德·马歇尔：《经济学原理》，中文版，北京，商务印书馆，2005。

[2] 阿尔文·汉森：《凯恩斯学说指南》，中文版，北京，商务印书馆，1963。

[3] 奥斯汀·罗宾逊：《凯恩斯传》，中文版，北京，商务印书馆，1977。

[4] 保罗·萨缪尔森：《经济学》，中文版，北京，人民邮电出版社，2004。

[5] 布赖恩·摩根：《货币学派与凯恩斯学派》，中文版，北京，商务印书馆，1984。

[6] 陈银娥：《凯恩斯主义货币政策研究》，北京，中国金融出版社，2000。

[7] 程英琦、何泽荣：《凯恩斯的货币理论与政策》，成都，西南财经大学出版社，1988。

[8] 傅殷才、文建东：《凯恩斯主义复兴与克林顿经济学》，载《武汉大学学报》，1994（1）。

[9] 高鸿业：《西方经济学（第二版）》，北京，中国人民大学出版社，2001。

［10］哈里斯：《新经济学》，中文版，北京，商务印书馆，1947。

［11］胡代光、厉以宁、袁东明：《凯恩斯主义的发展和演变》，北京，清华大学出版社，2004。

［12］黄达：《货币银行学》，北京，中国人民大学出版社，2000。

［13］凯恩斯：《劝说集》，中文版，北京，商务印书馆，1962。

［14］凯恩斯：《就业的一般理论》，载《四川财经学院财经译丛》，1984（4）。

［15］凯恩斯：《货币论》，中文版，北京，商务印书馆，1986。

［16］凯恩斯：《就业、利息和货币通论》，中文版，北京，商务印书馆，1993。

［17］克莱因：《凯恩斯的革命》，中文版，北京，商务印书馆，1980。

［18］刘涤源：《凯恩斯经济学说评论》，武汉，武汉大学出版社，1997。

［19］琼·罗宾逊：《凯恩斯革命的结果怎样》，载《现代国外经济学论文选》（第一辑），北京，商务印书馆，1979。

［20］宋春艳、周晓梅：《凯恩斯〈通论〉中的货币物价理论》，载《税务与经济》，1999（6）。

［21］维克塞尔：《国民经济学讲义》，中文版，上海，上海译文出版社，1983。

［22］尹伯成：《凯恩斯经济学历史地位的再评价及其适用》，载《河南社会科学》，2006（5）。

［23］希克斯：《凯恩斯经济学说的危机》，中文版，北京，商务印书馆，1979。

［24］Don Patinkin（1976），Keynes' Monetary Thought，Duke University Press.

［25］Hicks（1937），Mr. Keynes and the Classics：A Suggested Interpretation，*Econometrica*，Vol. 5.

［26］Hicks（1982），Money，Interest and Wages，Collected Essays on Economic Theory，Harvard University Press，Vol. II.

［27］J. Robinson（1938），Introduction to the Theory of Employment，*Annals of the American Academy of Political and Social Science*，Vol. 198，pp. 230 – 231.

［28］Keynes（1923），A Tract on Monetary Reform，Macmillan Publishers Limited.

［29］Keynes（1930），A Treatise on Money，Ams Pr Inc.

［30］L. V. Chandler（1940），An Introduction to Monetary Theory，New York：Harper and Brothers.

［31］Minsky（1976），An Exposition of a Keynesian Theory of Investment，Mathematical Methods in Investment and Finance.

［32］P. A. Samuelson（1946），Lord Keynes and the General Theory，

Economitrica, Vol. 14.

[33] P. A. Samuelson (1980), Economics (11th edition), New York: McGraw- Hill.

[34] Tobin (1956), The Interest Elasticity of Transaction Demand for Cash, *Review of Economics and Statistics*, Vol. 38, pp. 241 – 247.

第二编

熊彼特的货币金融思想

XIONGBITE DE HUOBI
JINRONG SIXIANG

Joseph Alois Schumpeter（1883—1950）

熊彼特生平简介

1883 年，经济学史上不平凡的一年。

这一年，马克思逝世，凯恩斯、熊彼特出生。

1983 年，经济学界对我们逝去的伟大的经济学家们进行了各种各样的纪念。值得注意的是，美国《福布斯》杂志当年 5 月 23 日的专刊以凯恩斯和熊彼特的头像作为封面，封面上凯恩斯面前有 10 支蜡烛，而熊彼特面前只有 1 支蜡烛。

管理学大师彼得·德鲁克（Drucker, P. F.）在这期专刊中发表文章《现代预言家:是熊彼特还是凯恩斯?》，他在文中说道:"在某种意义上，凯恩斯和熊彼特重演了西方传统中最著名的哲学家的对抗——最光彩、最聪明、最难以击败的诡辩者巴门尼德和反应缓慢、丑陋但却富有智慧的苏格拉底之间的柏拉图式的辩论。在两次世界大战期间，没有人比凯恩斯更光彩、更聪明。而熊彼特则相反，似乎平平常常——但他有智慧。聪明赢得一时，而智慧天长地久。"

约瑟夫·阿洛伊斯·熊彼特（Joseph Alois Schumpeter）1883 年出生于奥匈帝国摩拉维亚省（今捷克境内）一个织布厂主家庭。熊彼特 4 岁丧父，后依靠继父的资助在维也纳的贵族中学读书。

1901—1906 年，熊彼特在维也纳大学攻读法律和经济学，求教于奥地利学派重要代表人物庞巴维克（Böhm-Bawerk）门下；1906 年，他获得法学博士学位。毕业后，熊彼特从事过一些商业工作，之后在奥匈帝国的几所大学任教。

熊彼特曾积极参与政治活动。1919 年，他出任由奥地利社会民主党参加组成的奥国混合内阁的财政部长。1921 年，熊彼特弃仕从商，成为私营比德曼银行的总裁，该银行于 1925 年破产，熊彼特的私人财产也受到牵连。

之后，熊彼特重新回到学术界。1925—1932 年，他在德国波恩大学任教；1931 年曾到日本进行过短期讲学。1932 年，熊彼特移居美国，在哈佛大学任经济学教授，深居简出，潜心研究，直至 1950 年去世。

在教书育人的工作中，熊彼特表现出非凡的能力：他在波恩和哈佛教书 25 载，曾指导了哈佛 400 个经济学博士，两位诺贝尔经济学奖得主萨缪尔森和托宾就是其门下弟子。

熊彼特著作等身。最有影响力的是以下五部著作：第一部《经济发展理论》（1912 年德文第一版，1934 年英文第二版），熊彼特在该书中提出的"创新"推动经济发展和经济周期理论使他一举成名；第二部《经济周期：资本主义过程之理论的、历史的和统计的分析》（1939），是对《经济发展理论》中观点的发展与完善，哈伯勒（Haberler, G.）评价该书是"一座体现了理论上敏锐博识、苦心钻研学者风度，以及执著追求的精神丰碑"；第三部《资本主义、社会主义与民主》（1942）是熊彼特最具社会学色彩的杰作，也是最易阅读、最广为流传的一本书；第四部《从马克思到凯恩斯十大经济学家》（1952）是熊彼特的遗孀伊丽莎白·熊彼特（Schumpeter，E. B.）根据作者 1910 年到 1950 年的传记和评论翻译、整理和编辑而成；最后一部《经济分析史》（1954）可以说是熊彼特一生学术研究的总结与升华，该书也可以说是"迄今为止西方经济学界关于经济学说史，特别是关于经济分析方法的演变方面最广泛、详尽，而追根溯源又比较深透、分析评论又多具特色的第一本巨幅专著"（熊彼特，1991，第 1 页）。

熊彼特的研究方向是经济发展理论。他毕其一生博览群书、潜心治学，从理论上、史实上、统计上论证自己的理论，解释经济发展的动力、过程、归宿等问题。在熊彼特看来，资本主义社会经济发展的特点，是创新推动下的经济动态发展与周期性运动。他这样的发展理论在早年《经济发展理论》中已经构建起框架，后来的研究只是对早期研究的不断完善和更加精细的雕琢。

熊彼特的理论受到理论界和实务界的广泛关注。一个专门研究熊彼特思想的"国际熊彼特学会"（International Joseph A. Schumpeter Society）已于 1986 年成立，每年都要召开研讨会，而且还有专刊发行。特别在日本，熊彼特甚至被奉若神明，很多日本学者认为，日本战后的迅速崛起就是在熊彼特的发展理论指导下完成的。

熊彼特的理论也不是没有缺陷的。对货币金融理论缺乏精雕细琢就是硬伤之一。他没有专门的货币金融理论著作，相关思想散落在浩繁的发展理论中；为适应他的发展理论，熊彼特提出了一些看似非常偏激的货币金融结论，而受到猛烈的批评。如何完善他的货币金融理论以使他的经济发展理论更加完美，是当代经济学家研究的重点。

第一章　熊彼特的经济发展理论

本章介绍熊彼特的经济发展理论，目的在于为下文分析其货币金融思想提供整体逻辑框架。如前所述，该理论在其早年的《经济发展理论》中已基本构建完毕，后期的研究只是从历史史实和统计数据上对这一理论进行验证与完善。

熊彼特的经济发展理论，从分析方法看，最主要的特点是将经济分析划分为静态经济分析和动态经济分析。在本章中，第一节简要介绍熊彼特独特的经济发展理论；第二节对静态经济分析和动态经济分析进行对比；罗宾逊称熊彼特的经济学"既是经济周期的理论，同时又是发展的理论"（金指基，1996，第107页），我们将在第二节看到熊彼特是如何将经济发展和经济周期结合在一起的。

第一节　经济发展理论

一、静态经济分析

（一）经济研究的范围

熊彼特认为，经济研究的目的在于"说明经济的发展"（熊彼特，2008，第1页），明确经济发展的动力和经济行为的相互关系。而经济发展和经济行为都要体现在一定的经济环境中。熊彼特对经济环境作了"商业上组织得井井有条，私人财产、分工、自由竞争占主导地位；人们对于本期的判断是基于长期积累的经验"的假定（熊彼特，2008，第3页）。这样的假定，说明熊彼特经济发展理论的研究对象类似于现实生活中的资本主义社会。

在经济研究中，两个最基本的方面是需求和供给。需求方面，考察消费者在既定的收入下对最终产品的选择。需求理论以"效用"为基础，引出"边际效用"的概念，进而提出各种产品之间的补充性和竞争性原理，得到交换比率，最终确定价格和需求量的关系。熊彼特在需求方面完全赞同瓦尔拉（Walras，L.）一般均衡分析和马歇尔的边际效用理论①。

与需求相对，熊彼特更加关注供给方面。在瓦尔拉的一般均衡框架下，供给包括两个逻辑过程：第一个过程是生产者投入生产要素，生产出产品②，拿到产品在市场上出售，获得收入；第二个过程是生产者把收入分配给各个生产要素，包括劳动、土地、资本等。在静态经济分析下，熊彼特对第一个逻辑过程没有作过多的阐述，重点在于分析第二个逻辑过程，即生产要素包括哪些，生产要素的价格如何确定。

（二）最基本的生产要素

最基本的生产要素，是指在所有消费品和中间生产资料的生产过程中都需要的生产要素。熊彼特认为最基本的要素是劳动与土地③。他是这样表述的（熊彼特，2008，第11页）：

"所谓万变不离其宗，那么各种商品的生产是否有所谓的'宗'呢？顺着货物的等级依次上升，我们就找到合乎目的的最终要素，它们就是劳动和土地。可以说，所有物品都至少包含这两种要素中的一种，大多数情况下是两者都有。在此，我们设想所有的物品都可以被分解为劳动和土地。"

---

① 从篇幅上看，对需求方面的讨论，在熊彼特（2008）中，他只在第6页提到一段。

② 这一过程熊彼特有更确切的描述："生产就是把所能支配的原材料和力量组合起来，以此来生产不同的东西或用不同的方法生产相同的东西，也就是以不同的方式把这些原材料和力量组合起来。"见熊彼特，2008，第38页。

③ 这里的土地，我们可以理解为"自然资源"（natural resource），土地是自然资源的代表。

熊彼特在上面的论述中使用了"货物的等级"的概念，这里需要解释一下。货物的等级，是指人们根据物品与最终消费行为的距离来排列位次，如将最终消费品列于位次的最低等级，然后上一等级是直接用于生产最终消费品的高级生产资料，再往上就是生产高级生产资料的初级生产资料，任何最终消费品和生产资料的生产都需要劳动和土地，因此劳动和土地位于货物等级的最高级，熊彼特将它们称为"最终生产要素"①。

（三）价格的确定

当确定最基本的生产要素之后，下面的工作是确定消费品和生产要素的价格。熊彼特同意边际理论，消费品的价值由消费者的评价决定，等于边际效用；生产资料的价格间接决定于消费品的价值，其价格等于其边际生产率②。

（四）静态经济分析下企业零利润

确定了产品和生产资料的价格之后，就可以确定企业的利润了。企业的利润即是产品收益减去生产要素价值总和后的剩余。根据庞巴维克的"归属理论"（imputation）③，归属过程不能停留在任何一种被生产出来的生产资料上，而应当回到生产的最终要素——劳动和土地的服务。在自由竞争的静态交换经济中，所有产品的价格都必须等于劳动和土地的价格之和④。因此，在静态经济中，企业利润不存在。

但是，在两种情况下利润会产生。第一种情况是出现"摩擦"，即出现错误、灾害、惰性等很多原因导致经济不能正常运转，经济的非正常运转会使部分企业获得利润；第二种情况是"时间的消逝"⑤，时间的消逝表现在，生产资料是未来的消费品，从现在到未来之间存在时差，这种时差

---

① 对于劳动和土地是否是最基本的要素，在历史上是存在争议的。如有人强调资本的作用，有人强调劳动的作用（古典学派），最后庞巴维克将它们进行了统一，认为劳动和土地都是最基本的生产要素。熊彼特赞同导师庞巴维克的观点，因此再没有作过多的论述。

② 具体的分析可以参看克拉克（Clark，J. B.）的《财富的分配》。

③ "归属理论"指通过产品价格反向确定要素价格的理论。

④ 理论上称为"欧拉定理"。

⑤ 这一点在第三章"熊彼特的利息理论"中还会被提及。

会使生产资料的价值被低估，从而造成利润的产生。熊彼特认为在不考虑风险因素的静态经济中，时间的消逝不会使生产资料的价值被低估（"无正时间偏好"的观点）。因此，如果在一个不存在"摩擦"和"时间偏好"的经济中，企业仍然获得零利润。

（五）从交换经济看静态经济

静态经济分析的最后一步是把需求和供给两个方面统一起来，形成"交换经济"。

在交换经济下，经济出现循环：一方是拥有劳动力的工人和拥有土地的地主，另一方是需要劳动和土地进行生产的生产者。工人和地主用劳动力和土地同生产者交换，换回消费品。若不考虑时间因素，而且没有产品积压，这种经济机制一旦确立起来，就能自动维持运行。

这里的分析似乎还有一个矛盾：在其他条件不变的情况下，任何商品只有通过交换找到它的最佳用途时，它的交换价值才能固定下来，因此，物品的价值应当因人而异；但是，市场上我们看到的每种商品对所有人的价值（至少是价格）都是一样的。

交换经济中引入货币解决了这个问题：货币作为一般的交换对象，可以在同其他商品的交换过程中，确定双方交换的比值。因为市场上只存在一种货币价格，每种商品都只能用该种货币价格表示其价值，这样所有商品的价值就确定下来了。当交换经济中引入货币之后，经济循环变为两部分：一部分是劳动、土地与货币的交换，另一部分是货币与消费品的交换，在这两个交换中总价值保持不变，具有稳定性。

> 从交换引出货币是正确的。

至此，熊彼特的静态经济介绍完了。它的特点是商品和货币的双向、逆向流动的循环过程，总价值始终保持不变，生产者没有利润。

二、动态经济分析

（一）由循环流转到经济发展

在前述中，熊彼特描述的静态经济，其特征可以概括为"经济体系总是保持走向同一个均衡位置的趋势"（熊彼特，2008，第 36 页），而且这种趋势会不断地保持下去，熊彼特称此过程为"循环流转"。但是，从历史和现实来看，经济不是这样的"循环过程"，而是不断变化着的。熊彼特将这个更加复杂、更加现实的过程称为"经济发展"，同时他认为在经济发展中存在"一条连续不断的、逻辑上一致的线索贯穿其中"（熊彼特，2008，第35页），而寻找这条"线索"也是其经济发展理论所要进行的工作。

此外，熊彼特将循环流转经济的分析方法称为"静态经济分析"，此处和以后有关经济发展的分析方法称为"动态经济分析"。

（二）促进经济发展的因素

寻找经济发展的动力，是探索经济发展中"线索"的关键。

熊彼特认为经济发展的动力可以分为外部因素和内部因素两种（金指基，1996，第63页）。外部因素包括战争、革命运动以及天灾人祸；新的金钱供应源的发现；新地域、新国土的发现；人口数量与年龄分布的变化；同一经济体制下税务制度与关税制度的变化。内部因素包括消费者嗜好的变化；生产力的变化（土地、劳动力、资本、储蓄等）；商品供给方法的变化。

在熊彼特的观念中，内因在经济发展过程中更加重要。对于内部因素，熊彼特认为，前两种（消费者嗜好的变化、生产力的变化）只能导致经济的成长，后一种（商品供给方法的变化）才是经济发展的真正原因（金指基，1996，第44页），同时他将这种商品供给方法的变化定义为"创新"。

除了明确经济发展的促进因素是"创新"之外，熊彼特还提出经济发展具体实现需要的另外两个要素：实现"创新"的主体——"企业家"和实现创新的资金来源——"信贷"。下文我们将分别论述"创新"、"企业家"和"信贷"在经济发展中的地位及作用。

（三）创新

创新，即商品供给方法的变化，熊彼特也称其为"实现新组合"。根据我们对静态经济的考察，生产就是把所能支配的原材料和力量组合起来

"创新"是经济发展的原因，也是文明进步的原因。古人说："国虽旧邦，其命维新"，"物新则壮"。

的过程。创新本质上考察的是经济生活的生产方面。

熊彼特认为创新包括以下几种类型:新产品的开发与引进,新生产方法的采用,新市场的开拓,原料与半成品的新供应源的发现,产业组织的改善(熊彼特,2008,第38页)。

熊彼特还指出,创新的特点有:(1)创新既包括生产要素的变化,还包括生产方式本身的变化;(2)创新与科学技术上的发明或学问上的许多新奇性并无直接联系,即使没有技术上的发明,也仍然可以推行创新;(3)创新是经济的内部因素;(4)创新是不连续的过程,把创新放在资本主义历史中去观察,它是按照某种规则重复出现的,而且,其中任何一个变化都绝不是顺利实现的,而是充满了痛苦。

(四)企业家

企业家是创新的主体,熊彼特将企业家定义为:以实现新组合为自身职能的人。生产者只有实现"新组合"时才能被称作熊彼特式的企业家,企业家具有"首创性"、"权威"、"远见",更重要的是企业家只存在于"经济发展"中。

> "天地之所贵者,人也";经济发展所倚重者是企业家。

"资本家"和"企业家"在熊彼特的框架下有明确的区别。资本家是货币所有者,是货币索取权的所有者,或是物质财富的所有者;而企业家必须是富于创新意识、具有先见之明的人,其任务在于用不同以往的全新方法把生产要素组织、综合起来,进行经营。

创新不是手到擒来的事,企业家在创新过程中会遇到重重困难,主要表现在三个方面:(1)过去用于决策和判断的数据、信息等可能都不再具有使用价值;(2)大多数人都是保守的,不愿发生变化,他们会抵制企业家的创新;(3)企业家的创新活动有时还会侵害部分人的利益,如旧组合的生产者的利益,这些人会加倍抵制企业家的创新。

因此,企业家为实现创新,必须具有超出常人的素质,比如思维敏锐、精力充沛,很强的捕捉眼前机会的能力,说服银行家为他提供资金用以购买生产手段,然后按照他认为合适的方式加以利用(熊彼特,2008,第50页)。

企业家面对重重困难，还能坚持创新的原因是什么呢？也就是①是什么呢？首先，创新，实现新组合，可以给企业家带来在静态经济下没有的"利润"；除此之外，我们不能排除心理方面的动机，包括"获得尊贵的地位"、"征服的意志"、"追求成就感的动机"（熊彼特，2008，第52—53页）。

（五）信贷在经济发展中的作用

多钱善贾，长袖善舞。

按照前面的论述，企业家进行创新，就可以推动经济发展。但是位于循环流转经济中的生产者想要获得"新组合"需要的生产资料，是需要外部资金流入的。因为在循环流转经济中，所有要素都用于生产，社会上不存在闲置的生产资料，同时生产者没有任何利润和积累可以用于购买需要的生产资料。这时信贷为生产者提供了需要的资金。在现实生活中，信贷的提供者的种类很多，最普遍的是银行家。银行通过自身的存款或发行银行券的方式为企业家创造购买力，协助其实现创新。

对于信贷在经济发展中的作用和各经济学家的观点，我们将在第二章详细阐述。

（六）动态经济下企业家获得利润

"新组合"的特点是，其成本低于原有的生产方式，或是其生产出的产品可以在市场上得到更高的收益。因此，企业家实现"新组合"，在偿还生产要素原始所有者后，还有剩余，这部分剩余就是企业家的"利润"。利润的一部分会以利息形式支付给提供信贷的银行家。

这里我们看到了，在动态经济下原有静态经济不存在的利润和利息出现了，二者均是动态经济的特征。

至此，熊彼特的动态经济也论述完了，这是一个由创新、企业家、信贷构成的经济发展过程，与静态的循环流转经济完全不同，它存在利润和利息。在下一节中，我们会详细论述静态经济和动态经济二者的异同。

---

① 企业家创新的动机，企业家创新动机的问题在第四章"对熊彼特经济思想的评价"中论述资本主义消亡时还会再次被提及。

第二节　比较:静态经济分析与
动态经济分析

在上一节,我们分别介绍了熊彼特的静态经济分析和动态经济分析框架。在本节,我们将把两种分析框架放在一起比较,以期对二者达到更深入的理解。

一、静态、动态的思想来源

静态经济,在熊彼特看来,是经济运转规模稳定不变、经济活动不断简单重复的状态;而动态经济,是"经济社会从一个均衡转变为另一个均衡的非循序渐进的、改变结构的变化"(熊彼特,2008,第 36 页)。请注意,这里静态和动态的区别不是经济活动静止和运动的区别,熊彼特认为静态经济和动态经济都是运动的。实际上,它们的区别在于,静态经济在一个均衡轨道上运动,而动态经济在多个均衡轨道上跳跃运动。

熊彼特的静态、动态经济分析框架的思想源泉,可以简单概括为:静态经济分析思想来源于庞巴维克,方法受益于瓦尔拉的一般均衡分析;而动态经济分析更多的是他自己的独创。

熊彼特的很多思想都受到导师庞巴维克的影响,如对生产的理解,他们都认为生产是"劳动和自然的非人力的力量的集合";在价值理论方面,熊彼特也以庞巴维克的"位次思想"、"归属理论"为基础,分析费用和收益的均等性。熊彼特认为庞巴维克是"最早明确指出生产收益与支付给劳动者和地主的报酬、租金价格相等的人"(金指基,1996,第 47 页)。在庞巴维克的经济框架中,利润已经不存在了。熊彼特的贡献是在庞巴维克的基础上更进了一步,思考一个没有利润,也没有利息的经济模式,他"从静态中彻底排除了不纯的因素。"(金指基,1996,第 48 页)

帮助熊彼特在静态理论上的思想达到更高层次的是瓦尔拉的一般均衡分析。因为瓦尔拉的一般均衡分析为熊彼特提供了数理分析方法,熊彼特在早年的《理论经济学的本质与内容》中就能熟练自如地使用数学方法阐

静态、动态思想与再生产划分为简单、扩大有什么区别?

这种经济模式,恐怕只有男耕女织的自然经济最接近。

述静态经济理论。他自己也称一般均衡理论"犹如透明的水晶一般，明示了理论经济关系的构造"（金指基，1996，第50页）。

虽然熊彼特对瓦尔拉非常崇敬，但在研究时他发现瓦尔拉的论述中也有严重的缺陷：瓦尔拉的经济分析不但在性质上是静止的，而且只能应用于静止不变的过程。在两人的唯一的一次晤谈中，瓦尔拉向熊彼特确认，经济生活基本上是被动的，都是对自然界与社会所发生的变化加以适应而已，因此，静止过程的理论"实际上就是理论经济学的全部内容"。对于瓦尔拉的这种说法，熊彼特不以为然。他认为："在经济社会的内部，有一种力量可以打破其所达成的任何均衡。如果这是对的，那么其中必然有一种关于经济变化的纯经济理论，说明变化不仅仅是依赖外在的力量，使经济社会从一个均衡转变为另一个均衡。我想要建立的就是这样的一种理论。"①

这种"从一个均衡转变为另一个均衡"的经济社会就是熊彼特的动态经济框架。这一分析框架更多地来自他自身的创造性思考。但这里需要指出的一点是，庞巴维克的"迂回生产理论"其实已经蕴含了动态经济分析的思想，他认为迂回生产的目的是提高生产效益。但熊彼特认为，"仅靠迂回生产的方法，久而久之，它便成为一种毫无变化的重复，既不产生任何剩余，也不会带来积蓄。"（金指基，1996，第49页）庞巴维克把迂回生产看成社会发展的原因是正确的，但是他没有深入分析促使经济不断迂回生产的原因和过程。实际上，熊彼特借助庞巴维克的"迂回生产"的概念，进而尝试理论的动态化。

二、静态、动态特征比较

在本章第一节、第二节，我们已经介绍了熊彼特的静态和动态经济分析框架，这里对这两种经济分析框架进行比较。我们用表2.1简单表示它们的区别。

---

① Schumpeter，《经济发展理论》日文版序，转载于 R. V. Clemence 主编的 Essays（New Brunswick：Transaction Publishers，1989），第166页。

表2.1 静态经济分析与动态经济分析对比

	静态经济分析框架	动态经济分析框架
均衡	一个均衡，偏离均衡还会恢复	多个均衡，不同均衡间跳跃
利润	无利润	有利润
企业家	无企业家，无创新	有企业家，有创新
主导人物	消费者	企业家
信贷	不需要信贷	信贷起重要作用

均衡是瓦尔拉一般均衡分析的一个概念，它是指所有的经济要素、生产关系维持一定的（最好的）状态；在均衡状态，所有经济主体都不想作出改变，同一状态年年反复，经济活动在同一轨道上单纯地循环。在静态经济分析中，经济中只存在一个均衡，经济过程存在变动，但都是围绕该均衡状态轻微波动。而在动态经济分析中，经济中存在着多个均衡，由于某些原因（如创新），经济会在不同均衡状态间跳跃。我们进一步用图2.1形象地表达静态经济与动态经济的区别。

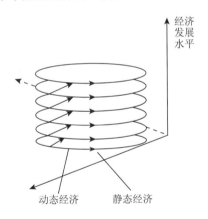

图2.1 静态经济与动态经济图示

在静态经济下，生产者出售商品的所有收益将全部分配给生产时使用的生产要素，没有剩余，因此经济中不存在利润；而在动态经济中，由于企业家采用了新的生产组合，带来了利润，利润成为生产的积累。

"企业家"是熊彼特动态经济的核心概念，他被定义为"承担创新生产的生产者"。企业家只存在于动态经济，在静态经济中是不存在的。静态经济中的主导人物是消费者，因为他的消费决定了社会的生产和循环。

货币与信贷，在不同经济分析框架下作用不同。在静态经济下，不存在信贷，货币作为流通手段，与物品相对流动；在动态经济下，信贷起了关键作用，它为企业家提供创新需要的初始资金。对于货币与信贷的问题，我们将在第二章进行专门分析。

三、静态、动态划分的贡献及存在的缺陷

熊彼特将经济分析划分为静态经济分析和动态经济分析。我们认为，这样的划分是有划时代意义的，因为静态经济分析可以涵盖熊彼特之前几乎所有经济学家的分析，而动态经济分析开启了重新审视经济发展理论的大门。金指基也认为熊彼特的静态论是经济学史上最成功的一个。因为他"从静态中彻底排除了不纯的因素，从而为解决经济学的主要问题——动态论开辟了道路"（熊彼特，2008，第 47～48 页）。

但熊彼特的这种划分也存在缺陷，如日本的中山伊知郎在他的博士论文中指出："熊彼特对于近代经济学的最大贡献，就在于他把静态和动态两个领域划分开了；但同时，他把更多的注意力集中在这两个领域的划分上，对于两个领域的实质性的融会问题，却没能给予足够的重视。"（金指基，1996，第 56 页）在第二章、第三章有关货币金融理论的分析中，我们将很明显地看到，熊彼特在得到静态、动态经济分析结论的同时，也得到了存在较大争议的货币金融理论。对于这个问题的解决，中山博士求助了货币论，尤其是凯恩斯的货币论经济学，之后的研究也大都顺着这个思路进行。

第三节　经济发展与经济周期

经济周期是熊彼特研究的重点，也是其经济发展理论的归宿。熊彼特说："本书（《经济发展理论》）的读者不久就会知道，不只是最后一章'景气的循环'，从实质上讲无论哪一页，实际上都不得不与景气问题有关，这是极其理所当然的事情。人一旦离开均衡理论的领域，他就已经在景气的河流中流动，脱离景气问题，任何现象都无法得到充分说明。也就

是说明，在这儿，不管其对象是什么，任何说明归根到底都变成了与景气相关联的说明。"（金指基，1996，第106~107页）

　　熊彼特将经济周期问题认定为资本主义经济的根本问题，并与其以"创新"为动力的经济发展理论有机结合，形成了自己独特且得到广泛赞誉的经济周期理论。在本节，我们对熊彼特的经济周期理论进行简要叙述；同时，作为第一章的结束，我们也会在本节的第二部分对熊彼特的经济发展理论作一个简单总结。

一、经济周期的理论模式

　　熊彼特关于经济周期的论述始于《经济发展理论》的最后一章"景气的循环"，之后又发表了数篇论文，到《经济周期》（1939）形成了一个比较严谨、完善的体系。下面论述熊彼特关于经济周期的主要观点：

（一）均衡理论

　　熊彼特将经济周期现象定义为"对均衡状态的偏离和回归的反复"（金指基，1996，第108页）。

　　这里提到的"均衡状态"，同前文静态、动态经济分析提到的"均衡"概念相同，指所有的经济要素、生产关系维持在一定的（最好的）状态，所有经济主体都不想改变其状态，同一状态年年反复，并且在同一轨道上单纯地循环。

　　但是，即使在均衡状态，因为生产要素的组合或一些外部因素的变化，也会使均衡被打破，产生新的均衡，之前均衡状态下的经济过程不得不向新的均衡转变。均衡变化有两种情况：一种是经济体系发生极小幅度的、连续的变化，如由于人口渐增渐减及随之出现的年龄构成的变化；另一种是在极短的时间内，发生急剧的、非连续的变化。引起均衡急剧变化的原因就是我们在第一节提到的"促进经济发展的因素"。因此，作为促进经济发展的"创新"在这里又成为打破原有经济均衡的重要原因。

（二）经济周期的阶段

　　熊彼特分析经济周期的时候，设定了以下三个阶段：纯粹模式（第一

经济周期思想源远流长。在哲学史上，我们看到无数人都相信"周而复始"，"愈变愈进"的道理。经济生活也不例外。

次接近，二局面循环）；第二次波动（第二次接近，四局面循环）；复合循环图式（第三次接近，三循环图式）。

1. 纯粹模式

在动态经济框架下，企业家追求利润，引进创新。为实现创新，他向银行借入资金，购买生产资料，企业家创新开始，生产扩大，经济活动活跃化加强。企业家占用了原来由其他生产者使用的生产资料，这将导致一般价格上涨，利率上升，利润上涨，经济出现繁荣局面（第一局面）。

由于经济中越来越多的模仿者开始生产，消费品不断流入市场，价格下跌，利润逐渐被消灭，繁荣的局面逐渐消失，经济出现衰退（第二局面）。但熊彼特认为经济不会回到创新前的均衡状态，而将是一个更高的均衡状态。纯粹模式的经济周期如图 2.2 所示。

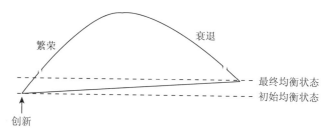

图 2.2　经济周期的纯粹模式

2. 第二次波动

根据前面的分析，如果将新企业创新带来经济繁荣称作第一次波动的话，这种波动将促使新老企业采取种种行动（非创新行动），这些行动会导致生产进一步扩大，经济更加繁荣，由于引起繁荣的因素是非创新行动，我们将这样的经济波动称作第二次波动。第二次波动更多地受到人们的心理预期影响。

繁荣局面出现的过热现象，或在预测方面的失误，不久必然得到调整，出现由上向下的衰退过程，并同时伴随着强烈的"看跌"的预测。这样发展下去出现了周期的第三个阶段"萧条"（第三局面）。萧条的特征是倒闭、缩短工作时间，产量减少，失业者增加。但经验证明，这个过程不会永远持续下去，经济会再次复苏（第四局面），向更高的均衡发展（如图2.3所示）。

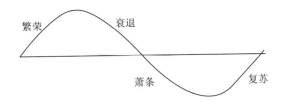

图 2.3 经济周期的第二次波动

3. 复合循环图式

在复合循环图示中，熊彼特把三种经济周期的经验研究结合在一起，说明资本主义经济周期的过程。这三种经验的经济周期是以60年为周期的康德拉杰夫周期（Kondratieff's cycles）、以10年为周期的朱格拉周期（Juglar's cycles）和以40个月为周期的基钦周期（Kitchin's cycles）。熊彼特认为，真实的经济周期是这三种经济周期的叠加（如图2.4所示）。

经济体系出现多重周期的原因是什么呢？熊彼特认为，创新的时间有长有短，经济体系吸收创新的时间就不同。同时，创新的规模及产生的经济领域、性质也会出现差异。这些差异是导致多重周期的原因。

中国古人认为小农经济12年为一个周期。

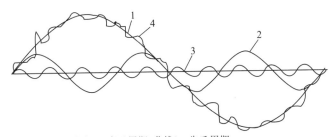

曲线1：康氏周期 曲线2：朱氏周期
曲线3：基钦周期 曲线4：周期叠加

图 2.4 经济周期的复合循环图式

二、熊彼特经济发展理论总结

至此，我们完成了对熊彼特经济发展理论的全部论述。

首先，我们在第一节描述了熊彼特静态经济分析和动态经济分析的特点：静态经济分析下，经济在同一均衡轨道上循环，没有利润，没有积累，也没有发展；动态经济分析下，企业家通过"创新"，给自身带来利润，促进经济发展，经济在不同的均衡轨道间跳跃。

其次，我们把静态经济分析框架和动态经济分析框架进行比较，指出静态经济分析是熊彼特对以往经济学家分析方法的总结，而动态经济分析是他的独创；动态经济分析的引入将经济学带入一个崭新的领域，但也造成一些问题，特别是货币金融理论上的争论，对于这些争论我们将在第二章和第三章进行详细论述。

最后，我们论述了熊彼特关于经济周期的理论。促成经济发展的动力依然会造成经济周期，经济周期是经济内在蕴含的规律。从实际表现来看，现实中的经济周期是三种不同长度的周期的叠加。

在第一章，我们完成了对熊彼特经济发展理论的基本叙述。我们将在后面的几章对他的货币信贷理论和利息理论分章论述，希望第一章的理论框架对理解后文的货币金融思想有所帮助。

第二章　熊彼特的
货币信贷理论

　　本章和第三章研究熊彼特的货币金融理论。货币金融理论是经济理论的重要部分，通常包括对货币、信贷、利息、货币政策、通货膨胀、金融体系、资产定价、公司治理等多方面的研究。货币金融理论是每个伟大的经济学家都无法回避的问题，熊彼特也不例外。但令人失望的是，在熊彼特生前出版的论著中，没有货币金融理论的专著，他在这方面的思想都散落在其他著作中。本编研究的目的就在于将这些散落的理论归纳汇总起来，与其他经济学家的货币金融思想进行对比，以期对熊彼特的货币金融理论有更深刻的理解。在本章我们重点论述熊彼特的货币信贷理论；在第三章，我们重点论述熊彼特的利息理论。

　　正如我们在第一章所看到的那样，熊彼特在构建自己的经济发展理论时，将货币和信贷有机地融入整个框架，并对它们进行了深入的分析。日本经济学家金指基这样评价熊彼特对货币和信贷的分析："经济学界公认，信贷[①]对资本主义具有重要意义，而最早也是最高水平地对信用追根溯源地进行阐释的便是熊彼特。"（金指基，1996，第90页）

　　在本章中，我们将首先简单回顾熊彼特经济发展框架下的货币和信贷理论（第一节），然后将熊彼特的货币信贷理论与其他经济学家的相关理论进行对比，并指出其理论的独特之处（第二节）。

---

　　① 译著这里使用的是"信用"一词，但本书作者认为使用"信贷"更符合全编的论述。

第一节 熊彼特的货币信贷理论

一、静态经济分析下的货币与信贷

静态经济下，经济年复一年在同一均衡轨道上循环运行，在运行中，货币作为交换手段发挥作用。具体来看，工人和地主拥有生产资料——劳动和土地，他们将生产资料出售给生产者，生产者以货币形式向他们支付工资和地租；生产者用生产资料进行生产，并将生产出的消费品出售，消费者（注意:消费者同样是提供生产资料的工人和地主）用出售生产资料获得的货币收入进行支付。这样，货币与其对应物——物品（消费品与生产资料的总和），以相反的方向沿同一轨道循环（如图 2.5 所示）。

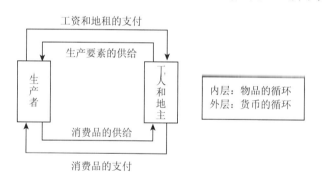

图 2.5　物品—货币的双向循环

从上面的分析，我们看到货币在循环流转过程中发挥了交易手段的职能。

根据静态经济的特点，在这条循环均衡轨道上，生产的产品全部被消费掉，出售消费品获得的收入全部分配到生产资料上，除此之外，经济不存在任何其他形式的收入。从价值角度看，消费品的价格总额等于生产资料的价格总额，两者之和与货币收入额相等。因此，货币在循环流转过程中没有创造出任何价值。

除了交易手段的职能外，货币在静态经济下还发挥了"价值尺度"的职能。在交换经济下，物品的价值只有在交换的过程中才能被确定。如果不存在一般标准，同一物品面对不同交换对象会出现不同的交换价格，这违背了"同质商品，相同价格"的经济原理。货币的出现解决了这个问题，它作为"一般等价物"给每一种物品定出了价格。

虽然货币在静态经济中发挥了交易手段和价值尺度的功能，但必须承认，货币的确没有创造出任何额外的价值。在动态经济分析下，情况发生了明显的变化，特别是信贷对经济发展的作用不可忽视与低估。

二、动态经济分析下的货币与信贷

动态经济与静态经济不同，经济不再是在同一均衡轨道上循环往复，而是会在不同的均衡轨道上进行跳跃，实现发展。在熊彼特看来，促使经济在不同均衡轨道上转换的动力是企业家的创新。

我们在第一章第一节已经论述，企业家创新的本质是"实现新组合"——对现有的生产要素的组合方式进行改变。因此，为实现创新，企业家需要获得所需生产要素的控制权。但是在静态经济下，他们没有额外的货币资金来控制需要的生产资料。原因有二：其一，在静态经济下，生产者没有利润，无法形成积累；其二，静态经济是充分就业的经济，不存在闲置的劳动和土地。这时，企业家要想实现创新，必须从原来生产其他消费品的人那里"夺取"生产资料。只有当他向"失去者"[①] 提供足够的补偿时，对方才可能将生产资料的控制权转移给他。

现在，问题是企业家支付给失去者的补偿从哪里来？答案是银行信贷。

在现实生活中，并不是所有的银行信贷都能成为企业家所需资金的来源。按照熊彼特的分析，信贷有"正常信贷"（normal credit）和"非常信贷"（abnormal credit）之分（盛松成，1985）。"正常信贷"是指生产者在生产并出售产品后，通过商业票据的贴现而获得的银行信贷，这种信贷是在商品流通的基础上产生的，"代表了对现存社会产品的贡献"；而"非常信贷"则纯粹是流通工具的创造，因为它"缺乏过去的生产性服务的基础，仅被看作对未来服务或待生产货物的凭证"，"没有对现存社会产品有

货币作为交易手段，前提条件和本质原因是它已充当价值尺度。

---

① 这个概念表示被企业家购买的生产资料的社会单位。

过贡献"，如银行提供的信用证贷款。因此，"正常信贷"的作用在于保证生产的正常循环流转，而只有"非常信贷"才能为企业家重新组织生产提供购买力。

银行为企业家提供的"非常信贷"不是经济中本来就具有的，而是它们创造出来的。"由'无'创造出新的东西，并使之与现存的因素一起流通"。熊彼特承认，资本主义的发展是与其之前的发展阶段密切相关的，而且这些发展阶段为企业提供了一个充裕的货币储蓄库。然而，所有这些都不是"纯粹形态中的事情的本质"，即使是货币的储蓄库，"仅靠此也不可能满足企业对于货币的全部需要。事实上，在资本主义的发展中，'现实货币'不过扮演着'零钱'的角色罢了"。换一种说法就是，资本主义经济依赖于过去的储蓄不可能得到发展，还必须借入必要的资金。在熊彼特的理论框架下，这部分借入的资金由银行家的"非常信贷"提供。

从上面的分析我们看到，信贷在熊彼特的动态经济框架下起到了举足轻重的作用。没有信贷，企业家就无法实现"新组合"，经济的发展也就无从谈起。

二、货币信贷与经济周期

如上所述，银行的"非常信贷"之所以能在熊彼特的经济发展理论中居于重要地位，在于企业可以借助这个工具，把生产要素从原有的用途中抽出，以进行新组合的生产。生产新组合可以提高企业的生产效率，降低成本，增加产出，使企业家获得利润。实施创新的企业家获得利润后，其他企业家就会竞相模仿，出现"创新丛生"现象（clustering of innovation）。创新的高涨，使生产要素所有者的收入骤增，进而消费需求激增，从而物价普遍上涨。需求增加和物价上涨又促进了生产的发展，再次引起收入和消费的增加，如此反复，达到了经济"繁荣"的阶段。

熊彼特认为，随着繁荣的发展，萧条必将接踵而至。企业家在完成新组合生产获得利润后，一方面以货币形式偿还银行借款，另一方面又向市场提供商品，这些商品可以用来补偿其借助于银行获得的生产资料。并且，在良好预期的情况下，经过创新生产出来的商品的价值总额将远远大于企业家所接受的信贷额与他所借用的生产要素的价值额之和。"这样，

（旁注1：这里的"无"事实上是以"储蓄"为后盾的。只有当信贷总量超过储蓄总量时，"无"才是真正没有的意思。）

（旁注2：这里以货币当局实行平稳的而不是扩张的货币政策为前提。）

就不仅恢复了商品和货币原先的对应关系"（盛松成，1985，第60页），而且使商品相对多于货币，使信贷收缩，物价大幅度下降。于是，繁荣终止，萧条开始。

从上面的分析，我们可以得到这样的结论：银行家的"非常信贷"协助企业家实现创新，并造成经济的"繁荣"；之后随着信贷的偿还，出现商品多于货币的局面，造成经济的"萧条"。这样，经济的内部因素（企业家创新和银行家的信贷）造成经济的周期性运动。

第二节　比较：熊彼特货币信贷理论与传统货币信贷理论

在本节，我们将熊彼特的货币信贷理论与传统的货币信贷理论[①]进行对比，以期能更好地理解熊彼特的货币信贷思想。这里必须说明的是，熊彼特在讨论货币、信贷、资本等概念的时候完全是站在自己整体经济发展理论框架下，可以说这些概念是服务于经济发展理论整体的。

一、货币信贷理论的比较

（一）货币

熊彼特在《理论经济学的本质与内容》（1908）中论述了货币的产生和功能："一旦两种以上的商品在两个以上的人之间必须进行交换时，就如同其目的是要进行一次全部的或者部分的交换而获取钱财，必然要发生交换行为。成为这种交换行为对象的钱财，无论何物都会在其限定范围内表现为货币"（金指基，1996，第13页）。他认为货币的最根本职能，也是其存在的必要性是货币作为"交换手段"的机能。而传统理论比较公认马克思对货币的定义——"固定充当一般等价物的特殊商品"，它具有"价值尺度"、"流通手段"、"贮藏功能"、"支付手段"和"世界货币"五个功能。

---

① 有关传统货币信贷理论的介绍，请参考曾康霖等《信用论》（1993）。

（二）资本

1. 熊彼特关于资本的定义

熊彼特在《经济发展理论》的第三章用了很大篇幅介绍他定义的"资本"。熊彼特认为，"资本是任何时候都可以转交给企业家的一宗支付手段的数额"（熊彼特，2008，第71页）。资本的本质是"一种独立的要素，企业家要想购置具体商品，就必须先拥有资本，资本唯一的目的是购买各种生产资料，而且只要这项购买没有完成，资本就与任何明确存在的商品无关"。资本的物质形式是"一笔购买力基金"。

从熊彼特的论述中我们可以看到三个要点：第一，熊彼特强调资本的职能是购买生产资料；第二，资本的形式是购买力基金；第三，从时间上来说，资本只存在于购买生产资料阶段，离开此阶段就不存在资本。

2. 熊彼特资本定义与其他经济学家关于资本定义的比较

斯密将资本定义为"是用以取得收入的资财"，包括机器、工具、建筑物、石料、材料、制成品等；李嘉图定义"资本"为用在生产上的原料、食物等生产要素；穆勒定义"资本"是被用于再生产的财富；哈恩（Hahn，A. H.）定义"资本"是一种用于迂回生产的中间产品。他们四人定义的共同点是，认为资本是生产要素，且要用于生产；桑顿（Thornton，H.）定义的资本的范围很宽，可由各种商品构成。而熊彼特认为资本是购买生产资料的手段（基金），而不是具体的生产资料，将资本认为是生产资料或普通货物的观点"忽视了资本的职能"（熊彼特，2008，第70页）。

麦克兰德（Macleod，H. D.）将资本定义为用于利殖目的的经济量，任何经济量均可作为资本，凡可以获取利润之物都是资本。可以看到他定义的资本包含了熊彼特的"资本"。它们的区别在于熊彼特定义的资本只是用于购买生产资料，进行生产，而不是其他作用。

3. 熊彼特这样定义资本的原因

资本的定义是个争论不休的问题，如希尔说："'资本'一词被人作了如此不同的解释，以致令人怀疑，它究竟有没有公认的意义。"① 各个经济学家定义的资本，往往和他们想要论述的问题、阐明的观点相关。

熊彼特将"资本"定义为"任何时候都可以转交给企业家的一宗支付手段的数额"是为他的静态、动态划分服务的。可以看到，在熊彼特眼中，只有企业家拥有的超额购买力才能称为"资本"，言外之意是静态经济中不存在资本，"非常信贷"提供的信贷是资本，而"正常信贷"提供的信贷不是资本。更明确地讲，如果静态经济中存在资本，那么它应该和劳动、土地一样作为最基本的生产要素参加利润的分配；但熊彼特已经论述了静态经济中除劳动、土地外再无其他基本生产要素，而且产品收益全部分配给劳动和土地，没有资本回报的空间。因此，熊彼特把"正常信贷"提供的信贷排除在资本的定义之外。

（三）信贷创造论

1. "信贷媒介论"与"信贷创造论"

信贷过程是这样一个过程："借贷得到货币—购买生产资料—生产资料用于生产—生产获得利润—偿还借款本金和利息"。经济生活中就出现这样一个问题："通过借贷购得的生产资料是原本用于其他消费品生产的生产资料，还是原本闲置、现在被利用的生产资料？"当我们把"资本"粗略地定义为一部分用于生产的生产资料②时，那么上述问题就转化为："信贷能否创造资本？"对这个问题的不同回答，形成了经济思想史上的信贷媒介论和信贷创造论。

2. 熊彼特的货币信贷理论是信贷创造论

正如第一节所论述的，在动态经济下，经济才能实现发展，而想实现发展只有通过银行信贷提供的购买力。熊彼特认为，企业家所取得的购买

> 所有经济学概念都没有"公认的意义"，但是统计学家和会计专家不管这一切，他们必须给出可以计算的定义。

> 信贷既有媒介作用，也有创造作用。从不同的角度阐述，可以得出不同的结论。

---

① 《大纲》，第59页，转引自熊彼特《经济分析史》第二卷，第389页。
② 正如前文论述，资本没有公认的定义，这里为了避免过度纠结在这个概念上，故给出一个相当粗糙，但没有曲解"资本"的含义，并试用于本节论证的概念。

力是"由'无'创造出新的东西，并使之与现存的因素一起流通……只有这种方式，才是为实现新组合（创新）服务的典型的金融源泉"。这里的"新的东西"就是熊彼特资本定义中的"购买力基金"，同时它将与"现存的因素一起流通"，购买生产要素，实现新组合。因此，"新的东西"就是资本。而这"新的东西"不是自然就有的，是"由'无'制造出的"，因此，熊彼特的信贷观点是"信贷创造论"。

3. 熊彼特"信贷创造论"的理论渊源

非现金支付时代，信用、信贷已经摆脱存款、负债的绝对限制。

在探讨渊源方面，金指基认为熊彼特"信贷创造论"以哈恩的"无现金理论"的纯粹理论为基础（金指基，1996，第96页）。哈恩在《银行信用的国民经济理论》一书的开头引用了同是"信贷创造论"支持者麦克兰德的一段话："银行不是借、贷货币的店铺，它是信用制造的场所。"而这句话正代表了哈恩的观点。哈恩在理论上设想出"无现金经济"这一独特的表达方式，依次展开自己的信贷创造理论。所谓无现金经济，简言之，就是一切支付从原则上讲都是通过银行的贷方余额的让渡来进行的经济。下面对"无现金经济"作更详细的描述：（1）在无现金经济中，自从信用接受者用银行出借给他的信贷在市场上购买和服务起，信贷的利用便开始了，从而，当具有购买力的人不去消费而是继续拥有贷方余额时，储蓄也便同时产生了。（2）在无现金经济中，信贷接受者从银行获得的借方分录，而后基于信贷进行购买活动，除此之外，他不能使用信用。（3）在无现金经济中，银行随着全部信用的贷出，便出现了国民经济债权者。（4）在无现金经济中，信用的贷出和货币的制造是一致的。因此，信贷的制造就完成了货币增加的功能。这意味着信用贷出对于存款形成是第一位的。我们对无现金经济也有了更清晰的认识："它是离开货币也可以取得信贷的经济，是所有交易都通过将银行里的贷方余额交付给对方的方法来实现的经济。"

4. 熊彼特"信贷创造"的实现

熊彼特所说的信贷创造是通过现代银行制度实现的，这与银行在经济生活中充当存款、贷款、支付结算中心是无法分开的。银行设立存款业务，同时存款者有提取存款的权利。银行除保存一定数额的准备金之外，其余存款用于发放贷款；发放出的贷款仍然会以存款的形式再次流回银行系统（原因是银行是支付结算中心），银行可以再对新流入的存款保留一定准备金之后贷出，这样的反复贷款就形成了银行创造的信贷。

接下来的一个问题就是，银行的信贷创造能力是否是无限的？不是的。按照现代的货币银行理论，信贷创造能力受到银行存款准备金比率、现金漏损比率和银行家发放贷款的态度的限制，但熊彼特认为银行的信用创造仅仅受限于国民经济的状况，而上述技术局限（银行存款准备金比率、现金漏损比率）和银行家的心理局限，从根本上讲，要受制于新投资机会的存在与否，而新投资机会又受制于经济发展的创新。如在论述银行家的心理局限不是本质问题时，熊彼特说："即使贷款中的1%无望收回，只要银行家能够从其他所有不被拒付的债权中获得1.01%的利益，那便相当于他实质上已经收回了发放出去的贷款。"

这里需要最后说明的一点是，熊彼特认为"信贷是为产业发展服务的，为企业家创造的购买力是最本质、最主要的；而为其他活动提供的信贷（如消费贷款、企业为维持局面而进行的举债、循环流转经济中的'经营信贷'等），对经济发展的本质没有重要的意义。"（熊彼特，2008，第58～60页）

二、熊彼特货币信贷理论的独特之处

正如本节开头提到的，熊彼特的货币信贷理论与他的整体经济发展理论是密切联系的，把二者联系起来分析，我们可以看到他的货币信贷思想的独特之处。

（一）用静态、动态框架下货币不同的功能说明"货币非中性"

熊彼特反对货币数量论，认为货币对经济实际量有促进作用，即"货币非中性"。他论证货币非中性的思路如下：

熊彼特将货币定义为："经济流通中用于交换货物和商品的一切要素，但不包括不在流通中使用的流动性工具。"（Messori，2004）

静态经济下，根据前文的分析，货币量等于生产者对生活要素的购买

经济决定金融。金融监管当局制定的技术措施在经济需要面前是苍白无力的。

力，也等于消费者提供劳动和土地所获得的收入。此时，若交易连续进行，则货币流动速度稳定；同时产品、要素总量由处于循环轨道的均衡外生给定，因此，货币量与物价和消费品价格正向成比例，这一结论是支持"货币中性"的。

但是经济是动态的，其中存在着发展。产品、要素总量不是外生给定的，而是内生决定的，内生决定的原因是：在动态经济下，熊彼特将货币与信贷等同[①]，它由银行家创造贷给企业家，向循环经济引入比静态经济更多的货币量，这些多余的货币没有真实的产品与之相对，但参与生产资料和消费品的分配。企业家用这些货币实现创新，得到利润，使得经济循环进入一个更高的均衡。因此，熊彼特的货币理论认为，货币内生决定，货币量会影响实际经济，这是反对"货币数量说"，支持"货币非中性"。

（二）与经济周期相关的货币信贷论

正如在本章第一节中得到的结论：熊彼特认为"银行家的非常信贷协助企业家实现创新，并造成经济的'繁荣'，之后随着信贷的偿还，出现商品多于货币的局面，造成经济的'萧条'。这样，经济的内部因素（企业家创新和银行家的信贷）造成经济的周期性运动"。这种将货币信贷与经济周期相联系的分析，也是熊彼特理论的一个重大的"创新"，是其他货币信贷理论所不具备的。

（三）将货币信贷与资本主义本质联系

下面金指基对于熊彼特货币信贷论的评价，指出了其有一个重要的贡献——认识资本主义的本质：

熊彼特将信贷创造置于经济过程中，并将其与资本主义经济的特殊发展和经济周期联系起来。这种方法不仅独特，更重要的是，它可以帮助我们阐明资本主义的本质。熊彼特认为，关于资本主义的特征，通常只列举出生产资料的私人所有制以及生产过程中的私人合同，然而，这

[①] Messori 称熊彼特的与信贷等同的货币理论为"信贷货币论"（the credit theory of money）。

不过是商业社会（commercial society）的定义。他说："商业社会并不等同于资本主义社会。资本主义社会是商业社会的一种特例，它只有在上述基础上再引入信贷创造这一新现象，才能被全面定义。"（金指基，1996，第91页）

第三章　熊彼特的利息理论

熊彼特的利息理论在利息理论史上具有独特的地位。他提出了"静态经济下零利息"的命题，该命题与传统利息理论不符，而且现实经济也无法对其证明或证伪，因此，该命题一经提出就引起了广泛的讨论与批评。

本章介绍熊彼特的利息理论，既包括熊彼特在《经济发展理论》中对利息的阐述（第一节），也包括其他学者对其利息理论的批评和辩护意见（第二节）。

第一节　熊彼特的利息理论

熊彼特认为，利息是"当前购买力对未来购买力的溢价"（熊彼特，2008，第93页）。这种溢价主要来源于"非常信贷"。根据前文介绍，"非常信贷"，即是银行家放贷给企业家的资本，企业家借助它来实现"新组合"。

企业家通过实现"新组合"得到超额收益，并把其中一部分作为报酬偿还给银行家，这部分超过贷款本金的货币资金就是利息。从上面的分析我们可以看到，熊彼特认为的"利息"是依附于借贷资本的，二者都只在动态经济中出现。而在没有发展的静态经济中，不存在资本，不存在利润，因此静态经济是没有利息的，这就是熊彼特著名的"静态零利息"理论。

熊彼特把自己的利息理论归结为五个命题：（1）利息是发展的产物；（2）利息来自利润；（3）利息不依附于具体商品；（4）在共产主义社会

或一般无交换的社会，任何作为独立现象的利息都不可能存在；（5）在交换经济中，企业家向资本家借入资本，并返还利息。

第二节　争论：对熊彼特利息理论的批评与辩护

在上节中，我们对熊彼特的利息理论进行了简要概括。在本节，我们叙述对熊彼特利息理论的三种代表性的批评：首先是来自其导师庞巴维克的批评，庞巴维克从"为什么会产生正的利息"的角度对熊彼特进行了批评；其次是罗宾斯（Robbins，L.）和萨缪尔森的争论，他们争论的角度是熊彼特"静态动态划分给利息理论带来的问题"；最后叙述了哈伯勒的理论，他从熊彼特的理论分析的前提入手，逐一讨论这些前提，指出其中存在的缺陷。

一、熊彼特与庞巴维克的争论

熊彼特提出"静态零利息"的命题，遭到老师庞巴维克的强烈批判。"庞巴维克怀着轻蔑的态度——更确切地说，应当是悲痛的感情——写了长达60页的批驳文章。与此相对，熊彼特写了一篇由40页文字组成的既谦虚又坚持己见的回答。此后，庞巴维克又写了一篇20页的'最终见解'，两人的争论就此停息。"（Leontief，1950）

（一）庞巴维克的利息理论

庞巴维克的主要成就是系统地阐述了时际的价值理论。这种理论应用于一个使用耐久资本品进行生产的交换经济中，产生了资本理论、利率理论和时间因素起关键作用的分配理论。门格尔（Menger）在《国民经济学原理》（1871）中提出了没有时间因素的价值、配置和交换理论；在门格尔的基础上，庞巴维克（1889）引出有时间因素交换的"价格形成理论"。他假定当事人不仅评价和交换现在存在的商品，而且评价和交换他们主观上确定的对将来商品的预期。如果进一步假定存在一个市场，其中现有的商品可以与对未来商品的主观预期相交换（这里的交换比例就是利率），那么门格尔用于没有时间因素的交换的论证，同样可以应用于有时差的交换。

1. 著名的"正利息"理论

庞巴维克将"现有商品与未来商品主观预期的差异"定义为利息，同时认为存在"正的主观利息率"，即正的时间偏好——对现有商品的评价一般要比对未来相同商品的主观上肯定的预期高。庞巴维克坚持"正利息"存在的理由有三条（施建生，2006，第22页）：

第一条理由是人们会高估将来可能获得的物品数量。例如，一些年轻有为的人对于将来展望往往很乐观，这些人比较重视当前的物品。因此，要他们放弃当前的物品就必须让他们将来能得到更多同类物品，这多得的物品就是利息。

第二条理由是人们会低估将来可能的需求。例如，一般人并不能确定将来的情形究竟将如何发展，到了那时能真的可以使自己的欲望得到满足吗？既然有这样的顾虑，自然更看重当前的物品。如果要其放弃就需要给予相当的补偿，这种补偿就是利息。

以上两个理由可以说都是心理上的因素，关注的对象是消费者，反映的是由消费者心理因素引致的"正利息"。这两条理由也被称为"时间偏好"。

第三条理由是"当前物品在技术上的优越性超过将来的物品"。按照庞巴维克的"迂回生产理论"，一种生产过程一旦有了资本品参与，就成为间接的或迂回的生产，其所经历的时间就延长了。这样的结果可使产量增加，所增加的数量除了偿付为制造资本品所需的土地与劳动之外，还有剩余，这种剩余就是资本品的生产力。既然如此，如果使用这种当前物品（资本）必须给予报酬，这种报酬就是利息。同时，这种间接或迂回生产所形成的生产力还会发生递减的现象，这样投入资本越多，其生产力就越低，对投资者的报酬就越少。因此，目前的物品现在就可投资，将来的物品将来才能投资，前者所获的利益必然大于后者，这样对于前者就需要付利息。

2. 市场利息决定理论

上面的正利率更多的是人的主观评价，而现实利率是在市场上通过交易实现的。庞巴维克在探讨市场利率怎样决定时，更多着眼于现货市场与未来产品所有权交易市场。

现货市场上的供给由过去的决策决定，所有未来的供给同样也由现已开始生产的产品来决定。现有产品的需求来自消费者，但如果消费者节省部分不用，需求将不能吸收全部供给。这些省下来的产品一部分将被其他的消费者接受，他们把未来产品的所有权拿来作为交换条件，这种交易就是消费贷款，而且根据庞巴维克的假定（"正利率"的前两条理由），很可能包含一个正利率；节省的产品另一部分将被生产者接受，也以未来产品的所有权作交换，这些生产者将使用它购买更多的生产要素，以便扩大生产规模。由于庞巴维克假定这些原始要素是一定的，这将提高要素价格和引起生产方法的变化。

上述两类交易共同决定市场利率：一方面，市场利率由正的时间偏好概念所概括的跨时的消费者行为决定，并以跨时偏好和预期收入分配为基础；另一方面，市场利率又由生产周期及其延长所带来的边际产品所概括的跨时的生产者行为所决定，并以迂回生产方法的实际结构为基础。或者用庞巴维克的话，"市场利率由生产者和消费者双方对现在和未来产品的相对评价来决定"。

（二）　熊彼特对庞巴维克利息理论的评价

在《经济发展理论》中，熊彼特对庞巴维克的利息理论，特别是利息为正的三条假定作了简要评价（熊彼特，2008，第95页）：

"在他所说的三条著名理由中，有一条我认为是不对的，即利息是未来享受的'贴现'。我可以把他的第二条理由——'欲望与满足手段之间的变动关系'——作为一个公式，使我的理论与之适应。他的第三条理由——采用'迂回的生产方法'，如果严格按照他的这条理由去做，这就变成了一种企业家行为，也就从属于我说的'实行新组合'。"

熊彼特认为自己的利息理论是建立在庞巴维克的利息理论的基础上

的。因为尽管庞巴维克没有明确指出像熊彼特一样的"零利率"，但按照庞巴维克自己的分析，仅靠已经实施并与循环流转相结合的迂回方式，是不可能产生利润的。再按照熊彼特的分析，在利润为零的情况下，利息也应当为零。

（三）列昂剔夫对熊彼特与庞巴维克争论的评论

在列昂剔夫（Leontief，W.）对熊彼特的悼文中，对熊彼特和庞巴维克的利息理论争论进行了简要评述（Leontief，1950，pp. 107 - 108）：

"重新审视最原始的冲突（熊彼特和庞巴维克关于利息理论的争论），我们借助后来的经验可以观察到庞巴维克著名的'正利率三理由'中的第二个和第三个理由可以被合理地质疑。"

列昂剔夫认为第二个理由"人们会低估未来的需求"不一定会导致正的利息。因为存在非正利率吸引之外的其他"心理因素"引起积累，如人因年老而产生的自然积累。更进一步讲，假设每个人在一生中积累财富，并在临死时消费掉所有这些积累，即使利率为零、经济静止，经济社会中还是存在资本积累的，这正是"自然积累"的结果，而不是正利率的吸引作用。

在对庞巴维克的第三个理由进行分析时，列昂剔夫认为，熊彼特对"正的资本边际产出导致正利率"从来没有否认过。熊彼特反对的是，庞巴维克假定在给定的劳动、土地、技术（没有创新）下，资本不管多大的存量，都有正的边际产出。熊彼特认为存在这样的事实:增加的资本可能不会带来产出的增加（资本的边际产出为零）。如果资本存量达到社会意愿持有量，而此时仍然没有正利率，那么熊彼特的静态经济下零利率的结论也成立。

列昂剔夫没有全面支持或否定熊彼特的利息理论，他只是认为"熊彼特的利息理论并不是错得不可救药"。

受过马克思经济学教育的人，会觉得这些争论既模糊又肤浅。

二、罗宾斯对熊彼特利息理论的批评

（一）罗宾斯对熊彼特的批评

熊彼特的"静态零利息"理论一提出，不仅受到其导师庞巴维克的批评，也引致了理论界一片批评，如罗宾斯、奥伊肯、施奈德、史塔格尔贝克、米则斯、海曼、吉德以及利斯①。其中以罗宾斯的批评（Robbins，1930）最具有代表性。此处对罗宾斯的批评作简单的阐述。

罗宾斯这篇文章的重点是在辨析经济分析中的"静态均衡"（stationary equilibrium）或"静止状态"，对熊彼特利息理论的批判只是作为辨析的一个实例。经过对"静态均衡"这一概念的历史分析，罗宾斯认为，在经济分析中存在两个"静止状态"（static state）和"静止规律"（static laws）：在古典理论框架下，静止状态是经济变动力量平衡（均衡）后的结果；而在克拉克（Clark，J. B.）框架下，静止状态是假设的②，均衡是在假设下成立的。

熊彼特的静态经济承自克拉克的分析，如罗宾斯所说："熊彼特继承克拉克是非常明显的。他使用克拉克的术语，发展最初分析也是基于克拉克的五个方面的分类"②。罗宾斯认为熊彼特的利息理论是"毫无疑问完全错误的"（quite definitely wrong）。熊彼特的错误在于"错误理解克拉克的分析，同时依赖克拉克构建的排除'静态趋势'（static tendencies）的经济框架"③。

熊彼特的静态经济是克拉克式的"静态经济"：要素（包括资本）的固定不变是假设的，而他同时将利息定义为新增资本的报酬，在资本固定不变的情况下，新增资本为零，利息自然为零。对于熊彼特的"静态零利息"论，罗宾斯反复提出自己的反对观点："如果没有预期到净收益，劳动和其他生产要素为什么要保持已有的生产方式？""如果保存资本没有报酬，那就没有理由不消费它。"④

（二）萨缪尔森对罗宾斯的反驳

对于罗宾斯对自己导师的批评，萨缪尔森给予了针锋相对的回应

---

① Clemence, R. V., Doody, F. S., The Schumpeterian System, 1950。转引自金指基（1996）第 103 页。

② 克拉克对"静止状态"的定义如下：不存在社会变动力量的状态是静止状态，社会变动力量包括人口的增长、资本的增加、生产方法的改进、工业制度形式的改变、消费者需求的增加。

③ 本段的引文来自：Robbins（1930），p. 212。

④ 本段的引文来自：Robbins（1930），pp. 212 – 213。

（Samuelson，1943）。他认为罗宾斯的分析在经济上、数学上、逻辑上都是错误的。

萨缪尔森把罗宾斯的批评简要概括为：在循环流转中，资本量在零利率下保持恒定，必有非利息因素保证其恒定且不被消费掉，而罗宾斯认为这一点是不可能的。

不用证明，事实就是如此。因为利息只是储蓄存在的一个诱因。

萨缪尔森首先从经济学角度对罗宾斯进行反驳。当代的经济学认为储蓄（资本积累）首先会因为力量（power）、不安全（insecurity）发生；其次才是权衡现在和未来消费偏好（利率大小）的结果，这样，时间偏好就不重要了。现在，很多经济学家比熊彼特走得更远，并且试图证明在零利率或负利率下，积累仍然存在。

萨缪尔森进一步用数学方法反驳罗宾斯的观点。借助一些接近熊彼特原有假定的数理经济学假设，萨缪尔森将问题转化为："一个人（或多个人）在未来拥有固定的收入、递减的边际效用、在完全确定的前提下操作，他们可以在零利率下通过借贷实现消费流的跨期调整。这样的个人会怎样行动？他们是否会借款，消耗资本以获得当前更大的消费？没有借贷收益是否会使他们不愿减小消费以获得更多的资本？罗宾斯的回答是肯定的。"（Samuelson，1943，p. 63）这个问题在数学上可以看成微积分中简单的"周长问题"。问题的解答是：在没有时间偏好、利率为零的情况下，跨时平均分配收入是最优的。这样的答案意味着没有资本的积累（accumulation）和消减（decumulation），与罗宾斯的回答恰恰相反。

对于"静态零利息"的争论远没有结束，经济学家们在罗宾斯和萨缪尔森的基础上，进一步用数学方法进行证明或证伪。可参考文献 Whitaker（1971），Samuelson（1971）。

三、哈伯勒对熊彼特利息理论的评价

以上我们介绍了对熊彼特利息理论批驳的两类观点。本部分将介绍哈伯勒对熊彼特利息理论的评论（Haberler，1951）。相比而言，笔者认为哈伯勒的评论更易被接受，因为他从熊彼特的理论分析出发，找出其分析的漏洞和不足，进而指出理论的缺陷。

（一）极端版本与妥协版本

哈伯勒将熊彼特的利息理论分为极端版本（extreme version）和妥协版本（less extreme version）两个版本。在极端版本中，静态利率为零，动态经济下会因为熊彼特描述的动态机制出现正的利率；在妥协版本中，熊彼特承认静态经济也存在正的利率，但仍坚持动态经济不仅使利率提高到静态经济利率水平之上，而且为静态经济增加了新的特点。

（二）对极端版本的分析

极端版本的成立需要两个假设：（1）没有系统性的时间偏好；（2）在没有熊彼特描述的动态机制时，资本的边际生产力为零。

哈伯勒对这两个假设进行了反驳。首先，他认为"在合适的情况下，至少是较远的时期，人是有时间偏好的"（Haberler，1951，p. 124）。其次，资本的边际生产力为零的假设可以分解为两个问题：一是在土地、人口不增长，技术不革新的计划下，投资机会是否会消失；二是投资是否一定得通过熊彼特动态机制（银行贷款给企业家实现创新）。对第一个问题的不同回答，可以分为乐观派和悲观派，乐观派如庞巴维克和奈特（Knight，F. H.）的信奉者，他们坚信即使没有新要素的发行和技术革新，投资机会还是无限的；悲观派如凯恩斯和他的追随者，他们认为投资机会会很快消失，资本边际生产力为零。哈伯勒认为熊彼特更偏向于悲观。对于第二个问题的回答，哈伯勒也是否定的；同时他还指出：熊彼特在这一点上也不是不可妥协的，他在《经济周期》一书中修正减小企业家的作用，发展可能是更"机械的"（mechanical）。根据以上的分析，哈伯勒顺利得出熊彼特"极端版本"利息理论站不住脚。

（三）对妥协版本的分析

熊彼特"妥协版本"的利息理论还是比较被接受的。妥协版本的利息理论可以认为是熊彼特在"传统利息理论"的基础上增加了自己有关动态经济的内容。

哈伯勒"传统利息理论"是指由庞巴维克、费雪（Fisher，I.）、维克塞尔（Wicksell，K.）、奈特等人开创和发展的利息理论。他们认为投资机会不会消失，生产者在期望回报率和利率的比较中决定投资，新技术可以节省资本。熊彼特在妥协版本中承认即使没有他的动态机制，投资仍可以进行，仍然会有正的、相对较低的利率。但是，他仍坚持这样的情况在现实生活中不会经常发生。

第四章 对熊彼特 经济思想的评价

在前面三章，我们对熊彼特的经济发展理论、货币信贷理论和利息理论分别进行了论述和分析。本章将总述全篇，评价熊彼特的经济思想:评价其货币金融思想（第一节），评价其经济思想以及经济学研究方法论（第二节），探讨熊彼特货币金融思想的现实意义（第三节）。为便于读者阅读和理解，我们首先用图2.6概括熊彼特的经济学体系。

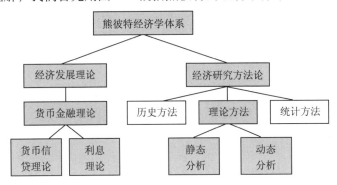

注：有阴影的框格是前文分析涉及过的部分。

图2.6 熊彼特经济学体系

第一节 对熊彼特货币金融思想的评价

在熊彼特的经济发展理论中，货币金融理论的重要性远不及企业家创新理论、经济周期理论，后两者是熊彼特经济研究的核心课题，但货币金融理论又是必不可少的一部分。本节，我们在第二章"熊彼特的货币信贷理论"和第三章"熊彼特的利息理论"的分析基础上，对熊彼特的货币金融思想进行简要评价。

一、熊彼特对货币金融理论的研究

熊彼特最早关于货币的讨论出现在《理论经济学的本质与内容》（1908），在文中他论述了货币的"交换手段"的基本功能。在《经济发展理论》（1912）中，熊彼特除保持其货币作为交换手段的观点之外，还提出了动态经济下的信贷创造论和独特的利息理论。这些理论我们在前文已经有过详细的论述。《社会生产物与计算货币》[①]（1917）可以称为熊彼特的货币论。在这篇论文中，熊彼特将他自《理论经济学的本质与内容》以来的观点又向前推进了一步：论述了货币的购买力，提出了自己独特的数量学说。

凯恩斯 1930 年出版了《货币论》，熊彼特那时也在撰写货币理论的专著，但在看了凯恩斯的《货币论》后，觉得与自己想法非常接近，就放弃了关于货币理论的写作。多年之后，熊彼特又感到后悔，他在去世前几年曾经答应出版商要写一部"货币理论"，但终因写《经济分析史》耗尽了心血，至去世也未能写出"货币理论"。直到 1970 年，熊彼特关于货币理论方面的手稿以《资金的性质》（*Das Wesen des Geldes*）为题发表。

二、熊彼特货币金融思想的特点

根据前文的论述，熊彼特的货币金融思想主要包括对"货币"、"信贷"和"利息"三个方面的认识。

对于"货币"，熊彼特坚持"无论在静态方面还是在动态方面，货币都是媒介"（金指基，1996，第 13 页）。对于"信贷"，熊彼特认为它是发展的动力，静态经济中不存在信贷，而动态经济中，信贷为企业家提供实现创新的购买力，从而促进了经济的发展。对于"利息"，熊彼特认为它是发展的产物，静态经济中不存在利息，动态经济中利息作为企业家给银

学历史很轻松，写历史很辛苦；了解历史很容易，创造历史很艰难。

---

① 可参考 Ellis, H. S., 1934, "German Monetary Theory"。

行家的报酬，来源于创新获得的利润。

在前面两章的论述中，我们看到熊彼特对这三个方面的认识受到了猛烈的批评。在这里，我们想从整个经济理论高度来理解熊彼特货币金融思想同批评者的差异[①]。熊彼特关于"货币"、"信贷"和"利息"的论述与批评者（主要是新古典经济学的信徒）的冲突从深层次讲是对资本积累和经济发展认识的差异。

新古典经济学（包括后来的凯恩斯学派）认为经济增长的动力是资本的积累，资本积累的来源是储蓄，储蓄和资本积累是连续的、渐进的，因而经济发展是连续的、渐进的。他们也承认生产方式的变化，但这种变化在他们看来是时时发生的（all the time）。在他们的体系中，唯一与货币金融相关的经济变量是"储蓄"，因此，对"货币"、"信贷"、"利息"的讨论，他们基本都是从消费与储蓄、投资的决定等方面进行考虑的。

熊彼特的思想与他们正好相反。熊彼特认为经济发展不是连续的、渐进的，而是在一个个均衡中"跳跃"前进的，促进经济发展的力量是企业家的创新，而信贷是企业家创新的必要条件，"静态零利息"是从方法论上区分静态经济和动态经济的自然结果。

辩证唯物主义和历史唯物主义将两种发展观早已综合起来。

通过上面的分析，我们可以看出，熊彼特独特的货币金融思想是为其经济发展理论服务的。判断其正确与否，应当从整体经济理论入手，而不应只围绕细枝末节进行争论。

三、熊彼特货币金融思想的不足

对于熊彼特货币金融思想的批评，主要集中于以下几点：

首先，很多学者批评熊彼特没有对传统货币理论的问题——如货币的本质、货币中性等——进行系统的论述，因而不能算作货币理论学家。对于这个批评，我们认为可以从两个方面解释：一方面，熊彼特原本计划撰写货币理论的专著，但因为与凯恩斯的思想相仿就省略了，后来在熊彼特去世后的手稿中发现部分有关货币理论的论文，算是对其货币论的补充。另一方面，其重要性远远超过前一个方面，熊彼特对货币理论论述得少，

[①] 这里主要受哈伯勒思想的启发，见参考文献：Haberler（1950）。

是因为他的研究对象是整个经济，特别是它的发展过程，货币金融理论只是其中的一部分，因此对其专门的论述就比较少。

其次，"静态零利息"理论是熊彼特遭到批评最多的思想。虽然这个结论似乎是静态经济分析的必然结果，但它与现实情况极端不符，而且熊彼特在这一点上也作出让步——"静态经济也存在正的利率"，但他仍坚持"动态经济不仅使利率提高到静态经济利率水平之上，而且为静态经济增加了新的特点"。但是，我们认为这里的批评过多地集中在对其极端性的批评上，反而歪曲了熊彼特迫切地将经济划分为"静态"和"动态"的初衷，也抹杀了他的贡献。

最后，这类批评属于对熊彼特货币金融理论现实适用性的批评（Laumas，1962，pp. 657 - 658），笔者认为这类批评的意义最大。熊彼特认为银行家的"信贷"可以为企业家提供实现"新组合"的资本，但是他没有考虑银行家"惜贷"的现象（即是第二章第二节讨论信用创造实现的问题），特别是在不发达国家或农村地区，企业家得不到需要的信贷支持是普遍的情况。作为一个完整的经济发展理论，不应当忽视这一普遍现象，而只把目光集中于一切运转良好的运行机制。

其实，熊彼特在构建经济发展理论的时候，就意识到货币金融理论方面的不足，他在《经济发展理论》英文版的序言中指出："我仍然希望，不久就能通过在货币与信贷方面，在利息方面，以及在经济周期方面的一些更加'现实的'研究，提供现在正感缺乏的详尽资料。"熊彼特在后半生编撰《经济周期》和《经济分析史》的过程中，其实就是在不断补充、完善他提出的经济发展理论，当然，理论的缺陷也为我们后辈的研究指明了方向。

第二节　对熊彼特经济学体系的评价

在评价熊彼特的货币金融思想之后，我们转而对他的整个经济思想体系作一简要评价。因为熊彼特的体系是庞大、复杂的，所以这里的评价对其整个体系来说，是单薄的、简单的。

按照侧重点的不同，我们简单地把熊彼特的研究著作分为两大类：第一

历史上，即便是长期从事简单再生产的小农经济占统治地位，高利贷也是时时、处处存在的。

类以经济发展（更确切地说，资本主义社会经济的发展）为研究重点，著作包括《理论经济学的本质与内容》《经济发展理论》《资本主义、社会主义与民主》等；第二类以经济学思想方法发展为研究重点，著作包括《科学与意识形态》《从马克思到凯恩斯十大经济学家》《经济分析史》等。

一、对熊彼特经济理论的评价

熊彼特研究的对象是资本主义社会的发展。什么力量推动社会的进步？在社会发展过程中，各经济单位的关系如何？资本主义社会是否会一直增长下去，还是被另外的社会形态所替代？这都是熊彼特毕其一生试图回答的问题。

他的好友兼同事哈伯勒在熊彼特的悼文中说到：熊彼特试图完成一个"伟大的设计"（grand design），"该设计的轮廓在他的第一本著作中就隐现了，接着在《经济发展理论》中得到全面的论述，之后熊彼特在其《经济周期》和《资本主义、社会主义与民主》中对其进行了大量的、艰苦的描述和验证"（Haberler，1950，p. 361）。这里的"伟大的设计"即是熊彼特试图建立的、可以通过历史事实和统计数据验证的经济发展理论模型。

熊彼特对这个"伟大的设计"完成得如何呢？我们认为，他的研究工作具有开创性、方向性的贡献。

对前两个问题"什么力量推动社会的进步"和"社会发展过程中，各经济单位的关系如何"的回答，形成了第一章分析的经济发展理论。概而言之，熊彼特认为生产技术的革新是资本主义经济发展的根本动力，也是资本主义的最根本特征；这种"创新"是经济的"内在因素"，因此经济发展和经济波动是经济"内生"驱动的。熊彼特非常强调企业家至高无上的作用。

对于第三个问题的回答，集中体现在《资本主义、社会主义与民主》一书中。因此，该书也被称为熊彼特的"资本主义的衰亡论"。熊彼特认为，资本主义的发展是存在极限的，它最终会被社会主义代替，导致资本主义消亡的原因是"创造性毁灭"：当"实现了高度生活水平的社会，欲望得到了近乎完全满足的社会"，企业家创新的动力就渐渐失去了，创新一且消失，资本主义经济就停滞不前了，便进入社会主义社会。

这里暂时不评论熊彼特分析得正确与否，但他确实为我们提供了一个分析框架，一个完整的分析框架，一个不同于以往任何经济学家提出的有关经济发展的框架①。

熊彼特的理论强调"创新"，这一点在现实中得到了广泛的认可。如金指基（1996）在《熊彼特经济学》的中文版序言中指出："熊彼特发展模式的最佳榜样也就是战败后的日本：1945 年 8 月，战败后的日本对发展经济所不可或缺的生产设备、资本积累、原材料、能量等都陷入几乎一无所有的地步，所幸，当时的日本以唯一存留下来的人力资源为重，引进欧美技术，卓越地实现了经济发展，这一无可讳言的事实无疑就是实践了熊彼特的发展模式的结果。"

熊彼特的经济框架也不是没有缺陷的。他过分强调"企业家"的作用，只分析经济中的生产供给方面，而忽视消费需求方面，以及他的经济理论严重不适用于发展中国家②，这些问题都被后来的研究者指出，并予以改进。但是，这些缺陷也无法掩饰熊彼特带给我们对经济发展研究闪亮的启示。

二、对经济学研究方法论的贡献

熊彼特对经济学的另一个贡献，是他在经济学方法论的研究方面。除了他的鸿篇巨制《经济分析史》达到了目前都无人企及的高度，他对经济学研究方法论的简单概括就给我们这些后生晚辈无限的启迪。

熊彼特经济研究方法论可以概括为："理论的、历史的、统计的"。

理论方面，熊彼特在 30 岁之前就构建起他的经济发展理论模型。这个模型在方法论上最大的贡献是，突破了以"瓦尔拉均衡"为基础的"静态均衡"分析，明确地把经济学带入了"动态非均衡"分析。后来的动态经济学以及更先进的发展都是建立在他的这种理论划分上的。

历史方面，熊彼特认为在构建完理论模型之后，剩下的工作就是用史

（欲望无穷尽，创新无止境，这与主义没有关系。）

---

① 虽然熊彼特的经济发展理论被认为与马克思的理论有"惊人的相似"，但马克思主义的研究学者保罗·斯威齐在他的《资本主义发展的理论》（1942）一书中论述了二者的差别。

② 参考文献：Rimmer（1961）。

实对理论模型进行验证。如熊彼特夫人在《经济分析史》的导言中提到：
"本书的主题就是关于描述和解释经济事实并为从事此项工作提供各种工作所做的种种努力的历史"（熊彼特，1991，第5页）。熊彼特强调追根溯源，注重考据和历史事实，在他的书中，我们常常读到详细的注解说明，足见他治学严谨、博闻广识。

　　统计方面，也可以称为"数理经济学"。熊彼特早年十分推崇这种分析方法，并且也是将这种数理分析方法引入哈佛大学的先驱，但因自己在数学方面的局限，没有在此方面作出巨大贡献。但是，面对过分使用的数理方法、复杂的模型，熊彼特也提出了担忧："经济学蒸蒸日上，经济学家每况愈下"（艾伦，2003，第643页）。事实证明，这些复杂的、脱离经济事实的数理模型，一再使人失望。因为这些数理经济学家们在听到熊彼特"在经济学中使用数学"的主张后，忽略了他主张的另一部分："数学必须与经济学和社会事实结合，必须与反映经济和社会现实的数字和关系相结合"。

金融市场和支付信息是最及时、准确反映经济现实的数字，要好好利用。

　　经济研究方法是一个永恒的话题。如今，当我们批判复杂的衍生工具造成全球金融危机的时候，我们能否保证未来按照熊彼特指出的"理论的、历史的、统计的"方法进行经济研究、探索经济运行的规律呢？

第三节　熊彼特货币金融思想现实意义初探

　　在这一节中，我们会初步探讨熊彼特货币金融思想对现实金融的指导意义。

　　图2.7和图2.8显示了我国改革开放前后，银行与财政资源配置能力的比较。我们用存款总额代表银行配置资源的能力，用财政收入代表财政配置资源的能力。经过对比，改革开放之前（如图2.7所示），银行可以配置的资源与财政差不多[①]；而改革开放之后（如图2.8所示），银行配置

---

　　①　在实际情况中，银行可以配置的资源要更小一些，因为很多银行存款是财政性存款，它们的使用要由财政决定。

资源的总量远远超过了财政。从我国的实际情况看，我们看到了一个明显的趋势:国民收入的增长伴随着银行信贷规模的扩大。这一点与熊彼特"银行信贷促进经济发展"的观点相契合。

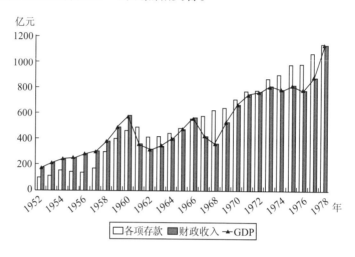

图 2.7　银行与财政配置资源能力比较（1952—1978）

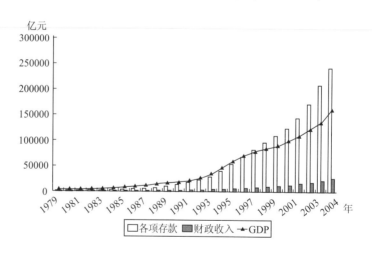

图 2.8　银行与财政配置资源能力比较（1979—2004）

　　图 2.9 和图 2.10 显示了改革开放前后，我国信贷结构的变化。其中，历年工业贷款总额代表社会生产性信贷规模，历年商业贷款总额代表社会流通性信贷规模。通过比较，我们发现，国民收入的增加同时伴随着工业

贷款规模逐渐追上并超过商业贷款规模。这一点也是与熊彼特的信贷理论相契合的："银行信贷用于企业家创新的实现，进而推动经济的发展。"给予企业家的贷款应当是生产性贷款，而非流通性贷款。

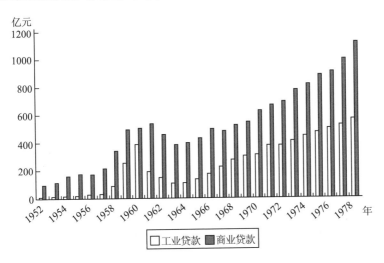

图 2.9　生产性贷款与流通性贷款比较（1952—1978）

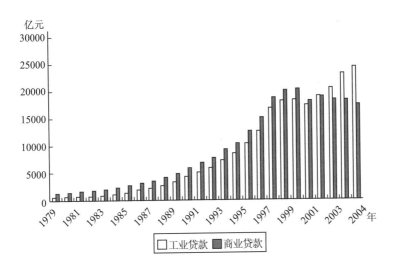

图 2.10　生产性贷款与流通性贷款比较（1979—2004）

通过上面简单的分析，我们可以看到，熊彼特的货币信贷理论是具有一定的现实意义的，可以较好地解释中国改革开放 30 多年来经济迅速发展的原因。

但是，我们更应当认识到:熊彼特的理论建立在对 20 世纪初期资本主义发展的认识上，时间流逝，更多新鲜的史实和环境出现了。对此，我们需要在熊彼特研究的基础上，继续深化，完善其经济金融理论，以期能用来指导现实的经济金融实践。

参考文献

[1] 艾伦:《开门——创新理论大师熊彼特》，中文版，长春，吉林人民出版社，2003。

[2] 贝克尔、埃布林格、海德克、克纽德森:《熊彼特之经济发展理论、商业周期理论和民主理论间的缺环——评熊彼特的〈发展〉》，中文版，载《南大商学评论（第六辑）》，2005。

[3] 方在农:《从熊彼特的创新理论说起》，载《自然杂志》，2006 年第 28 卷第 2 期。

[4] 付方赟、孙力:《熊彼特的思想遗产——经济分析史研究的范围与方法》，载《湖北经济学院学报（人文社会科学版）》，2006 年第 3 卷第 4 期。

[5] 金指基:《熊彼特经济学》，中文版，北京，北京大学出版社，1996。

[6] 刘涤源:《西方利润理论研究》，武汉，武汉大学出版社，1993。

[7] 马凤娣:《熊彼特的经济发展理论》，载《学术论坛》，1999（1）。

[8] 宁晓青:《熊彼特经济周期理论述评》，载《财经理论与实践》，1996（1）。

[9] 盛松成:《熊彼特的非常信用理论》，载《金融研究》，1985（2）。

[10] 施建生:《伟大的经济学家熊彼特》，北京，中信出版社，2006。

[11] 苏大军:《创新，历史的轮回与必然——从熊彼特的"创新理论"看未来社会的经济发展》，载《中外企业文化》，2006（11）、（12）。

[12] 吴昌南:《熊彼特假说:理论与经验研究及其启示》，载《江苏商论》，2007（11）。

[13] 熊彼特:《经济分析史》，中文版，北京，商务印书馆，1991。

[14] 熊彼特:《经济发展理论》，中文版，北京，商务印书馆，2000。

[15] 熊彼特:《经济发展理论》，中文版，北京，北京出版社，2008。

[16] 伊特韦尔、米尔盖特、纽曼:《新帕尔格雷夫经济学大辞典》，中文版，北京，经济科学出版社，1996。

[17] 曾康霖、王长庚:《信用论》，中文版，北京，中国金融出版社，1993。

［18］Collins, R. （1992）, Rediscovering Schumpeter, *Contemporary Sociology*, Vol. 21, pp. 171 – 175.

［19］Deutsch, K. W. （1956）, Joseph Schumpeter as an Analyst of Sociology and Economic History, *The Journal of Economic History*, Vol. 16, pp. 41 – 56.

［20］Giersch, H. （1984）, The Age of Schumpeter, *American Economic Review*, Vol. 74, pp. 103 – 109.

［21］Gordon, S. （1984）, Review on Schumpeterian Economics by Helmut Frisch, *the Journal of Political Economy*, Vol. 92, pp. 168 – 170.

［22］Haberler, G. （1950）, Joseph Alois Schumpeter 1883 – 1950, *the Quarterly Journal of Economics*, Vol. 64, pp. i – 372.

［23］Haberler, G. （1951）, Schumpeter's Theory of Interest, *the Review of Economics and Statistics*, Vol. 33, pp. 122 – 128.

［24］Laumas, P. S. （1962）, Schumpeter's Theory of Economic Development and Underdeveloped Countries, *the Quarterly Journal of Economics*, Vol. 76, pp. 653 – 659.

［25］Leontief, W. （1950）, Joseph A. Schumpeter （1883 – 1950）, *Econometrica*, Vol. 18, pp. 103 – 110.

［26］Messori, M., Schumpeter's Analysis of the Credit Market, Mimeo.

［27］Messori, M. （2004）, Credit and Money in Schumpeter's Theory, Working Paper.

［28］Marget, A. W. （1951）, The Monetary Aspects of the Schumpeterian System, *the Review of Economics and Statistics*, Vol. 33, pp. 112 – 121.

［29］McCrea, R. C. （1913）, Review: Schumpeter's Economic System, *the Quarterly Journal of Economics*, Vol. 27, pp. 520 – 529.

［30］Rimmer, D. （1961）, Schumpeter and the Underdeveloped Countries, *the Quarterly Journal of Economics*, Vol. 75, pp. 422 – 450.

［31］Robbins, L. （1930）, On a Certain Ambiguity in the Conception of Stationary Equilibrium, *The Economic Journal*, Vol. 40, pp. 194 – 214.

［32］Robinson, A. （1953）, Review on Schumpeter, Social Scientist by Seymour E. Harris, *the Economic Journal*, Vol. 63, pp. 126 – 129.

［33］Samuelson, P. A. （1943）, Dynamics, Statics, and the Stationary State, *the Review of Economics and Statistics*, Vol. 25, pp. 58 – 68.

［34］Samuelson, P. A. （1951）, Schumpeter as a Teacher and Economic Theorist, *the Review of Economics and Statistics*, Vol. 33, pp. 98 – 103.

［35］ Samuelson, P. A. （1971）, Paradoxes of Schumpeter's Zero Interest Rate, *the Review of Economics and Statistics*, Vol. 53, pp. 391 – 392.

［36］ Schumpeter, J. A., Becker, M. C. and Knudsen, T. （2005）, Development, *Journal of Economic Literature*, Vol. 43, pp. 108 – 120.

［37］ Shleifer, A. （1986）, Implementation Cycles, *the Journal of Political Economy*, Vol. 94, pp. 1163 – 1190.

［38］ Smithies, A. （1950）, Memorial: Joseph Alois Schumpeter 1883 – 1950, *the American Economic Review*, Vol. 40, pp. 628 – 648.

［39］ Smithies, A. （1951）, Schumpeter and Keynes, *the Review of Economics and Statistics*, Vol. 33, pp. 163 – 169.

［40］ Whitaker, J. K. （1971）, The Schumpeterian Stationary State Revisited, *the Review of Economics and Statistics*, Vol. 53, pp. 389 – 391.

第三编

缪尔达尔的货币思想

MIUERDAER DE HUOBI SIXIANG

Karl Gunnar Myrdal（1898—1987）

缪尔达尔生平简介

　　缪尔达尔（Karl Gunnar Myrdal），瑞典人。早期从事纯理论研究，是瑞典学派第二代代表人物之一；后研究转向制度经济学，并成为新制度经济学和发展经济学的标志性人物。

　　缪尔达尔1898年12月6日出生于瑞典达拉那省的一个农庄。1918年至1923年期间，缪尔达尔在斯德哥尔摩大学完成了法律专业的学习。之后他转读经济学，1927年获得经济学博士学位，并开始担任斯德哥尔摩大学政治经济学讲师。1931—1932年任日内瓦国际研究生院副教授，1933—

1939 年任斯德哥尔摩大学教授，1945—1947 年任瑞典商业部部长。1947—1957 年任联合国欧洲经济委员会执行秘书，1961—1965 年任斯德哥尔摩大学国际经济学教授，1974—1975 年为纽约市大学荣誉客座教授。1987 年 5 月 17 日，缪尔达尔在瑞典斯德哥尔摩逝世。

缪尔达尔在斯德哥尔摩大学攻读博士时，开启了他早期的学术研究。缪尔达尔撰写了题为《价格构成及其多变性问题》的博士论文，获得了瑞典博士学位中的最高荣誉——"劳达特奖"，这为他的学术生涯之路提供了必要的资历，但是该论文没有翻译成英语和德语，对瑞典之外的影响较小。

缪尔达尔的《经济理论发展中的政治因素》一书于 1930 年发表，贯穿该书的一个重要主题是关于主流经济学引述的实证分析系统混乱。缪尔达尔对正统的需求理论和价格构成提出了更为全面的控诉。尽管本书存在一些争论，但是诺贝尔奖选拔小组委员会的委员认为这本书是"如何在政治价值观的许多研究领域嵌入经济研究的开创性的评论"。

《货币均衡论》是缪尔达尔最主要的货币理论著作，是本文研究的主要内容，作为瑞典学派的代表人物，他对宏观经济平衡问题的提出是建立在维克塞尔货币理论架构之上的，并对其进行了有限的批判。缪尔达尔指出哈耶克和凯恩斯的理论体系中"没有涉及不确定因素和预期"而导致错误。

规则决定行为；制度决定结果。

1932 年，缪尔达尔发表了《社会政策的两难》，意图提高社会民主影响力。接下来，他和妻子阿尔瓦合著了《人口问题的危机》，关注 20 世纪 30 年代瑞典人口问题和社会政策。

1944 年，他发表了其学术生涯中最高成就之一的《美国困境：黑人问题和现代民主》一书，它甚至超过了缪尔达尔之前长期从事的、多面精通的工作，甚至有人完全忽略了缪尔达尔在经济领域的基础成就，把缪尔达尔跟这本书等同起来。这本书产生了深远的影响，完全可以被认为是少数可以改变历史航向的著作之一。此书受"累积效应"原理影响，这是吸收维克塞尔的概念，《美国困境：黑人问题和现代民主》成了种族问题上自由主义正统说法的圣经，是一本改变了美国生活的书，是开启美国黑人进步大门的催化因素。

　　缪尔达尔对国际经济问题开展了进一步的研究。1956 年发表论文《国际经济：问题与前景》，1958 年在耶鲁大学的演讲以《超越福利国家》出版。1956 年，他关注欠发达世界的文章《发达与不发达：国内和国际经济不平等机制的一个记录》，英国版本的标题为《经济理论与不发达地区》，美国版本为《贫穷国家和富裕国家》。

　　经过长达十年的研究，1968 年缪尔达尔终于由二十世纪基金会出版了他的研究成果——《亚洲的戏剧：南亚国家贫困问题研究》。此书主要研究南亚国家贫困的原因和如何摆脱贫困、如何发展的问题。缪尔达尔采用了一种制度性方法，而拒绝了主流经济学家在经济发展过程中采用的方法，强调制度分析，用系统论方法研究经济发展，持有非正统思想，使得此书在发展经济学中独树一帜，成为发展经济学中的一部名著。

　　基于以前著作和美国的演讲，两卷关于他对经济政策制定深刻认识的著作面世。1963 年，缪尔达尔的《富裕的挑战》一书出版；1970 年，他出版了《世界贫困的挑战：世界反贫困计划纲要》。两书都有"挑战"一词，主要对贫富国家的经济政策提出了许多建议。

　　1974 年，他和奥地利学者哈耶克（Fdiedrich Von Hayek）分享了获瑞典皇家科学院颁发的该年度诺贝尔经济学奖。这是他学术生涯的最高荣誉，是对他一生研究成果的最高肯定。

第一章　缪尔达尔货币思想概述

第一节　缪尔达尔思想产生的背景

社会存在决定社会意识。毛泽东曾说过："人们的社会存在，决定着人们的思想"。任何人的思想离不开其产生的现实基础。思想的形成来源于对客观事物发展的积累、吸收、转化。社会个体所处的时代和他生活的环境，是一个人思想产生离不开的现实因素，另外，一个人的思想又受到其个人性情、家庭、教育、经历、国家、民族、宗教信仰、政治倾向、传统习惯等一系列因素的影响。思想的形成是一个复杂的过程，不同历史时期，不同年龄，都可能导致不同的思想。探索其思想形成的因素，有利于更准确地理解和把握其思想实质。

正如缪尔达尔在《货币均衡论》序言开篇中所说："这篇论文具有在写它的那个时候的特点和它的作者的背景。它是在大萧条初期所做的要为比较深刻和比较全面的货币理论奠定基础的各种尝试中的一种"。

一、个人背景

1. 地理环境

1898 年，缪尔达尔出生于瑞典的达拉那省。达拉那省在 16 世纪抵御了丹麦人的入侵，这里的人们为他们坚定不屈的性格而骄傲，为他们追求独立的坚强决心而自豪，缪尔达尔也不例外，时常为这一点而感觉到骄傲。瑞典处于北欧，拥有 45 万平方公里的国土面积，在欧洲居第五位。瑞典气候寒冷，地广人稀，地理上与外国影响隔绝。气候限制了农业的生产，但自然资源丰富。瑞典民族相对单一，瑞典民族是长寿民族之一，具有自立、和平、民主、合作、创新、规矩等特点，文化素质较高。瑞典具有社会主义民主主义传统，具有追求民主和平等的历史习惯。两次世界大战均为中立国，未参战。国家和民族属性不可避免地对缪尔达尔的思想产生深远影响。

2. 家庭和宗教环境

有学者曾对经济学家的出身进行过研究，认为中产阶级出身的经济学家更有良知，往往会成为促进社会进步的"正能量"。笔者并不完全赞同这种阶级出身论，但也认为家庭出身对人的思想存在影响。缪尔达尔的先辈是芬兰移民，他的祖先三个世纪以来都是农民。他的父亲是建筑从业者，母亲是个家庭主妇。缪尔达尔一生主张平均主义，信奉清教伦理，都与他的农村生活背景有着较深的联系。缪尔达尔为减轻贫困、改善社会福利而研究，也与其家庭出身有关。1593 年，基督教新教路德宗成为瑞典国教，它是德意志宗教改革运动的产物，主张"因信称义"，强调圣经的最高权威，坚持信徒平等。1870 年以前，只有路德教徒才可获得公民权。缪尔达尔的母亲是个尽责的路德教会教徒，他有三个兄弟姐妹。在瑞典，学校的学生必须参加"基督"计划，年轻的缪尔达尔和兄弟姐妹就是在那种教育理念下成长起来的。成年后，缪尔达尔背弃了他原来的信仰，即便如此，圣经的寓意对他的思维方式仍产生了影响。

1919 年夏，缪尔达尔结识了阿尔瓦·莱默，这促使他的事业开始转型。1924 年，阿尔瓦·莱默成为缪尔达尔的妻子，改名阿尔瓦·缪尔达尔（Alva Myrdal）。他们育有两个儿子和一个女儿。阿尔瓦被视为瑞典女政治家，因其在世界核裁军运动中所作出的贡献而荣获 1982 年诺贝尔和平奖。缪尔达尔夫妇都获得诺贝尔奖，是诺贝尔奖历史上有趣的特例。可以说，他的妻子对其影响重大。两人的合作硕果累累，也正是妻子建议他致力于政治经济学的研究，缪尔达尔才从法律转到经济学的研究上来，从而取得了一系列的经济理论的研究成果；另一方面，他的岳父是一个坚定的社会民主党党员，阿尔瓦参与过社会民主党的青年运动，这使缪尔达尔对社会时弊有了更深刻的认识，进而后来加入了瑞典社会民主党，以至于从政，出任瑞典的议员、商业部长以及后来的联合国经济委员会秘书长无不与此有关联。其从政经历，又促进了缪尔达尔对制度经济学和发展经济学的研究，如 1956 年发表《国际经济：问题与前景》《亚洲的戏剧：南亚国家贫困问题研究》和《世界贫困的挑战：一个世界反贫困计划大纲》等著作。

3. 政治环境

如上所述，缪尔达尔受到妻子阿尔瓦的影响，1932 年加入瑞典社会民主党。1889 年，社会民主党成立，该党又称社会民主工党，是在工人运动中产生和壮大起来的，是瑞典历史上影响最大，也是成立最早的政党。该党最初也是马克思主义政党，后来逐步丧失战斗性，逐渐妥协，后向议会方向发展。1932 年，瑞典社会民主党上台执政，后长期在瑞典执政，这基本造就了瑞典的国家性格。瑞典社会民主党的基本执政理念来自修正马克思主义，基本指导思想就是"民主社会主义"的"福利国家思想"。这体现在瑞典宪法和社会民主党的纲领中，也体现在各项具体的经济政策目标中。加入瑞典社会民主党，对缪尔达尔理论思想的影响很快体现出来。他以一篇名为《社会政策的两难》的文章，意图提高社会民主影响力。在此文中我们看到了缪尔达尔信奉干预政策的影子。1932 年，缪尔达尔被任命为官方失业委员会的成员，更加关注失业问题，并对失业问题进行深入研究，这对其思想的最终形成起到了促进作用。1934 年他作了《财政政策的经济影响》的研究，建议推行扩张性的政策，缪尔达尔在清楚地践行着一种投资收入增效的观念。在缪尔达尔的《货币均衡论》中，他顺便提到美国的消费不足论者极力主张扩张公共花费作为经济稳定器的观点。缪尔达尔的著作思想许多和其社会职务和政党身份有很大关联。如作为国际公务员对国际经济问题的研究。

二、时代背景

缪尔达尔的货币思想主要形成于 20 世纪 30 年代。第一次世界大战后，世界各国的经济经常处于不均衡状态，西方主流地位的新古典经济学的理论很难解释瑞典的很多经济问题。新古典经济学理论从 1870 年到 1930 年在很大程度上忽视了宏观经济问题，即收入水平及其增长速度的决定力量。这一时期边际分析的增加，将人们的注意力几乎都放在微观经济理论上。资本主义内在矛盾日益尖锐，周期性经济危机在一些国家爆发，危机程度超过了以往。1929—1933 年的经济危机成为资本主义世界爆发的最严重的一次经济危机。百业萧条，失业人数暴增，整个社会经济生活陷入混乱和瘫痪之中。资产阶级也加大了干预国家经济生活的程度，维护和攫取更大的垄断利润。资产阶级学者纷纷为此寻找新的理论依据。

缪尔达尔生活的瑞典，在 20 世纪之前，经济发展远远落后于其他国家。瑞典的工业化进程促进了国家经济的发展。由于在第一次世界大战中恪守中立，没有消耗大量人力物力，也未遭受到较大的战争创伤，反而由于战争国对产品需求的增加，在没有激烈竞争对手的情况下，获得了尽可能高的利润，这些就为瑞典经济学家的政治主张的实施，奠定了文化和物质基础。

20 世纪 20—30 年代，瑞典跟其他西方国家一样，也面临着经济大萧条问题，这刺激了经济学中新的思维方法的产生。物价总水平的稳定被瑞典政府当作经济稳定的先决条件，货币均衡思想显然顺应了这一时代要求。

三、学术背景

1918 年，缪尔达尔进入斯德哥尔摩大学学习法律专业，后转学经济学。斯德哥尔摩大学建立于 1878 年，斯德哥尔摩大学经济学系是全瑞典最大的经济教学及研究单位之一，在欧洲享有盛誉，这里诞生了著名的斯德哥尔摩学派，即瑞典学派。缪尔达尔在斯德哥尔摩大学攻读博士阶段，开启了他早期的学术研究，师从以购买力平价理论而著称的古斯塔夫·卡塞尔（Gustav Cassel），卡塞尔的学术研究关注经济现实，尤其是利息在经济活动中的角色，他的思想根植于英国新古典经济学派和瑞典学派。卡塞尔声名昭著的学生包括两位诺贝尔经济学奖得奖者戈特哈德·贝蒂·俄林、缪尔达尔和未来瑞典温和党的领袖、政治家和经济学家哥斯达·巴格。缪

问题是考卷，实践是导师。

物价是晴雨表，是供需矛盾及其背后众多问题显示的窗口。

尔达尔对动态价格研究表现出自己的愿望，而这也正是卡塞尔的研究兴趣。

卡塞尔在瑞典学派第一代经济学家中，一般被看成是二流人物，其理论感召力和原创性远远逊色于维克塞尔（Knut Wicksell）和达维逊（David Davidson）。熊彼特（Joseph Alois Schumpeter）认为卡塞尔作为理论学家并不出众，"我们在想利用卡塞尔时，我们总是发现我们靠自己已经可以了"。但同时，熊彼特也完全承认，卡塞尔作为从事经济学分析的通俗作家，尤其对非专业工作的影响方面，是"20世纪20年代科学界最有影响力的领导者，无论他的评论者（包括我自己在内）说什么，他确实如此"。①

缪尔达尔的货币思想主要来源于瑞典学派另外一位代表人物维克塞尔。缪尔达尔的《货币均衡论》就主要是建立在维克塞尔货币理论基础之上的。另外，缪尔达尔与其朋友和早期同学林达尔（Erik Robert Lindahl，维克塞尔的学生）一起提出的独树一帜的宏观动态均衡理论对于20世纪20年代和30年代这个西方经济理论的发展起着极为重要的推动作用。关于维克塞尔货币理论中表述含糊的地方，缪尔达尔有些参照了林达尔的表述，但进一步确定了其准确含义。

综上所述，缪尔达尔的货币思想的产生显然受到了瑞典学派早期代表人物的影响。另外，如前所述，对新古典经济学的批判，既是时代背景，也是缪尔达尔所处的国际理论学术背景，正统经济学在当时不可能很好地解释大萧条这场灾难，缪尔达尔正是参与了这些争论，并开始了货币理论的研究，发表了货币理论著作。

第二节　缪尔达尔货币理论的主要内容

缪尔达尔早期主要从事纯经济理论的研究，其货币思想主要体现在其著作《货币均衡论》中，可以从中了解和掌握缪尔达尔货币理论的主要内

（左侧旁注）深刻才能被记住，通俗才能被传颂。

---

① J. A. 熊彼特：《经济分析史》，第1152～1154页，伦敦：Allen&Unwin，1972。

容。如前所述，《货币均衡论》主要是建立在维克塞尔货币理论基础之上的，采用的分析方法是含蓄的，批判是有限的。在这一点上正如熊彼特说，维克塞尔的"瑞典信徒从未停止称自己为维克塞尔派，甚至当他们批判他并超越他时也是如此"。[①] 缪尔达尔把他的研究成果视为维克塞尔货币理论的一部分，是其补充和发展，因此很有必要先介绍维克塞尔其人和他的货币理论，并概括说明缪尔达尔对维克塞尔货币理论的修正。

一、维克塞尔简介

维克塞尔（1851—1926），被视为瑞典学派的开山鼻祖。他是近代西方经济学发展史上占有重要地位的经济学家。熊彼特在《经济分析的历史》中，将维克塞尔与里昂·瓦尔拉斯、阿尔弗雷德·马歇尔并列为 1870 年到 1914 年间三位最伟大的经济学家。

1869 年，维克塞尔进入乌普萨拉大学学习数学专业，1871 年获得数学和物理学学士学位。1885 年获得数学博士学位，由于种种原因，1895 年才拿到经济学博士学位。1901 年，在打败了包括卡塞尔在内的其他三位竞争者后，他获得了德隆大学法学系教授职位。

数学和历史对经济学研究帮助最大。

维克塞尔的代表作有三部：《价值、资本和地租》《利息与价格》《政治经济学讲义》。他的主要学术思想出现在 1898 年的《利息与价格》一书中，他首次提出累积过程理论，也被称为自然利率说。

维克塞尔在政治上是激进的资产阶级改良主义者。他激进的政治社会主张使他受到瑞典政府和学术界的冷遇，如 1889 年，维克塞尔想在斯德哥尔摩大学找一个教职，但因为他"太臭名昭著"而被拒绝了；而他的新马尔萨斯主义人口论和对沙皇俄国的绥靖政策主张又使他在社会上声名狼藉。维克塞尔在政治上受到右派的孤立和左派的唾弃，其政治处境是可悲的，这与其他多数瑞典学派经济学家的政治处境明显不同。

维克塞尔的学说在当时无论是瑞典还是其他国家都没有受到重视，埋没多年，直到 20 世纪 20—30 年代，瑞典经济学家缪尔达尔、俄林、林达尔等重新阐发了维克塞尔的经济学说，才广为流传。

---

① 熊彼特著，朱泱等译：《经济分析史（第三卷）》，第 481 页，北京，商务印书馆，1995。

二、维克塞尔货币均衡的理念

维克塞尔的货币经济理论也被称为累积过程理论。它否定了萨伊倡导的"货币面纱论"。萨伊等认为货币本身没有价值，像罩在实物经济上面的一层面纱。如果看不透这层面纱，就会产生货币幻觉，认为货币本身是有价值的。维克塞尔揭去了这层面纱，把货币和实体经济结合起来，从而在经济学理论发展史上产生了划时代的影响。

维克塞尔认为，价格稳定是主要的宏观经济目标，是社会经济正常发展的前提。与相对价格相比，一般价格水平的起因暧昧复杂，而且对整个国家的经济生活产生严重影响。价格普遍上涨不仅使大多数公众蒙受损失，而且使投机活动猖獗、信用过度膨胀，造成经济生活的混乱和危机；而价格水平的下降则会造成萧条和失业。维克塞尔认为干预相对价格变动，会破坏自然秩序，得不偿失，而干预一般价格上水平则是可行的。在不干预各种商品的相对价格的情况下，保持一般价格水平的稳定，这正是价格理论的使命所在。

> 古代社会，货币与商品如影随形；现代社会，则如灵魂与肉体的关系，货币具有引领作用。

维克塞尔的均衡论引入了货币因素，且这一因素对实现均衡起着决定性的作用，因此维克塞尔将之称为货币均衡。如果达到货币均衡状态，这时商品市场上需求就等于供给，商品的价格会保持稳定，这时储蓄率与投资量正好相等。

维克塞尔将分离状态的传统经济理论和货币理论融为一体。此前，在经济理论界，价格理论和货币理论是两个相对独立的研究范畴。维克塞尔的累积过程原理把涉及价格形成的经济理论即价值论和分配论与涉及价格水平的货币理论结合在一个理论框架中。正如瑞典著名经济学家俄林所说："在我看来，维克塞尔在他的分析中最有效果的改革，在于他采取了弥补价格理论与货币理论之间的缺口这一重要步骤"。[1] 哈耶克这样评论道："只是由于这个伟大的瑞典经济学家，才使得直到这一世纪末叶仍然隔离着的两股思潮终于确定地融而为一了"。[2]

---

① 维克塞尔著，蔡受百等译：《利息与价格》，第8页，北京，商务印书馆，2013。

② 哈耶克著，藤维藻、朱宗风合译：《物价与生产》，第26页，上海，上海人民出版社，1958。

维克塞尔的货币均衡理论具有明显的政策含义。价格稳定对社会经济发展具有重要意义，价格波动无论是向上和向下都会对社会经济造成不良影响。维克塞尔根据前述的调节一般价格的理论，提出变更银行利率以调节经济发展进程的宏观货币政策主张。他认为上述银行利息率对生产、物价水平的调节作用是自发的、盲目的，因而其调节作用也是不确定的。维克塞尔认为价格稳定并不能解决经济萧条，他指出经济的自发趋势是走向不均衡，要想实现经济均衡，必须使市场利率等于自然利率，要靠银行调整利息率来实现，这是维克塞尔货币政策的核心内容。

> 均衡是宏观经济调控最重要的目标和方向。

三、维克塞尔货币均衡的条件

维克塞尔认为货币利率等于自然利率就是处于货币均衡状态。货币利率即是金融市场上的借贷利息率。自然利率是指借贷不使用货币，一切借贷都以实物进行，因而完全由实物资本的供给和需求来决定的利率，故又称为实际利率。也即资本边际生产率，大体相当于投资的预期利润率。自然利率对物价完全保持中立，本身不会使物价出现上下波动。

在货币利率和自然利率不等的情况下，均衡状态就会被打破。在货币利率小于自然利率的情况下，企业家有利可图，会竞相扩大生产，进而导致各种生产要素价格上涨，包括原材料、工资、土地、机器设备等。生产者收入增加导致消费能力增加，需求增多，从而进一步影响商品市场上消费品价格上升。企业家为增加消费品生产，资本品的需求也因此增加而出现价格上涨，这就是维克塞尔所言的累积性扩张过程。反之，在货币利率大于自然利率的情况下，则会出现累积性收缩过程。两者正好相等时，一切保持原状，物价稳定，经济处于均衡状态。维克塞尔同时指出，利息率变动引起的物价变动，虽然具有累积的性质，但不会永久持续下去。

自然利率又可理解为能使储蓄和投资相一致的利率，所以自然利率又被称为均衡利率。通过自然利率，看起来分割的资本市场、商品市场和生产过程才关联起来。当货币利率等于自然利率时，货币是中性的，对经济不产生影响。货币利率的高低，最后只是由实物资本物品相对的过剩和不足来决定的。也就是说货币利率迟早总要与资本的自然利率趋向一致。

维克塞尔的货币理论，推动了货币宏观经济学的发展，使人们看到了

> 马克思讲社会平均利润率，维克塞尔讲自然利率，意在告诉我们，银行利率不是随意定的，不是脱缰的野马。

利率在解释总需求适应货币供给调整中的重要作用及货币政策在制止不可逆转的通货膨胀中的关键作用；强调了储蓄与投资相等与不等对总需求水平的决定影响；甚至也涉及预期在通货膨胀过程中的作用。

四、缪尔达尔的修正

缪尔达尔是在维克塞尔原有的理论结构中提出自己的看法的，他认为这是很自然的事情。在对维克塞尔的货币理论的"含蓄的批判"中，缪尔达尔表达了自己的货币理论和思想。

1. 缪尔达尔认为老的货币数量说将被取代

货币理论的研究是建立在前人的研究基础之上的，缪尔达尔在文章开篇主要提到了货币的数量说。17 世纪，传统货币数量说诞生，主要意思是物价水平的变动取决于货币数量的多少。大卫·休谟认为价格总水平取决于流通中的货币数量。马歇尔的货币数量理论，试图为价格和货币数量直接变动这一宏观理论提供微观基础。到了 20 世纪初，欧文·费雪（Irving Fisher）建立了著名的费雪交易方程式，揭示了名义收入和货币数量，以及货币流通速度之间的关系。费雪的交易方程式被认为是一种根据简单的假设提出的货币数量论。之后的现金余额数量说是由马歇尔、庇古等提出的，也称为剑桥方程式。剑桥方程式比费雪方程式更具有承前启后的意义。

维克塞尔反对货币生产成本论，认为货币成本论看上去十分合乎逻辑，甚至其合情合理不言而喻，但是将货币作为商品对待，以及以此种论点做依据的货币价值理论，一等到要讨论在近代货币制度中发生的有真正实际重要意义的那些问题时，就导向几乎完全站不住脚的结论。因此我们必须寻找别的解释方法。因此，维克塞尔反对马克思关于货币价值理论观点。对于货币数量论，维克塞尔认为，在一定情况下，数量论可能是正确的，不论怎样，它带有高度的真理。维克塞尔在理论上对货币数量论是持有一定的赞同态度的，但是他也指出货币数量论存在着假定流通速度不变、低估了信用票据效能等重大缺陷。

缪尔达尔认为数量说简明化、普及化，它包含足够的普通常识，对于

马克思的货币价值论是正确的，也是深刻的，难以被人很轻松地理解。

实际货币政策的指导，并不是完全无用的。它涉及直接摆在每一个人眼前的经济现实。同时又指出数量说的肤浅使它免于像交换价值中心理论一样坠入虚假的形而上学的深渊中，这应当感谢边际效用学说的努力。综上所述，缪尔达尔对数量说的观点与维克塞尔类似。缪尔达尔从奥地利学派对维克塞尔观念的采用，以及凯恩斯受到维克塞尔影响等事实，认为维克塞尔的新观念将取代老的数量说。

2. 比较货币均衡理论与一般均衡理论

从经济思想史的观点来看，在维克塞尔之前，价格形成的中心理论和货币理论是分开解释的。缪尔达尔指出，维克塞尔把他自己的理论看成是数量说和价格形成的中心理论之间的纽带。

缪尔达尔认为，价格形成理论和货币理论之间缺乏合理的调和，使理论家们在处理商业循环时十分肤浅。他们或是从货币理论出发，或者如现在更常见到的，由于这些理论难把经济理论放在一边，而用第三种观点，从所观察的事实中归纳成若干十分肤浅的通则，形成一种"商业循环理论"，与价格和货币理论并列。当所有这些可能的途径越来越明显地被证明为不能让人满意时，人们转向第四条途径，就是根据一大堆在理论上不协调而且被公认为不满意的假设，来整理统计观察所得的材料。第四种处理这个问题的奇特方法，近来由米契尔（W. C. Mitchell）加以发展，但仍保留着旧的形态。但是这种方法也是肤浅的，虽然其意义不同。其之所以肤浅，和各种折中派的集合理论一样，是由于缺少逻辑的分析；而只有这种逻辑的分析，才能使一些不如此就显得互相矛盾或至少互不相关联的理论要素结合在一起。严格关联某种真实的和假设的价格情况来阐述的这种货币均衡，与在价格形成静态分析中完全一般的价格均衡的条件，是没有共同性质的。

价格的静态分析中，背离均衡后，会带着相反的理论，使均衡再度恢复。在货币计划中，这种关系正好相反：背离均衡的形势一旦反生，动态发展便开始了，均衡很确定的是被放弃了。由于这一理由，这种运动被称为积累性的。货币均衡有易变的性质，而不像在一般价格理论中是稳定的。

货币均衡条件只稳定某些特殊价格关系，如其不然，它就允许有任何的变动。只要这些货币均衡关系得以满足，相对价格就能变动，因而"价格水平"及其他的东西也能变动。事实上，如果特殊关系，不论主要变动如何，要保持均衡状态，非特殊关系必须经过调整性变动。正如凯恩斯一再着重指出的，在变动的世界中，要稳定一切东西是不能想象的。

货币均衡与一般均衡决定性的区别是：前者根本不能认为是一种趋势，它也不能使全部体系都固定下来。货币均衡的观念和积累过程的观念，不能用揭露一般价格形成理论中均衡观念的缺点的办法来加以批判。

维克塞尔用一般均衡利率提出了自然利率理论，开创了一条研究利率问题的新思路，将实物市场和货币市场结合起来进行分析。缪尔达尔也认为，这种观点只有在绝对静态条件下才是正确的。

3. 对含混不清的词语进行了澄清和推定

缪尔达尔发现，维克塞尔的许多概念是含混不清的，维克塞尔没有准确地规范这些词语。比如"货币均衡"概念在全部维克塞尔理论中占有极重要的地位，弄清这一特殊说明的内容，是缪尔达尔的任务。林达尔在《货币政策·卷二》中，试图摆脱货币均衡这一概念。缪尔达尔也发现维克塞尔的货币均衡概念很不清晰而且部分是错误的，他同意林达尔的意见，但是理由却不相同，只要研究工作的基础是维克塞尔理论，就不可能逃脱均衡的概念。

为了弄清维克塞尔均衡的观念，缪尔达尔关注积累过程，而过程的基本特点是生产方向的移动，当动态过程是向上升方向时，这种移动是实际资本生产的增加，假如过程是向下趋势时，则这种移动是实际资本生产的减少。生产方向的移动是必不可少的条件。维克塞尔在这点上特别模糊，缪尔达尔认可林达尔的观点，即假如这种生产方向的移动不会发生，过程是根本不能出现的。

"全部商品额的供给和需求"，这一观念的确切内容是什么？维克塞尔没有说清他指的是否是消费品。缪尔达尔根据林达尔的解释，进一步确认了其表述的内容。这样，维克塞尔所可能建议的方程式，就由林达尔替他明白地说出来了：国民总收入中未被储蓄的部分经常等于出售的消费品数量乘以它们的价格水平。

对于"自然利率"这一概念，即使是维克塞尔本人也在《关于货币和信用》1906 年的序文中写道："'自然利率'这一有些过于含混和抽象的概念……"缪尔达尔对"自然利率"的含义进行了推定。类似的例子还有很多，比如用"实际资本收益率"代替维克塞尔的"实物生产率"、对"价格水平"清晰含义的说明、维克塞尔对古典经济学某些观点含糊的保留等，我们还可以从缪尔达尔货币均衡论中找到很多类似的例子。

4. 对"自然利率"概念的保留

缪尔达尔并不认同维克塞尔关于"自然利率"的观点，不得不颇为小心地着手解决这一概念。在《货币均衡论》整本书中，"自然利率"都是用引号引着的。瓦格曼评论维克塞尔理论道："纯粹的形而上学认为利率就一定等同于自然利率……这个理论中神秘的概念什么都解释不了"。缪尔达尔认为瓦格曼是客观正确的，维克塞尔的"自然利率"并不属于这个世界，认为是在"事实"的方法背后的理论性假说。

根据维克塞尔对"自然利率"的表述，缪尔达尔试图接受这一假说，用它来理解维克塞尔的理论表述。缪尔达尔更直率地指出，维克塞尔对"自然利率"的论证，"基本上是不一致的"，"自然利率"的形成离不开价格。

正是由于"自然利率"存在缺陷和争议，"自然利率"这一概念并没有在日后的经济学发展中引起重视。

5. 对货币均衡三个条件的修正

维克塞尔是以能够实现货币均衡的"货币利率"的水平，来说明均衡形势的：（1）等于实际资本的边际技术生产（即"真实的利率"或"自然利率"）；（2）储蓄等于投资；（3）消费品价格水平保持稳定。

然而维克塞尔本人不能准确证明为什么是这些条件。在一般的"静态"经济中，自然是容易说明的，根据假设前提，它们全是满足的。维克塞尔试图分析一个动态的过程，因此它必须包含这种思想内容，即它能够验证在这种过程中，是否货币均衡在每一个时点上占主导，这种过程，当然不是也不可能是静态的。

缪尔达尔通过分析研究，指出：第一个和第二个均衡条件是恰好一致的，第二个是第一个的前提条件。第三个条件则完全是错误的。下面我们具体解释一下：

维克塞尔第一个均衡条件把货币理论与利息理论连接起来，因此也与价格形成中心理论连接起来。按照自然利率的定义，把自然的或真实的利率当作边际实物生产率的这种理论，观念上是必不可少的。维克塞尔用来决定货币均衡的第二个标准与资本市场有关。当货币利率促进储蓄的供给和需要二者均衡时，货币利率是"正常的"，维克塞尔认为这时"货币利率"等于"自然利率"。如果"货币利率"小于"自然利率"，那么说明"投资"超过"实际储蓄"，资本市场的均衡遭到破坏；反之，如果"货币利率"高出"自然利率"，便有相反的情况发生。缪尔达尔认为维克塞尔的理论中，第二个均衡条件是第一个均衡条件的前提，否则第一个条件是不能成立的。在完全自由竞争条件下，才能确定均衡的资本边际生产力的自然利率，这时货币利率正好与自然利率也恰好相等，否则资本的供求也不可能相等。

维克塞尔把货币均衡的第三个决定条件连接到商品市场情况上去。他说正常利率是正常维持制成品"一般价格水平"不变所必需的货币率。而缪尔达尔认为这种想法是错误的。货币失衡明显会影响价格的普遍变动，均衡意味着"固定的价格水平"这个结论很容易作出，尽管没什么根据。而且维克塞尔从一开始就好像确信"价格水平"的变动一般是有害的和经济上不合理的。他认为假如货币率是"正常的"并和"自然率"一致，它就可以保证消费价格水平不变。缪尔达尔认为这一切缺乏必要的逻辑。大卫·达维逊（David Davidson）对维克塞尔关于固定"价格水平"是货币均衡的条件做出了批判。他着重说：假如其他情况不变，生产手段的技术生产率由于某种理由增加了，制成品的价格必然相应地下降，否则全部货币体系便失去了均衡，同时典型的向上发展的积累过程便开始。缪尔达尔不认可维克塞尔和达维逊的观点，他认为货币均衡条件本身完全和价格的发展无关。缪尔达尔进一步解释推定，第三个均衡条件的含义是：货币利率是正常的,它能够维持资本市场的均衡关系，同时生产手段的价格是不变的。缪尔达尔认为，我们这个最后的均衡条件是十分不确定的。它只是以前的均衡公式在一个特殊方面的一种推论。最后缪尔达尔得出了完全否定的结果。

　　综上所述，缪尔达尔以维克塞尔关于积累过程的概念为基础，对这三个均衡条件的理论含义和因果关系作了深刻的分析，并赋予了三个均衡条件以比较明确的意义。作者指出他的研究结果是：第一个均衡条件，即使是经过重新说明以后，本身是站不住的，还必须根据更一般的第二个均衡条件的推论来加以证实。然而，后者如果不根据第一个公式来分析，它只有很拘泥形式的内容，不能说明因果机械作用，即使这第二个公式也必须在若干方面加以修正。维克塞尔的第三个均衡条件根本上是错误的：即使前两个均衡条件实现了,也没有足够的理由证明第三个条件就实现了。在商品市场上，价格水平无论是否稳定，无论是否为预期的，都与货币均衡无关。

第二章 缪尔达尔
货币思想评价

第一章介绍了缪尔达尔思想产生的土壤和货币理论的主要内容。本章重点对缪尔达尔的货币思想进行评价。首先说明其主要理论贡献点，其次总结概括缪尔达尔思想的主要特点和局限性，最后介绍缪尔达尔货币思想的继承和发展。

第一节 缪尔达尔货币思想的主要理论贡献

一、将预期包含在货币系统之内

缪尔达尔坚持认为，他涉及货币理论的"主要目的"是研究"将预期包含在货币系统之内"。所以，在缪尔达尔的货币体系中，预期占有重要地位。在缪尔达尔看来，既然要对经济进行动态分析，就必须要研究预期问题。因为影响经济变动的决定性的因素不是现实情况，而是预期。比如商品的供给多少，要受商品价格的影响，但能影响商品供给变化的，主要不是现实市场价格如何，而是企业家预期未来的商品价格是怎样的。如果企业家预期将来商品价格会上升，尽管目前价格很低，他也要扩大生产，增加供给。正如希克斯（John Richard Hicks）所说："一项商品当前的供给，其受当前价格影响的程度不及受企业家过去的预期影响更甚……"[1]

未来的方向和目标决定现在的行动和方案。

---

[1] 希克斯：《价值与资本》，第 105 页，北京，商务印书馆，1982。

缪尔达尔一贯主张预期是价格构成的一个因素，这是他在博士论文《价格构成及其多变性问题》中精心论述的中心主题，缪尔达尔在博士论文中指出，预期对购买者和销售者的行为有着决定性的影响。缪尔达尔说："无论是预见到或是没有预见到改变，在它们真正发生前都会影响经济进程"，因为"价格的形成发生在人类意识之中"。各种不同的期望都可以被想象到，但是不同的期望对价格平衡的影响都会有所不同，这就是缪尔达尔动态理论的核心问题。缪尔达尔在第二次修改货币均衡理论时，开始引入预期理念。

引入预期的好处，如希克斯所言："通过肯定的预期的观念，我们就能使用在静态学中所用的同样的分析表述私人和企业的均衡，以及决定计划对当前价格和预期依赖到何种程度。把这一点加上我们已经保留的市场均衡的观念，静态分析的要点就仍然可供我们使用"。①

预期是现代经济学各个流派之间普遍采用的概念，缪尔达尔在货币理论中发明了预期的概念，预期理论也成为瑞典学派的一个特点，并影响了其他学派，如凯恩斯和货币学派的预期理论。

二、区分事前和事后

缪尔达尔在货币均衡论中引入新的词汇：事前（ex ante）和事后（ex post）。

缪尔达尔在英文译本中写道："假如本书有什么贡献的话，那么主要的贡献可能就是它首先提出了事后和事前的概念，并着重指出明确承认在货币分析中包含有时间因素的重要性"。"事后"和"事前"的概念，很快被吸收到成套的宏观经济理论的标准中。

在他看来，对任何经济范畴的时期分析，从预期的角度来看，都可以分为"事前的"和"事后的"。如"所得""收益""报酬""费用""储蓄""投资"等概念，都可以划分成事前的和事后的两种类型的概念。缪尔达尔就是试图用这种事前与事后的计算来说明货币均衡条件的。如果采用事前和事后的分析，就容易弄清楚投资和储蓄的关系。根据事前的估

---

① 希克斯：《价值与资本》，第115～116页，北京，商务印书馆，1982。

算，储蓄等于投资，但这并不等于实际达到均衡，均衡的实现是通过事后计算来达到的。

区分事前和事后的分析方法，是一种动态分析方法，这一概念方法后来被瑞典学派继承和广泛使用。

第二节　缪尔达尔货币思想的主要特点

一、"补苴罅漏，张皇幽眇"

缪尔达尔的货币思想是建立在维克塞尔货币理论基础之上的，因为一开始他就接受维克塞尔货币理论的根本特点，并假定维克塞尔的说明是基本正确的这一前提下来发展自己的论据。而在陈述缪尔达尔本人的研究结果时，只是作为维克塞尔理论的发展，而不根据正面理论原则将其说明加以更直接和更系统的安排。

缪尔达尔在维克塞尔原有理论框架基础上，没有进攻其缺点，而是对其含混不清甚至错误的地方进行了澄清和修正，甚至借用了林达尔的某些观点来解释维克塞尔的某些概念和理论，对维克塞尔理论中的自我矛盾和缺点作了分析批判，提出了一些修改补充的论点。

缪尔达尔的研究方法，能让世人更好地了解瑞典经济学。早期瑞典经济学家的著作多数是用瑞典语完成的，很多外国经济学者很难读到瑞典原文著作，缺乏国际传播。正如哈耶克所言，维克塞尔的两部著作的德文译本是有很多错误的，缪尔达尔想把维克塞尔的理论表达得更清楚些，因此缪尔达尔认为自己的修正工作是有益的。缪尔达尔的阐述让人们能更清晰准确地理解维克塞尔的货币均衡理论，在传播瑞典经济学著作方面，起了领导性示范作用。

综上所述，用我国唐代学者韩愈的话概括缪尔达尔货币均衡思想的特点，就是"补苴罅漏，张皇幽眇"。这里特指缪尔达尔弥补维克塞尔的理论的缺漏，阐发、张扬其思想或著述中的深妙精微之处。

二、深受瑞典学派的影响，继承和发展瑞典经济学

缪尔达尔作为瑞典人，曾就读于斯德哥尔摩大学，师从古斯塔夫·卡塞尔的经历，以及他所处的学术环境，不可避免或者自然地深受瑞典学派早期代表人物的影响。如早期对价格理论的研究，正是深受卡塞尔的影响；货币思想很显然受到维克塞尔的巨大影响。对缪尔达尔思想产生影响的还有达维逊，甚至同代的林达尔、俄林等。缪尔达尔的货币思想不可避免地印上了瑞典学派的烙印。

熊彼特赞赏缪尔达尔与瑞典同人林达尔、俄林和林德贝克（Assar Lindbeck）一起促进了维克塞尔主义的发展，使其并驾齐驱甚至在某些重要点上领先于英国凯恩斯主义，由于受到语言和传播的限制，英国经济学家没能及时地了解到，在传播瑞典先进经济理论这一过程中，缪尔达尔起了领导作用。

缪尔达尔继承了瑞典经济学前辈的许多观点，并通过自身的努力研究，进一步发扬光大，提升了瑞典经济学派的影响力，成为该派第二代杰出代表人物。后来由于研究方向的转换，他成为新制度学派和发展经济学的主要代表人物之一。作为经济学巨擘，他的许多思想和研究方法得到了传承，尤其对瑞典经济学派的发展作出了突出贡献。

三、含蓄批判，有限修正

缪尔达尔货币思想主要体现在《货币均衡论》一书中，其货币理论并不是原创的，而是建立在维克塞尔的货币理论基础之上的。正如他所说："在方法上，没有比本文作者更宽宏大量了。"

缪尔达尔对瑞典学派前辈理论的含蓄批判和有限修正，通过对自然利率概念的修正、对货币均衡条件的修正以及对充分就业假定的修正等，为维克塞尔的学说进行辩护，进一步发展了维克塞尔的货币学说。

四、运用动态分析方法

缪尔达尔基本全盘吸收了维克塞尔的累积过程原理。缪尔达尔说："维克塞尔的积累过程是一种在这一或另一方向脱离货币均衡的动态偏

差"。在维克塞尔以前的传统经济学是进行静态分析，并把货币理论和经济理论分开讨论，维克塞尔的积累过程原理则把经济的均衡分析开始动态化，并以利息率为纽带，将货币理论与经济理论联系起来，建立起统一的货币理论，用于说明经济周期的波动。

动态分析方法的采用，可以弥补静态分析方法的缺陷。缪尔达尔在维克塞尔动态分析的基础上，运用事前和事后的区分等工具进一步发展了动态分析方法。缪尔达尔认为，在对经济均衡的分析中，区分时点和时期是十分必要的。对一个时期内的发展分析，必须有即时分析所说明的关于它的那些条件。时期的分析比之即时的分析，需要更大程度地简化和更多概括性地牺牲。用时间序列作为研究对象的时期分析所获得的更大现实成分，是要用某些十分不现实的近似方法换取的。

在对整个经济过程的时期分析中，区分事前和事后，关注预期因素，使用分析因果关系，缪尔达尔的这种宏观动态分析的方法，是被瑞典学派普遍沿用的最基本的分析方法。

五、主张干预政策

缪尔达尔在早期的理论研究中，致力于批驳西方主流经济学的不当之处，他认为必须摆脱老一代经济学家的思想束缚，追求一种比西方主流经济学更符合现实环境的经济理论，这样才能掌握经济的本质。

他批判的主流经济学家有"利益和谐""自由放任""自由贸易学说""稳定均衡概念"等主要4种偏执，其"偏执者"均反对干预政策。利益和谐的偏执使人们认为，社会经济的运行一旦受到政府的干预，就必然阻碍自然利益和谐的实现；自由放任认为个别利益和谐的"自然秩序"之所以未能圆满实现，主要是由于国家及各种有组织团体的干预所致，崇尚自由放任的思想；自由贸易学说主张一切国际贸易和商业政策均要求自由竞争，如果有任何利用国家或集团干预来促进贸易或生产，均须由主张干预的人担负举证责任；稳定均衡概念主张经济体系最后趋向均衡，无须干预。

缪尔达尔对政治的参与，也客观上要求他的理论为其政策实施提供理论依据。缪尔达尔1932年被任命为官方失业委员会的成员。1933年早期，瑞典财政部长恩斯特·维格佛斯要求缪尔达尔起草一个题为《经济循环和

政府与市场干预、干预与自由是对立统一的关系，宏观调控"两手"都要用，殊途同归，目的是使经济运行更稳健、可持续。

公共财政》的扩张性财政政策文件。此文件的更完整版本《财政政策的经济影响》更像一个学术专论而不是典型的文件。1936 年，缪尔达尔加入瑞典参议院。对政治的直接参与，毫无疑问也要求他主张国家干预经济。缪尔达尔的理论对瑞典经济政策有着重要的指导作用。

缪尔达尔认为，货币理论对制定明智的政策来说是一种帮助。他在货币政策方面，提出以消除或缓和商业循环为货币政策的主要目标。

六、国际化视角，注重实际应用

缪尔达尔曾前往德国、英国留学，后又留学美国。这些经历加上瑞典学派的国际化传统，都造就了缪尔达尔拥有国际化视角。缪尔达尔积极从事各种社会政治活动，直接或间接为政府服务，为政府出谋划策。瑞典学派像当代资产阶级经济学的其他流派一样，正是为着适应垄断资本的需求而形成和发展起来的，要求经济理论为国家经济政策提供科学的依据。缪尔达尔注重实践应用，着重问题的研究，不是在于单纯的学术探讨，而是在于提供正确的政策理论依据。例如在 20 世纪 30 年代，瑞典主要经济学家的精力主要集中在是否有可能采取抵消大萧条的稳定政策。缪尔达尔认为应该采取积极的财政政策，使经济摆脱萧条，从而降低失业率。在失业委员会的工作使其关注失业问题，并对此进行了研究。缪尔达尔主张保持低利率和高税率，也是注重福利体制的反映，这些研究应用都是基于具体问题的。

七、规范分析，价值判断

缪尔达尔十分重视规范分析的作用。实证经济学涉及如何解决经济问题，而规范经济学则研究应该如何解决经济问题。缪尔达尔几乎终其一生都在致力于经济问题的探索与经济学方法论的研究。他指出，正统经济学最根本的缺陷是混淆了实证分析与规范分析，例如，把"是什么"混淆为"应该是什么"。萨缪尔森认为经济分析中处处离不开规范分析。在《货币均衡论》中，缪尔达尔用较大的篇幅介绍了货币分析的方法，说明了研究的方法。缪尔达尔还注重"价值判断"，认为没有纯粹的"经济问题"，只是人为地把它分为经济问题和非经济问题，他相信"价值无处不在"。

第三节　缪尔达尔货币思想的局限性

缪尔达尔的货币思想无疑是伟大的，但是我们也要清楚地认识到，由于受到时代和环境等限制，他的思想也会有一定的局限性，我们要对其思想进行批判性审视，认识到其思想自身的缺陷，唯有这样，才能有助于我们更加深刻、全面地认识和把握其思想内涵。

一、非首创，不成体系

缪尔达尔的理论是建立在维克塞尔的货币理论架构基础之上的，并非原创，而是对维克塞尔的学说进行了修正。缪尔达尔自己也包括林达尔的修正，他们都把这看成是维克塞尔理论的新发展，自己的修正只是其中的一部分而已。

当然，缪尔达尔从事纯理论研究的时间过短，作品较少。他只是在学术生涯早期，才从事货币理论的研究工作。尽管后来自己的货币观点有所改变，但是没能进一步修改。在《货币均衡论》中承诺的正面的批判也未能实现。由于缪尔达尔对政治的参与和担任社会职务，他的研究方向开始转变。他涉猎过广，后来的研究触及多个学科领域，这也使他确信当社会科学家给经济学、政治学、社会学和历史学分类的时候是错误的。缪尔达尔因《美国困境》转型为制度经济学家，并且为此非常骄傲。随着时间的推移，他不断转换他学术征程的方向，他研究中的多面性、原创性及创造性的表现非常值得评述。

一个评论家倾向于认为，缪尔达尔最开始将自己规划为一个直线型的纯经济理论学家，他当然不会想到日后自己会成为《美国困境》的作者，缪尔达尔选择了另外的研究道路。如果一直从事纯理论研究，凭借其天才和勤奋，理所当然应该在货币理论等方面有更大的贡献。

二、夸大资本家预期的作用

预期被加入到货币理论体系中，被认为是缪尔达尔的一大贡献。但是预期的部分荒谬，是高估了企业家预期的理性。缪尔达尔用主观唯心论来代替对资本主义经济过程的客观分析，强调资本家预期对资本主义经济发展的决定性作用，企图以此来否认资本主义发展的经济规律的客观必然性。缪尔达尔曾强调："全部货币问题决定于预期这一因素"。他特别强调人们（尤其是资本家）预期（即对未来经济情况之主观的估计）对经济过程之决定性作用。但是正如卢卡斯批判中指出的，在一个理论体系中个人行为的不一致性，资本家的预期本身难以一致，即使一致也可能会作出不同的选择。缪尔达尔的观点代表了国家垄断资本主义的需要，反映了当代资产阶级经济学各流派发展的一般趋势。

存在决定意识。预期是人们对未来趋势的分析和判断。预期不同，行动不一。预期是否准确，最终取决于经济运行结果，取决于经济规律作用的结果。

三、分析方法的局限性

维克塞尔是数学博士，但是在货币均衡中几乎没有采用数学的方法，这并不是说由于他感到论题还没有成熟到可以使用这一精密方法。缪尔达尔至少在《货币均衡论》中没有表现出其数学功底。数学推理方法在经济科学的纯理论方面能够发挥重大的甚至决定性的作用。熊彼特认为："不懂数学的大多数经济学家从未充分认识到他们能够从受过数学训练的少数经济学家那里得到的好处"，在纯理论研究中，"而就一流成就而言，非数理学阵营内的经济学家是很难与那些人匹敌的。对于不懂数学的读者来说，至少假如他还年轻的话，这确实是个值得深思的教训"。[①]

动态经济学需要考虑的变量因素很多，做到这些显然需要良好的数学功底。静态理论先于动态理论，使其建立容易，证明也相对容易。缪尔达尔十分强调经济的动态性质，这种研究方法在数学化时，会比静态模型复杂得多，不容易建立模型，即使建立，也只能在较小的程度上完成。

经济生活中确实存在诸多不确定性。将所有经济活动公式化，既无必要，也不可能。但在某些假定条件下，经济活动公式化、模型化是可能的。

由于对动态理论的偏爱，不相信经济中存在长久不变的经济关系，回归方程对参数的估计，对他来说意义有限。

四、货币理论中的独创经济术语未被广泛认可

瑞典经济学家为了完善动态分析，在方法和工具方面，创造了新的经

---

① 熊彼特著，朱泱等译：《经济分析史（第三卷）》，第 302～303 页，北京，商务印书馆，1995。

济术语和经济范畴，比如自然利率、正常利率、货币均衡等。

俄林指出从各种利率的实际决定因素来进行货币分析，似乎更自然，然后根据分析来修正分配理论。俄林进一步说："这将使货币理论与价格理论相协调，使后者更倾向于动态的，这时不但像自然利率一类的概念，就是关于货币均衡的整个观点，以及在平衡定义下的正常利率这一概念，或者都可以放弃"。[①] 这些词语不具备一般通用性，在其后，这些概念也未被广泛接受，很少出现在其他经济流派的著作中。即使缪尔达尔本人也未完全接受"自然利率"的概念，后来的瑞典经济学家更是基本不再使用这一概念。

第四节　缪尔达尔货币思想的继承和发展

货币均衡概念及其理论在当今社会都发生了较大的改变，与缪尔达尔时期的区别较大，但是缪尔达尔的某些货币思想还是得到了继承和发展。

一、现代货币均衡理念的发展和实践

缪尔达尔所言的"货币均衡"更多地应该理解为一种研究方法，这源于瓦尔拉斯创立并被继承的传统研究视角，是针对一般均衡而言的，其目的是解释现实经济生活中的存在，缪尔达尔将其推广产生了动态均衡理论，并成为当今大量统计研究和计量分析的理论基础。狭义的货币均衡概念，为维克塞尔所创，把货币均衡视为一种状态或评价标准体系，用于说明货币政策的目标选择。凯恩斯、哈耶克、缪尔达尔和弗里德曼都为该种货币均衡的形成和发展作出了贡献。

黄达教授认为："货币的均衡与非均衡是用来说明货币供给和货币需求的关系。货币供给符合客观经济生活对货币的需求，是均衡；反之，则是非均衡。"

可见，当代的货币均衡概念与缪尔达尔的论述有很大不同，缪尔达尔

---

① 俄林：《利息与价格》序言，第9页，北京，商务印书馆，1982。

的研究重点在于"均衡"二字，当代更多的是把货币供给等于货币需求视为货币均衡，然而货币需求量到底是多少这一难题却没有明确的答案。许多经济学家和学者对货币均衡的判断问题、不均衡的原因及对策作了许多有益的探索。

总之，今天普遍谈论的货币均衡与缪尔达尔所讨论的"货币均衡"概念实质完全不同，由于存在种种缺陷，原有理念至今很少被提及，现在与过去相比，几乎完全是两个概念。

二、货币思想和研究方法的继承和发展

缪尔达尔研究货币均衡使用的动态分析方法，被后世广泛采用。其预期、事前事后的区分、价值判断、多因素分析等概念和方法都得到了继承和发展。他关于货币政策的建议，其合理成分，也值得我们去借鉴。

第三章　货币思想比较分析

20世纪20—30年代最有影响力的三个学派——凯恩斯开创的凯恩斯学派、哈耶克为代表的奥地利学派和缪尔达尔为代表的瑞典学派，在当时国际学术界占据很高的地位。20世纪50年代，弗里德曼开创了货币主义学派，在货币理论中占据重要地位，拥有巨大的影响力。

除凯恩斯逝世较早外（1946年），其他三人均获得诺贝尔经济学奖。1974年，哈耶克成为第一位获得诺贝尔经济学奖的自由主义经济学家，缪尔达尔和哈耶克同年获奖，但是他们的意识形态则完全相反；1976年，弗里德曼获得诺贝尔经济学奖，也是自由市场经济学家。三人获奖理由都包含货币理论方面的贡献，将上述三大理论流派的代表人物与缪尔达尔进行比较，特别是货币领域的观点，可以更好地理解缪尔达尔的货币理论实质和思想内涵。

第一节　与凯恩斯的比较分析

约翰·梅纳德·凯恩斯（John Maynard Keynes）提出了现代意义的宏观经济学，即使在群星璀璨的经济学家中，凯恩斯也可以说是最具有影响力的现代经济学家之一。货币方面的著作，是我们熟悉的凯恩斯三部曲：《货币改革论》《货币论》《就业、利息和货币通论》。

一、联系和相同点

(一) 都深受维克塞尔的影响

缪尔达尔的货币理论是建立在维克塞尔原有理论基础之上的，他认为"这是十分自然的事情"。缪尔达尔说："凯恩斯的新颖的、才华横溢的而且有些地方写得不太清楚的《货币论》，完全渗透着维克塞尔的影响"。熊彼特说："譬如有个热心的凯恩斯主义者讲过'凯恩斯的瑞典垫脚石'的话，如果我们不去管这句话所包含的价值判断，我们确实可以表示赞同"。① 这些显然表达了他们都深受维克塞尔的影响这一观点。

(二) 货币非中性

维克塞尔认为，当三个货币均衡条件成立之时，经济体系处于稳定和均衡的状态，在这种场合，经济体系的运行，完全取决于货币以外的因素，因此，此时的货币也可称为中立货币。非货币均衡状态，会发生累积扩展或收缩，此时货币因素非中立。缪尔达尔显然继承了这一理论。

凯恩斯也同样持有货币非中性的观点。凯恩斯在《通论》中批评了萨伊的"面纱论"以及新古典主义的货币中性论。凯恩斯主张通过利率的调整干预经济周期。如凯恩斯在《通论》中指出："我们给繁荣开出的药方不是提高利率，而是降低利率！这是因为，如果利率降低，所谓的繁荣会持续下去。"

(三) 均衡不以充分就业为前提

凯恩斯和缪尔达尔提出货币理论的时代背景，都是在经济萧条和存在大量失业的情况下。他们都非常关注充分就业问题。

缪尔达尔认为货币均衡状态与最大就业率并非是一致的。相反地，一种不充分就业的均衡在经济衰落时是可以想象并可见的。缪尔达尔在这一点上与《通论》的作者凯恩斯站在一起，尽管研究方法不同。缪尔达尔被

---

① 熊彼特著，朱泱等译：《经济分析史　(第三卷)》，第605页，北京，商务印书馆，1995。

批判为"持有一定数量的失业是必要的和合适的，这是为了防止工人们的'垄断地位'太过强势而使得货币工资和物价不断上涨"。保罗·萨缪尔森评论到，比如，与产量和就业相比，这一评论过分强调了价格和利率的运作的重要性。他补充道："最重要的是它忽略了作者意识里的《货币均衡论》必然会导致50%的失业率这一点。"

凯恩斯在《通论》中指出，即使充分就业状态仍然存在一定的失业，小于充分就业也能达到经济的均衡状态，这是对传统经济学的一种否定。凯恩斯认为，有效需求不足，是现实社会之所以经常处于小于充分就业的均衡的原因。

（四）主张政府干预政策

缪尔达尔认为仅靠自由竞争是难以实现均衡的，因而必须依靠国家干预，通过一定的政策来实现均衡的目标。凯恩斯提出了著名的国家干预理论：看不见的手不可能消除危机和失业，只有依靠看得见的手，才能摆脱经济萧条和失业问题，在政策运用上采用相机抉择理论。

二、分歧或不同点

（一）对货币数量说的态度

对货币数量说的态度有个演变的过程。凯恩斯对货币数量说的态度是从1923年《货币改革论》的推崇，到1930年《货币论》的修正，到1939年《通论》的否定，经历了一个较大的思想转变。也有学者认为，凯恩斯未彻底否定货币数量论，只是作了较大修正。

缪尔达尔对货币数量说的观点，如前文所述认为数量说简明化、普及化，它包含足够的普通常识，对于实际货币政策的指导，并不是完全无用的；但是认为货币数量说将被取代。

（二）预期因素

缪尔达尔货币均衡论的一个主要目的是："将预期包含在货币体系之中。"缪尔达尔还指出，哈耶克和凯恩斯的著作由于在他们的理论体系中

"没有涉及不确定性因素或预期"而导致错误。但是这里提到的凯恩斯的著作，应该指的是 1930 年的《货币论》。

其实这可能是缪尔达尔的一个误解。预期在凯恩斯经济学中，同样占有重要的地位。在凯恩斯的《通论》中明显谈到了预期因素。因为凯恩斯的思想往往是变化的、渐进的。不但在《货币论》中谈到了预期，就是在凯恩斯 1923 年的《货币改革论》中，也已注重预期问题的研究，虽然未形成系统，但是已经出现萌芽。在《货币论》中，凯恩斯提到了预期与经济活动密切相关。在《通论》中，凯恩斯指出预期是构成经济波动的因素之一。可见凯恩斯对预期的认识是渐进的、变化的。

但是，在凯恩斯货币体系中，预期缺乏可操作性，预期更多的是心理学的范畴。弗里德曼用理性预期理论对凯恩斯进行了批判。缪尔达尔的预期与凯恩斯的预期也存在较大差异，更关注预期是如何影响累积过程的，从时点到时期，不可避免地要涉及预期问题，进而区分事前和事后进行动态分析，缪尔达尔预期理论的作用明显不同。

（三）分析方法不同

缪尔达尔和凯恩斯对宏观经济的分析都采用了总量分析法，但是他们采用的分析方法也存在明显的差异。缪尔达尔是采取动态分析论述货币均衡的，凯恩斯货币理论的分析方法主要是短期、均衡静态分析。

（四）物价稳定

缪尔达尔认为货币均衡时，物价保持不变，价格稳定也一直是瑞典政府追求的宏观经济目标。凯恩斯也赞成物价问题，尤其是早期坚持价格稳定，但是如果经济失调用价格控制来调整，那就要进行权衡，凯恩斯更关注失业，可以容忍温和的通货膨胀而坚决反对通货紧缩。

第二节　与哈耶克的比较分析

冯·哈耶克（Friedrich AugustVon Hayek），英国著名经济学家、自由

主义哲学家、政治思想家之一，奥地利学派代表人物，也是新自由主义的代表人物；货币方面的著作主要为《货币理论和商业循环》（1929）、《货币民族主义和国际稳定性》（1937）、《利润、利息和投资》（1939）等，此外 1931 年曾主编《货币理论文集》。

一、联系和相同点

（一）与奥地利学派有很深的渊源

缪尔达尔在货币均衡论中提到奥地利学派对维克塞尔观念的采用："维克塞尔本人就是庞巴维克的学生，他叙述他的思想时，无论在形式上或在结构上，都是直接以奥地利人的思想习惯为基础的奥地利学派米塞斯和哈耶克首先看到了维克塞尔的创造性"。哈耶克的导师是奥地利学派第二代代表人物维塞尔（Friedrich Von Wieser）。按照缪尔达尔所说，维克塞尔是庞巴维克的学生，维克塞尔的自然利率，更确切地说，是庞巴维克的迂回过程的边际生产率。缪尔达尔是维克塞尔理论的继承者，从这一点上说，两人都有奥地利学派的渊源。

（二）学术生涯类似

缪尔达尔与哈耶克 1974 年共同获得诺贝尔经济学奖，如瑞典皇家科学院宣读词中所言：他们都从纯经济理论开始他们的研究生涯并著有重要著作。在 20 世纪 30 年代，他们主要的著作都集中在相同领域：经济波动和货币理论。从那以后，两位经济学家都拓宽了他们的视野，把社会和体制现象的多个角度也包含在研究范围之内。两人都具备很好的收集整理能力，可以从中找到新的和原始的方法来提出问题并对原因和政策提出新的观点。

二、分歧或不同点

（一）哈耶克反对干预，信奉自由主义

缪尔达尔和哈耶克的整个职业生涯中，他们完全在意识形态范围相反的两端工作。哈耶克本人属于英国式的自由传统，哈耶克一贯是放任自由

和不妥协的冠军，他认为政府干预是问题的根源所在；缪尔达尔则相反，明确质疑不受约束的市场能否使一切正常，当市场运作失调的时候，政府干预需要出面纠正错误。

缪尔达尔和哈耶克之间甚至存在一些个人冲突。当听到共同获奖者名字的时候，缪尔达尔的女儿说："由于二人对一个政治问题持有完全对立的观点，以这种方式共享这个奖项对哈耶克和冈纳来说大概都像浇了一盆冷水。无论是他们两人本身还是其他人都无法避免地想到这个奖项是一个平衡意识形态的产物。"哈耶克对于获颁此奖相当惊讶，他并且认为委员会之所以把他与缪尔达尔并列，纯粹是为了同时兼顾政治光谱两旁的人，以此来显示中立性。

（二）对社会主义的不同态度

历史传统、社会意识和社会制度，对政策会产生重大的影响。瑞典是建立在私有制市场经济基础上的社会主义福利国家。在很大程度上，缪尔达尔被认为是瑞典福利体制的首要建设者。缪尔达尔主张国家干预经济的计划化，主张国家的各种干预措施之间要相互"协调"。瑞典实行国家计划和经济控制，一贯执行干预经济的财政和货币政策。

哈耶克在读过米塞斯的《社会主义》一书后，便抛弃了社会主义的思考方式，转向门格尔的古典自由主义。他认为计划经济最终会导致极权。哈耶克甚至认为"社会主义"的思想主张是一种"致命的自负""一种谬误"。

（三）哈耶克货币中性理论

与缪尔达尔不同，哈耶克继承了奥地利经济学派的货币中性理论，反对任何的政府货币干预政策。在哈耶克看来，保持货币中性是实现经济均衡的重要条件。这就是哈耶克货币中性理论的主要观点。

第三节　与弗里德曼的比较分析

弗里德曼（Milton Friedman），1912 年出生于美国纽约布鲁克林，美国当代经济学家，货币学派的代表人物，自由主义大师；货币方面主要著作有《价格理论：初稿》《美国货币史（1867—1960）》。

一、联系和相同点

缪尔达尔与弗里德曼在货币思想方面鲜有相同之处。弗里德曼从事货币主义领域的研究主要是在 20 世纪 50 年代后期，而缪尔达尔在前半生才从事纯理论研究，主要集中在 20 世纪 30 年代，加之缪尔达尔的货币著作很少，研究范围也不广泛，更不系统，他们的交集很显然并不多。

他们之间更多的相同联系是在区域经济学领域。在区域经济结构演化理论中，缪尔达尔提出了循环累积因果理论，弗里德曼提出了核心边缘理论。区域经济空间极化理论以佩鲁的增长极理论为基础，弗里德曼和缪尔达尔分别在不同程度上丰富和发展了这一理论。弗里德曼的核心边缘理论认为核心区和边缘区共同组成一个完整的空间系统。核心区是社会地域组织的一个次系统，能产生和吸引大量的革新；边缘区是另一个次系统，与核心区相互依存，其发展方向主要取决于核心区。缪尔达尔认为社会发展过程是一个动态的非均衡发展过程，回波效应大于扩散效应，从而形成地理上的二元经济结构。

缪尔达尔对与哈耶克同时获奖已经十分不满，当另外一个自由市场经济学家弗里德曼获得诺贝尔经济学奖时，缪尔达尔变得恼羞成怒……

二、分歧或不同点

（一）货币数量说

1956 年，弗里德曼发表了著名的《货币数量论：一种新的阐释》，在此文中，弗里德曼对传统货币需求说作出新的解释。他认为货币数量说并非关于产量、货币收入或物价的理论，而是关于货币需求的理论，是明确货币需求由何种因素决定的理论。他深入分析影响货币需求量的各种因素，得出了他的货币需求函数。弗里德曼一方面采纳了剑桥学派和凯恩斯的核心思想，把货币看作是一种资产；另一方面又基本承袭了传统货币数量说的结论，即货币量的变动反映在物价的变动上。

这意味着传统数量说的复活。正如哈耶克所说："最近风靡全世界的货币主义，不过是给古老的'货币数量论'安上一个好听的名字而已"。[①] 弗里德曼根据他的货币需求理论，主张采取稳定的货币供给政策，以防止货币本身成为经济波动的原因。20 世纪 70 年代初，发达资本主义国家出现了"滞胀"现象，凯恩斯主义理论无法作出解释，更难提出对付这一进退维谷处境的对策。于是货币主义开始流行起来，并对美英等国的经济政策产生了重要影响。

（二）信奉自由主义，反对政府干预

在这一点上，弗里德曼与哈耶克的观点是类似的。弗里德曼说："这些年来，每碰到跟我一样信奉自由社会的人士，我便问，他们是如何避免被他们所处的集体主义思想环境中的病毒感染的，大家提到最多的名字是哈耶克，他是他们启蒙的源泉。我不能说我自己也是如此，因为，在这方面，我受到的影响主要来自芝加哥大学的老师们，当时我还不知道哈耶克，也没有接触过他的著作。但跟别人一样，我从哈耶克那里受益匪浅。从我第一次读到他的著作的那个时候起，尤其是在我从 40 年代中期结识哈耶克之后，他的强烈的思想倾向，他的道德勇气，他那理智而始终坚持原则的论说，大大地拓宽、深化了我对自由社会的含义和必要条件的理解。"

但是这不等于弗里德曼赞同哈耶克的货币理论，他说："我要强调的是，我非常赞赏哈耶克，但不是赞赏他的经济学。我觉得，《价格与生产》是一本漏洞百出的书。他的资本理论著作简直无法卒读。"他还认为：哈耶克的货币理论研究"都不着边际"。正如弗里德曼不喜欢不赞同哈耶克的货币和商业周期理论一样，哈耶克也不赞同弗里德曼的货币主义，尽管他们都对第二次世界大战后西方各国政府所采取的凯恩斯主义的货币扩张政策都进行了持久和尖锐的批评。

弗里德曼坚持自由经济，强调货币的作用。他旗帜鲜明地反对凯恩斯的政府干预思想，认为市场机制的作用是最重要的，市场经济具有达到充分就业的自然趋势。如果政府过多干预，就将破坏市场机制的作用，阻碍

文人相轻，中外相同。

[①] 哈耶克 1980 年发表在伦敦《泰晤士报》上的一篇读者来信。

经济发展，甚至造成或加剧经济波动。他认为货币政策是一切经济政策的重心，而不是财政政策。弗里德曼也并非一味反对政府的作用。在公共交通、学校制度和公共保健等领域，虽然他也认为"存在着很多通过更有效地发挥市场力量来进行改善的可能性"，但认为政府在这些领域所起到的作用是不可替代的。

弗里德曼的货币主义与其说反对干预主义不如说他希望政府只对货币供给进行干预，但本质上讲，对货币供应量的干预是最大的干预。

（三）短期货币非中性，长期是中性的

弗里德曼主张经济自由放任和货币中性论。弗里德曼强调"货币最重要"，但弗里德曼的货币中性论并不彻底，弗里德曼说：在短期内，如 5 ~ 10 年间，货币变动会主要影响产出；另外，在几十年间，货币增长率则主要影响价格。在短期内，货币供给的变动会影响真实产出，并认为货币供给在较短时间内发生的大浮动变动是经济周期产生的主要原因；而在长期，货币供给的变动会完全反映在价格水平上，货币具有长期中性的特征。

第四章 缪尔达尔
思想的现实意义

　　本章主要是基于前面论述的基础，在把握缪尔达尔主要货币思想的基础上，着重说明其货币理论和研究方法在实践中的借鉴意义，主要从货币政策和累积进程原理及其发展方面进行了说明。另外，也对他的制度经济学和发展经济学的思想简单说明了其现实意义。

第一节　宏观调控货币政策

　　缪尔达尔在《货币均衡论》中指出，货币均衡作为对货币政策的标准，是要求完全消除或者最少是缓和"商业循环"。缪尔达尔认为维克塞尔的货币理论极简单地包括了全部商业循环的理论，至少在一方面，他是属于"货币类型"的，因为它强调某些货币关系和货币事件，这些关系和事件毫无疑问会影响循环的进程，而且能够作为工具中介物的银行组织加以政治上的控制。

　　维克塞尔强调货币政策调整的及时性。维持货币均衡成为货币政策的标准。只要货币均衡条件没有满足，积累过程便会继续进行。正是由于这一过程的积累性质，我们必须尽快地制止它，最好在背离均衡的现象刚刚显露出来时，便立即加以干涉。货币政策的标准就是继续维持货币均衡的条件。因为维克塞尔过程的趋势越累进越积累，为阻止这一变动趋势所实施的措施就会越猛烈。所以货币政策施行的最佳状态是"未有形而除之"，等到病入膏肓，则药石无灵。

　　货币政策要结合其他政策使用才能达到更好的效果。缪尔达尔指出稳定一种货币均衡，不仅是货币政策的，同时也是整个经济政策、社会政策和支配劳动市场、垄断立法和所有有关因素的制度的问题。这些或多或少在政治控制之下的异质的东西的各种组合，连同信用条件标准组合的适当价值，共同产生稳定的货币均衡关系。不要把货币政策孤立对待，与其他因素的不同配合，必然会引出不同的货币政策。货币政策和其他经济政策的关系，必然是重要问题。

　　货币政策的使用不能僵化。达到一个政策的目标，有很多种方式方法，解决问题的途径不是唯一的。每一种途径中所有各种社会的、经济的问题都有不同的解决办法。在这些经济、社会和金融政策的问题中，不能把规定当作固有的"标准组合"，规定是可变因素，要灵活运用，具体问题具体分析。不同的社会集团有不同的利害关系，即使目标相同。由于经济问题复杂多样，形成的原因不同，显然没有包治百病的"现成药方"。

　　缪尔达尔也指出了货币政策效能的局限性。货币政策能有多大成效？如果不能全部抵消的话，货币政策的结果可能并不那么有效。

　　改革开放以来，我国的货币政策实践是较为成功的，在经济高速增长的同时，通货膨胀率维持在较低水平。我国1998年以后逐渐形成具有中国特色的稳健的货币政策，逐渐注重货币政策与财政政策、产业政策、收入政策的协调配合。我国在货币政策操作中，时刻注意防止货币政策操作不当引起的挤出效应，以免抵消其他政策的积极作用。

　　我国货币政策的实践也遇到过挑战，比如美国和欧盟指责我国"操纵汇率"、人民币对外升值对内贬值、人民币是否超发等问题，这些问题短期内难以解决。2009年我国实施了"四万亿救市计划"，中央银行首次提出"适度宽松的货币政策"。货币政策在促进经济增长和物价稳定两个目标之间面临着两难选择。我国央行和政府决策都面临多元目标，货币政策目标最终要服从政府目标。我国央行最终目标是保持币值稳定，并以此促进经济增长。在具体执行中，货币政策需要考虑以下四个目标：经济增长、充分就业、物价稳定及国际收支平衡；中国政府的主要目标包括稳增长、促改革、调结构、控风险等。在不同的政治经济形势下，多元目标的重心也不同。

货币政策的适度性要求越来越高，技术性要求越来越高。货币政策要更有针对性和灵活性。回顾 2014 年的货币政策，定向或者结构性货币政策的大规模启用是最大特点。相比于常规货币政策（全面降准和降息），结构性货币政策或许在引导资金流向和传递宽松预期上略胜一筹。近年来我国在使用货币政策上，越来越注重公开市场操作。公开市场操作将更多地传递央行态度，有效引导市场预期。即使考虑到货币政策的时滞性，我国货币政策传导效率依然较低。货币政策毕竟属于总量政策，在实施过程中存在固有局限。

在经济运行的"新常态"下，货币政策调控也将进入全新时期。对此，应加强制度建设，以适应未来货币政策调控方式的转变。应加强货币供应量的管理、推进利率市场化改革、完善货币的传导机制、采用混合性的货币政策等方面提高我国货币政策的有效性。

第二节　循环累积进程理论

在缪尔达尔所有作品中，他都采用了一个从维克塞尔吸收过来的概念，即"累积的因果关系"原则，无论周期是"良性的"还是"恶性的"。缪尔达尔全盘接受了"累积"这一概念，缪尔达尔根据累积进程中要素之间的充分相互影响，首创"循环"概念。缪尔达尔在《美国困境：黑人问题和现代民主》一书中，用到了"累积效应"原理。他提到白人的歧视、黑人的贫穷、健康、礼仪、教育、遵纪守法等，考虑到它们之间的相互依赖的关系，他得出结论："这些因素中的任意一个发生改变，无论那是怎样发生的，这种改变都会反反复复地作用于各个因素之间，而在整体上产生一种累积的效果，使整个体系随机地移向一个或另一个地方"，这种累积效果可以作用于两种形式："恶性循环"和"良性循环"，即所谓的累积因果关系。"循环累积因果关系原理"是缪尔达尔关于地区间不平等和国家间不平等的理论核心，该原理在《经济理论与欠发达地区》一书中被使用。《亚洲的戏剧》继续使用此原理，描述了不平等发展进程，相继使用了产生不利影响的"回波效应"和积极影响的"扩散效应"。由此

积羽沉舟，
群轻折轴。

缪尔达尔逐渐将"累积"概念发展为发展经济学中的重要概念。

循环累积进程理论对当代中国区域发展不平衡问题有重要的现实意义。京津冀协同发展问题显然是当今的热点问题，我们可以根据缪尔达尔的理论进行分析和提出合理化建议。在中国，"扩散效应"的典型地区是珠三角和长三角。与之形成鲜明对比的是京津冀，北京对于周边地区显然是"回波效应"的典型。

大树底下不长草。与长三角相比，上海周边有 19 个国家级百强县，而北京周边是 20 个国家级贫困区（河北省有 39 个国家级贫困县）。这种断崖式的落差，与长三角、珠三角也很不一样。除经济差距较大外，基础设施、交通、经济发展搭配差距更大。京津冀区域内部的城镇化呈现出巨大的差异，京津冀地区人口城镇化发展失衡，河北经济发展严重滞后，阻碍了京津冀的一体化进程。北京和天津的"回波效应"，吸纳人才、资本等资源远大于经济辐射效应。地方保护主义也限制了区域一体化发展。河北对京津水资源和生态环境等保障也制约了该地区的发展。但是也应该看到北京周边的贫困有其深刻的历史原因，如自然环境恶劣，历史上就是兵事多火之地，甚至有些是在解放前统治力量到达不了的地方，经济发展水平一直不高。

综上所述，长期以来，京津冀地区发展严重不平衡，北京集政治、经济、公共服务资源、文化、科教等优势于一身，不仅没有发挥辐射带动作用，反而，虹吸效应明显，北京交通拥挤、人口过度集中、雾霾污染等日趋严重，河北发展严重滞后，天津一度边缘化，与珠三角、长三角形成极大反差。

京津冀协同发展，打造"首都为核心的世界级城市群"，必须要解决区域协调发展问题。京津冀一体化经常被称为双核带动，可效果很不明显。缪尔达尔说"贫困是因为贫困"，贫困使环首都贫困带陷入更加严重的贫困。从缪尔达尔的循环累积理论看，由于市场经济发挥调配资源的作用，"回波效应"往往会更先出现，能迅速地集聚周边资源，由于累积的作用，使好的更好，差的更差。

京津冀地缘相接、文化相近、产业发展具有协同基础，又有互补发展空间，三地都有强烈的协同发展意愿，加上顶层设计等推动力量，这些因

市场经济有辐射带动作用，权力经济则不具备这一点。

素为京津冀协同发展创造了有利条件。同时可以实现打破行政壁垒、促进三地经济均衡发展、环境保护和缓解北京城市压力等目标。

韩国首尔都市圈发展经验值得借鉴。首尔快速发展的主要原因是快速的工业化道路、高度集中的城市化模式和政府主导性的增长战略,与北京极其类似。韩国政府通过促进城市分散、增加其他的增长极和增长中心,经历从首都圈内的分散到圈外的分散过程。为减少北京的"回波效应",最大限度地发挥扩散效应,其核心是疏解北京的非首都功能,这也是京津冀协同发展的核心问题。首先要明确首都功能,即明确城市战略定位。重点是完成疏解非首都核心功能的产业目标。随着近日审议通过《京津冀协同发展规划纲要》,发展路径逐渐清晰。

缪尔达尔认为应加大国家干预措施来消除或缓解这一累积进程。单纯依靠市场的力量无能为力。由于首都和政治因素的影响,平等的市场经济关系变得不平等,既无特殊政治地位又无特殊经济地位的河北处于弱势,不能与京津平等对话。缪尔达尔认为没有纯粹的"经济问题",只有问题。缪尔达尔研究欠发达和发展的任务在于确定社会系统中各种条件之间的关系。他把这些条件分为"经济因素"和"非经济因素"。社会系统初始变化可以由外部引起,也可以通过一个国家自身采取的政策措施从内部诱发出来。为了从内部推动整个社会系统向前发展,根据缪尔达尔的观点,经济聚集首先是一个市场的力量,所以应在发挥市场作用的同时,实行国家干预政策,进行制度改革、技术改革,进行顶层设计实施一揽子发展计划。比如对河北建立经济补偿机制,对其保护环境、提供水源等保障首都行为,进行合理的经济补偿;进行财税改革;加大基础设施建设;实施教育改革,提高科学文化水平;进行工商业合理化布局;共享资源,促进人才流动,加大区域合作等,以实现京津冀协同发展。

第三节 其他思想的借鉴意义

缪尔达尔的思想理论影响比较广泛,在教育方面和当下的反腐方面都有着重大的借鉴意义。

在《世界贫困的挑战》中，他呼吁对教育系统的基础改革。从实质上说，现行的教育结构"太学术化"，培养了太多的通才。这些会使人们形成一种永久性的体力劳动的偏见。所有层面的教育应该适应于技术和职业培训的方向，教育也应该向社会的所有部分展开。

在《亚洲的戏剧》中，缪尔达尔非常积极地批判了"软性政府"以及相关的腐败现象。他的改革日程提倡要加强中央管理，这可能意味着政府规模的减小；在官僚机构中将会有太多的人为地填补，而且他们的官僚作风让人怀疑。作为反腐的缓冲器，他建议为了规章制度可以全面实施，在政策实施过程中行政上的决定应该被减少到最少。官僚在给予执照、许可证和合同方面的决定上喜欢向那些申请优惠政策的贿赂者索贿。有能力精简的机构必须予以高薪养廉，这样可以减少他们受贿的诱惑。

教育和腐败问题也是当今中国社会的热门话题，可以从缪尔达尔的理论思想中寻找适合我国国情的办法。尤其是目前反腐风暴成为社会热点话题，当前，党中央施行强力反腐，"打虎拍蝇"，成绩斐然，解决权力滥用和经济问题，既是经济问题也是政治问题。从缪尔达尔的观点看，防止腐败更要靠制度建设。加快建设让官员"不敢贪、不能贪、不愿贪"的反腐防腐制度则更为关键，这为解决腐败问题提供了一个参考。

参考文献

［1］巴伯著，苏保忠译：《冈纳·缪达尔》，北京，华夏出版社，2009。

［2］哈里·兰德雷斯、大卫·C. 柯南德尔著，周文译：《经济思想史》，北京，人民邮电出版社，2014。

［3］缪尔达尔著，钟淦恩译：《货币均衡论》，北京，商务印书馆，2012。

［4］维克塞尔著，蔡受百等译：《利息与价格》，北京，商务印书馆，2013。

［5］林达尔著，陈福生、陈振骅译：《货币和资本理论的研究》，北京，商务印书馆，2014。

［6］希克斯著，薛藩康译：《价值与资本》，北京，商务印书馆，1982。

［7］约瑟夫·熊彼特著，朱泱、易梦虹、李宏、陈国庆、杨敬年译：《经济分析史（第三卷）》，北京，商务印书馆，1995。

［8］丁冰：《瑞典学派》，武汉，武汉大学出版社，1996。

［9］裴小革：《瑞典学派经济学》，北京，经济日报出版社，2008。

［10］约翰·梅纳德·凯恩斯著，邓传军、刘志军译：《货币论》，合肥，安徽人民出版社，2012。

［11］约翰·梅纳德·凯恩斯著，郭武军、张建炜译：《就业、利息和货币通论》，上海，上海交通大学出版社，2013。

［12］杨小卿编著：《64位诺贝尔经济学获奖得者学术贡献评价》，北京，社会科学文献出版社，2010。

［13］冈纳·缪尔达尔著，塞思·金缩写，方福前译：《亚洲的戏剧——南亚国家贫困问题研究》，北京，首都经济贸易大学出版社，2001。

［14］兰尼·埃布斯泰因著，刘云鹏译：《米尔顿·弗里德曼传》，北京，中信出版社，2009。

［15］艾伦·埃伯斯坦著，秋风译：《哈耶克传》，北京，中信出版社，2014。

［16］秋风著：《漫说哈耶克传》，北京，中信出版社，2013。

［17］哈耶克著，腾维藻、朱宗风合译：《物价与生产》，上海，上海人民出版社，1958。

［18］弗里德里希·冯·哈耶克著，冯克利译：《哈耶克文选》，南京，江苏人民出版社，2006。

［19］胡海鸥、贾德奎编著：《货币理论与货币政策》，上海，格致出版社，上海人民出版社，2012。

［20］傅连康编著：《货币均衡、汇率和金融危机：我国金融市场外部均衡研究》，上海，上海财经大学出版社，2011。

［21］郭福敏著，俞其一、郭福敏译：《以日本和中国实证研究为根据的货币均衡新说》，保定，河北大学出版社，2003。

［22］冯科著：《我国货币政策有效性的实证研究》，北京，中国发展出版社，2010。

［23］张军果著：《经济运行中的货币均衡研究》，北京，中国金融出版社，2010。

［24］冈纳·缪尔达尔著，顾朝阳、张海红、高晓宇、叶立新译：《世界贫困的挑战——世界反贫困大纲》，北京，北京经济学院出版社，1991。

［25］米尔顿·弗里德曼著，张瑞玉译：《资本主义与自由》，北京，商务印书馆，1986。

［26］庞巴维克著，陈端译：《资本实证论》，北京，商务印书馆，1983。

［27］哈耶克著，王明毅、冯兴元译：《通往奴役之路：西方现代思想丛书3（修订版）》，北京，中国社会科学出版社，2013。

［28］刘彦：《京津冀协同发展：愿望与现实》，载《财经》，2015（2）。

［29］G. L. S. Shackle. Myrdal's analysis monetary equilibrium ［J］. *Oxford Economic Papers*, 1945：40：66.

［30］William J. Barber. Gunnar Myrdal：An Intellectual Biography ［M］. Basingstoke, UK, and New York：Palgrave Macmillan 2008.

第四编

哈耶克的"货币非国家化"理论与实践

HAYEKE DE "HUOBI FEI GUOJIAHUA"
LILUN YU SHIJIAN

Friedrich A. Von Hayek（1899—1992）

哈耶克生平简介

　　1994 年，自由主义的重镇芝加哥大学出版了《通向奴役之路》50 周年纪念版①，作者简介中称哈耶克是"20 世纪自由主义的主要倡导者"，这对于名声几经起伏的哈耶克来说，应该是最准确的头衔了。"自由主义"是贯穿哈耶克整个学术生涯的主题。

　　弗里德里希·奥古斯特·冯·哈耶克（Friedrich A. Von Hayek），1899年 5 月 8 日出生于奥地利维也纳的一个没落贵族家庭，他的父亲是维也纳

---

　　①　Hayek，F. A.（1994），The Road to Serfdom，the University of Chicago Press，Chicago.

大学的一名植物学讲师，母亲出生于富裕家庭。在父亲的影响下，哈耶克在成学的过程中，首先产生兴趣的是自然科学。但第一次世界大战的爆发使他的兴趣发生了转向，其间哈耶克成为奥匈帝国的一名军官并在前线作战，战争激发出来的政治激情及之后奥匈帝国的解体，使他的兴趣从自然科学转向了社会科学。

1918 年战争结束后，他进入维也纳大学，专攻法律。在当时的维也纳大学经济学属于法律系，出于赚钱和就业的考虑，他选择了经济学，拜在著名的奥地利学派经济学家米塞斯（Mises，L. V.）门下。1921 年哈耶克获得维也纳大学法学博士学位，1925 年又获得政治（社会）学博士学位。之后，哈耶克和同学组织了一个讨论小组"精神兄弟会"，以捍卫思想自由的理想，他还参加米塞斯的"私人研讨会"，这时他已完全拜倒在自由主义的旗帜之下了。毕业之后，哈耶克于 1927 年担任了当时任财政部长的米塞斯属下的奥国经济研究所的第一任所长。

1931 年，受英国当时著名的自由主义经济学家罗宾斯的邀请，哈耶克来到伦敦经济与政治学院，受聘为经济学教授。1938 年，哈耶克加入了英国国籍。1944 年他获得伦敦经济与政治学院颁授给他的经济学博士学位，并获选为英国皇家学院院士。在这期间，哈耶克卷入了两场重要的大论战，一场是关于社会主义计划经济核算的争论，另一场是与凯恩斯的争论。

1944 年 3 月，哈耶克在英国发表《通向奴役之路》（*The Road to Serfdom*），立刻引起了轰动，吸引了公众广泛的关注。1945 年 4 月，美国发行量最大的《读者文摘》发表了《通向奴役之路》的一个缩写本，并称为"我们这一代最著名的一本书"，哈耶克因此而闻名。1947 年 4 月 1 日，哈耶克与一批坚决拥护自由市场的知识分子在瑞士 Veney 附近的朝圣山（Mont Pelerin）公园饭店聚会，组建了自由主义团体朝圣山学社。

由于与凯恩斯的论战完全落败，哈耶克在经济学界受到了相当长时间的冷落，甚至被讥笑为"欧洲最糊涂的经济学家"。1950 年，受美国芝加哥大学邀请，哈耶克离开英国，担任该校社会与道德科学教授。1962 年，哈耶克告老还乡，回到欧洲大陆，担任德国弗莱堡大学经济学教授。1967 年退休之后，他回到祖国奥地利，接受萨尔斯堡大学邀请，担任该校名誉教授。

20 世纪 70 年代，西方经济陷入了滞胀，凯恩斯理论遭遇了空前的危机，经济学界重新把目光投向了自由学派，哈耶克一直坚持的自由主义思想终于得到认可。1974 年，哈耶克获得了一生中最重要的荣耀——诺贝尔经济学奖。但耐人寻味的是，与哈耶克一同分享这一荣誉的瑞典经济学家冈纳·缪尔达尔（Myrdal，G.），恰恰是他所批判的社会主义者。

1992 年 3 月 23 日，哈耶克在德国弗莱堡逝世。哈耶克的一生几起几落，甚至在后期他都已不再研究经济学，将兴趣转向了其他领域。但是长寿让哈耶克终于等到了自己的理论被承认的那一天，当年他极力反对的两大经济思想:苏联的计划集中经济思想和凯恩斯的政府干预思想，都被实践证明了并非济世良方，对于曾备受误解的哈耶克来说，应该能感到欣慰了。

哈耶克终生所维护和宣扬的是复兴自亚当·斯密以来的古典自由主义传统。为此，在西方，他往往被划为保守派。但哈耶克不仅仅是重申了古典自由主义的传统，他还结合自然科学和社会科学在 20 世纪的一些发展成果，对古典自由主义做了许多新的阐释和论述。因此，哈耶克代表的是西方新自由主义经济学派。

哈耶克的货币理论思想与凯恩斯主义的政府干预思想截然相反，他主张货币中性，认为政府人为地改变货币供给是引起经济周期波动的根源所在。哈耶克继承了奥地利经济学派的传统，笃信市场经济的自我纠正能力，反对一切对市场的干预。

虽然哈耶克认为人们不应自创制度、干预市场，但在晚年，他还是提出了自己的一些政策建议，其中最引人注目的就是"货币的非国家化"。哈耶克认为由于政府垄断了货币的发行，必然存在滥发货币的冲动，过多的货币会使正常的市场经济价格体系发生紊乱，造成经济的周期波动。解决这一问题的根本方法是打破政府的货币垄断地位，允许私人机构发行货币，让货币像一般商品一样进行竞争，最后币值最稳定的一种或几种货币会存活下来，成为日常经济中的通用货币。处在竞争环境下的货币面临着随时被淘汰的危机，所以会把币值稳定作为第一目标，货币中性得以实现，经济不再受到货币的外在冲击，周期性的波动也会永远地成为历史。

历史上，地方政权和私人机构都发行过货币，并由此造成混乱和贬值甚至废弃，有鉴于此，国家才垄断货币发行。

第一章 哈耶克"货币非国家化"的理论基础

第一节 哈耶克经济思想的哲学基础

一、知识分工

作为新自由主义的旗手人物，哈耶克经济思想的哲学基础充满了主观色彩和个人主义，并以此建构了自己的自由货币理论大厦。哈耶克最核心的哲学思想是"知识分工论"，他把所有的知识分为两类（Hayek，1948，p.79），第一类是对某一特定时空环境下的知识（包括各种市场信息）和科学知识（对经济体系运作的理解，即关于经济结构的知识）；第二类是完整的、理性的知识。哈耶克认为人们所能掌握的都是第一类知识，这些知识是因人而异、片面而非完整的，没有单独的一个人或一个机构能够掌握第二类知识。

由此出发，哈耶克继承了奥地利学派的"主观价值说"，认为每个人对价值的评估都是基于个人主观，与其他人不尽一样。哈耶克强调由于每个人的知识不一样，所以每个人对市场的认识和发挥的作用也不一样，于是产生了与"劳动分工"相似的"知识分工"。价格体系所发挥的作用，就是完成市场中无数人的人际互动和信息交流，使市场走向均衡。

哈耶克认为价格的作用并不是像新古典学派认为的那样:在给定完全信息的条件下，千人一面地指导众多个人如何完成最优化的资源配置。价格机制应该让个人根据各自特定的时空和具体的需求去捕捉相关的信号，发现自己该提供或获取什么样的产品或服务。正因为如此，哈耶克才鲜明地提出价格体系的作用在于以简洁的方式，即通过某种符号方式来传递信息，而且只传递给有关人士。由于每个人所关注的始终是一个有关特定事物的相对重要性的问题，所以他只需从相关价格信息中发现对自己周围的具体事物产生影响、与自己即时性决策相关的事实，而无须关注这些事实背后的原因。因此，价格体系的运转所需依凭的知识很经济，涉入价格体系之中的个人只需要拥有第一类知识便能够采取相应的行动。正是通过市场价格体系的作用，劳动分工和以知识分工为基础的资源配置才有了可能。

跟着感觉走?

从"知识分工"而非"资源配置"的角度来理解市场机制，是哈耶克与新古典经济学分道扬镳的开始。哈耶克极力反对新古典经济学中关于"完全信息"和"理性人"的假设前提。他指出，经济理论并不是以"大多数或所有参与市场过程的人都是理性的"这一假设为基础的。相反，经济理论是以竞争为基础的，通过竞争，才能够为个人带来优势的理性行为并逐渐发展，从而经人们的模仿得到普及。因此，理性并不是竞争得以有效展开的必要条件，而恰恰是竞争的过程或者允许竞争的各种传统产生了理性行为。这也是哈耶克用来反对政府干预的利器之一，他认为任何对市场的干预都会扭曲价格体系，使人们不能获取正确的信息，最终会破坏经济的正常运行。

政府不干预，某些利益集团就不干预?后者造成的混乱和不公更严重。

哈耶克认为市场是一个利用知识的系统，由于没有任何人可以掌握第二类知识，所以每个人只能通过市场情况的引导，才能找到那些和自己素不相识的人的需求从而满足自己的需求，而这一切都浓缩在抽象的价格信号里。哈耶克认为整个资本主义社会的财富和生产之所以能够兴起，全归功于这种机制，基于这点，他坚决反对政府用任何手段对价格进行干预。哈耶克宣称："我想这不仅是我经济学的基础，也是我主要的政治观点。"（哈耶克，2003a，第 137 ~ 156 页）

二、进化理性

哈耶克毕生所研究的一个重要主题就是理性，在他的所有著作与论文中，都可以看到他对理性有着不同程度、不同角度的探讨。那么什么是理性呢？哈耶克认为理性是人类对社会的认知能力，是一种"工具"，一种"抽象思维的能力"。它服务于个人的方式，是引导个人在一个他无力充分理解的复杂环境中进行行动，并使他能把复杂现象抽象成一系列可以把握的一般性规则，进而引导他的决策（哈耶克，2002，第17~19页）。

哈耶克认为中世纪的思想家对于理性的理解是正确的，中世纪的思想家知道以有限的理性不可能发明制度，制度是历史进化的产物。哈耶克进一步说："对于中世纪的思想家来说，理性主要是一种认识真理，特别是道德真理的能力，而不是根据明确的前提进行演绎推理的能力。他们十分清楚，文明中的许多制度，并不是理性的发明，而是同所有的发明相反，是他们称为'自然'之物的产物，即自然而然出现的事物。"（哈耶克，2000a，第94页）哈耶克在一种经验、无知的立场上，认为文明是不断试错、日益积累而艰难获致的结果，是经验的总和；理性是有限的，人类文明秩序是"人之行动而非人之设计的结果"。哈耶克极其重视传统的作用，认为"一切进步也都必定是以传统为基础的。"

制度是各种利益平衡的结果，而最终起决定作用的是公共利益至上原则。

需要说明的是，哈耶克并非反对理性，他反对的是理性全知全能论。哈耶克认为迷信人类的理性，只能招致致命的自信：以为人类能够解决一切社会问题，能够像在自然学科中发现完美的自然规律一样，在社会学科中也创建完美的制度，创建一个完美的乌托邦。社会主义计划集中经济思想和凯恩斯政府干预思想，都是基于全能理性，以为人类能够为经济学立法，干预经济的运行。所以哈耶克毕其一生，都在反对这两大经济思想。

哈耶克以知识分工论为依据，提出人的理性是有限的。一切企图建构社会制度的思想，都是他所反对的，这也是哈耶克进化理性主义的核心思想，哈耶克的"进化理性"包括以下几个要点：

第一，哈耶克认为，人的理性并非是与生俱来的，而是人在生命的历程中，不断接受教育而逐渐积累起来的。"人能变得聪明，是因为存在着可供他学习的传统，但这种传统并不是源于对观察到的事实进行理性解释的能力，而是源于作出反应的习惯。它主要是告诉人们，在一定的环境下应当做什么或不应当做什么，但并不告诉他肯定能够期待发生什么。"（哈耶克，2000b，第20页）在这段论述中，哈耶克指出理性是人对环境能够作出正确反应的能力，而这种能力不是天生就具备的，它是人们通过对以往在相同情况下作出的、被证实为正确的反应经验，而这种经验主要靠传统总结下来。在实践中，人们通过学习传统来提高自己的理性。但是，从传统中学到的理性知识并不完全适用或包容未来可能发生的一切情况，因为现在与未来、现在与过去不可能完全一样。人们今天所拥有的理性不足以构建明天，因为环境或内外条件会变化，明天会出现许多与今天不同的知识，且这些知识分散地由明天不同的人们所拥有。从传统中学习所掌握的理性知识并不能够应对未来的所有情况，即不能期待未来一定会怎样。因此，哈耶克认为人们不具备对未来设计的能力，各种制度在历史中形成，它们是后人对前人经验的总结，是历史演进的自然产物，而非人为设计的结果，人在这个过程中是适应者，而非创造者。

第二，哈耶克反对建构理性主义，认为其所宣扬的理性是病态思维的产物，是一种滥用理性的错误学说，企图与人为设计未来的看法相一致。建构理性主义是指人具有完全的理性，一切有用的人类制度都是而且应当是自觉的理性特意设计的产物，可以由此来构建社会文明并指导社会未来的发展方向。建构理性主义是一种全知全能的知识立场，它旨在构建一种乌托邦，相信人们的先天知识和道德禀赋使人能够经由审慎思考来建构所有的社会制度。建构理性主义不重视传统的作用，且认为人类文明是人的理性之产物，将理性视为至高无上的东西，认为是人的理性设计了社会中的各种制度。建构理性主义对人类的理性有一种狂妄的态度，认为人类的理性是无限的，人类可以设计任何制度，并能在实践上获得成功。建构理性主义认为人类可以从零开始构建他想达到的状态，可以抛弃前人留下的任何东西，包括语言、制度，从而建立一个崭新的世界。

对这种观点，哈耶克驳斥道："这种从笛卡儿那儿传给现代的理性主义，不但抛弃传统，甚至声称不需要任何这样的媒介，单纯的理性就可直接为我们的欲望效力，它仅凭自己的力量，就能够建立一个新世界、一种新道德、新法律，甚至能建立一种全新的纯洁语言。"（哈耶克，2000b，第52页）哈耶克倡导的进化理性主义认为理性是有限的，个人理性受制于特定社会生活进程，离开经济社会这一背景则无法对其进行评价，理性在其自我理解层面和社会认知层面都存在限度。但是需要强调的一点是，

个人的知识的确有限，但人类世世代代探索自然奥秘、追求幸福是没有止境的。

知之为知之，不知为不知，是知也；有所为，有所不为，义也。

哈耶克所主张的进化论理性主义并非认为理性毫无作用。他指出："我们所努力为之的乃是对理性的捍卫，以防理性被那些并不知道理性得以有效发挥作用且得以持续发展的条件的人滥用。这就要求我们真正地做到明智地运用理性。"（布坎南，1989，第 85 页）

第三，哈耶克始终反对新古典经济的理性经济人假定。理性的经济人是新古典经济学派分析中的一个关键性假设，但哈耶克怀疑其用处。他认为个人的头脑是一个复杂的、具有适应性的自组织神经秩序，这使得人们的感知和信念不同，使人们具有了适应新环境的能力，使人们可能增长知识，这是与经济人迥然不同的概念。在新古典经济分析中，假定理性经济人的出发点是使所有相关利润最大化，在信息不对称的情况下，主要的目标是设计获取信息或提供激励以防止无效率的社会后果的机制，如果现实世界真的充满了这些理性的经济人，这种方法也许言之有理。然而，真实的经济社会并不是这样。人是有目的的，但是是不完善的，他们知识有限，所拥有的知识都是分散的、零碎的，往往难以传递，所以会不断地在现实中犯错，远非新古典假设中理性经济人的全知全能。

三、自发秩序

根据两种理性主义类型，哈耶克将所有的社会秩序分为截然对立的两种："自发秩序"（endogenous order）和"组织秩序"（exoenous order）。

哈耶克借用希腊语"cosmos"来指一种成长的秩序（a grown order）或由内力形成的"自发秩序"，并认为，"cosmos"是从它所包含的各要素之间行为的相互协调中产生的，从这个意义上说，它是一种内生系统，或者如控制论专家所言，是一种"自我协调"或"自我组织"的系统。显然，这种秩序是独立于人类任何目的和意图而存在的。

同时，哈耶克借用希腊语"taxis"来指一种人造的秩序（a made order）或由外力产生的"组织秩序"，并认为，"taxis"是由处在自发秩序之外的某种力量决定的，因而从这个意义上说，它是"外生的或外力实施的"，显然，这种秩序是人对各种因素特意进行安排或指定其明确的功能而产生的，从而以某个特定的目标为前提（哈耶克，1997b，第 32～34页）。

根据这种区分，哈耶克进一步比较了这两种秩序在运行机制上的区别：

（1）自发秩序与组织秩序的首要差异是它们所展示的有序性的产生方式：自发秩序是在那些追求自己的目的的个人之间自发生成的，这意味着，任何个人都不知道他的行动与其他人的行动相结合会产生什么样的后果；组织秩序中的有序性是一致行动的结果，因为组织中的合作与和谐乃是集中指导的结果。

（2）两种社会秩序类型所依赖的协调手段不同：自生自发的型构，是这些秩序的要素在回应它们的即时环境时遵循某些规则的结果；而协调一个组织中的劳动分工的社会结构则是一种命令与服从的等级关系。

（3）自生自发秩序为不同的个人实现其各自的目的提供了有助益的条件，而一个组织则是一种有助于实施某个先行确定的具体目的的集体工具；自生自发秩序所特有的行为规则是"否定性"的，它们只是界定个人行动的合法领域，并允许社会活动参与者在这个限度内自由地根据他们自己的计划选择和决定他们的活动，而确保组织协调的命令则是通过尽可能地规定其成员具体活动的方式来确立推进先行确定的集体目标。

特别是，哈耶克充分发展了苏格拉底的箴言："无知乃是开启智慧之母。"哈耶克认为，随着人类社会知识积累的增长以及分工的深化，个人无知的领域也越来越广，此时社会发展越来越需要依据于为特定个体所掌握的有关特定时间、特定地点的知识，因而哈耶克强调市场机制的协调作用。一方面，默会知识是一种实践性知识，是一种"能确使有机体持续存在"的知识，是与个人关于对事件的回应如何影响生存的感觉相关的，而且也是由这种感觉形成的；因此，这种"知道如何"的默会知识并不是由形式制度储存和传播的，而是隐含于社会的非正式的制度网络中，而处于这种网络核心位置的便是人们遵循但并不知道其结果的一般社会行为规则。另一方面，市场是一个能够确保知识利用的最佳的天然机制，因为市场的价格机制犹如传播信息的"电信系统"，它包含了人类社会最丰富的信息；而且，它的传递成本也是最廉价的，价格体系运作中的知识也很经济。因此，市场是传播分散于无数人之手的信息的手段，市场系统是一种发现的技术，而非一种众所周知的资源配置方式；正是通过价格体系的作

在现实生活中，两种秩序都是存在的，都有其合理性。即使某种秩序为主的社会，也不排斥另一种秩序。

市场、价格、利益、资源等是不可分割的。如果不考虑利益关系，市场、价格、资源等，就无法有机联系在一起。

用，不但劳动分工成为可能，而且也有可能在平均分配知识的基础之上协调地利用资源，并因而能自由地利用其知识和技能的程度。正因为如此，哈耶克强调："自由主义源出于对社会事务中存在的一种自我生成的或自生自发的秩序的发现，这种秩序就是使所有社会成员的知识和技术比在任何由中央指导而创造的秩序中得到更为广泛的运用"（哈耶克，1997b，第78页）。

相反，任何中央集权的社会秩序由于只依赖那种明确的知识而必然只能运用散存于社会之中的一小部分知识。事实上，哈耶克强调，那些崇尚控制的经济工程师的"典型任务有着完全自足的特点：他只关心单一目标，对为此目标而做的所有努力进行控制，并为此而支配范围明确的现有资源。这使他的工作有可能获得一个最典型的特点，即至少从原则上说，复杂的操作工程各组成部分的实现，在工程师头脑里就完成了，作为其工作基础的全部'数据'，已被清楚地纳入了他事先的计算，并被绘制成蓝图，以此支配整个方案的实施。"显然，这类工程师只能在孤立的世界里处理"已知数据"，而不"参与别人在其中独立作出决定的社会过程"，而且，"他的技术只适用于根据客观事实确定的典型环境，而不适用于如何找出什么资源可以利用，或不同的需求中哪一个更为重要这种问题"。也就是说，基于数量模型的功能主义分析无法适应信息的变化，无法利用"现有"的资源来满足"现有"的需求。因此，在哈耶克看来，自发秩序要比组织秩序能更好地运用广为分散的实践性知识，因为市场就是一个能充分利用知识的机制；而且，市场中人们之间的互动也会不断产生新的自生自发的社会秩序，社会的发展就是而且应该仅是市场演化的结果。

实际上，正如前面指出的，哈耶克区分了两种类型的社会秩序：一是作为进行个人调适和遵循规则的无数参与者之间互动网络的自发秩序；二是作为一种业已确立的规则或规范系统的组织秩序。在哈耶克看来，自发社会秩序是经由参与其间的个人遵循一般性规则并进行个人调适而展现出来的作为一种结果的状态。人们之所以使用这些传统和制度，是因为它们对他们而言是一种可以运用的工具：它们是累积性发展的产物，而绝不是任何个人心智设计的产物。因此，人不仅对于自己为什么要使用某种形式的工具而不使用他种形式的工具是无知的，而且对于自己在多大程度上依

计划和市场不是对立的。计划和市场也不是划分资本主义和社会主义的标尺。

赖于此种行动方式而不是他种行动方式也是无知的，甚至人对于其努力的成功在多大程度上决定他所遵循的连他自己也没有意识到的那种习惯，通常也是无知的；而且，条件的每一种变化，都必将在资源使用方面、在人们活动的方向及种类方面以及在习惯和风俗方面造成某种变化，从而影响人们的行动。因此，哈耶克强调："正是由于现代社会的结构并不依赖于组织而是作为一种自生自发的秩序演化发展起来的，所以它才达致了它所拥有的这种复杂程度，而且它所达致的这一复杂程度也远远超过了可以构建的组织所能够达到的任何复杂程度"（哈耶克，1997b，第90页）。

总之，在哈耶克看来，市场是人类社会内的陀螺仪，它不断地产生着自生自发的秩序；而自发社会秩序所遵循的规则系统是进化而非设计的产物，这种进化过程事实上就是一种竞争和试错的过程。

第二节 哈耶克的重要经济思想

一、货币中性理论

在货币理论方面，哈耶克继承了奥地利经济学派的货币中性理论，反对任何的政府货币干预政策，认为货币应该通过自身的均衡，保持对于经济过程的中立性，既不发挥积极作用，也不产生消极影响，使经济在不受货币因素的干扰下实现自身均衡。

哈耶克认为要求货币在现实经济运行中保持中性，需要满足下面三个前提条件：

（1）在货币用于交易的比例和流通的速度一定时，货币的总流量保持不变；

（2）价格对于供求关系变化时的反应是及时充分的；

（3）所有以货币条件签订的长期合同对未来价格变动的预测都是正确的。

很明显，这三个前提条件在现实的市场经济中都是难以成立的。首先，现实中货币的总流量并不是保持不变的，政府每一个货币政策的执行

不唯货币政策作用，支付系统现代化对货币总流量也会产生影响。

都改变了既有的货币供应量；其次，由于工会、政府等强制性组织对市场自由竞争的干预，价格对供求关系的变化并不能保证及时和充分；最后，要求每一个经济个体签订的长期合同能够准确预测未来价格的变动，这对于拥有有限理性的经济个体来说是不可能达到的。

那么货币中性论的意义何在呢？哈耶克认为主要在于两个方面：一是为人们提供一种理论分析工具；二是提供一个政策判断标准。

哈耶克认为，只要政府不干预货币的供给，货币中性的条件是可以满足的，依靠市场调节的力量，经济会自发复苏。政府作为一个微观经济主体，同样也不具备完备知识，无法准确地认识经济运行中的实际情况，所制定出来干预货币供给量的政策，根本无助于市场经济的自发调整，反而扭曲了价格体系的正常运行，使得资源得不到合理的配置，更加恶化了危机的程度。

比弗里德曼更进一步的是，哈耶克认为政府对货币发行权的垄断是货币中性无法满足的症结所在，是破坏资本主义市场经济秩序稳定性的最大根源。因为政府垄断货币发行，使得政府拥有实行赤字财政政策和扩张的货币政策的能力，在这种情况下，货币的供给量难以稳定。所以，哈耶克在后期提出了"货币非国家化"的主张，即打破国家对货币发行的垄断，让私人银行或机构发行竞争性货币，经济个体拥有自由选择货币的权利。竞争使得各种货币优胜劣汰，各种货币将以币值稳定为最大的目标，否则将被激烈的竞争淘汰，这样货币只起到价格尺度的作用，不再对实体经济产生影响，货币中性的条件得到满足。关于货币非国家化的理论，将在后文中进一步分析。

迷信市场，可能是一种政府不作为的表现，也可能是社会个体道德水平无可挑剔的表现。

二、经济周期理论

在《货币理论和商业周期》（*Monetary Theory and the Trade Cycle*，1928）和《价格与生产》（*Prices and Production*，1931）这两本著作中，哈耶克诠释了自己的货币理论和周期理论。

哈耶克博采众长地将传统的奥地利学派的理论观点和其他学派的若干创见有机地结合在一起，形成了自己的经济周期理论。要全面而准确地理解其内在逻辑，我们必须了解以下理论要点，它们在哈耶克的经济周期理论推导过程中环环相扣，缺一不可。

（一）价格机制是市场经济的核心

1871 年，门格尔出版了《国民经济学原理》，标志着奥地利学派的创始。在这本奥地利学派奠基之作中，门格尔清楚地揭示了主观基础之上的价值理论，并第一次完整地阐释了边际效用理论（个人占有的某种商品的数量越多，他赋予每单位商品的价值越小）。另外，门格尔还说明，自由市场上的货币产生的原因是人们需要一种最适合交换的商品，大家并不把这种商品用于消费，而是用于交换。所以，货币的主要功能不是其他，正是价格衡量。货币的价格功能反映了微观经济个体对商品的价值衡量，由此形成了对商品的供求均衡，配置着各种资源的分布，使市场经济能够正常运行。一旦价格不能正确地反映商品的供求均衡，产生错误的信息，使资源配置不合理，市场经济的运行将发生紊乱，导致经济危机。自门格尔以来，奥地利学派都是最坚定的自由市场经济信徒，一脉相承地反对政府对货币价格的干预，坚信市场能够凭借自己的力量配置资源，调节经济。

（二）两种知识

哈耶克非常注重知识和信息的作用，实际上他关于自由主义的论证就是以知识的分散性为基础的。如前所述，他把所有的知识分为两类：第一类是某一特定时空环境下的知识（包括各种市场信息）和科学知识（对经济体系运作的理解，即关于经济结构的知识）。第二类是完整的、理性的知识，如果人们普遍拥有了第二类知识，那么在一个竞争的环境下，他们就能够正确理解价格体系所传递的信息，价格信号的扭曲就不会出现，也就不会有经济波动。但是，普通的市场参与者拥有的是第一类知识，而非第二类知识。他认为个人对第一类知识（即消费者的偏好、资源和技术的可得性、别的市场参与者的计划以及这些计划在具体的经济活动中如何相互影响等的知识）的掌握是极度不完整的，它们潜藏于每一个人的大脑之中，不可能被单个市场参与者获得。正是由于这种分散性使得每一个市场参与者都没有足够的知识去预知未来，他们只能根据局部市场的不充分信息去行动。因而货币因素引起的名义价格的扭曲会使信息不充分的人们对实际的经济结构产生错误的理解，进而导致经济波动。

（三）货币供给量的变动会使名义价格发生扭曲

中央银行作为货币市场的参与者而不仅仅是控制者，可以减少价格扭曲。

哈耶克认为当货币当局人为地增加货币供给时，实际储蓄和实际投资便不再对称了。因为人为的低利率会诱使投资者更多地借钱，同时储蓄者减少储蓄。所以，人为的低利率会导致投资的时间结构和实际储蓄的数量不再一致，而实际储蓄是与人们偏好的消费结构相一致的。此时，名义利率没有反映真实的经济情况，而由于人们掌握的知识的不完整性，只能根据名义价格的变动作出自己的决策，造成了市场经济中价格体系的资源配置作用失效。

（四）资本的时际特征

奥地利学派认为资本品是异质的，而且相互之间具有替代性和互补性。假设投资过程是要耗费时间的，那么投资决策问题——从整个社会的角度来说——就是如何将总的社会资源在各个时间合理配置的过程。各个时期的投资所形成的资本品是相互协调的，也就是说，如果我们把耗时较长的投资（即较迂回的投资）形成的资本品称为高阶资本品（higher-order capital goods），而将耗时较短的投资形成的资本品称为低阶资本品（lower-order capital goods），那么高阶资本品和低阶资本品在时际上应该是相互补充的。但是人为的低利率会使人们更多地从事高阶资本品的投资，从而打乱这种时际间的相互补充关系。

（五）李嘉图效应

李嘉图效应最原始的版本是阐述随着利率的变化，机器和劳动之间的替代关系的。机器代表长期的生产要素，其生产能力不会在单个生产过程中消耗完毕，而劳动则代表短期的生产要素，会随着生产过程的结束而消耗殆尽。根据哈耶克的商业周期理论，李嘉图效应正好类比于高阶资本品和低阶资本品之间的替代关系。在经济周期的起始阶段，人为的低利率诱使人们更多地投资高阶资本品（机器）。这会导致与高阶资本品配套的低阶资本品（劳动）的需求上升，其价格也随之上升，投资者不得不增加信贷，这又会迫使利率上升。利率的大幅上升不但阻碍了对高阶资本品的进一步投资，而且会导致对一些还未完成的生产项目的清算。

（六）穆勒的命题

现代宏观经济理论认为对最终产品的需求和对生产要素的需求总是同方向变化的。但是奥地利学派却认为这两者极有可能是反方向变化的。穆勒有句格言："对商品的需求不同于对劳动的需求。"旨在告诫人们在宏观经济理论中，不要将对生产要素的引致需求（投资）简单地等同于一般的消费需求。

根据穆勒的命题，对现期消费品需求的下降并不一定意味着对劳动（以及其他生产要素）需求的下降；对现期消费品需求的减少可能意味着储蓄增加，即对未来消费品需求的增加，这就相应地要求将资源从现期消费品的生产转移到未来消费品的生产上，从而有可能导致现期对资本和劳动需求的净增加。

哈耶克和其他奥地利学派理论家注意到穆勒的这个基本命题，并认为在一个给定的时期内，在充分就业的假设前提下，消费需求和投资需求有可能会呈反方向变化，即消费需求减少时，投资需求会增加。而资本结构会随投资需求的增加而调整，"高阶资本品"增加得较多，而"低阶资本品"增加得较少甚至下降并由"高阶资本品"代替。

在了解了以上的理论要点之后，我们来系统地解析哈耶克的货币过度投资的经济周期理论。

哈耶克认为，在静态的均衡经济中，货币数量是一定的，这样生产结构的稳定与经济均衡的条件是以下三个比例相等:用于购买消费品的货币量和购买资本品的货币量的比例，等于消费品需求量和资本品需求量的比例，也等于周期内所生产的消费品量和资本品量的比例。这三个比例相等，经济达到均衡。

现实的经济是动态经济，在这种情况下，如果使货币数量不变，保持货币中立，经济仍能达到均衡。这是因为在货币数量不变的条件下，如果人们自愿缩减消费，将节约的收入存储于银行，使储蓄增加，银行将这部分资金贷给企业家，企业家用来购买各种生产要素从事生产。这时，货币的流向发生变动，流向消费品少了，流向资本品多了，导致了消费品需求量与资本品需求量的比例相应发生变化。一部分原来用于制造消费品的生产资源转向资本品生产。因此，消费品和资本品的产量也随之变动，新的均衡随之建立。

哈耶克认为，如果变动货币供应量，将使货币失去中立性而引起经济失衡。这是因为，扩大货币供应量，银行向企业贷款增加，从而投资增加，生产扩大，使得购买资本品的货币量、资本品的需求量和产量增加，出现生产期间延长、生产阶段增多的短期繁荣。但由于已无闲置的生产资源，使原来用于生产消费品的一部分生产资源转向生产资本品，使消费品减少，价格上涨。但消费者并没有改变购买消费品的货币量和其对消费品的需求，于是，三个比例不等，经济均衡遭到破坏。

在这种情况下，如果消费者的消费支出不变，由于其所能购买的消费品量下降，出现了对消费品的"强迫性节约"，但当新增加的货币经生产者转手而成为人们的货币收入后，消费者的收入又有所提高，他们就会扩大消费，扩大到通常比例。消费品需求增大，价格上升，导致部分生产资源又转回消费品生产。生产结构又被迫回到原来状况，这一变化过程，表现为爆发一次经济危机。

哈耶克认为，在货币失去中立性时企图避免经济危机，只有一个办法，那就是不断增加货币供应量，靠加速度的通货膨胀，持续地扩大银行信用来提供资本，增加投资。但这个办法在现实中行不通。货币供应量的增加和信用的扩大，到一定限度后必然会终止。否则，信用货币制度就会面临崩溃。这就是哈耶克的货币过度投资的经济周期理论的主要内容。

哈耶克认为货币因素是引起经济周期波动的主要原因，正是因为货币供给量的变化，引起了商品价格和利率的变化背离了实际经济情况，使得市场经济价格体系配置资源的功能紊乱，最终会引起经济危机。哈耶克把这种过量的货币供给引起的经济波动称为"货币过度投资的经济周期"。在《价格与生产》一书中，哈耶克用一个比喻形象地说明他的经济周期理论，他写到，人为地扩大货币供给后的情形，就"好像孤岛上的一个民族已经部分地建成了一台巨大的机器，这台机器可以为他们提供一切生活必需品，然后他们却发现，他们已经耗尽了全部储蓄和可以利用的闲置资本，因而这台机器根本生产不出任何产品来。他们没有别的选择，只能暂时不去考虑用这台机器，而必须投入全部劳力在没用任何资本的情况下生产每天所需的食品。"

三、对凯恩斯主义的驳斥

对于凯恩斯主义政府干预、逆风向而动的政策主张，哈耶克是极力反对的。哈耶克认为，凯恩斯主义的总需求管理的前提是存在普遍失业，但是这与资本主义国家大多数时候的现实情况并不相符。通常情况下，失业的原因是劳动力供给的结构不符合需求的结构，所以失业是结构性的，而不是普遍性的。只有通过对劳动力结构分布的重新配置，才能持久性地解决失业问题。

所以，哈耶克认为，货币收入总量较低是失业的结果，而不是它的原因。但凯恩斯却恰恰相反，他认为由于存在货币工资向下刚性，所以为了降低实际工资以扩大就业量，应该通过增加货币供给来造成货币实际贬值。哈耶克指出，政府干预货币供给，引起预期外的通货膨胀，造成价格上升，传递了欺骗性的信息，使得企业扩大再生产，就业人口上升，但是这种通货膨胀迟早会被所有的微观经济个体发现，纳入到对下一期的预期中。一旦所有人都形成了价格上升的预期，就必须再注入货币供给来维持之前的"虚假繁荣"。这种加速的通货膨胀政策显然是不具有可持续性的，最终的恶果将是资本主义市场经济秩序的价格体系被人为破坏，资源无法合理配置，导致更多的失业和更漫长的经济衰退，引发的经济危机将比事先想阻止的情况还要严重。

让劳动力从供应过剩的部门或地区流向供应不足的部门或地区，这虽然需要时间，但却是解决失业的根本办法。当然，劳动力自由流动的条件之一，就是实际工资能够根据供需关系的变化及时波动。哈耶克指出，虽然工会的存在会使劳动者的工资具有向下刚性，但是并不能完全阻碍劳动力市场的调节机制，因为工会必须为因工资刚性而导致失业承担责任。但是如果政府以充分就业为制定经济政策的目标，并许诺采取一切措施保证充分就业，那么工会的这种责任实际上就被免除了。劳动力市场上价格调节机制也失效了，因为政府将保证在任何工资水平上都维持充分就业，劳

即便是结构性失业，也需要政府帮助才能有效解决。

对于实行扩张性货币政策的政府，这些分析是值得参考的。

动力价格所具有的成本核算和资源配置的功能自然就不存在了。在价格机制不能有效反映实际的经济情况下，政府扩张的货币政策肯定会导致不同商品和服务的相对需求的变化，进而引起相对价格的变化。这样，因为通货膨胀造成"虚假繁荣"的一些部门就会增加对劳动力的需求，暂时解决了劳动力结构不合理而引起的失业问题。但是，它并没有实际解决劳动力的结构性失业问题，而且加重了劳动力不合理配置的程度。一旦微观经济个体意识到了价格的变动只是因为货币供给的增加，而不是因为实际经济情况的改变，这些依赖通货膨胀而新增加的就业机会自然会减少直至消失，使得劳动力结构性不合理的问题愈加严重。哈耶克一针见血地指出："扩张性的充分就业政策所造成的失业，是由暂时改变需求分布，把失业者和已就业者一起引向那些一旦通货膨胀结束便会消失的职业而引起的。"（哈耶克，2000a，第 166 页）

政府干预经济还有一个弊端，就是压制了微观经济个体自由从事经济活动的空间。因为政府扩大货币供给带来的必然结果之一就是通货膨胀，为了阻止价格的上升，政府不得不制定最高限价，由此引起的短缺又不得不动用限量配额政策。一旦政府如此粗暴地干预市场价格的形成，必然会打击微观经济个体自由从事经济活动的积极性，市场利用价格自我调节的机制难免遭到破坏。当政府不断地干预使得市场的自我调节能力日渐丧失时，维持经济继续发展的唯一途径就是不断地注入新的货币，降低自然利率，刺激新的投资，使得通货膨胀不断地恶化直到"滞胀经济"恶果的出现。哈耶克认为，第二次世界大战后资本主义国家的市场经济秩序之所以没有能够表现出更大的自我调节恢复能力，一个重要的原因就是，"它们被管制得失去了生机，只要一出现改善的信号，所有那些障碍非但不会被取消，反而要求更大的通货膨胀，而这迟早会导致进一步的管制。"（哈耶克，2000a，第 175 页）

哈耶克认为，20 世纪 30 年代后，由于凯恩斯主义的盛行，资本主义国家纷纷采取积极干预经济的货币政策，使得原本有效的自由市场经济秩序都陷入了一种高度不稳定的状态。摆在这些资本主义国家政府面前的只有三种可能的选择："让加速度的开放性通货膨胀继续下去，直到它使全部经济活动彻底解体为止；管制工资和价格，这会暂时掩盖依然存在的通

凯恩斯主义并没有导致哈耶克说的极权主义，是因为政府干预经济的每一项决策，仍然遵循民主原则和程序。

货膨胀的作用，但难免会导致集中管理和极权主义的经济体制；最后，果断地终止增加货币数量，这很快会由于实质性失业的出现，使过去多年的通货膨胀所造成，又由另外两种措施推波助澜的对劳动力的误导全部暴露出来。"（哈耶克，2000a，第 140 页）哈耶克认为尽管最后一种选择无疑也会带来痛苦，但这种痛苦是暂时的、值得的，能够使有效的资本主义市场经济秩序继续维持下去。只有这样，才能真正地挽救西方自由市场经济秩序，避免极权主义的出现。

第二章 "货币非国家化" 理论与实践

第一节 哈耶克的"货币非国家化"理论

一、"货币非国家化"理论

哈耶克认为，研究货币发行的竞争问题十分重要，其目的在于说明垄断货币发行权的害处，阐明各国现行货币发行制度和货币政策的弊端，指出并论证竞争性货币制度的可行性和优越性。哈耶克认为"货币非国家化"是货币发行制度改革的根本方向，由私人银行发行竞争性的货币来取代国家发行垄断性的货币是理想的货币发行制度。这一主张称为"货币非国家化"或"自由货币说"。

哈耶克认为凡是政府发行的纸币迟早都会贬值，因为垄断了货币发行权的政府，先考虑的不是货币的稳定，而是自身财政支出的需要，基于以下三个原因，政府肯定会倾向于发行更多的货币。

（1）执政者把发行货币看作是力量的象征，是实现政府意志的保证；

（2）政府垄断货币发行权为执政者任意增发货币提供了条件；

（3）凯恩斯的有效需求不足论为政府的货币发行提供了错误的理论基础。

在中世纪金属货币时期，欧洲的君主们就通过垄断货币的发行，减少铸币的分量和成色来获取利益。纸币的出现，则让政府获得了一种更为廉价的剥削人民的方法。特别是金本位制度崩溃后，政府更肆无忌惮地滥发

哈耶克描述的历史现象都是事实，但是到目前为止，还没有找到比国家或国际组织垄断货币发行更好的办法。

货币，以此来解决自己的财政危机。哈耶克一针见血地指出，"历史基本上就是政府制造通货膨胀的过程。"（哈耶克，2007，第33页）。

由于政府承担了公共财政的支付，所以对货币有天然的需求。虽然很早就有经济学家指出了中央银行必须保持独立性，不能成为政府的"提款机"，并在制度上安排了诸多的限制，但由于现代各国的司法、政治、军队等大权都被政府独揽，即使有一些机构名义上有权干预货币发行，实际也是政府的傀儡，形同虚设。正如哈耶克所说，"长期以来，（货币与财政政策）两者就在偷情，但只是在凯恩斯主义经济学获胜之时，才正式获得神圣的认可。"（哈耶克，2007，第134页）

哈耶克认为货币供应过多是通货膨胀的唯一原因，通货膨胀在哈耶克眼里具有严重的后果，其危害最严重的表现是对市场机制的破坏。市场靠价格引导资源配置，而通货膨胀造成价格信号传递失真，导致对资源的错误引导，造成资源配置失调，降低了经济效率；尤其是误导劳工配置，加剧了劳工市场的矛盾，增加了失业。"那种一直遭到相当正确的指责的市场秩序的主要缺陷，即其容易导致周期性的萧条和失业，其实主要是政府长期以来垄断货币发行所致。"（哈耶克，2007，第17页）所以，哈耶克坚决反对凯恩斯主义"逆风向而动"的货币政策，认为通货膨胀并不是经济增长的必然代价，最好的例子就是"英国和美国经济增长最为迅速的那段历史时期终结的时候，两国的物价却跟200年前处于同一水平。"（哈耶克，2007，第34页）

哈耶克认为，旨在促进经济发展的公共财政政策和旨在保证币值稳定的货币政策的目标是完全不同的，甚至基本上是互相冲突的。让政府同时承担起这两项任务，结果只能是导致混乱。现代资本主义社会的历次经济危机，就是这种灾难性结果的最好反映。这种制度安排不仅使货币成为经济波动的主要根源，也在很大程度上刺激了公共开支的失控性增加。如果要维护资本主义市场经济秩序的正常运行，就必须拆散货币政策与财政政策之间的这种联姻关系。

即使假定政府能够抵制住填补财政赤字的诱惑，赋予中央银行充分的独立性，一心一意地维持币值的稳定，也是徒劳的。基于哈耶克的"知识分工"理论，对商品的评估是基于每个人的主观价值体系，中央银行根本不可能知晓每个人对货币的需求量，它所进行的货币管理目标只能是试探，多大的流通量能够使价格保持稳定，没有任何管理当局能够事先掌握这种"最优货币量"，只有市场才能发现它。中央银行的反应远远滞后于市场的变化，即使它竭尽全力去收集市场数据，调整货币的供给量，保持物价的平稳，但是情况可能又发生了变化。这种时滞使得中央银行的任何举措都慢一拍，可能恰恰起到了相反的效果。这种看法也是基于哈耶克对"建构理性"的反对，即人们不能将在自然科学领域取得的成就简单地扩大到社会科学领域，人们不可能正确全面地认识复杂的经济现象，从而人为地来维系价格的稳定，这些只能交给市场体系来完成。

市场只是一个舞台，戏怎么演，取决于导演和演员，取决于各种利益集团需求的平衡。

哈耶克觉得惊诧的是，在自己之前，多元货币竞争的理论从来没有得到过认真的研究。哈耶克认为可能是大多数人惰性地承袭了金属货币时期政府垄断货币的信念。确实在金属货币时期，单一的一种容易辨识的货币具有相当大的好处。一种统一的货币大大有助于人们进行价格的比较，因而能够促进竞争的深化和市场的发育。而且，在金属货币的真假只能借助复杂的检验过程才能辨别的时候，由政府这样的权威机构垄断货币的铸造，盖上普遍认可的权威印鉴以担保铸币的成色，有利于货币更好地流通。但是，在当今信用货币时期，这些金属货币时期垄断货币发行的好处，完全不能抵消这种货币制度带来的种种弊端。当前的货币制度具有一切垄断行为的弊端："你即使对于他们的产品不满意，也必须使用，更重要的是，这种制度禁止人们探寻满足某种需求的更好方法，而垄断者是没有此种激励的。"（哈耶克，2007，第26页）

如果公众明白，人们为得到在日常的交易中仅使用一种货币所带来的便利，而付出了周期性通货膨胀和币值不稳定的代价，并且政府禁止了另一种可能更好更稳定的货币的出现，他们就会发现，这种制度未免太过分了。因为，仅仅一点支付结算的便利，远没有使用一种更为可靠的货币——它不会周期性地扰乱经济的平稳运行——的机会更重要，而这种机会却被政府的垄断剥夺了，人们从来没有被给予发现这种好处的机会。政府始终基于强烈的利益考虑说服公众相信，发行货币的权力应当专属他们。如果出于政策目的所发行的只是金币、银币和铜币，则这种垄断没有太大问题；而在今天，金属货币已经退出历史舞台，此一问题则关系重大：因为与金属货币相比，对于纸币，政府更加容易滥发。

这在崇尚竞争以发现自发秩序的哈耶克看来，是完全不能容忍的。政府垄断货币的发行不但是资本主义经济危机的祸端所在，而且禁止了其他可能更好的货币制度的出现，这与资本主义市场经济的竞争精神简直是格格不入。

彻底解决这一问题的方法是打破政府的货币发行垄断，允许私人银行发行不同货币，让货币也像其他商品一样通过市场竞争来优胜劣汰。哈耶克相信市场机制能够像提供其他商品一样为我们筛选出最合适的货币，而且"控制货币总量的责任将由某些机构承担，这些机构的利己之心会使他们将货币总量控制在用户最能接受的水平上。"（哈耶克，2007，第105页）所以，货币量不会像在政府垄断货币的时候经常波动，影响正常的价格机制。货币政策也不复存在了，稳定的物价水平将能真实地反映人们的需求，资源得到有效的配置，从而在根源上杜绝了经济危机的出现。

哈耶克假定，在世界的几个地区建立几个机构，他们可以自由地发行竞争的钞票，并同样可以用他们各自的货币单位开立支票账户，这些机构类似于银行，为了区别于其他不发行钞票的银行，可以称其为"发钞银行"（issue banks）。这些机构为他们所发行的钞票所起的名字或面额单位，将受到类似于品牌或商标那样的保护，未经授权的机构不得使用，同样也禁止伪造它们，就像禁止伪造其他文件一样。这样，这些机构就将竞相使自己发行的钞票尽可能便利消费者使用，从而吸引公众使用他们的钞票。

在刚开始，这些机构必须明确地宣告，他们拥有足够商品，可以使他们发行的货币保持稳定。但是，并不需要由法律将这些货币的价值与某种具体的本位商品绑定在一起。公众会对彼此竞争的货币供应作出反应，在经历一段时间后，什么样的商品组合能够构成最为可取的本位会自然显示出来。各种商品的重要性及其交易的数量在不断变化，其价格的相对稳定性或敏感性也都在变化，这些变化将促使发钞行改变其商品组合，以使自己的钞票更受欢迎。

这些发行不同货币的发钞银行之间必然会展开激烈的竞争，以争取扩大自己所提供的贷款或销售的货币数量。一旦彼此竞争的发钞银行令人信

垄断货币发行由来已久，而经济危机却是近现代现象。

服地证明，他们所提供的货币将能比政府所提供的货币更好地满足公众的需求，则人们就会毫不犹豫地接受他们所发行的货币，而放弃政府的货币。新货币的出现和使用范围的扩大，将降低对现有国家货币的需求，因为除非国家货币的发行数量迅速缩小，否则就会导致其货币贬值。正是通过这样的过程，那些不可靠的货币将会逐渐地被完全清除掉。政府要想避免自己的货币被取代，所需要做的就是在其完全消失之前进行改革，并且尽力保证政府自己的货币的发行量，也必须根据那些彼此竞争的私人机构所奉行的同样的原则进行调整。

借助新闻媒体和货币交易所的严密监督，发钞银行之间的竞争将会变得非常激烈。使用哪种货币订立合同、开立账户，对于企业来说，是一个非常重要的决策。因此，金融报刊上每天都会提供无所不包的信息，而发钞银行自己也不得不向公众提供这些信息。哈耶克对这种激烈及时的信息变化比喻道："如果哪位银行家没有能够及时地作出反应，以确保他所发行的货币的价值平稳，就会有上千只猎狗扑上去撕咬这位不幸的银行家。"（哈耶克，2007，第57页）在30多年前，哈耶克就对商业信息的有效及时传递充满了信心，那么当前网络媒介和及时通信的迅猛发展，能伸多元货币所要求的信息传递速度更快，更能满足多元货币出现的条件。

在哈耶克看来，在经过一段可能出现的不方便后，市场竞争会为我们筛选出最稳定的一种或几种货币，并且无时不在的激烈竞争会一直维系这些货币的稳定性，从而因货币供给量波动带来的价格波动将不复存在。货币的供需与商品的供需将保持一致，价格将真实地反映实际的经济状况，政府再也不能通过滥发货币来弥补财政赤字，或者通过"货币幻觉"来推动经济的病态增长。人们能够根据真实的价格作出自己的抉择，经济有条不紊地运行，"货币中性"成为现实。与这些一劳永逸的益处比较起来，多元货币并行可能带来的支付结算不便将是完全能够接受的代价。

比在一国实行货币非国家化更激进的是，全球的货币都由私人银行发行来竞争，这才是哈耶克的初衷。国际货币由一种或几种非主权性的货币充当，这听上去有点像金本位制度的回归，但是能够比本位更好地履行货币的职责。这样，汇率的波动、外汇储备的需要都将成为过去。其实特别提款权（Special Drawing Right）和欧元的出现，都有哈耶克"货币非国

多种货币带来的好处，可能不足以弥补兑换成本。

竞争最终胜出的一家或几家发钞银行，与目前的中央银行会有什么区别？

家化"理论的影子，这些案例将在后文中进一步分析。

二、哈耶克对一些反对意见的反驳

货币的非国家化这一大胆的设想提出后，自然遭到了很多的质疑，哈耶克对其中一些作出了自己的回应。

自由主义经济学派的另一位巨擘弗里德曼声称："丰富的经验和历史证据表明，（哈耶克的）希望实在是无法实现:能够提供购买力保证的私人货币，是不大可能驱逐政府发行的货币的。"[1] 哈耶克反驳说，不能仅仅因为私人货币从来没有在现代社会出现过，就贸然断言公众会拒绝这种货币，而依旧留念日益贬值的政府发行的货币。的确在很多国家，事实上并没有禁止发行这样一种货币，但其他条件却几乎从来没有满足过发行多元货币的要求。而且每个人都知道，如果真有这样一种私人试验，在即将取得成功的时候，政府一定会采取措施阻止它的发展。哈耶克承认，公众作为一个整体要认识到新货币的好处的过程是缓慢的，甚至在刚开始的时候，如果有机会，公众可能宁可回归到金本位制，而不是任何形态的纸币。但是，少数较快认识到某种确实比较稳定的货币的好处的人士所取得的成功，一定会诱导其他人模仿他们。这样，币值最稳定的那种货币就会流通开来，成为主要的通货，这虽然需要时间，但是是必然的。

最后，哈耶克说，"对于弗里德曼教授几乎不相信竞争将使更好的工具占据上风这一点，我还真有点惊讶，他似乎毫无根据地相信，垄断将一如既往地提供一种更好的工具。这种担心纯粹只是旧习惯导致的懒惰而已。"（哈耶克，2007，第96页）在这段话里，哈耶克对市场经济竞争机制的坚信反映得一览无遗。

另一个对多元货币制度的质疑声音是"格雷欣法则"，即如果有多种货币并存，那么一旦两者的对价出现波动，人们将会收藏价值较高的货币，市场上流通的将是价值较低的货币，导致"劣币驱逐良币"。这样市场上留下的将是最差的货币，而不是最好的货币。

哈耶克指出，这种看法是大错特错的。其一，"格雷欣法则"指的是

> 如果说历史是自然而非人为推进的结果，那么，历史告诉我们:货币发行是自然朝着更高层次的垄断、更大范围的应用、更权威机构操控方向发展的。

> 自由只有在精神领域是无限的。一旦睁眼看世界，自由就是有限的。每个人都必须接受自然和社会规律的约束。

---

[1] 弗里德曼接受 Reason 杂志的采访，"Reason" IX:34，New York，August 1977，28。

人们放弃流通中的劣币，保留良币以备他用，这样实际上恰恰证明了良币将能被筛选出来；其二，"格雷欣法则"只适用于由法律强制规定几种不同的货币之间维持一个固定的兑换率之时。如果法律强制要求两种货币一直按一个固定的兑换率完全相互替换时，人们当然乐于用实际价值较低的货币进行支付，而收藏实际价值较高的货币。但是如果兑换率是可变的，则质量低劣的货币就只能得到较低估值，尤其是它的价值如果还会继续下跌，则人们会立刻脱手。这个淘汰过程会一直进行下去，最后会在不同机构发行的货币之间产生出一种最佳货币，这种货币会驱逐人们发现使用不便或没有价值的货币。事实上，在通货膨胀迅速加剧的时候，具有更稳定价值的所有东西，从土豆到雪茄，从白兰地到鸡蛋，还有美元之类的货币，都会被越来越多地作为货币使用。所以，在没有固定的兑换率前提下，"格雷欣法则"的结论应该是良币驱逐了劣币，而不是相反。

哈耶克在这里对"格雷欣法则"作了很好的补充和完善。

第二节　货币史上"货币非国家化"的案例

哈耶克的"货币非国家化"理论旨在从根源上杜绝政府干预货币供给的可能，使"货币中性"成为现实，从而解决资本主义周期性经济危机的顽疾。这样的理论引起了相当大的争议，其实从历史维度来看，货币发行权并不必然是由政府垄断的，各国的货币史充满了私人机构发行货币与国家垄断发行货币相互交替的历史。只是到了近代，信用货币的信心要求只有强大的国家信用才足以提供，导致了中央银行垄断货币发行的局面。

在19世纪以及之前，自由银行业在世界各地广泛存在，这些银行在没有政府监管的环境下发展，由市场机制约束控制银行的风险。中国、南北战争之前的美国、1884年之前的苏格兰和大革命时期的法国，自由银行都获得了广泛的发展。这些在历史上出现过的"货币非国家化"的案例，为我们的研究提供了宝贵的资料。

一、中国货币史上的"货币非国家化"

在中国，从商朝铜币出现后到战国时期，货币形状很多。战国时期不仅各国自铸货币，而且在一个诸侯国内的各个地区也都自铸货币。秦统一中国后，秦始皇于公元前210年颁布法令"以秦币同天下之币"，规定在全国范围内通行秦国圆形方孔的半两钱。汉初，当权者听任郡国自由铸钱，据《汉书·食货志》记载，文帝时"除盗铸钱令，使民放铸"，于是"盗铸如云而起"。出现了中国货币史上短暂的自由铸币时期。公元前113年，汉武帝收回了郡国铸币权，由中央统一铸造五铢钱，五铢钱成为当时唯一的合法货币。从此确定了由中央政府对钱币铸造、发行的统一管理。此后，私人铸币偶有出现，但基本上历代铸币都由中央直接经管。铸币权收归中央，在金属货币时代，对稳定中国各朝的政局和经济发展起了重要的作用（欧阳卫民，2004，第15页）。

北宋时，随着交换的发达，货币流通额增加，宋太宗时，年铸币八十万贯，以后逐渐增加。由于铸钱的铜料紧缺，政府为弥补铜钱的不足，在一些地区大量地铸造铁钱。铁钱十分笨重不便，纸币"交子"就在中国四川地区应运而生。宋真宗时，在政府的许可下，由成都十六家富户共同经营。"交子"的出现，是我国古代货币史上由金属货币向纸币过渡的一次重要演变。"交子"不但是我国最早的纸币，也是世界上最早的纸币。而且，最初"交子"完全是由私人机构发行运营的，之后政府才设"益州交子务"，由京朝官一二人担任监官主持"交子"发行。

纸币出现后，宋、金、元、明几代都实行过以纸币为法定货币，国家垄断纸币的发行，并保证纸币的流通和兑换。但是，民间仍然保留着使用金属货币的习惯，纸币流通并没有完全取代金属货币。由于封建政权维护的是统治者的利益，根本没有严格的财政约束，每次纸币的发行最后都演变成了弥补财政赤字的恶性通货膨胀，成为统治阶级剥削大众的卑劣工具。

到了明末清初，纸币的信誉已经完全丧失，金属货币重新成为法定货币。清朝统治者吸取其祖先在大金末期滥发纸币的教训，在清初二百多年的统治时间里，严令禁止发行纸币。一直到咸丰年间，外强入侵，主权沦丧，诸强垄断了清政府的海关收入，在国内开设银行，自行发行纸币，对清朝的货币制度造成了极大的冲击。再加上太平天国起义军席卷全国，清政府急需大量军费，不得已只能再次发行纸币。最终的结局自然也是和历代统治者一样，引致了恶性通货膨胀，金属货币重新成为主要的流通货币（戴建兵、陈晓荣，2006，第 29 页）。

整个清末民初，中国的货币流通非常混乱，各地使用的货币种类各异，标准单位纷繁，如有银两、银圆、铜币、纸币和各种外国铸币等。纸币的发行缺乏必要的管理，除了上海的几大银行，"其他各省，如河北、山东、河南、山西、陕西、宁夏、绥远、察哈尔、湖北、湖南、江西、四川、甘肃、浙江、广东、广西、福建、云南几无省市钞之流行。其发券种类，有为银圆券，有为银辅币券，有为毫洋券，有为铜圆券。其发行机关，有为省银行，有为市银行，有为财政厅，有为省钱局。其发行数额，多则数千万，数百万，少亦数十万。至全国此项纸币，究有若干，既无正确统计，自亦不易估计。"（杨荫薄，1936，第 220 页）此外，还有为数可观的外国纸币在中国流通，其在纸币总量中的比例超过 1/4。同时，各地的私下货币交易活动也很猖獗。

1933 年，国民政府宣布废两改元，建立银本位制，统一币制，市场上只准银币流通。但是由于政局混乱，内忧外患，各地流通的货币远远谈不上完全的统一，中央铸造和发行的银币数量有限，统一币制没有能够正常地发挥作用。之后由于美国颁布了《银购入法》《白银法案》，在国际市场上大量收购白银，使得白银价格骤然上升，中国国内白银流出，物价猛跌，经济紧缩，银本位制根本无法维系。1935 年，国民政府不得已进行了法币改革，由指定的四大银行发行纸币，中国货币又进入了纸币流通的新阶段。纸币流通制度符合社会经济发展的要求，也跟上了世界币制进化的潮流，它不仅有助于化解当时的金融危机，而且对社会经济的恢复、全国统一市场的形成以及满足抗战前夕特殊的国防需要，都有积极的意义。虽然国民政府明确承诺要避免通货膨胀的发生，但纸币政策从它诞生之日起，就受到官僚资本的操纵和控制，事实上已成为弥补财政赤字的工具，之后的恶性通货膨胀也在所难免了（欧阳卫民，2004，第 46 页）。

从中国货币史来看，金属货币与纸币交相取代，在各自的历史时期发挥着主要币种的职能。金属货币币值稳定，易于接受，但是存量有限，不利于大规模的支付结算。纸币轻便实用，可以随经济规模的发展而增大发行量，但是容易沦为统治阶级弥补财政赤字的工具，引致恶性通货膨胀。

中国货币史上的纸币发行基本上都是以恶性通货膨胀为结局，这也说明了哈耶克关于国家垄断纸币的发行，必然导致通货膨胀，引致一次次的经济危机，是有一定历史根据的。

中国货币史上也出现多种机构发行纸币的时期，如清末民初半个世纪里，中国政局动荡、四分五裂，外国银行、各地军阀、国民政府都发行过自己的纸币，这是中国当时各种势力割据造成混乱的货币制度。一个强有力的政府来垄断货币的发行，统一币制在当时的背景下有着积极的意义。其实在大多数历史时期，统一的币制和政府垄断发行，都有促进经济发展的积极意义，但是纸币因为其特殊的不可兑现性，要求发行机构能够严格地约束自己的发币冲动，保证纸币数量与经济规模一致。而大多数时期统治阶级垄断纸币发行后，考虑的都是自己的利益，所以最终抵挡不住滥发纸币的诱惑，招致恶性通货膨胀，使得纸币制度一次次地以崩溃收局。

二、美国"自由银行"时期

在美国大陆，银行的出现并不算晚。17世纪，欧洲国家便在此设立了几家银行，而按照现代经营模式经营的第一家银行是1782年成立的北美银行，稍后于1784年又成立了纽约银行和马塞诸塞银行。1788年美国宪法通过之后，现代美国政治制度建立起来，联邦政府开始介入银行的运作。作为美国首任财政部长，汉密尔顿（Hamilton，A.）于1790年10月向国会提交了著名的"国民银行报告"，倡议建立国民银行。1791年2月美国总统华盛顿签署了国民银行法，美国第一国民银行成立，它的建立标志着联邦政府开始有权管理银行的注册。该银行资本存量有1000万美元，其中200万美元由美国政府持有，800万美元由公众持有；银行必须在联邦政府注册，银行执照有效期为20年。除了对公共债务付出利息之外，第一国民银行还要接受政府债券作为银行的部分资本金，发放政府官员的工资，为财政部处理外汇交易。它还是政府资金的最主要的存储机构，发行钞票为政府偿还债务，其账务每周最多需接受财政部长的一次检查。

1811年1月24日，众议院以一票之差无限期搁置了第一国民银行重新申请执照的请求，接着参议院也以一票之差否决了申请，第一国民银行于同年3月停止运作。

1812 年，第二次英美战争使美国又陷入经济窘境之中。为完成对战争的融资，1816 年 4 月 10 日，麦迪逊总统签署法令建立第二国民银行，随后政府资金由州银行转移到第二国民银行。第二国民银行仍需在政府注册，仍然是财政部的主要存储机构，并且仍需接受政府的检查。1823 年 1 月，尼古拉·比德尔（Biddle，N.）出任银行总裁。他对银行的职能作了重新界定，认为第二国民银行应该体现国民银行和中央银行的双重职能。作为国民银行，它将继续作为财政部的一个部门运作，持有政府存款，偿付国家债务；作为中央银行，它应该通过发行它自己的钞票来掌握货币量，并接受其他银行的钞票。在尼古拉·比德尔的领导下，第二国民银行成绩显著：1823 年，银行货币流通量只有 440 万美元，1825 年 6 月达到 670 万美元，1 年以后达到 960 万美元，到 1832 年 5 月，货币流通量上升到 10500 万美元，银行的贷款也已经达到 70400 万美元。但第二国民银行在再度申请联邦政府执照时，遭到杰克逊总统的否决，被迫于 1836 年 3 月 4 日执照到期时停止运作，与第一国民银行一样草草收场。

第一国民银行和第二国民银行因代理政府财政的特殊地位，如代收税款，接受政府存款，掌握了大量地方商业银行的银行券，成为其他各商业银行的总债权人。这就使第一国民银行、第二国民银行得以通过强迫地方银行用硬币赎回本行发行的纸币，从而控制各州银行的硬币准备金水平，调节各州商业银行货币信贷的紧缩和扩张，履行中央银行的职能。第一国民银行和第二国民银行对统一货币价值，增加货币供给，改善财政状况，加强公共信用，稳定全国货币银行体系，促进工商农业发展发挥了巨大的作用。

第一国民银行和第二国民银行没有继续运行下去，主要是因为遭到以杰弗逊、杰克逊为代表的农场主、种植园主、技匠和新兴的小工商企业家、小银行家的强烈反对。杰弗逊、杰克逊主义者反对建立联邦银行的原因是多方面的，可以概括为以下三点：

（1）普通美国人对联邦政府通过特别立法授予经营银行的特许权极度反感。因为特许权制源于美国革命的敌人英国。英国早在 16 世纪都铎王朝时期就开始颁发皇家特许状而授予王室代理人以控制企业经营或贸易特权。此类特许公司往往滥用特权，实行贸易和经营垄断，且投机和欺诈行

特许还意味着不公平和无效率。

为常常与特许公司相伴而生，直至发生 18 世纪初的南海泡沫事件。因此，美国移民和英国国民一样，根深蒂固地认为特许公司就意味着欺诈和垄断特权。况且《美国银行法》"允许"第一国民银行设立分行，规定第二国民银行"必须"根据国会要求在指定地点设立分行。对普通美国人而言，分行的设置就是联邦银行的垄断特权对州立银行权利侵犯的明证。

（2）杰弗逊、杰克逊主义者信奉斯密式自由放任主义和洛克的平等权利思想。他们鼓吹极端的个人主义，主张个人自由、经济独立平等和政治民主。他们乐观地认为，美国开放的边疆将为普通人提供经济扩展的无限机会。因此，只要人人享有同等的合法权利和公平的机会，消灭一切特权，则每个普通人都可以通过自己的勤勉努力而获得事业的成功。他们反对联邦政府扩大经济职能，认为联邦政府干预经济越多，给予富人的特权就越多；联邦政府管得越少，则"非自然"的干扰就越少，就可避免"非自然"的财富和权力的集中。他们相信，只要保持"事物的自然秩序"，社会财富就会大致平均地分配。因此，在汉密尔顿主义者看来，通过特许建立联邦银行是利用私益为公益服务，但在杰弗逊、杰克逊主义者看来，却是私人银行谋取了不正当的官方支持，僭取了不应有的垄断特权，是货币利益集权与政府的勾结，是私人利益对公共权力和公共利益的控制。

（3）新兴的小工商企业家、银行家反对联邦银行还有着特殊的利益动机。新兴工商企业银行家大多是远涉重洋来到美国的、渴望迅速发财致富的欧洲移民。他们崇尚个人奋斗，企求更平等的机会。他们忌妒那些已经富有的城市工商企业银行家，蔑视和憎恨特权。他们缺少传统商人的谨慎、自律和道德，贪婪、大胆鲁莽、善于投机、富于冒险精神、反对任何控制和管束。在新开发的边疆地区，新兴工商企业家急于投资新项目，资金短缺，要求得到长期信贷，扩张纸币供给，因而他们对联邦银行的信贷限制和稳健的货币政策不满；他们要求取消特许制，建立更多的银行；各州，尤其是南部和西部新兴的银行家，急于从冒险投资中获利，具有本能的扩张冲动。但在联邦银行的控制下，他们不敢随心所欲地放贷。因为他们每放一笔贷款就增加了他们对联邦银行的负债，他们的银行券就会流入联邦银行，"也许第二天就会向他们提出兑续硬币的要求"，从而减少其硬币储备，阻止其进一步扩张，减少其利润。因此，新兴工商企业家和各州小银行家对联邦银行的控制深恶痛绝，他们视联邦银行为拦在他们发财道路上的最大障碍。

正是在农场主、种植园主、技匠、雇工和新兴小工商企业家、小银行家的合力作用下，第一国民银行和第二国民银行才先后于 1811 年和 1836 年被关闭。

然而，摧毁联邦银行，对于杰弗逊、杰克逊主义者而言，不过是消灭一切银行特权的序幕。新兴的小工商企业家不满足于现状，他们要求更多的银行，以便更自由和更便宜地获得信贷。许多小商人、小企业主眼见经营银行业有暴利可图，也想自己开设银行。因此，他们要求降低开设银行的门槛，要求废除立法机构特许制度。他们叫嚷着要使建立银行成为一种普遍的权利而不是选定的少数人的特权。农场主、种植园主、技匠和工人在阻止第二国民银行重新特许后，进一步要求消灭一切银行的特许权。他们把特许看成是"特权"、"垄断"的象征，是立法对少数私人利益的支持，是政府"非自然的"干预，是对事物自然秩序的破坏，是对平等权利的侵犯。他们要打破少数人对银行经营的垄断，让一切阶级分享经营银行的权利。

由于小工商企业主和农场主、种植园主、技匠、工人都呼吁取消银行特许，于是一个由局部到全国的自由银行运动发生了。所谓"自由银行"，即指无须经立法机构特许，凡具备规定条件，即可申请注册开业的银行制度。1837 年 3 月，密执安州最早确立自由银行法。但因该州工商业欠发达，当年建立的 40 多家银行运营不到一年，全部被破产接管。1839 年该法废除。因此，真正对各州起示范作用的是纽约 1838 年 4 月确立的自由银行法。

1837—1863 年美国进入了"自由银行"时期。这是美国历史上银行货币体系最为混乱的时期。自由银行意味着人人都可以自由地经营银行业务，只要他能满足最低的限制条件。自由银行意味着无限数量的银行。由于某些州对银行注册的限制条件过宽，把握不严，以致当时人们认为设立银行如同开铁匠铺一样方便。结果出现了大批资本不足、经营管理不善、滥发纸币、投机贷款过度的州银行。到南北战争爆发，全国约有 1600 家州立银行，共发行货币 7000 多种。劣币、假币充斥流通领域，普通人根本无

"自由"思想对二十一世纪大多数中国人来说，仍然是不可理解的。这种不理解，使银行、证券、保险等金融业特许制度得以运行至今，并将继续下去。

这种混乱状态会让哈耶克伤心。

法鉴别，以致专门鉴定货币真伪良劣成了时尚的职业。许多州银行无度发行大量无硬币支持的纸币，且为逃避或延宕兑现，故意把行址选设在交通不便、信息不灵、"只有野猫才能发现"的荒野之处，这就是所谓"野猫银行"。自由银行还意味着对分行制的否定。自由银行的精神是，凡是需要设立银行的地方，人人可以自由设立新的银行，故而无须通过现存银行设立分支机构。在当时自由放任意识形态偏见下，在人们反垄断、反特权情绪高涨的情况下，分行制就等同于垄断。自由银行制实质上就成了单一银行制的同义词。因此，自由银行制的实行为美国单一银行制奠定了基础。

内战期间，坚持自由放任主张的民主党成为在野党并退出了国会，历史发展的惯性在此受到了遏制，共和党则秉承联邦党人的衣钵，对经济生活进行了积极的干预。更为重要的是，内战的爆发使美国政府再度感到资金的缺乏。在这种情况下，联邦政府对金融货币进行调节再度被提上了议事日程，财政部长蔡斯（Chase, S. P.）提出了建立国民银行的建议。但是，就当时美国的政治理念来看，自由放任思想仍然占据不可忽视的地位，建立由联邦政府进行管理的国民银行并不受欢迎，蔡斯的建议在实践上并不顺利。所以，"如果不是这个条例有利于解决政府战时财政问题，也许这个条例不能获得通过。"国会在1864年通过了《国民银行法》，建立了国民银行体系。该法案对建立国民银行的最低资本额、提存准备金、银行钞票发行额、银行之间账户结算以及发放贷款等方面作了严格的规定，要求国民银行需购买相当于其资本额1/3的政府债券，这些债券存放于通货总监处，财政部按照这些债券的90%发行钞票，各家国民银行之间的钞票必须按十足面额互相接受。但由于对国民银行的条件有着严格的限制，州银行很少愿意申请加入国民银行体系，所以国会在1865年对州银行发行的钞票课以10%的税收，迫使州银行改为国民银行。结果，国民银行得到巨大的发展，数量由1864年的467家增加到1875年的2076家，而其间州属银行数量急剧减少，由1864年的1089家减少到1875年的586家，直到1892年之前，国民银行数目一直超过州银行。

自由银行联邦化和培育单一制银行的取向深深影响了内战后美国人对银行体系的态度。那种广为分散的、独立的单一制银行的无限制增长竟对

观念和政策会随着执政党依法替换而自然、平稳、快速转变；相反，自我否定和纠错要艰难和缓慢得多。

银行体系的改革形成了一个巨大的经济和政治障碍。19 世纪 90 年代以后，许多美国人认为，70 年代以来几乎每隔十年一次的金融恐慌，主要因为过于分散的银行体系，银行体系需要更多的集中和协调合作，而实行总分行制或中央银行，则有利于银行体系的稳定。但是，在当时传统的意识形态的支配下，任何改革银行体系的建议只要涉及分行制或中央银行（中央银行也是一种总分行制），无不遭到失败的厄运。正是为了避免总分行制或中央银行，这才有了 1913 年的《联邦储备法》。联邦储备体系旨在用协调合作的方法解决整个银行体系资源过于分散问题，同时又确保了数以万计的单一制商业银行的独立。在当时，也只有这样的体制，才能被人们普遍接受从而成为立法。美联储的建立并没有取消自由银行的传统，到 1921 年美国商业银行总数多达 3 万多家，创历史最高水平。1927 年国会通过的《麦克登法》，允许国民银行可在某些州，即允许州立银行设立分行的州内设立分行，但仍禁止国民银行跨州设立分行。这表明联邦法令第一次突破了禁设分行的传统。但是，由于美国人根深蒂固地对集中、垄断反感的意识形态偏见，分行制并未能得到迅速发展，长期以来单一银行制仍占主导地位。如 1900 年，单　制银行占银行总数的 99%，1921 年占 98%，第一次世界大战结束后单一制银行仍占商业银行总数的 92%，至 20 世纪 70 年代，尚占总数的 72%。尽管早在 1909 年加利福尼亚州就率先允许州立银行在本州设立分行，但是各州放松对分行限制的进程也十分缓慢。到 20 世纪 60 年代，允许实行州内分行制的州极少，而实行单一银行制或限制性分行制的州所占比重很大。到 20 世纪 70 年代中期，全国仍有 13 个州完全禁止分行。时至 1989 年仍有 4 个州完全禁止分行，18 个州限制分行的发展。直到 1994 年《跨州银行法》的颁布实施，允许美国银行在全国范围内开展州际银行业务和设立分支机构，这才最后从法律上彻底动摇了单一银行制的根基。

三、苏格兰的"自由银行"时期

苏格兰第一家银行是苏格兰银行（Bank of Scotland）。苏格兰银行 1695 年从苏格兰议会获得执照，这个执照授权该银行在 1716 年以前在苏格兰垄断发行银行券。1727 年，苏格兰皇家银行（The Royal Bank of Scotland）成立，这两家银行的竞争导致了一系列的金融创新。1746年，不列颠亚麻公司获得执照，建立银行的目的是为了促进亚麻贸易。这三家主要的银行以有限责任公司的形式存在，其他中小银行都是无限责任公司。1844年，议会通过《皮尔法案》（*Peel's Banking Act*），该法案不再允许自由进入和限制私人发行银行券。从此，苏格兰银行业结束了自由银行时代。

埃尔银行（Ayr Bank）倒闭事件，可以说明苏格兰银行体系的稳定。虽然这是苏格兰自由银行时期最严重的倒闭事件，但是整个银行体系的稳定没有受到影响。埃尔银行的管理者过度扩张贷款业务，导致银行最终在1772年6月25日倒闭。只有13家小的私有银行由于受到传染而倒闭，17家有资格发行银行券的大银行没有倒闭，这显示了清算机制有效地约束了整个苏格兰银行系统（White，1984）。公众没有受到银行倒闭的损失，所有债权人最终都得到了全部赔偿，苏格兰银行和苏格兰皇家银行以票面价格接受埃尔银行的银行券，通过这一举措来吸引更多存款，让他们的银行券更多地流通。White（1984）进一步提出了苏格兰银行体系比英格兰银行体系更加稳定的证据，1809—1830年两国银行倒闭率，苏格兰是年平均0.4%，而英格兰是1.81%。估计公众的相对损失，苏格兰的银行到1841年的损失总计32000英镑，相比较的伦敦的银行损失是这个数字的两倍。

对于苏格兰自由银行稳定性的考察，不仅局限于对倒闭及其损失的考察，效率的改进和企业家才能的提高等都有利于稳定性的改进。历史经验表明，自由银行系统是有效率和很先进的，竞争锻炼了银行家的企业家技能和促进创新的意愿，给发展分支行提供了激励，从而使银行能够获得规模经济（Dowd，1992）。

（一）苏格兰银行业早期市场约束——银行券决斗

在自由银行时期，银行自由发行银行券，银行通过多种方式来争取让人们使用自己发行的银行券，并尽可能长时间持有。如果某一银行扩大了发行规模，同时也就限制了竞争对手银行券的发行规模，被称为银行券决斗（Note Duels）。银行的盈利直接与银行券的发行规模和公众持有时间有关，公众持有银行券，就等于将金银等硬通货使用权转交给银行，银行可以利用黄金硬通货等来进行投资等来获利。银行可以雇用人员来专门收集竞争对手的银行券，他们将同时要求银行券兑付黄金，从而造成竞争对手流动性的困难，这些人被称为"银行券采集者"（Note Pickers）。为了让市场参与者更多地持有银行券，就必须让市场参与者确信银行安全、稳健，这种竞争方式有效地促使银行体系持有充足的储备，从而保持公众对银行券兑付的信心，防止要求大量银行券兑付造成的流动性问题。因此，Kroszner（1995）认为银行券决斗是银行业市场约束产生的一个重要渠道。

苏格兰皇家银行成立之后，很快就采取这种方式同苏格兰银行进行竞争，使得苏格兰银行在流动性方面出现严重的困难，不得不中止兑付数个星期。苏格兰银行摆脱困境后，在发行的银行券合约中加入选择条款，即如果存款人选择同意延迟六个月提款，银行将支付5%的年利率给存款人。这一条款的出现，使苏格兰银行没有退出市场或者导致两败俱伤，同时激发了一系列金融创新来规避不利后果。因此，各银行放弃了这种效果不佳的竞争方式，苏格兰的银行业进入了近一个世纪的良性自由竞争时期。

（二）苏格兰银行业市场约束独特机制——选择条款

选择条款（Option Clause）就是银行向银行券持有者提出的一个延迟兑付的选择，如果持有者同意延迟一定期限进行兑付，持有人将获得相应的补偿。这类"选择条款"有两个显著特征：规定延迟兑付的最大期限和向银行券持有人支付的补偿利率，两项都在合约中专门注明。更长延迟期限使银行有更多的时间补充储备，但会被要求支付更高的利率，银行和银行券持有人必须权衡延迟期限和惩罚利率的成本收益。

选择条款在上文提到的苏格兰银行与苏格兰皇家银行的"银行券决斗"中出现，是苏格兰自由银行时期的重要金融创新。选择条款盛行时期是在1730—1765年，苏格兰在这30多年内建立了多个新银行，所有银行券发行银行都采用选择条款。

在自由放任的情况下，选择条款能够长期存在显然对于双方都有利。Gherity（1995）提出三个命题：（1）选择条款对苏格兰防止挤兑至关重要；（2）防止挤兑是推动苏格兰银行采取选择条款的目的；（3）选择条款被公众没有歧视地接受，选择条款消除了"银行券决斗"的无效率，从而解决了自由银行体系不稳定的潜在根源。对于银行来说，选择条款保护了流动性，减少银行保持过多储备而造成的损失。公众偏好选择条款的原因是选择条款增加了他们对银行资产的索偿权，还可以减少公众对预期银行挤兑的压力，使银行挤兑更少发生或破坏性更小。

White（1984）、Schuler（1992）和Selgin（1988）等众多研究都指出选择条款在苏格兰历史中积极的作用。Dowd（1988）研究却显示选择条款对银行稳定的作用不明显。同时，选择条款存在着潜在不利方面，银行不但可以采用选择条款来保护暂时的无流动性，还可以用来掩盖无清偿力，从而可能导致在延迟兑付期间进一步扩大损失。Gorton（1984）解释中止兑付条款的激励相容问题时指出，只有存款人能够区分银行缺乏流动性而不是无清偿力，采用这项条款才能对银行控制风险形成有效激励。

选择条款保护了流动性，客观上也增加了流动性。所谓"潜在的不利方面"由此产生。

（三）启示

苏格兰自由银行时期的市场环境排除了管制约束影响，能够全面反映市场约束机制及其绩效。虽然对苏格兰银行业的稳定性的研究存在着一些争论，当今的银行业与自由银行时期的苏格兰银行业也存在着明显的差异，但这些并不影响本书研究的结论和政策主张：在自由放任的环境中，银行体系存在内生的自我稳定机制。银行能够通过自身的制度创新（如选择条款）来解决面临的问题，市场参与者利用契约方式优化资源配置正是市场经济的一个基本的特征。虽然银行业存在着一些与一般产业相区别的明显特征，高的杠杆比率与合约非对称资产负债结构使银行体系存在脆弱性，但并不意味市场约束机制无法有效发挥自我稳定作用，而必须由政府管制约束来替代（例如Diamond and Dybvig，1983）。

第三节　"货币非国家化"类似实践探讨

在金本位制崩溃后，布雷顿森林体系还试图维系纸币与金属本位的对应关系，但是无法解决的"特里芬难题"使纸币不得不与金属本位脱钩。1971年8月15日，美国总统理查德·尼克松宣布关闭黄金窗口，美元不再与黄金挂钩，终止了黄金与货币的最后一丝联系，之后的货币史进入信用货币时期。纸币不再与贵金属对应，不能保证其真实的价值，只能靠信用维系。而作为最大的信用机构和权力机构，国家天然地成为信用货币的垄断发行者，也打开了通货膨胀的"潘多拉之盒"。

信用货币彻底解放了贵金属的约束，使各国可以尽量多地发行货币，只要通货膨胀在可以忍受的程度之内。这如同用之不竭的宝藏诱惑了许多统治者，滥发纸币最后造成恶性通货膨胀的例子不胜枚举。在一次次纸币泛滥引致经济崩溃的教训之后，统治者在货币发行和通货膨胀之间寻找平衡，尽量不引起恶性的通货膨胀。但是积极的货币政策如同神奇的法宝，很难让政府当局舍得弃之不用，在凯恩斯主义应运而生后，西方资本主义国家的货币当局如获珍宝，开始理直气壮地挥动货币政策的指挥棒。此后一直到现在，各国频频调整的货币政策如同在钢丝上忐忑前行，在促进经济和平稳物价的两端小心地平衡着。

从以上中美两国的纸币史来看，货币并不是必然与国家垄断联系在一起的。在金属货币时期，为了减少鉴别金属货币所需的时间和技术要求，促使货币更好地流动，需要一个能够得到公众认可的权威机构来统一监制铸造，以保证货币的成色。王权或政府天然满足这样一个权威机构的要求，并且有足够的暴力手段来维系自己的权威，所以铸币权此时自然发展为统治者所有。虽然偶尔也有将铸币权下放的时期，如中国汉初，但统治者马上会意识到引起的混乱，又将铸币权收回。

在纸质货币时期，一开始纸币是与金属本位严格对应的，只是作为见票即兑的银行券，并不具有信用货币的特征，一般私人机构都可以经营。从中国的"交子"到之后的"银票"，大多数时期官方和私人机构都参与经营。美国在建立联邦储备制度之前，纸币的发行权也是散布在各州的银行，并不是由国家统一发行的。因为此时的纸币要求能够兑换为对应的金属本位，发行量必须拥有足够的担保物作为支持，所以不存在发行过度的问题。

哈耶克认为再回到金属货币时期是不可能的了，那么解决信用货币带来的通货膨胀顽疾的唯一手段，就是打破国家的货币发行垄断权。国家垄断纸币发行的理由无非是其拥有足够的信用支撑和庞大的暴力机构，在全

发展经济始终是解决一切金融问题的根本。

球化、信息化的现代社会，并不是没有一个非国家的机构能够取代国家的这些天然优势，如发行欧元的欧洲中央银行（European Central Bank, ECB）和发行"特别提款权"的国际货币基金组织。而且，在将来，肯定还会有更多这样的非国家机构出现，使货币的发行机构更加多样化。

一、欧元的诞生

欧洲的联邦主义者长期以来就把欧洲经济一体化的建设当作一项政治目标，最终实现欧洲联邦，建立一个具有"统一货币、统一外交和统一防务"的联邦政治实体。实现统一市场、统一货币的经济一体化，有助于推动政治一体化的建设。"经济统一"是"政治统一"的基础，而"货币统一"则将进一步推动"经济统一"。

早在 1970 年，卢森堡首相维尔纳（Werner, P.）就提出了统一货币的思想，并出台了第一个单一货币计划。但接下去却花了整整 10 年来消化布雷顿森林体系崩溃所造成的影响。在此期间，建立了欧洲汇率蛇形浮动机制（ERM）。1979 年，建立了欧洲货币体系（EMS），并引入了欧洲货币单位（ECU）。1989 年，欧共体马德里首脑会议通过了德洛尔（Delors, J.）的报告，该报告建议分三个阶段来达到欧洲经济与货币联盟（EMU）。1990 年 7 月，欧洲货币联盟开始进入第一阶段，欧共体内资本流动完全自由化，强化欧共体各国经济政策的协调。1992 年，《马斯特里赫特条约》签署。欧洲联盟（European Union）取代了欧洲共同体，欧洲联盟建立在三个基础上：经济与货币联盟，共同外交与安全政策，协调各国内政与司法事务。1992 年 9 月，首次欧盟货币危机，英镑与里拉分别退出欧洲货币体系。1994 年 1 月，欧洲货币联盟进入第二阶段，各国经济政策根据"趋同标准"相互靠拢，各国中央银行均获独立地位，设立欧洲货币局。1995 年 12 月，欧盟马德里首脑会议确定"欧元"为欧盟未来的统一货币，并确定了日程表。1996 年 12 月，在欧盟都柏林首脑会议上，欧盟 15 国就《稳定与增长公约》达成一致。该公约要求各国严格限制公共赤字，违者将受制裁。1997 年 6 月，欧盟阿姆斯特丹首脑会议通过了都柏林协定，通过了经济增长与就业决议。1997 年 12 月，欧盟卢森堡首脑会议决定设立欧元理事会，该会由各欧元国的财政部长组成，讨论对欧元的管理。1998

赤字是通胀最直接的原因。

年 5 月，欧盟特别首脑会议确定了 1999 年 1 月进入欧元体系的国家名单，并公布欧元与各国货币的兑换比率。2002 年 1 月 1 日，欧元现钞正式流通（王明权，2003，第 46 页）。

从欧元诞生的历史可以看到，为了实现统一货币的目标，欧元区各国必须放弃货币政策，并严格约束财政赤字，使各自的物价、利率等基本指标趋同。这期间也有过英镑和里拉退出欧洲货币体系的曲折，因为当时各个国家的货币当局都承担着稳定国内经济形势的职责，各国的基本经济指标需要数十年来趋同，才能使让渡货币权成为可能。

欧洲中央银行从各国统一了欧元的货币权，保持价格稳定和维护中央银行的独立性是它的两个主要原则。根据《马斯特里赫特条约》的规定，欧洲中央银行的首要目标是"保持价格稳定"。虽然欧洲中央银行有义务支持欧元区的各项经济政策，如经济增长、充分就业和社会保障等，但前提是不影响价格稳定的总目标。

与其他国家的中央银行相比，欧洲中央银行是一个崭新的机构。为增强欧洲中央银行的信誉，《马斯特里赫特条约》从立法和财政上明确规定了欧洲中央银行是一个独立的机构，欧洲中央银行在指定或更换行长理事会成员以及制定和执行货币政策时，不得接受任何机构的指示和意见，在更换欧洲中央银行行长和理事会成员时，必须得到所有成员国政府和议会的一致同意。同样地，《马斯特里赫特条约》也规定任何政府和机构有义务尊重欧洲中央银行的独立性，不得干预欧洲中央银行货币政策的制定和实施。在财政上，欧洲中央银行对成员国的财政赤字和公共债务实行"不担保条款"。

欧洲中央银行以保证物价稳定为己任，并拥有充分的独立性，使之前各国可能因为促进经济的冲动而不惜滥发纸币成为过去。统一后的欧元旨在更好地融合欧洲经济，并从美元和日元手中争取国际货币的更多份额。在欧元运行数年后，虽然也存在一些问题，但总体而言确实取得了较为理想的效果。

欧元虽然离哈耶克预言的私人货币还有很大的距离，但是对"货币的非国家化"理论有着很强烈的实践意义。这个在世界货币史上开创历史的举措，从一个侧面证明了在信用货币时代，国家并非一定是货币发行的垄

如果担保，欧元就难以稳定，对非赤字国也不公平。

断者。欧元之后，世界很多经济地区开始探索自己的区域货币。国家让渡自己的货币发行权，以更好地融入区域经济和世界经济，促进经济的发展，已经成为货币未来发展的一个方向。

二、特别提款权

特别提款权（SDR）是国际货币基金组织创设的一种储备资产和记账单位，也称"纸黄金"（Paper Gold）。它是国际货币基金组织分配给成员国的一种使用资金的权利。成员国在发生国际收支逆差时，可用它向国际货币基金组织指定的其他成员国换取外汇，以偿付国际收支逆差或偿还国际货币基金组织的贷款，还可与黄金、自由兑换货币一样充当国际储备。但由于特别提款权只是一种记账单位，不是真正货币，使用时必须先换成其他货币，不能直接用于贸易或非贸易的支付。因为它是国际货币基金组织原有的普通提款权以外的一种补充，所以称为特别提款权。

特别提款权的创立经过了一个长时间的酝酿过程。20 世纪 60 年代初爆发的美元第一次危机，暴露出以美元为中心的布雷顿森林货币体系的重大缺陷，使越来越多的人认识到，以一国货币为支柱的国际货币体系是不可能保持长期稳定的。从 60 年代中期起，改革第二次世界大战后建立的国际货币体系被提上了议事日程。以美英为一方，为了挽救美元、英镑日益衰落的地位，防止黄金进一步流失，认为应该补偿美元、英镑、黄金的不足，适应世界贸易发展的需要。而以法国为首的西欧六国则认为，不是国际流通手段不足，而是"美元泛滥"，通货过剩。因此，强调美国应消除它的国际收支逆差，并极力反对创设新的储备货币，主张建立一种以黄金为基础的储备货币单位，以代替美元与英镑。1964 年 4 月，比利时提出了一种折中方案：增加各国向国际货币基金组织的自动提款权，而不是另创新储备货币来解决可能出现的国际流通手段不足的问题。国际货币基金组织中的"十国集团"采纳了这一接近于美、英的比利时方案，并在 1967 年 9 月国际货币基金组织年会上获得通过。1968 年 3 月，由"十国集团"提出了特别提款权的正式方案。但由于法国拒绝签字而被搁置起来。美元危机迫使美国政府宣布美元停止兑换黄金后，美元再也不能独立作为国际储备货币，而此时其他国家的货币又都不具备作为国际储备货币的条件。

这样就出现了一种危机，若不能增加国际储备货币或国际流通手段，就会影响世界贸易的发展。于是，提供补充的储备货币或流通手段就成了国际货币基金组织最紧迫的任务。因此，国际货币基金组织在1969年的年会上正式通过了"十国集团"提出的储备货币方案。

特别提款权是货币史上第一次由非国家机构创建的国际储备资产，在1976年签订的《牙买加协定》中明确规定，未来的国际货币体系中，应以特别提款权替代黄金和储备货币作为最主要的储备资产。国际货币要求较高的稳定性和充足的支付性，但黄金、英镑和美元都没能完美地达到这两个要求，所以造成了历次国际货币体系的崩溃。特别提款权的创立初衷就是为了解决国际货币的"特里芬难题"，由一种非主权的货币来充当国际货币，避免发行国货币政策的干扰。但是之后国际经济形势变化，多种货币成为国际货币，使得美元的"特里芬难题"部分得到了解决。特别提款权并没有像设想的那样逐渐扩大在国际储备资产中的份额，反而越来越少，这与美国等发达国家的不支持、特别提款权的应用范围太窄等因素有关。

哈耶克的货币非国家化的初衷是消除政府对货币供给的干预，但是他也提到了如果能够由全球的几家私人机构发行货币，各国之间不存在货币限制，统一流通使用非主权的货币，将能大大地降低国际储备资产的必要，促进资源更好地配置（哈耶克，2007，第76页）。特别提款权无疑就是一次很好的尝试，虽然国际货币的选择被各经济大国的角力所左右，并不能简单地由一纸协议来规划，但是特别提款权毕竟证明了一种未来的可能，即"货币非国家化"的可能。

三、电子货币的出现

世界上各个国家的中央银行或货币当局，比如美联储，一个世纪以来都对货币有着垄断发行的权力。这甚至可以追溯到美国内战后对州立银行的银行券（state bank note）征收的禁止性税率，阻碍了私人金融机构直接进入货币发行领域。因此，长期以来，中央银行控制的法币体系一直是金融理论分析的前提。但是近年来的金融创新，特别是电子货币的出现与发展，使中央银行的货币垄断发行权面临极大的挑战。

20世纪以来，电子商务在世界范围内悄然兴起，作为支付工具的电子货币也随之产生和发展。电子货币的产生被称为是继中世纪法币对铸币取代以来，货币形态发生的第二次标志性变革，并在电子商务活动中占有极其重要的地位。它的应用与发展不仅会影响到电子商务的进行，而且会影响到全球的金融体系。

由于电子货币的发展速度极快，其标准和发展模式等尚处于演变之中，使得目前还很难对其进行规范的理论界定。不过根据巴塞尔银行监管委员会的定义，电子货币（Electronic money，E-money）是指在零售支付机制中，通过销售终端、不同的电子设备以及在公开网络上执行支付的"储值"产品和预付支付机制（BCBS，1998）。所谓"储值"产品，指保存在物理介质（硬件或卡介质）中可以用来支付的价值，如Mondex智能卡、多功能信用卡、"电子钱包"等。存储价值使用后，可以通过电子设备进行追加。而"预付支付机制"，指存在于特定软件或网络中的一组可以传输并可用于支付的电子数据，通常称为"电子现金"，也有人称其为"代币"（token），由一组组的二进制数据和数字签名组成，可以直接在网络上使用。

电子货币具有传统货币的一般属性（如小额交易），在进行交易支付中，具有交易行为的自主性、交易条件的一致性、交易方式的独立性和交易过程的可持续性，并且容易分割，便于携带。除此之外电子货币还具有其特有的属性。

（1）传统货币是由中央银行或特定的机构垄断发行，中央银行承担其发行的成本与收益。而电子货币的发行机制则不同，从目前的情况来看，电子货币的发行既有中央银行，也有一般的金融机构，甚至是非金融机构，而且后者居多。可以说电子货币发行的"非中央银行化"是对现有货币理论极大的挑战。

（2）传统货币是以中央银行和国家信誉为担保的法币，是标准产品，被强制接受和普遍流通。而目前的电子货币大多是不同的机构自行开发设计的带有各自特点的产品，其担保主要依赖于各个发行者自身的信誉和资产，风险各不相同，而且各种电子货币的使用范围也受设备条件、相关协议等方面的限制。

电子货币具有传统货币的一般属性，且以中央银行法定货币单位和尺度计量。

（3）传统货币的使用一般都有严格的地域限定，一国货币一般是在本国被强制使用的唯一货币。而电子货币打破了境域的限制，只要交易双方都认可，便可以使用多国货币进行交易。

（4）使用传统货币进行交易的双方，其个人情况或多或少都可为人所知，如性别、相貌等，即传统货币具有不完全的匿名性。而电子货币则要么是非匿名的，可以详细记录交易，甚至是交易者的情况；要么是匿名的，几乎不可能追踪到其使用者的个人信息。这也是电子货币与传统货币的最大区别。

（5）传统货币的流通、防伪、更新等，可依赖于物理设置。而对于电子货币，只能依靠技术上的加密算法，如1994年马克安得里森设计开发的RAS加密算法。或者是认证系统的认证，如安全电子交易协议（Secure Electronic Transaction，SET）和安全套接层（Secure Sockets Layer，SSL）。

从表面上看，电子货币一方面改写了货币的形式，替代了传统的纸币币材，降低了交易成本；另一方面作为一种突破时空限制的全球网上电子商务活动中价值关系的体现，电子货币仍然是社会经济活动的流通手段、支付手段。但是人们愿意接受电子货币，并不是基于电子货币本身，而是其所代表的等额的实体货币。因此，如果仅用电子货币作为流通手段，而没有对应的实体货币，电子货币并不能执行支付手段的职能。现在大多数电子货币只能在特定的商场、宾馆等场所用于支付，而且在向这些特定的厂商支付时，他们并没有完成款项的收回，还需从电子货币的发行主体处收取实体货币之后才算真正完成款项的收回。由于电子货币产生的基础是知识、技术和电子信用，是以现金、存款等实体货币的既有价值为前提，其价值不是决定于其内在的社会平均必要劳动时间，所以电子货币是以实体货币为基础的二次货币或称为"影子货币"，不具备货币的本质职能——价值尺度。

那么，不具有价值尺度职能的电子货币，还能被称为货币吗？对此，20世纪80年代，以布莱克（Black，F.）、法马（Fama，E.F.）、霍尔（Hull，R.）为代表的"新货币经济学"学派（BFH）提出了自己的看法。他们认为，弄清货币的性质之前，货币不应该成为经济研究的基础，因为把整个理论建立在一个有争议的"货币"概念之上是不妥当的。什么是货币，货币到底有何性质，才是需要解决的任务。法马指出货币在事实上不是唯一的，相当多的金融资产都能够行使货币作为流通手段和支付手段的职能。现实中，货币的唯一性是政府管制的结果。如果没有政府的管制，货币理论将不需要存在（Fama，1980）。他建立了一个理论模型，设想一国银行的电子化得到充分发展而不需要现金。银行账户最终以某种实际物品单位，如钢锭来表明，而钢锭仅仅充当一般等价物而不作为流通手段，只是一种用来议价、定价和记账的价值单位，即钢锭在此只是一个结算工具，不一定被转移，也不一定是高价的或可以贮藏的。在未来的经济中，只有银行和金融媒介，没有货币，银行的唯一职能是一个维持财富转移的结算体系，即货币的价值尺度与流通手段分离开来。在多种流通手段并存的情况下，流通手段按记账单位（价值尺度）计价，而不是用流通手段的单位来定义记账单位（价值尺度）。因此，基于传统货币理论的中央银行货币垄断发行权的发行机制也将重新受到审视。现行的纸币体系中的基础货币，被视为由中央银行控制的外生变量，中央银行具有垄断发行权。货币供求完全不同于其他商品的供求，货币市场也只是一个可以通过中央银行的垄断力量加以控制的市场。而电子货币将使货币最终成为经济运行的内生变量（尹龙，2002），其数量将取决于电子货币的生产者和消费者之间的市场均衡。电子货币的"生产"也不仅限于中央银行，其数量、规模基本上由市场决定，货币的发行将不再是一项中央银行垄断的权力。

金融电子化越成熟，现金使用就越少，银行体系作为结算机构的本质特征就越能展现。

中央银行制度诞生以来，一国的货币主权是由中央银行代表政府履约和维护的。中央银行之所以拥有货币的垄断发行权，是因为公众在进行交易或是资产选择时需要货币，而商业银行依据法律必须对公众存款向中央银行上交法定比例的存款准备金。法定存款准备金作为基础货币的重要组成部分，是货币创造机制的原动力（基础货币中的另一部分流通中现金不发挥货币创造的作用），因此中央银行也就成为基础货币供给的唯一渠道，即拥有货币垄断发行权。而电子货币的发行机制完全不同于传统的中央银行纸币体系，发行电子货币将与提供金融支付、在线电子结算一样成为一项网络金融信息服务。电子货币的发行类似于商品的生产，现有资料表明，银行、信用卡公司、IT企业，甚至是一些大型的传统企业，都成为电子货币的发行主体。他们介入电子货币的发行的直接原因是"生产"这些

"产品"能够产生收益。

根据传统的货币理论，按照金融资产的流动性，货币一般划分为 M_0、M_1、M_2、M_3 和 M_4 五个层次。但是在网络金融的条件下，电子货币的发展及其对现金替代程度的提高，消除了货币流通条件下货币在各个层次之间转化的时间差。网络金融客户通过电子指令，可以在瞬间实现现金与储蓄、定期与活期之间的转换。传统的货币层次划分的界限正在淡化，货币层次单一化的趋势不断加强。这样，一方面，电子货币有可能导致脱媒，对商业银行进而对中央银行的货币需求将减少；另一方面，传统的基础货币由流通中现金和法定存款准备金构成的理论将失去意义，而电子货币的流通量将主要由金融市场内电子货币的流通速度而不是由中央银行的初始货币供应量来决定，其"生产"也将不再局限于中央银行。

电子货币对中央银行货币发行权的影响取决于电子货币对现金的替代程度。其影响主要体现在两个方面：现金在中央银行资产负债表中所占的份额和铸币税效应。现金（包括流通中现金和库存现金）占中央银行资产负债表中很大一部分，而电子货币的发展将使中央银行的资产负债表大大缩减，这将对货币政策产生负面的影响。由于现金是中央银行无须付息的负债，因此，电子货币取代现金将导致中央银行的铸币税收入的减少。这些收入与中央银行的操作成本密切相关，它将大幅度减少以至于不能弥补中央银行的操作成本。

虽然中央银行也可以强行垄断电子货币的发行权，但电子货币技术上的复杂性、涉及协议的多样性，以及防范伪币可能的高成本，都将使中央银行不得不三思而后行。而且，中央银行对电子货币的垄断发行权极有可能阻碍电子货币的创新和新技术的发展，从而使本国电子货币的发展落后于他国电子货币的发展，并成为易受攻击的货币。同时，由于电子货币使用境域的开放性，也很难防止外国电子货币的进入。这些因素最终都可能迫使中央银行改弦易辙。依据科斯、诺斯的新制度经济，政府在提供公共金融秩序方面具有降低交易成本的比较优势，所以中央银行应该更多地发挥其金融监管的职能，而非发行货币的职能。由于所有的微观经济主体实现网上在线电子支付，因此，结算方面所汇集而成的金融信息流对电子货币的流通规律、流通速度以及电子货币的币值有着最直接的影响。由商业银行甚至是非金融机构取代中央银行来发行竞争性的自由电子货币，是一种比中央银行垄断电子货币发行权更有效率的降低交易成本的制度安排。但同时这种以光和电作为物质载体，以接近于光速的极限在因特网上高速流通的电子货币也加大了中央银行的监管成本。

基于上述原因，在数字化、网络化条件下，中央银行应该从垄断货币发行权转移到对电子货币的发行资格的认定上来。目前，由于电子货币尚处于发展的初级阶段，国际间对电子货币发行主体的认识尚存在种种分歧。但综合起来，电子货币的发行主体包括银行、其他非银行金融机构和非金融机构。相对银行，后两种机构受到监督要少。在欧洲，欧洲货币组织（EMI）在 1994 年 5 月发表的《关于预付卡的报告书》中明确指出，多功能的预付卡（电子钱包）发行者收取的资金应视为银行的存款，原则上只承认金融机构发行的电子钱包。根据这一政策导向，欧洲大陆各国认同这样的观点：电子货币的发行应该包含在金融机构的业务当中。在德国，已向议会提交了对"信用制度法"的修正案，其中明确规定所有电子货币的发行均包括在银行的业务中。而在美国，按目前的联邦和州的法律规定：只有实体而不是储蓄机构才能发行电子货币，因为他们认为严格的监管和限制，有可能损害对电子货币技术开发的积极性。我国 2001 年颁布的《网上银行业务管理暂行办法》规定：中资银行在得到人民银行的批准后，就可以开展网上银行业务，包括发行电子货币。外资银行除需得到人民银行批准外，还需按照《商业密码管理条例》的规定向国家商业密码管理办公室申请办理使用密码产品。总之，无论在哪个国家，中央银行最终决定的作出都需要权衡利弊得失，而它们的货币垄断发行权也最终将被打破、被分散。

四、货币局制度

货币局制度（Currency Board Arrangements，CBA）起源于 19 世纪中期，其原则可以在 1844 年英国《银行宪章法》的条款里找到，英格兰银行发行部所起的作用就类似货币局。这一原则后被引进到英、法等国的海外殖民地，在 20 世纪初较为流行。随着 20 世纪五六十年代殖民地国家的相继独立，它们普遍抛弃了带有殖民经济色彩的货币局制度，纷纷采取中央银行制度（伊特韦尔、米尔盖特、纽曼，1996，第800页）。

货币局制度的本质是一种汇率安排，同时也是一种货币制度，虽然不同国家实行的货币局制度存在一些差别，但有三项基本原则是一致的：本国货币与一种锚货币保持固定汇率关系；本国货币的发行完全以外汇储备作为后盾，并随时以固定汇率进行本币与外币的兑换；政府对维持这一制度作出正式承诺。与中央银行制度比较，货币局制度操作相对简单，但要成功地运作，一系列运行环境的安排非常关键。

关于货币局制度的利弊，理论界始终存在激烈的争论。一般来说，人们认为货币局制度的优点主要表现在以下两点：

（1）货币局制度可以有效地防止通货膨胀的发生。在货币局制度下，货币发行必须有100%的外汇储备作支持，不存在信用发行的问题，因此去除了政府滥用货币政策的可能性。这一结论从实证的角度得到了支持：通过对国际货币基金组织所有成员国25年相关数据的比较研究发现，与实行其他汇率制度的国家相比，实行货币局制度国家的平均通胀率要低3.5%。Ghosh，Gulde和Wolf的研究（1998）还表明，货币局制度并没有明显对经济增长产生负面影响。

（2）货币局制度有助于稳定投资者的信心，促进国际贸易的稳定发展。这一方面归因于货币局制度营造的低通胀经济环境，减少了经济活动中的不确定性，使个人和企业都有稳定的预期，降低了交易成本；另一方面，在货币局制度下，政府对维持固定汇率和本外币自由兑换的正式承诺消除了外国投资者对汇率风险和外汇管制的担忧，稳定的汇率有利于进出口商进行成本和利润的核算，从而有利于吸引外国直接投资和促进国际贸易的发展。

货币局制度的缺陷通常被认为与固定汇率安排密切相关，它容易导致如下后果：

（1）货币局制度削弱了政府调控宏观经济的能力。在货币局制度下，为了维持汇率稳定，本国货币供给和利率的决定丧失了自主性，在很大程度上依赖于被盯住国的货币政策。由于实行货币局制度的是发展中国家，而被盯住国是发达国家，同一种货币政策难以同时满足两种经济需求，使得实行货币局制度的国家往往被迫在一定程度上牺牲内部均衡以换取相对的外部均衡,即为了维持国际收支平衡和汇率稳定而牺牲国内的充分就业和物价稳定(仇海华,1999)。换句话说,在丧失了利率和汇率政策手段后,一国只能主要依靠调整国内工资和商品价格水平来调节经济,这个过程不仅缓慢而且更加痛苦。

(2)货币局制度鼓励不稳定性投机加大了经济体系的脆弱性。汇率归根结底是两种货币的相对价格,从长期来看,它是各国经济实力的相对体现。各国经济发展不平衡使其货币相对价值发生变化,汇率也必然发生变化,而在货币局制度长期盯住的汇率使这种变化趋势被人为抑制,累积的"抑制效应"为国际游资的冲击提供了实质的经济基础。此外,在货币局制度下,货币的兑换只是针对国内的基础货币,并不包括其他存款,由于缺乏最后贷款人,如果产生某种强大的外来冲击使公众信心动摇,就容易出现挤兑,发生信用危机。

中国香港和阿根廷是货币局制度成败的两个典型的例子。

中国香港由浮动汇率制向货币局制度转变有其特殊的历史背景。在20世纪80年代初,中英两国关于香港前途问题的谈判陷入僵局,引起人们一定程度的恐慌,港元因此从1982年7月1日的1美元兑5.913港元跌至1983年9月24日的1美元兑9.6港元的历史低位,使香港的整个金融体系处于危机之中。在这种历史背景下,港英当局于1983年10月17日推出了货币局制度。香港的货币局制度自实施以来经历了一系列严重的政治、经济事件的冲击,包括1984年至1987年间的五次港元投机风潮、1987年全球股灾、1989年政治性挤提、1995年初因墨西哥货币危机触发的国际投机力量对港元的冲击等。可是,这一期间港元与美元的汇率最低仅为7.95,最高为7.714,波幅未超过2%;港元与美元的汇率平均为7.7796,较7.8的联系汇率仅高出2‰。汇率的稳定,成为香港地区进出口贸易繁荣、大量外资流入的关键因素。在1997年的亚洲金融危机中,香港的货币局制度受到了猛烈的冲击,港府被迫提高利率来狙击炒家,经济陷入萧条,但最终还是保住了货币局制度,避免了金融危机,较东南亚其他国家付出了少得多的代价。

阿根廷在20世纪80年代,陷入了第二次世界大战以后最严重的外债危机,经济连年衰退,货币贬值,通货膨胀率高涨(1990年通货膨胀率竟高达 498.8%）。为了控制恶性通货膨胀，恢复货币信用，引导宏观经济进入良性发展轨道，阿根廷政府于 1991 年开始实行货币局制度。实行货币局制度后，阿根廷成功地将通货膨胀从 1991 年的 171.7% 降到了 1993 年的 10.6%，到 1996 年，以消费物价指数衡量的年通货膨胀率仅为 0.2%。但与此同时，货币局制度的弊端却给阿根廷带来了灾难性的后果。货币局制度的实施，导致比索汇率高估，出口减少，进口激增，引起了经常项目的持久性赤字，阿根廷被迫通过提高利率吸引外资和向外举债来获取国际储备，以保持其货币局制度的运行。但利率的提高使国内投资下降，经济紧缩，发展受阻，政府因过度举债而丧失信用，借不到新债。货币局制度又使货币政策失灵，财政政策受到限制，因此无法用扩大政府支出来拉动经济。在出口、投资、政府支出"三驾马车"都无力拉动经济的时候，阿根廷陷入了严重危机。迫于无奈，阿根廷政府于 2001 年底宣布对约 1500 亿美元的债务违约，成为历史上金额最大的倒账国，2002 年初宣布比索自由浮动，正式宣告了阿根廷货币局制度的崩溃。

可以看出，作为放弃货币政策的一种制度安排，货币局制度貌似"货币非国家化"的体现。哈耶克简化了经济地域性的差异，忽视了当前时期主权货币对于一个国家的重要性，我们看到阿根廷货币局制度的失败就是一个深刻的教训。阿根廷比索与美元挂钩的汇率安排，导致了货币供给与实际经济情况完全脱离，比索被严重高估，货币当局又失去了调节的灵活性，最终导致了本国货币局制度的崩溃。所以，货币局制度绝不是哈耶克预想的"货币非国家化"的途径之一，哈耶克设想的私人货币应该能够及时充分地反映实际的经济情况，而并非与某种本位商品价值绑定。正是这种及时充分地反映实际经济情况的能力，才能使"货币中性"成为可能。

在当前的经济时期，各国的经济相互影响但毕竟相差甚远。实行货币局制度的国家虽然尽量选择与本国联系紧密的国家的货币作为锚货币，但是两国的经济情况终究会出现不一致，而锚货币国家的货币当局肯定是以本国利益为先，实行货币局制度的国家只能成为牺牲品。

第三章 对哈耶克"货币非国家化"理论的简要评价

第一节 "货币非国家化"理论的启示

在前文论述分析多个现实经济现象后，可以发现哈耶克的"货币非国家化"理论也具有一定的现实意义。货币作为经济生活中的一般等价物，经历了实物货币、金属货币和信用货币等发展阶段。因为历史发展的路径依赖，似是而非地形成了国家垄断货币发行的现状。哈耶克基于"知识分工"和"自发理性"的理论基石，前瞻性地指出，由于自身财政扩张的冲动，国家垄断货币发行必然招致通货膨胀，诱发经济危机。解决这一顽疾的根本办法就是，打破国家对货币发行的垄断，由私人机构发行货币，自由的货币竞争能够为公众选择出币值最稳定的货币，从而实现"货币中性"，永远地消除货币供给量波动对价格体制的影响，使资本主义市场经济能够正常运行。

可见，哈耶克的"货币非国家化"理论的要义在于货币权与国家主权脱钩，使货币成为一种普通的商品，由竞争的市场提供，进而保证物价的稳定。时至今日，已经有不少国家的货币权与国家主权脱钩，这表明哈耶克的"货币非国家化"理论并非完全的天方夜谭。从现有的案例来分析，可以得到两个方面的启示。

一方面，货币非国家化步履维艰，基于以下的理由，大多数政府不愿接受放弃垄断货币的发行权。

（1）货币体现的政治利益，使各国难以将货币的发行权让渡给非国家机构。现有的"货币非国家化"的案例中，发行货币的非国家机构有欧洲中央银行和国际货币基金组织。虽然这些机构都是与国家主权无关的，但是其背后的保证力量，还是其成员国的国家信用。究其原因，货币的发行涉及整个社会经济体系的安稳，除了巨大的经济利益外，还包含着各国的政治利益。即使有了足够发达的商业信用保证，各经济大国也难以心甘情愿地放弃货币代表的政治利益，由一个非本国政权控制的私人机构来发行本国的货币，如特别提款权的诞生，就充分反映了英美两国与法国等国之间的政治角力。所以，货币发行权的让渡必须以政治上的一致为前提，如欧元的出现并不仅仅是欧洲经济一体化的需要，更重要的是欧洲政治一体化、防务一体化的整体融合趋势。亚洲各国，特别是东南亚各国，在经济融合上的程度也很大，但是"亚元"的出现遥遥无期，各国在政治上的分歧是问题的关键。所以，货币从来就不是单纯的经济交换中的一般等价物，因为它在经济生活中的重要地位，必然成为各国统治者牢牢控制的关键之物。

（2）政府对经济的调控欲望，使其难以放弃货币权。凯恩斯主义虽然遭遇了"滞胀"现象的打击，失去了在西方经济学中垄断的地位，但是时至今日，其积极调控的财政政策、货币政策思想仍然拥有广阔的市场，政府对于经济调控的欲望，使其难以放弃手中的货币垄断权。哈耶克一直认为自从国家掌握了货币发行权后，整个历史基本上就是政府制造通货膨胀的过程。这种认为政府能够比市场更好地调控经济的思想，也是哈耶克一直批判的"建构理性"，在他看来，是一种"致命的自负"。这种哲学上的致命弱点使人类终究是种短视的动物，凯恩斯甚至直言："长期来看，我们都会死去"，对长期均衡问题漠视如斯。所以，奢求政府主动放弃货币权，放弃对经济的调控，除非有更大的利益激励。如欧元的诞生，就是欧盟各国对货币统一后的经济利益有充足的信心，所以甘愿放弃本国的货币主权。

另一方面，货币非国家化的迹象也慢慢出现。

（1）商业信用逐渐成熟后，具有了取代国家信用作为发行货币的信用保证的可能性。货币作为一般等价物，其实质仍然是商品，并非必然与国家主权挂钩。在金属货币时期，出现过不少国家将铸币权下放的案例，如中国的汉文帝时期。但是，货币是一种特殊的商品，无论是金属货币时期还是纸币时期，都位于商品交换的核心地位，必须保证它的普遍接受性。在私人信用还不发达的时期，国家作为最高的权力机构，拥有足够强大的信用，所以国家垄断货币发行可以更好地保证货币的正常流通，促进经济发展。在资本主义市场经济逐渐成熟后，商业信用运用日渐广泛，并且成为资本主义市场经济的主要信用形式，其普遍接受性并不逊色于国家信用。所以在成熟的资本主义市场经济中，商业信用有了取代国家信用的可能，因此，由私人机构取代国家机构或二者并行来发行货币也具有了一定的可行性。

（2）一些小国放弃本国的货币主权的"货币替代"现象表明：一国放弃货币主权具有一定的可行性。无论是完全的美元化，还是货币局制度，实质上都是货币当局放弃了本国的货币政策，将货币权让渡给其他国家。这些让渡了本国货币主权的国家和地区，如巴拿马、波多黎各、利比里亚、厄瓜多尔、中国香港，等等，都是没有太多政治诉求的小国和地区，可以比较容易地将货币主权让渡给一个与本国或本地区联系紧密的大国。而一些稍微有政治要求的国家，都很难将本国的货币主权拱手他让，如巴西，视自己为南美洲经济"领头羊"，美元化从经济上可能利大于弊，但在政治上几乎是不可能的。所以虽然从经济效率角度，货币并不必然与国家主权挂钩，但是其对国民经济的影响如此之大，以至于目前绝大多数国家都不敢轻言让渡本国的货币主权。

（3）特别提款权的出现表明了国际货币非国家化的可能。随着全球经济的融合，各国经济贸易的扩大，货币的国际支付结算功能愈加重要。历史上最早的国际货币是黄金，黄金的价值稳定性、普遍接受性使得早期的金本位国际货币体系运行无障碍。但是黄金缓慢的存量增长速度严重制约了国际贸易迅猛的增长步伐，最终使金本位制度走向崩溃。其后的英镑和美元都充当了国际货币的角色，由一个国家的货币充当国际货币，始终都逃脱不了"特里芬难题"，所以单一货币的国际货币体系都没有能够维系太久。在国际货币多元化的今天，"特里芬难题"得到了部分解决，但是美元的强势地位仍然难以撼动，由此导致的全球贸易失衡始终困扰着世界经济的健康增长。特别提款权的出现虽然只是一时权宜之策，之后也没有取得实质性的进展，但毕竟指出了国际货币未来可能发展的方向：由一个具有普遍权威的非国家机构发行国际货币，保证其普遍接受、币值稳定和持续增长。

第二节 "货币非国家化"理论的不足

在论述完哈耶克"货币非国家化"理论的合理性和启示之后，在本节我们论述该理论与现实存在的距离及诸多缺陷之处，经过归纳，主要表现为以下几点：

（1）低估了中央银行作为"最终贷款人"的信心支持作用。在可以预见的相当长的时期，私人信用还很难完全取代国家信用。

（2）多种货币竞争加大交易成本。尽管哈耶克对结算技术的发展充满信心，但是货币作为一般等价物的出发点就是节省交易成本，多货币竞争的成本可能远大于其带来的好处。

（3）市场未必能选择出最好的货币。因为完全对称的信息和理性经济人是难以满足的，现实中的市场从来不是完全有效的，非有效的市场难以选择出最好的货币。

（4）劣币持有者的困境。在竞争中被淘汰的货币的持有者的损失由谁补偿？若有补偿，就无法保证优胜劣汰；若不补偿，势必损害劣币持有者的利益。

（5）中央银行对货币的垄断未必是通货膨胀的症结所在，私人银行也可能有内在的通货膨胀倾向，高估了市场对私人法币冲动的约束力。

（6）自发秩序的结果未必就是自由银行制度，美国和苏格兰在历史上都出现过"自由银行"时期，但最终还是被中央银行取代。

第三节 "货币非国家化"实现的条件

哈耶克的"货币非国家化"理论论证了货币主权与国家主权脱钩的可

能性和必然性，但是并没有继续讨论"货币非国家化"的前提条件。综合前文中的案例分析，可以得出在国家信用仍然是货币的主要保证的今天，"货币非国家化"所需的条件有如下几点：

（1）政府被更大的利益所激励，放弃对货币的垄断。欧盟各国放弃本国的货币，是因为统一的欧元能更好地促进经济；拉美地区一些国家主动或被动美元化，是因为美元的坚挺和其对美国经济的依赖；中国香港的货币局制度，是为了更好地服务于其小型开放经济体的定位。可见，如果有更大的经济或政治利益激励，政府是可以让渡货币主权的。政府垄断货币的发行，无非是对调控经济的渴望和获得铸币税，如果让渡货币主权能够更好地促进经济增长，获取的经济和政治利益将更大，那么政府自然有动力改革现有的货币制度。

> 两利相权取其重。

（2）采用的非主权货币能够更好地保证物价平稳。欧洲中央银行的首要职责就是维护欧元的稳定，因为只有这样才不会使欧元步其他主权货币的后尘，成为政府制造通货膨胀的工具；拉美地区美元化的国家无不是经历了恶性的通货膨胀后，才不得不采用币值更加稳定的美元。实践证明，平稳的物价对于经济的正常运行有着不可或缺的作用，这在哈耶克的"货币中性"理论中也得到了充分的论证。因此，如果本国货币不能保证物价平稳，无论采用的非本国主权货币的发行方是谁，只要能够更好地促进本国经济的发展，那么让渡货币主权可能是一个利大于弊的更好选择。

（3）让渡货币主权后，政府的政治利益不会受到损害。必须清醒地认识到，货币问题从来就不是一个单纯的经济问题，其背后反映了巨大的政治利益关系。所以，货币的角力更大程度上不是比币值的稳定、支付结算的便利，而是比货币发行方的政治、经济乃至军事实力。在金属货币时期，因为币值有其本位金属价值的支撑，所以无所谓发行方，如在中国的清末时期，墨西哥银元就在中国广为流通。在信用货币时期，币值的稳定需要发行方信用的保证，在商业信用还不足以取代国家信用的今天，国家仍然是主要的货币发行者，其必然有自己的政治取向。所以，大多数放弃了本国货币主权的国家，对于采用货币的发行国的政治取向，必然是一致的，这样才能保证自己的政治利益不会受到损害。

从以上三个条件来看，货币的国际支付功能可能率先实现非国家化。因为货币权之所以与主权挂钩，是出于一国政权要维护本国领域的经济稳定的考虑，一旦超出一国的国界，货币的主权性就不那么明显了。所以，国际货币更具有"非国家化"的潜质，最早的国际货币就是与国家无关的黄金。在金本位崩溃后，无论是英镑、美元还是现在的多元化国际货币，都因其背后的国家政治诉求而不能完美地执行国际货币功能。国际货币基金组织在 1969 年创建的特别提款权，为国际货币的选择给出了新的思路。1976 年签订的《牙买加协定》明确规定，未来的国际货币体系中，应以特别提款权替代黄金和储备货币作为最主要的储备资产。

哈耶克的"货币非国家化"理论发前人之所未想，试图釜底抽薪地解决人类经济史上的通货膨胀顽疾，让货币重新回归到中性，政府重新回归"守夜人"的定位。这一理论确实令人为之惊奇，人类经济发展的路径依赖使一些制度安排似是而非，积重难返，哈耶克深刻地认识到货币的实质，否定货币调剂经济的作用，认为从长期来看，稳定的货币才能够更好地促进经济的发展。在实践中，许多国家意识到了信用货币伴随着的通货膨胀问题，为了解决这一问题，有些国家也开始采用"货币非国家化"措施，如欧元的诞生、美元化、货币局制度等。未来难以预知，但是哈耶克独树一帜的"货币非国家化"理论让我们充分领略思维之美，更为经济理论的发展引出了一个深远的方向。

与经济学的说服力和执行力相比，哈耶克的货币理论更具道义感召力。

参考文献

［1］布坎南：《自由、市场与国家》，中文版，上海，上海三联书店，1989。

［2］陈野华：《西方货币金融学说的新发展》，成都，西南财经大学出版社，2000。

［3］戴建兵、陈晓荣：《中国纸币史话》，天津，百花文艺出版社，2006。

［4］邓正来：《规则·秩序·无知：关于哈耶克自由主义的研究》，北京，生活·读书·新知三联书店，2004。

［5］高哥、孙振宇：《试析哈耶克的市场机制理论》，载《理论学刊》，2005（2）。

［6］顾肃：《自由主义基本理念》，北京，中央编译出版社，2003。

［7］顾志龙：《哈耶克心灵学说述评》，载《中国矿业大学学报（社会科学版）》，

2000 (9)。

[8] 顾志龙、郭毅浩：《哈耶克认识论研究》，载《宁夏大学学报（人文社会科学版）》，2001 (5)。

[9] 哈耶克：《通向奴役之路》，中文版，北京，中国社会科学出版社，1997a。

[10] 哈耶克：《自由秩序原理》，中文版，北京，生活·读书·新知三联书店，1997b。

[11] 哈耶克：《自由宪章》，中文版，北京，中国社会科学出版社，1999。

[12] 哈耶克：《经济·科学与政治——哈耶克论文演讲集》，中文版，南京，江苏人民出版社，2000a。

[13] 哈耶克：《致命的自负》，中文版，北京，中国社会出版社，2000b。

[14] 哈耶克：《科学的反革命——理性滥用之研究》，中文版，南京，译林出版社，2002。

[15] 哈耶克：《个人主义与经济秩序》，中文版，北京，生活·读书·新知三联书店，2003a。

[16] 哈耶克：《知识分子为什么反对市场》，中文版，长春，吉林人民出版社，2003b。

[17] 哈耶克：《资本主义与历史学家》，中文版，长春，吉林人民出版社，2003c。

[18] 哈耶克：《货币的非国家化》，中文版，北京，新星出版社，2007。

[19] 何秉孟：《新自由主义评析》，北京，社会科学文献出版社，2004。

[20] 和信全：《哈耶克自由理论研究》，北京，北京大学出版社，2004。

[21] 胡高飞、刘霞：《哈耶克文明生成模式简评》，载《湖南师范大学社会科学学报》，2001 (5)。

[22] 黄寿松：《哈耶克的社会主义观》，载《江淮论坛》，2002 (3)。

[23] 黄奕林、赵爱华：《哈耶克与哈耶克复兴》，载《世界经济》，1997 (3)。

[24] 靳玉英：《自由主义的旗手：弗·冯·哈耶克》，保定，河北大学出版社，2001。

[25] 李德瑞：《析哈耶克立基于认知观的方法论个人主义》，载《新疆社会科学》，2004 (5)。

[26] 李姝兰：《知识网络与哈耶克的知识观》，载《农业图书情报学刊》，2005 (1)。

[27] 刘晓云：《论哈耶克个人主义知识观的意义》，载《前沿》，2005 (9)。

[28] 娄和标：《本能的渴求和理性的自负——哈耶克对极权主义的深层批判》，

载《内蒙古社会科学（汉文版）》，2005（6）。

[29] 娄和标：《哈耶克进化理性主义中的建构理性成分》，载《广西社会科学》，2005（6）。

[30] 欧阳卫民：《中国主流金融思想研究》，厦门，厦门大学出版社，2004。

[31] 仇海华：《论发展中国家汇率制度选择的困境》，载《国际金融研究》，1999（6）。

[32] 孙爱东：《论哈耶克经济自由主义的哲学基础》，载《北京电子科技学院学报》，2004（9）。

[33] 孙静：《20世纪自由主义思潮的嬗变》，载《兰州学刊》，2005（2）。

[34] 汪丁丁：《自由与秩序：中国学者的观点》，北京，中国社会科学出版社，2002。

[35] 王明权：《认识欧元》，上海，复旦大学出版社，2003。

[36] 王廷惠：《争胜竞争的企业家发现过程》，载《经济学研究》，2005（1）。

[37] 应奇：《哈耶克与新老自由主义》，载《长春市委党校学报》，2000（1）。

[38] 张爱军、洪刚：《审慎的理性——试论哈耶克对权力制约的分析路径》，载《求索》，2004（10）。

[39] 张文喜：《对哈耶克的"理性有限"观和"自发秩序"观的解读》，载《社会科学家》，1999（1）。

[40] 伊特韦尔、米尔盖特、纽曼：《新帕尔格雷夫经济学大辞典（第一卷）》，中文版，北京，经济科学出版社，1996。

[41] 伊藤·诚、考斯达斯·拉帕维查斯：《货币金融政治经济学》，中文版，北京，经济科学出版社，2001。

[42] 赵祥：《建构理性和演进理性的比较》，载《理论经济学研究》，2005（2）。

[43] 周新成：《〈论新自由主义思潮〉——一本批判新自由主义的力作》，载《思想理论教育导刊》，2005（7）。

[44] 朱泱：《孤独的呐喊者——经济学诺奖得主哈耶克思想评述》，载《国际经济评论》，1998（3）。

[45] Amin, Hausner (1997), Beyond market and hierarchy: interactive governance and social complexity, Edward Elgar.

[46] Ghosh, A. R., Gulde, A. M. and Wolf, H. C. (1998), Currency Boards: The Ultimate Fix? IMF Working Paper, 1998 (8).

[47] Barry (1968), On Classical Liberalism and Libertarianism, Macmillan.

［48］Barry（1979），Hayek's Social and Political Philosophy，Macmillan.

［49］Birner, J. , Zijp, R. （1994），Hayek, Coordination and Evolution, Routledge.

［50］Browne, F. X. , Cronin, D. （1997），Payment Technologies, Financial Innovation and Laissez-Faire Banking: A Further Discussion of the Issues, in James A. Dorn（ed.）The Future of Money in the Information Age, the Cato Institute.

［51］Buchanan, J. M. （1984），Essays on the Political Economy, Honolulu, University of Hawaii Press.

［52］Buchanan, J. M. （1997），Post-socialist Political Economy, Selected Essays, US, Edward Elga.

［53］Butler, E. （1983），Hayek: His contribution to the political and economic thought of our time, Maurice Temple Smith Ltd.

［54］Caldwell, B. （1994），Four theses on Hayek's, in M. Colonna, H. Hagemann and O. F. Hamouda（eds），Capitalism, Socialism and Knowledge, Edward Elgar.

［55］Charles, A. E. , Goodhart, A. （1992），Alternative Monetary Standards, in "Current Issues in Financial and Monetary Economics", St. Martins' Press.

［56］Cliteur, P. （2000），Spontaneous Order, Nature Law, and Legal Positivism in the Work of F. A. Hayek', Edward Elgar.

［57］Diamond, A. M. （1991），F. A. Hayek on Constructivism and Ethics', in J. C. Wood and R. N. Woods（eds.）F. A. Hayek: Critical Assessments（Ⅲ），Routledge.

［58］Dowd, K. （1992），The Experience of Free Banking, London and New York, Routledge.

［59］Eatwell, J. , Milgate, M. （1994），Competition, Pricec and Market Order, in M. Colona and H. Hageman（eds.），Economics of Hayek, Vol. 1: Money and Business Cycles.

［60］Falkena, H. B. （1985），On Hayek's Philosophy of Limited Government and the Economic Order', in J. C. Wood and R. N. Woods（eds.）.

［61］Fleetwood, S. , Hayek's Political Economy: The socio-economics of order, Routledge.

［62］Fleetwood, S. （1997），Hayek Ⅲ: The Necessity of Social Rules of Conduct in S. F. Frowen（Ed）Hayek: Economist and Social Philosopher—A Critical Retrospect, Macmillan Press Ltd.

［63］Galeotti, A. E. （1991），Individualism, Social Rules, Tradition: The Case of

Friedrich A. Hayek, in J. C. Wood and R. N. Woods（Eds）F. A. Hayek, Routledge.

［64］Hayek, F. A.（1948）, The Use of Knowledge in Society, in *Individualism and Economic Order*, University of Chicago Press.

［65］Selgin, G. A.（1988）, The Theory of Free Banking: Monetary Supply under Competitive Note Issue, Totowa, NJ, Cato Institute/Rowman & Littlefield.

［66］White, L. H.（1986）, Regulatory Sources of Instability in Banking, *Cato Journal*, Winter.

第五编

弗里德曼的货币理论

FULIDEMAN DE HUOBI LILUN

Milton Friedman (1912—2006)

弗里德曼生平简介

"对于中间偏右的自由至上主义者而言，弗里德曼是一个强有力的领袖；对于中间偏左的自由主义者而言，弗里德曼是一个富有教益的对手。由于他的工作，我们所有人都变得更强大了"。

美国加州大学伯克利分校经济学教授布拉德福德·德龙（Bradford De Long）在对弗里德曼的悼文中如是评价这位伟大的经济学家。

米尔顿·弗里德曼（Milton Friedman），20世纪最著名、最具影响力的经济学家之一。他曾先后在美国芝加哥大学等多所院校任教，是美国芝加哥学派的领袖，一直遵循芝加哥学派的传统，主张经济自由主义，被称为反凯恩斯主义的先锋。在公共政策领域中，他曾经担任过美国总统候选人巴里·戈德华特（Goldwater，B.）及尼克松总统与里根总统的非正式顾问。

弗里德曼 1912 年生于纽约市一个工人阶级的犹太人家庭。他 16 岁前完成高中学业，凭奖学金入读拉特格斯大学。原打算成为精算师的弗里德曼最初修读数学，但成绩平平。1932 年取得文学士，翌年他到芝加哥大学修读硕士，1933 年芝加哥大学硕士毕业。

毕业后，他曾为"罗斯福新政"工作以求糊口。辗转间他到哥伦比亚继续修读经济学，研究计量、制度及实践经济学。

1941—1943 年，弗里德曼出任美国财政部顾问，研究战时税务政策。1945 年，他到明尼苏达大学任职，1946 年获哥伦比亚大学颁发的博士学位，随后回到芝加哥大学讲授经济理论，期间再为国家经济研究局研究货币在商业周期的角色。这是他学术上的重大分水岭。早期弗里德曼是"彻底的凯恩斯主义者"，但随着时间的推移，他对于经济政策的看法也逐渐转变。他在芝加哥大学成立货币及银行研究小组，在经济史论家安娜·施瓦茨（Schwartz，A. J.）的协助下，发表《美国货币史》鸿文，挑战主张凯恩斯主义的著名经济学家观点，抨击他们忽略货币供应、金融政策对经济周期及通货膨胀的重要性。

弗里德曼任职芝加哥大学经济系教授逾 30 年，力倡自由主义经济，将芝加哥大学的经济系塑造成一个紧密而完整的经济学派，被称为芝加哥经济学派。弗里德曼于 1976 年获得诺贝尔经济学奖。在他的领导下，多名芝加哥学派的成员也获得诺贝尔经济学奖。

从 1977 年开始弗里德曼也加入了斯坦福大学的胡佛研究所，工作至 2006 年因心脏病发引致衰竭逝世。

弗里德曼早在 20 世纪 50 年代就强烈抨击政府过度干预市场，这与当时被人们奉为经典的凯恩斯主义格格不入。弗里德曼旗帜鲜明地反对凯恩斯的政府干预思想。他认为，在社会经济的发展过程中，市场机制的作用是最重要的。市场经济具有达到充分就业的自然趋势，只是因为价格和工资的调整相对缓慢，所以要达到充分就业的状况可能需要经过一定时间。如果政府过多干预经济，就将破坏市场机制的作用，阻碍经济发展，甚至

事物都具有多面性，不同学派各执一词，正好完整呈现事物的本质。这就是"百花齐放、百家争鸣"的意义所在。

造成或加剧经济的动荡。弗里德曼还强劲地攻击凯恩斯所倡导的财政政策。他认为，在货币供给量不变的情况下，政府增加开支将导致利率上升，利率上升将引起私人投资和消费的缩减，从而产生"挤出效应"，抵消增加的政府支出，因此货币政策才是一切经济政策的重心。

与其他经济学家不同，弗里德曼把通货膨胀的责任完全归到了政府的身上。"没有一个政府肯于承担通货膨胀的责任，即使不是很严重的通货膨胀也是如此。"弗里德曼认为，根治通货膨胀的唯一出路是减少政府对经济的干预，控制货币增长。控制货币增长的方法是实行"单一规则"，即中央银行在制定和执行货币政策的时候要"公开宣布并长期采用一个固定不变的货币供应增长率"。由于这些政策主张顺应了西方经济在新形势下发展的需要，因此赢得了许多的赞同者和追随者，并且得到官方的特别赏识。1979 年，以撒切尔夫人为首相的英国保守党政府将货币学派理论付诸实施，奉行了一整套完整的货币主义政策；美国里根总统上台后提出的"经济复兴计划"中，也把货币学派提出的制定一种稳定的货币增长政策作为主要项目；瑞士、日本等被认为是"成功地控制了通货膨胀"的国家，自称其"成功的秘密"就在于实行了货币学派的"稳定的货币供应增长率"政策。货币学派一时声名鹊起，被普遍看作是凯恩斯学派之后的替代者，弗里德曼本人更是被称为"反通货膨胀的旗手"。

第一章 货币数量论

第一节 货币数量论的重新表述

一、理论提出的时代背景

弗里德曼在货币理论方面所取得的惊人成就肇始于其对货币理论的继承与重新表述。而当我们需要充分地了解弗里德曼在货币数量理论思想方面的原创性与革命性的时候，我们通常也就不得不提到另外一个闻名于世的经济学家——约翰·梅纳德·凯恩斯。1929—1933 年资本主义世界影响深远的经济危机结束之后，凯恩斯适时地采用自己的理论对资本主义经济运行当中的许多问题进行了卓有成效的解释。凯恩斯认为:通过实施增加政府支出、削减税收的财政政策能够帮助政府积极地处理由于有效需求不足造成的经济萧条和失业的问题;而货币政策的作用由于流动性陷阱的存在从而在凯恩斯主义的学说中是微不足道的——他宣称货币政策除了通过利率产生间接的影响之外，对总支出、消费和价格几乎没有什么影响。但是利率基本上是无效的，因为其在投资的决策的考量中只是起到一个极其次要的参考作用，而且只有当投资增加能够使国民收入发生乘数扩张的时候，投资的增加才能使支出发生净增长。更被动的是，由于利率不可能下降到零以下，因此在没有任何因素促使人们以其他资产替代货币资产的情况下，人们只能被动持有注入经济体系中的货币。

凯恩斯的革命性理论对传统的市场经济能够通过自发调节而达到市场

出清，并且实现价格稳定和充分就业的能力提出了强有力的挑战。它征服了无数经济学人与政府要员。就在凯恩斯的《就业、利息和货币通论》于 1936 年出版后不久，至少直到 20 世纪 60 年代，大多数专业经济学家，当然也包括大多数极其著名的经济学家都自称为"凯恩斯主义者"。就在整个世界都认为凯恩斯的"收入—支出理论"已经使货币数量论变得过时了的时候，弗里德曼对货币数量论进行了重新的表述，一方面逐渐恢复了货币数量理论的学术声誉，另一方面又开创性地发展了货币数量理论，使之获得了与时代的同步发展。

二、货币数量论的推导方法及表述

在弗里德曼的论述中，货币数量论是一个代表着一般方法论的术语，而不是一种定义明确的理论标签。弗里德曼使货币数量论从传统的对"流通速度"的简单定义以及那种认为货币量与价格水平之间存在所谓严格的、不变比率的僵化模式中解脱了出来。他首先认为货币数量论是一种货币需求理论，是资本理论的一个特殊主题。因此，对于经济中最终财富的所有者来说，货币是一种资产，是持有财富的一种形式。对于生产性企业来说，货币是一种生产资料。于是，他也从这两个方面着手对货币需求进行分析。

从社会上最终的财富所有者的方面来说，弗里德曼将此类货币需求纳入了人们所熟知的针对消费性劳务的需求的分析框架下。他认为对货币的需求主要取决于如下三种因素：

（1）需要以各种形式持有的总财富，即相当于消费理论中的预算约束；

（2）这种形式的财富与其他形式财富的价格和收益；

（3）财富所有者的兴趣与偏好。

弗里德曼对财富的定义是具有鲜明的开创性特点的。在弗里德曼的理论体系中，总财富包括"收入"或可消费性劳务的所有来源。而其中人类的生产能力也被认为是所持有的财富的一种特殊形式。财富的公式性表达形式是以一种类似于现金流贴现的形式给出的。如果 Y 代表收入的总流量，r 代表"最合适"的利率，那么总财富 W 就可以表示为：$W = Y/r$。

人们能够以各种形式持有财富，而且可以将最终行为看作是财富所有者在各种形式之间分配他的财富，在各种限制条件下达到效用的最大化。通过对货币（M），债券（B），股票（E），非人力实物商品（Q）以及人力资本（H）五种不同形式的持有财富进行的收益分析，弗里德曼推导出如下的货币需求函数：

$$M = f\left\{ P, r_b - \frac{1}{r_b}\frac{dr_b}{dt}, r_e + \frac{1}{P}\frac{dP}{dt} - \frac{1}{r_e}\frac{dr_e}{dt}, \frac{1}{P}\frac{dP}{dt}, w; \frac{Y}{r}; u \right\}$$

（公式 5.1）

其中，P——一般价格水平

t——时间

r_b——价值 1 美元的债券每年产生的收益

$\frac{1}{r_b}$——承诺每年支付 1 美元的债券价格

r_e——与 r_b 的定义类似的市场股票利率

$\frac{1}{r_e}$——承诺在价格水平不变的情况下每年支付 1 美元的一种股票的价格

r——一般性的利率，可以被理解为 r_b 和 r_e 这两类特殊利率、适用于人力财富的利率以及适用于实物商品的利率的加权平均数

w——非人力财富与人力财富的比率，即来自于非人力财富的收入与来自于人力财富收入的比率

u——影响偏好的变量，即财富持有者以各种不同形式持有财富的偏好

通过对多种内生性变量的定义与引入，以及在拓宽资产范围的假设条件下，将特殊的情况如套利等考虑在内，弗里德曼以各种财富持有形式对时间微分的表达方式系统地构建了自己的货币需求理论体系。更加基本的一点是，弗里德曼强调必须将这个需求方程看作是在任何本质上都独立于那些用来衡量货币变量的名义单位。如果那些用来表示价格和货币收入的单位发生了变化，那么，货币需求量应该发生相应的变化。反映在函数上，货币需求函数就可看作是 P 和 Y 的一阶齐次方程，即可以简便地表

达为

$$f\left(\lambda P, r_b, r_e, \frac{1}{P}\frac{dP}{dt}; w; \lambda Y; u\right) = \lambda \cdot f\left(P, r_b, r_e, \frac{1}{P}\frac{dP}{dt}; w; Y; u\right)$$

（公式5.2）

同样地，我们可以用两种更为人所熟悉的方式来改写这个方程。

（1）令 $\lambda = 1/P$，那么方程可改写为

$$\frac{M}{P} = f\left(r_b, r_e, \frac{1}{P}\frac{dP}{dt}; w; \frac{Y}{P}; u\right)$$

（公式5.3）

此方程将实际货币余额需求表示为独立于名义货币价值的实际变量。

（2）令 $\lambda = 1/Y$，则方程可改写为

$$\frac{M}{Y} = f\left(r_b, r_e, \frac{1}{P}\frac{dP}{dt}; w; \frac{P}{Y}; u\right) = 1/v\left(r_b, r_e, \frac{1}{P}\frac{dP}{dt} w \frac{P}{Y} u\right)$$

（公式5.4）

或者　　　　　$$Y = v\left(r_b, r_e, \frac{1}{P}\frac{dP}{dt}, w; \frac{P}{Y}, u\right) \cdot M$$　　　（公式5.5）

其中，v 代表货币流通速度。在这种形式中，这个方程就是通常的货币数量论。

此后，弗里德曼又将此适用于最终的财富所有者直接持有的货币的方程进行了推广。他将工商企业的货币需求看作是能够由一个类似的函数进行表达的形式，该函数具有与（公式5.1）右边的变量相同的变量。同样，由于这种分析是以已知信息情况下的企业收益最大化为基础的，而且它只重视实际数量，因此，这个函数必然可看作是 P 和 Y 的一阶齐次方程。这样，只要扩大对变量 u 的解释，我们就可将（公式5.1）及其变化形式解释为描述工商企业的货币需求。

最后，弗里德曼又对这个只适用于一个最终财富所有者和一个工商企业货币需求的方程水平加总，并进行了一些必要的解释和对误差的忽略，用于反映整个社会的货币需求状况。

三、对货币数量论的若干解释

针对弗里德曼提出的货币数量公式并没有按照惯常的"交易余额"和"投机余额"的区分，弗里德曼解释道：对于货币持有者的每一种货币，我

货币需求问题是货币政策的核心问题。只有真正了解影响货币需求的因素，中央银行的工作才能从被动中解放出来。

们都可以说对它的需求部分地出自"投资动机"或"资产动机"，如对于作为货币的美元，我们并不能根据人们是出于这种目的持有美元还是出于其他目的持有美元而进行区分。相反，我们似乎可以认为每一美元都在提供多种劳务，并认为货币持有者在不断地改变他的货币持有量，直到在他的货币存量中增加一美元所增加的总劳务流对他的价值，等于在他持有的任何一种其他形式的资产中减少一美元所减少的劳务流对于他的价值（Milton Friedman，1973）。

关于（公式5.5）中名义收入与名义货币量的相互决定关系问题，弗里德曼认为即使是在最宽泛的假定条件之下，如名义收入的均衡水平在此价格水平上是稳定的，利率是独立地被决定的（例如由劳动生产率、节俭及其他类似因素决定），实际收入也是由其他的因素外生决定的，货币需求对于货币流通速度（v）包括的各个变量是高度无弹性的，或者进一步假定所有这些变量都可以被看作是刚性的、固定的；（公式5.5）对名义收入理论所作的说明也仅限于：名义收入的变动反映了名义货币量的变动，但是，它一点也不能分辨在 Y 的任何变动中，有多少反映为实际产量的变动，有多少反映为价格的变动（Milton Friedman，1973）。

在弗里德曼的眼中，他认为自己对于货币需求理论体系的分析是在某种完全正式、抽象的水平上可以被普遍接受的。人们对于此理论体系的根本分歧产生于据此理解总体经济行为的短期波动和长期波动的重要性方面：（1）货币需求函数的稳定性和重要性；（2）影响货币需求和货币供给的各个因素的独立性；（3）货币需求函数及相关函数的形式。

因此，在系统地对货币数量论进行重新表述之后，弗里德曼又着重提出了作为一名货币数量理论家所应具备的两个重要而基本的观点。

首先，货币数量理论家认为货币需求是高度稳定的。而这种对稳定性的理解应该超越过去那种僵化的思维定式——认为单位产出所需要的实际货币量或货币的流通速度在数值上是保持不变的；相反地，货币数量理论家所期望的稳定性存在于货币需求量与决定它的各个变量的函数关系之中。"恶性通货膨胀期间货币流通速度急剧上升是与一种稳定的函数关系完全一致的。"（Phillip Cagan，1973）货币数量理论家不仅认为货币需求函数是稳定的，而且认为它起着至关重要的作用，决定着他认为在总体经济分析中非常重要的那些变量，如名义收入水平和价格水平。另外，货币数量理论家必须严格地限定并且准备明确而详细地说明一些由于在经验上具有重要意义而应包括在这个方程中的变量。

其次，货币数量理论家还应存有这样的认识，即存在着一些影响货币供给的重要因素，而这些因素却并不同时对货币需求产生很大影响。他所举出的例子包括，影响硬币供给的技术条件，货币当局的政策和银行制度的政治条件或心理条件。他认为对这些因素存在的认识对于理解一个稳定的货币需求函数是非常有用的。也就是说，"只有在货币供给至少受某些因素的影响，而这些因素并不影响货币需求的情况下，一个稳定的需求函数才是有用的。"（Milton Friedman，1973）这也是货币需求独立于货币供给的一个重要证明。

四、货币数量论重新表述的创新性

综上所述，弗里德曼认为货币数量论是一种隐含在传统货币数量论中的货币需求理论。即使是从今天的角度来看，弗里德曼对货币数量论的重新表述，依然具有开创性的历史意义，主要表现在：弗里德曼的预算约束概念，在最广泛的领域内对财富进行了度量，不仅包括实际资本和金融资本，而且包括了人力资本。所有的这些资本都可以替代货币，因此，这些货币替代物的相对收益就是相互关联的。弗里德曼在提出了新的货币数量论假说之后，许多经济学家，包括弗里德曼和他的学生，都对此进行了广泛的检验。这些检验包括采用不同的函数形式来拟合不同国家、不同时期、不同时间间隔以及不同变量的观察值。大部分的研究有力地支持了这一论述，对货币需求函数的稳定性方面也作了有效的证明。更重要的是，弗里德曼将货币数量论上升到了方法论的高度。也就是说，弗里德曼所提出的货币数量论的重新表述的精髓并不在于其具体的数学表达形式，而在于其对货币需求的分析体系与分析方法。遵循弗里德曼的分析体系，不同的经济学家完全可以拥有自己不同的具体表达形式，但由于其统一的分析体系与框架，这些看似不同的具体表达形式却应该获得相同的结果，即货币需求函数是相当稳定的。

第二节　对货币供给、价格变动、产量变动的研究

对货币供给与价格变动和产量变动之间关系的研究，是弗里德曼货币数量论的一个重要组成部分，也为他的其他理论奠定了坚实的证据基础。对货币供给和价格之间的关系的研究始于对如下的一个假说的解释，即弗里德曼认为不应该将价格的波动归因于特定的个人或集团的行为发生的社会性的错误——收成的好坏、国际贸易的恶化、信心的缺乏、投机及垄断或者工会的活动——尽管这些不同的解释对价格的短期变动和小的波动具有一定作用；"但除了具有间接地影响货币供给的作用以外，它们对价格的长期变动或大的波动的作用很小，甚至没有任何作用。"（Milton Friedman，1957）总之，弗里德曼认为只有货币供给才是具有真正对价格变动进行有力解释的因素。

一、货币存量与价格的长期关系

弗里德曼首先谈到了以大量历史证据为基础的货币存量与价格之间的比较密切的统计关系，即这两者经常发生同方向的变动。但是关于这种影响的方向，究竟是价格的变动导致货币存量的变动，还是货币存量的变动导致价格发生了同方向的变动，尚无定论。弗里德曼本人倾向于后一种看法，即"货币存量的较大变动既是一般价格水平的较大变动的一个必要条件，又是它的一个充分条件。然而，这当然并不排除价格变动对货币存量变动的反作用。"（Milton Friedman，1957）

一方面，弗里德曼采用南部联邦在南北战争期间的例子为这一观点提供正面证据。1864 年之前，南部联邦一直在实行一项温和减少货币存量的改革，在此期间，价格一直以 10% 左右的幅度稳定而匀速的上涨。但由于面临着战争失败的威胁，此种改革被迫停滞下来，从而导致了在未来的几个月的时间里价格迅速大规模上涨。另一方面，下面的例子则为 19 世纪后半叶许多国家价格长期下降作了很好的解释。由于当时已知的许多金矿逐

渐枯竭，不少国家又处在由银本位向金本位的转轨过程中，再加上实际产出的迅速增加，多种原因交织在一起导致了货币存量的下降，货币存量的下降带来了价格的长期下降。

弗里德曼认为货币存量的变动与价格的变动虽然十分密切，但却又不是精确或机械不变的。其中有两个主要因素的存在会使货币存量变动和价格变动之间出现差别，即产量的变动和公众相对于其收入而希望持有货币量的变动。假定货币存量在某一时期内保持不变，但总产量却在此期间内增长了一倍，在其他方面保持不变的情况下，价格将大约下降为原来价格水平的一半。美国 1865 年与 1879 年的货币存量大致相等，但期间的产量增长非常迅速，大约增长了一倍多，观察到的批发价格等于原有水平的一半。弗里德曼意在通过此例说明，对于价格变动来说，相关的变量是单位产量的货币存量，而不是总货币存量。

关于第二个因素，即公众希望保持的现金余额与收入的比率的变动，弗里德曼对于采用"这个因素而非公众希望持有的美元数"的原因做了如下解释：公众希望以现金形式持有的美元数，既取决于价格水平又取决于他们的收入。但由于在此处我们希望对价格水平的变动加以研究，而且在考虑了实际产量变动的影响的情况下，采用"现金余额与收入的比率"这种因素就更为合理一些。弗里德曼在对范围广泛的经验证据进行研究后得出结论，人们希望持有的现金余额与收入的比率在相当长的时期内一直是比较稳定的。即使某些因素，如人均实际收入水平和持有货币的成本等，会对此比例产生一定程度的影响，但是这个比例的波动还是很小的，肯定远远小于货币存量本身发生的波动。

弗里德曼通过对 1879 年以来所经历的 19 个经济周期中的每一个周期的平均值进行比对。在近 70 年的时间里，货币存量增加到原来的 67 倍，实际国民收入增加到原来的 9 倍，因此单位产量货币存量增加到原来的 7.5 倍，价格上涨略小于原来的 3 倍，那么根据弗里德曼的理论推算，货币存量与名义收入的比率大约增加到原来的 3 倍（Milton Friedman，1957）。而在对周期的研究中发现，在最初的经济周期中，货币存量平均约为一年的名义国民收入的 24%，即现金余额约等于 3 个月的名义国民收入；而在 1946—1952 年的经济周期中，货币存量平均约为一年的名义国民收入的 67%，即现金余额约等于 8 个月的名义国民收入。这组数据恰恰印证了弗里德曼的上述推测。弗里德曼进一步指出，虽然这些变化并不是平稳发生的，但在单位产量的货币存量的波动与价格的波动之间，显然存在着非常密切的联系。唯一的差别是货币存量更加迅速地长期增长。反过来，这不仅反映了人均实际收入长期增长的影响，而且反映了货币存量与名义国民收入比例的相应提高。

二、货币存量与价格的短期关系

对比货币存量与价格的长期关系，弗里德曼对二者之间的短期关系也作了相应的研究。如前所述，在较长时期内，在考虑到人均实际收入增长的情况下，单位产量的货币存量的变动倾向于超过价格的变动。但弗里德曼发现，在较短的经济周期内，尽管它们二者之间的一般的、平均的关系非常相似，单位产量的货币存量的变动却较少超过价格的变动。在对同样来自于 1879 年以后的 70 年的经济数据进行研究后发现，虽然一般情况下，价格在经济周期的扩张期内上升，在收缩期内下降，但在温和的经济周期中，无论是在扩张期内还是在收缩期内，货币存量几乎总是在增加，但扩张期内的增长率大于收缩期内的增长率。

货币存量的周期性波动与价格的周期性波动之间的这种密切的关系不仅在平均水平上成立，而且在每一个经济周期内也成立。当然，对于单个的经济周期来说，此种关系的变动性显然更大。弗里德曼有效地总结了在短期内货币存量与价格之间所具有的独特特点，它们包括：

（1）与较长时期的波动相比，对于较短的经济周期来说，货币存量与收入和价格之间的相互影响的方向更加不明确，更加复杂。货币存量的变动既是收入和价格变动的一个独立的原因，同时又是收入变动和价格变动的一个结果。

（2）在判断货币供给变动和价格变动的同步关系方面存在着较大的困难，在此我们必须将时滞这一重要因素考虑在内，但由于时滞导致的偏差过大，所以从货币政策的层面较难控制，以至于不少货币政策当局将没有立即起作用的某些货币政策误认为是无效的。

（3）短期内，货币存量和价格的变动之间的确切关系存在相当大的偏差，意味着还存在起作用的其他因素。但我们可以认为，当货币变动较大时，它的作用倾向于超过其他因素的作用，或者说它将促使其他因素在特定方向上起作用。

三、价格变动与产量变动

弗里德曼从货币存量和价格的关系延展开去，又探讨了价格与产量的关系。在经济周期中，价格和产量倾向于一起变动，两者都倾向于在扩张期上升，在收缩期下降。而在较长的时期内，价格变动与产量变动之间的关系是不太明确的。弗里德曼认为，在较长时期内，一个国家的产量变动首先取决于一些基本因素，如可以得到的资源、这个社会的产业组织、知识和技术技能的增长、人口的增长以及资本的积累等（Milton Friedman，1957），货币变动和价格变动只能作为配角在其中发挥作用。但无论价格上升还是下降，一旦价格发生大的、意外的变动，都不利于产量的增长。而针对一个存在争议的观点——缓慢上升的价格会刺激经济产量，并导致经济比价格不变时更快的增长，弗里德曼认为，这主要取决于这种价格缓慢地、普遍地上涨所造成的影响"是像发现黄金那样的客观事件的偶然的、基本上无法预料的影响，还是某个公众团体采取的审慎的政策行动的有计划的结果"（Milton Friedman，1957）。在对 1865 年至 20 世纪初叶的美国经济及 19 世纪 80 年代至第一次世界大战时的英国经济进行系统研究后，弗里德曼指出价格变动和产量变动之间的关系的历史证据是复杂的，它们没有为任何一种观点提供明确的支持①。所能得出的唯一结论也许是：如果价格变动是相当稳定、规模适中而且能够被合理地预测的，那么，价格上涨或价格下降都是与迅速的经济增长相一致的。

从货币存量与价格的关系到价格和产量的关系的一系列精辟分析中，弗里德曼提出了一系列独到的政策建议。

第一，为了使价格水平在未来保持相当稳定，总货币存量将必须增长，以便使其自身适应产量增长和人口增长，另外还需满足公众随着他们

历史统计在准确性和连续性方面的缺陷，会影响历史分析的结论。

---

① 弗里德曼主要参考了 Jeffreys, J. B. & Walters, D. , "National Income and Expenditure of the United Kingdom, 1870 – 1952", Income and Wealth, Series 5, Table 3。

的实际收入的增加而提高现金余额与收入的比率的期望。过去的经验表明，为了保持长期的价格稳定，货币存量必须每年增长3%~5%，这种做法可以避免严重的通货膨胀和通货紧缩的发生。

第二，一个高度波动的价格水平不仅是对经济稳定的干扰，而且是对经济增长的干扰。如果必须用价格水平目标表述政策目标，价格水平稳定就具有相当大的好处：公众容易理解、明确性、可能是平等地对待这个社会的各个成员的最近似的方法。但是，由于在保证基本实现任何价格水平目标方面存在困难，也许可以利用一些不同于价格水平的变量来表示直接的政策目标。例如，弗里德曼提出可以将直接的政策目标表示为使货币存量每年稳定增长4%，然后让价格水平处于与这个货币目标相一致的任何水平上。

第三，如果货币存量能够保持以一个相当稳定的速度增长，而且在短期内不发生没有规律的波动，那么即使从最保守的意义上来说，我们也可以防止货币变动本身成为经济扰动的根源。而另一方面，对于经济活动在短期内的轻微波动，由于时滞等因素的存在，至少在目前的知识水平上，通过微调货币政策而微调经济活动并不是一种十分明智的做法。

第四，在公众的态度中，即使面对着相当温和的价格上涨或者相当温和的价格和就业的下降，也往往存在着"采取行动"的呼声和政治压力。而货币当局屈服于这些压力可能常常是一件坏事而非好事。极其高度的经济稳定的目标无疑是一个极好的目标，但我们实现这个目标的能力是有限的。正如弗里德曼所表述的那样："我们肯定能够避免激烈的波动，但我们并不非常清楚如何避免小的波动；进行超过我们能力的努力本身肯定是一种干扰，它可能增加而不是减少不稳定性。"（Milton Friedman，1957）

四、对上述研究的一些简要评价

弗里德曼关于货币存量和物价及产量之间关系的深入研究所取得的成果在最基本的意义上揭示了经济变量之间的相互依存关系，使得人们不得不重新重视货币在经济运行中的重要作用。实际上，关于这几者之间的关系，中国古代的许多金融思想与其十分相似。例如，早在西汉，《管子·轻重》中就提到了"彼币重而万物轻，币轻而万物重"，阐述了货币价值与物价的关系。唐代陆贽更是提出了中国封建社会典型的货币数量论观点:"物贱由乎钱少,少则重,重则加铸而散之使轻;物贵由乎钱多,多则轻,轻则作法而敛之使重。是乃物之贵贱,系于钱之多少;钱之多少,在于官之盈缩"。陆贽点明了货币存量的多少影响物价水平,而货币数量变化的根本原因在于政府的财政赤字情况。由此可见,弗里德曼的这些思想与我国古代的精辟归纳相得益彰。

第三节 对美国货币史的研究
及其提供的证据

无论多么伟大而又具有开拓性的理论都需要有翔实的经验数据为之佐证,弗里德曼在对美国南北战争后的近百年内的美国货币史所作的细致而缜密的分析与研究无疑就是这方面一个杰出的例证。在剖析了变化多端而又丰富多彩的美国货币史后,弗里德曼又深入研究了其间的国内政治、国际经济安排、大型管理机构的功能设置以及个性在事件形成中的作用,最终形成了一系列比较成熟的观点和看法。它们主要包括:

（1）货币存量增长的变动与经济活动的变动、名义收入的变动以及价格的变动一直是密切相关的;

（2）货币变动与经济变动之间的相互关系一直是高度稳定的;

（3）货币变动常常有一个独立的原因,而不仅仅是经济活动变动的一个反映。

一、货币存量与其他经济变量之间的关系研究

在分析了 1867—1960 年这 93 年的历史经验数据后,弗里德曼将这 93 年划分为许多不同的阶段与经济周期,他发现:在价格急速上涨的经济周期内多伴随有战争期间货币存量的大幅度增长,而每一次严重的经济紧缩都伴随着货币存量的显著下降,需要指出的是,与扩张期相比,紧缩期所发生的货币现象是货币存量增长率更低而非货币存量的绝对下降。而且,在所统计到的 6 个严重的紧缩期内,4 个时期都以银行扰动或者货币扰动

读史使人明智,同样,研究学习货币史,是做好货币政策工作的基本要求。

货币是一般等价物,是参与财富分配和再分配的凭证。当政府需要动用额外的财富实现某个目标时,最快捷、最隐蔽、最轻松的方法就是发票子。

为特征，如 1873—1879 年对使用美元还是恢复硬币支付的争论以及发生于 1873 年的银行危机、1893 年的银行危机、1907—1908 年的银行恐慌、1929—1933 年的银行体系崩溃，另外两次较严重的紧缩则是货币当局政策行动的结果，1920 年年初的联邦储备贴现率的急剧上升和 1937—1938 年法定准备金要求较之前一年上升了接近一倍。

在弗里德曼的研究中所涉及的各种关系，最密切的莫过于货币存量的变动与名义收入和价格的相应变动之间的关系。我们可以观察到货币存量的周期性变动与实际收入或经济活动的周期性变动之间存在密切关系，而货币存量的长期变动与实际收入的长期变动之间的关系却不太密切。虽然在研究所涉及的四个稳定时期中的每个时期的实际收入的增长率非常相似，但货币存量和价格的增长率却存在很大差异。无论如何，只要实际收入和货币存量的增长率都相对稳定，那么决定实际收入长期增长率的那些因素就基本上独立于货币存量的长期增长率。但是，货币的不稳定却经常伴随着经济增长的不稳定。

二、对货币关系稳定性方面的研究

弗里德曼一直强调，货币与其他经济变量之间的关系不仅是非常密切的，而且是高度稳定的。弗里德曼在货币关系稳定性方面进行研究所取得的成果主要体现在以下三个方面。

首先，弗里德曼指出，在一个相当长的时期内，在参照美元和英镑的汇率进行调整之后，美国和英国的相对价格即购买力平价之比，始终基本稳定在一个狭窄而规律的区间范围内。弗里德曼对 1871—1949 年这 79 年中美国和英国之间的一组相当连续的数据进行了对比后发现，尽管在这 79 年中，美国的经济结构和发展、英国在世界经济中的地位、美国和英国的国内货币结构以及联结美国和英国的国际货币安排都发生了巨大的变化，尽管在这期间还发生了两次世界大战，以及在价格指数数据中存在着统计误差，但以 1929 年的价格指数为 100 的基础调整后的价格比率来看，各年的购买力平价之比都稳定在 84 ~ 111（Milton Friedman and Anna Jacobson Schwartz，1963，pp. 676 - 682）。

其次，货币的流通速度为基本货币关系的稳定性提供了另外一个例子。弗里德曼的研究表明在 1871—1960 年的 90 年内，货币的流通速度一直在稳步地下降，平均每年下降的幅度略微高于 1%。对应于周期性经济波动，货币流通速度也表现出围绕趋势而发生系统的、稳定的波动，在扩张期上升而在紧缩期下降。从 1869—1960 年这 91 年货币流通速度的年度变化中，有 78 年的货币流通速度年度变化小于 10%，可见这个变化发生得相当稳定。

最后，另外一个一直是高度稳定的货币关系，是货币存量的变动与经济活动的周期性变动之间的关系。平均来说，货币存量的增长率高于名义收入的增长率，这是货币流通速度长期下降的另一个侧面。在周期性扩张期内，货币存量的增长率快于平均水平，而在周期性紧缩期内，货币存量的增长率慢于平均水平。尽管在此期间货币制度及其安排方面发生了明显的变化，甚至已经显著地改变了高能货币、公众存款与现金之间的比率和商业银行体系的存款负债与存款准备金之间的比率等决定着货币存量的这些因素，但上述所提到的这些关系的一致性却被保持了下来。弗里德曼据此得出结论，"一旦货币存量的变动和其他经济变量的变动已经确定，那么，它们之间的关系就很少发生变化……货币存量对经济的其他方面的影响似乎一直是高度稳定的。"（Milton Friedman and Anna Jacobson Schwartz, 1963, pp. 676 – 682）

三、货币变动的独立性

在对货币关系的密切性及稳定性进行了充分的讨论之后，弗里德曼终于要对货币变动和经济变动之间的来源及影响方向进行说明，因为对此部分的论述涉及整个弗里德曼货币理论体系的核心即货币的重要性问题，所以此部分假说的推理与例证在整个理论体系中处于一个相当重要的地位。正如弗里德曼在之前的论述中所提到的，在货币存量变动与其他经济变量变动之间存在着密切的关系，但这个密切的关系本身既没有说明这两种变动的来源，也没有说明两种变动之间的影响方向。而弗里德曼所想要论证的命题是：货币变动常常不是经济状况的同期变动的一个直接结果或必然结果；或者说，货币变动实际上常常是独立的。

弗里德曼用 1897—1914 年的货币扩张以及发生于第一次世界大战和第

发现历史规律需要敏锐；而解释历史规律需要智慧。

二次世界大战期间的货币存量的两次重要上升来阐释这一关于影响方向的问题。弗里德曼认为这几次货币扩张都不能归因于名义收入和价格的同期上升，比如 1897—1914 年的货币扩张反映了黄金产量的增加，而第一次世界大战和第二次世界大战期间的货币存量的两次重要上升也并不是美国或其他国家经济活动的同期变动的副产品，它们反映了在两次世界大战的早期，交战国将他们可以迅速动员的资源用来购买美国的战争物资而导致黄金大量流入美国，这两个时期货币扩张是战争的结果。由此，弗里德曼认为："如果货币存量与名义收入和价格的共同变动既不是同步发生的，也不是同一原因导致的后果，那么，它们之间的影响方向肯定是从货币到收入。"（Milton Friedman and Anna Jacobson Schwartz，1963，p. 691）

更加值得注意的是，弗里德曼深刻地认识到联邦储备体系的建立为研究货币的学者提供了一个类似于受控实验的替代物。"联邦储备体系的建立赋予一小部分人一种权力，他们可以偶尔行使这种权力，以便通过一种深思熟虑的程序（这种程序类似于受控实验的实施过程），以一种显著而且可以确定的方式改变事件的进程"，而此种类似过程为变量之间影响方向的确定提供了更加有价值的线索。弗里德曼仔细研究了自联邦储备体系建立以来，在货币史上发生的三次类似于这种关键性实验的事件。在这三个时期，联邦储备体系都在深思熟虑过后采取了重大的政策措施，而弗里德曼认为不能将这些措施看作是同期的名义收入变动和价格变动的必然的或不可避免的经济结果。这三个时期分别是 1920 年 1 月至 6 月、1931 年 10 月以及 1936 年 7 月至 1937 年 1 月。在这三个时期内，联邦储备体系都采取了发布具有强烈约束力的法令的行动，如提高贴现率、冻结黄金、大规模地限制公开市场业务、提高法定准备金等。与联邦储备体系的这些行动相关的具体的货币变动同样表现得非常激烈和明显：在联邦储备体系采取行动后的短至数小时长至几个月后，都发生了货币存量的急剧下降。而且每一次货币变动后又伴随着工业生产的急剧萎缩（Milton Friedman and Anna Jacobson Schwartz，1963，p. 695）。由此，弗里德曼判断，上面的三个事件反映了确实存在着货币对收入的影响。

对 1929—1933 年的大萧条所作的精辟分析是弗里德曼货币理论中极其闪光的一笔，弗里德曼的分析不仅极大地增强了关于经济变动是货币变动

一个成功的货币当局，通常是经济生活感觉其不存在的当局。当货币政策成为社会关注的热点和焦点时，货币政策就有问题了。

的结果的命题，而且在客观上强有力地颠覆了传统经济学家对大萧条的原因与过程所作出的种种解释。弗里德曼将这次发生于1929—1931年急剧的经济紧缩判定为与联邦储备体系采取的明确的限制措施无关的一次经济紧缩。这是因为，在此期间联邦储备体系实际上既没有阻止货币存量下降1/3，也没有阻止经济活动的相应紧缩。在弗里德曼的论述中，他提到当时的主流的经济观点一般把经济衰退和经济萧条看作是"治疗性事件"，是为了消除实物经济早期过剩的后遗症所必需的，并且认为与维持国内经济稳定相比，维持金本位和汇率稳定要重要得多。于是在这种主流观点的影响下，联邦储备体系也将货币存量的这次下降看作是对以前的投机性过剩的一种理想的抵消。因此，在1930年年底，公众试图将存款兑换为现金、银行开始大规模倒闭以后，联邦储备体系没有作出强有力的反应，如采取某种扩张性的货币政策，向经济体系内注入流动性，而是采取了一种放任的态度：应该清算"情况糟糕"的银行，让它"自生自灭"，而不是"人为地"支持金融体系。而且，联邦储备体系之所以采取如此行动，也并非完全因为舆论氛围或经济观点，而是或多或少地表现出某些权力倾轧的影子（Carl Snyder，1940，p. 203）。弗里德曼认为这种主流的观点混淆了货币和信用，混淆了货币存量的一个组成部分相对于另外一个组成部分的弹性和总货币存量的弹性，认为货币存量应该对"交易需求"作出反应，在扩张期上升，在紧缩期下降。

另一方面，仍然存在的一个问题是货币变动是否是经济变动的必然结果。如果联邦储备体系不是经济到货币的媒介，那么是否存在某种其他的机制会导致同样的货币变动；或者我们是否可以将货币变动看作是在很大程度上解释经济变动的一个在经济上独立的因素呢？弗里德曼认为，这一问题的答案显然是肯定的。他坚信，在1929—1933年大萧条的这个时期，联邦储备体系可以阻止货币存量的下降，而且确实可以使货币存量几乎以任何理想的速度增长。总之，他认为，如果当时的联邦储备体系采取某项控制恐慌的措施，如银行统一限制存款对现金的可兑换性，就可以提前结束这场流动性危机，这种限制也许会对加剧经济紧缩产生更加严重的初始性影响。但是，这种限制也将缩小危机的波及面，阻止银行倒闭的积累，使得几个月以后就可能出现经济复苏。

最后，弗里德曼总结道：虽然从货币到经济活动的影响一直都是主要的，但是经济对货币的反作用也是一直存在的。无论如何，在长期波动和重大的周期性波动中，货币相当明显地起着主导作用，而在短期轻微的波动中，货币与名义收入和价格所起的作用几乎相同（Milton Friedman and Anna Jacobson Schwartz，1963，p. 698）。

四、对上述研究的一些简要评价

对弗里德曼关于大萧条原因的研究，最近又出现了许多新的不同的研究成果。如保罗·克鲁格曼（2002）的研究成果显示货币基数在大萧条早期是增加的，从 1929 年平均 60.5 亿美元上升到 1933 年的 70.2 亿美元。但是，之后货币供应急剧下降，从 266 亿美元降到 199 亿美元。我们应该辩证地看待这个问题，那就是我们必须区分货币当局可以直接控制的货币基数与货币供应两个概念，从上述数字可以看出货币基数实际上是上升的，这与弗里德曼所声称的"美国货币管理当局采取了高度通货紧缩的政策"显然不符。另外，货币供应量的大幅度下降则主要反映了从 1930 年到 1931 年间银行破产的浪潮的余波。由于人们对银行失去信心，人们开始把财富换成现金握在手里而不是存在银行里。那些幸存下来的银行拥有大量现金，不能把它们贷出去来避免银行经营的危险。结果贷出的款少，因而花费的钱也少，本来如果公众继续往银行存款，银行可以继续把钱贷给企业。因为消费的崩溃是萧条的大致准确的原因，个人和银行都突然愿意拥有更多现金的愿望肯定让贫困的生活更加糟糕。货币供应量的大幅下降是个事实，但如果把重整整个社会的消费信心的重担都强加给货币当局，这显然也是不切实际的。

另外，在弗里德曼对货币变动独立性的论证过程当中，存在着一些具有逻辑上误导倾向的疑点。在论证联储的货币政策措施相对于经济变动的独立性时，弗里德曼的一条重要假设是不能将联储的措施看作是同期的名义收入变动和价格变动的不可避免的结果。但实际上，一国货币当局每一次采取重大的政策措施，大多是出于应对经济形势客观变化的结果。可以说，是某些名义或实际的经济变量的变动"迫使"货币当局调整自己的政策，以避免事态发展到自己无法控制的地步。从这个角度来说，货币政策或多或少地扮演了从经济到货币的变动媒介的角色，这与弗里德曼所宣称的联邦储备体系"可以使货币存量几乎以任何理想的速度增长"相去甚远。

再如，弗里德曼提出，在大萧条时联邦储备体系可以采取某项控制恐慌的措施，如银行统一限制存款对现金的可兑换性，通过这种类似于"休克"式疗法的举措来刺激经济在短期内迅速复苏。这一建议不仅是不可行的，而且是十分危险的。此种限制措施只能换来银行信用体系的整体崩溃，存款作为广义货币如果一旦与现金的兑换纽带割裂开来，其内在价值必然大幅下跌，这只会引发更大规模的恐慌，而其带来的社会稳定方面的深层次冲击是任何一个政府都难以承受的。

第二章　对菲利普斯曲线有效性的论证

20世纪60年代至70年代，许多西方国家一方面经历了具有社会破坏性的通货膨胀，另一方面又同时存在着高失业率以及经济资源的不合理利用，这使得许多主流经济学理论在对待这一问题的解释上显得脆弱无力。作为新货币数量论的创始人和杰出代表，弗里德曼自然不会放过这一使货币主义重新绽放光彩的机会，他对于通货膨胀与失业之间关系的探讨，以及对菲利普斯曲线的完善与发展，都已经为历史所铭记。

第一节　对负斜率菲利普斯曲线的完善与补充

用工需求减少，劳动力市场供过于求，失业人数增加，工资水平下降；反过来，工资水平上升。这只是一种可能性的描述。事实上，经济生活永远比经济学复杂得多。

在此之前，关于通货膨胀与失业关系的假说最有影响力的莫过于菲利普斯所提出的菲利普斯曲线（A. W. Phillips, 1958）：在失业水平与货币工资变动率之间存在着一种稳定的反向关系，即高的失业水平总是伴随着不断下降的工资，而低的失业水平总是伴随着不断上升的工资（如图5.1所示）。

美国经济学家萨缪尔森和索洛于1960年提出"失业—物价"菲利普斯曲线。萨缪尔森和索洛以物价上涨率代替了原菲利普斯曲线中的货币工资变化率。这一代替是通过以下假定实现的:产品价格的形成遵循"平均劳动成本固定加值法"，即每单位产品的价格是由平均劳动成本加上一个固定比例的其他成本和利润形成的。这样，萨缪尔森和索洛就得到了"失业率—物价变动率"的菲利普斯曲线。

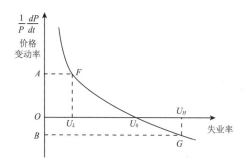

图 5.1　原始的菲利普斯曲线

按照"物价变动率—失业率"的菲利普斯曲线，人们普遍认为这条曲线为政府决策人员提供了某种稳定的相机抉择的菜单。他们可以选择一个低失业率高通胀的组合，如 F（U_L，A）；相反地，决策者也可以选择一个低通货膨胀率甚至是通货紧缩作为政策目标，如 G（U_H，B），但这同时也意味着需要承受一个较高的失业水平 U_H。

而弗里德曼认为，菲利普斯曲线提出后，许多经济学家在对不同国家、不同时期的各种证据所作的实证分析得出的结果，并没有证实这种假说。一方面，与特定失业水平相一致的通货膨胀率并没有保持固定不变；另一方面，以前曾与低失业水平相联系的一些通货膨胀率，后来却与高失业水平相伴，进而出现了高通货膨胀率与高失业水平同时并存的现象，即滞胀。弗里德曼认为此种理论与实证相背离的原因，可能更多地来自理论方面而非实证过程。在弗里德曼眼中，此理论最重要的纰漏很可能就是，与失业率所相关联的最重要的变量是实际工资而不是名义工资。低失业率可能确实意味着存在提高实际工资的压力，但是，如果价格水平下降的幅度更大，那么，即使名义工资也在下降，实际工资还是得到了提高。同样，高失业率可能确实意味着存在降低工资的压力，但是，如果价格水平上升的幅度更大，那么，即使名义工资也在上升，实际工资仍然在下降。由此，弗里德曼相信这种实际工资的变量并不能像菲利普斯所认为的那样可以被价格所取代。

此外，弗里德曼还指出为了减少失业而需要的通货膨胀有着明显的加

在现实生活中，只要实际生活水平保持稳定或上升，价格上涨或温和通货膨胀是可以接受的。

速趋势，而想要对此进行解释却并没有必要假设存在着一条稳定的菲利普斯曲线。因为这完全可以通过预期理论来进行解释，如市场存在着关于资本和劳动力的长期合约等，只有那些预期之外的价格变动才会产生实质性的影响。如果每一个人都预期价格将以每年20%的速度增长，那么此种预期就会反映在将来的工资合约中。于是，实际工资的变动将完全与每一个人都预期不存在价格上涨时的情况一样，而且没有理由认为这种与20%的通货膨胀水平相联系的失业水平与那些零通货膨胀下的失业水平有何不同。

在资讯日益发达的社会，"预期"的作用更加显著、快速、广泛。

第二节　竖直的菲利普斯曲线——自然率假说

弗里德曼在菲利普斯的思路的基础上不断前进，又与费尔普斯将菲利普斯曲线推进到了一个新的发展阶段，提出了自然率假说（Milton Friedman，1968）。该假说认为，经济中存在一个"自然失业率"，从长期来看，经济会稳定在该失业率水平上，而不管通货膨胀的具体水平；从"物价变动率—失业率"的图示看，"自然失业率"理论认为存在一条竖直的菲利普斯曲线。该假说可以对名义总需求没有预料到的变动的短期效应和长期效应加以区分。例如，从某种稳定的初始状态开始，假定出现了名义总需求的一次没有预期到的通货膨胀，那么，对于每一个生产者来说，这都意味着他的产品的需求出现了意外好的形势。生产者可能无法知道这种状况是他所特有的还是普遍性的。弗里德曼认为，普通的生产者一般都会将这种变化至少部分地看作是他所特有的，并对此作出反应，努力生产更多的产品，并期许可以按照高于未来产品的预期市场价格进行出售。为了吸引更多的工人，他将愿意支付比他以前所愿意支付的工资水平更高的名义工资。对于生产者来说，他所关心的实际工资是以他的产品价格所表示的那种工资，而他预期他的产品价格将高于以前的价格。因此，当物价上涨高于工资上涨时，较高的名义工资可能意味着较低的实际工资。

　　另一方面，工人所关心的不是对于他们生产的特定产品而言的工资购买力，而是对于一般商品而言的工资购买力。而且，由于获得关于一般价格水平的信息需要较高的成本，因此，无论是工人还是生产者，他们对一般价格水平的预期所作的调整都将慢于对他们所生产的特定产品的价格所作的调整。正是由于生产者和工人之间对名义工资提高这一客观事实的衡量标准以及判断存在着显著的差别，所以，名义工资的提高，可能会被工人看作是实际工资的提高，因而导致劳动力供给的增加；而与此同时，名义工资的提高，可能会被雇主看作是实际工资的下降，因而带来工作岗位的增加。

　　但是，这种情况只是暂时的。如果名义需求和价格水平的较高增长率持续下去，各种预期都将进行调整，以便与现实相适应。最后，初始效应将消失，情况甚至会发生逆转，就业将回到名义总需求没有发生假定的、没有预期到的加速以前所盛行的那个水平上去（Milton Friedman，1976a）。

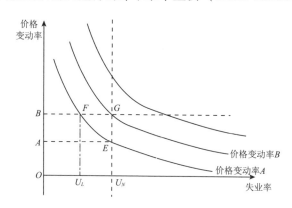

图5.2　含有自然失业率的菲利普斯曲线

　　上面的理论过程如果通过图示来阐明就可以得到更加清楚的表示。以图5.2为例，从 E 点出发，假定通货膨胀率由于某种原因从 A 变动到 B，并且保持在 B 的水平上。最初，失业水平将沿着预期通货膨胀率为 A 的曲线移动，下降到点 F 的 U_L。随着预期得到调整，短期曲线将向上移动，最终达到预期通货膨胀率为 B 的那条曲线。而与此同时，失业水平将由 F 逐渐移动到 G。

金融是现代经济的核心，但不是其决定者。"核心"缘于银行"结算中心"地位。好的金融政策，是"适应"经济发展需要的政策，而不是试图"影响甚至决定"经济走向的政策。因此，中央银行必须学会谦卑，重视对实体经济活动的调查研究，发现并满足经济发展的合理需要。

弗里德曼认为，虽然如上所述的分析过程过于简化，但它确实阐明了一些关键性的问题：重要的不是通货膨胀本身，而是没有预期到的通货膨胀；通货膨胀和失业之间，并不存在任何稳定的交替关系；存在着一种"自然失业率"（如图 5.2 中的 U_N），它与实际因素以及准确的预期保持一致；决策者只有加速通货膨胀，才能将失业率保持在自然失业率之下，或者只有加速通货紧缩，才能将失业率保持在自然失业率之上。

弗里德曼开创性地提出了自然失业率这一概念。弗里德曼解释说，自然失业率不是一个数值常量，它的大小取决于与货币因素相对应的"实际因素"，如劳动市场的有效性、竞争和垄断的程度以及阻碍或鼓励到不同职业部门就业等。弗里德曼的自然失业率概念的提出，对人们长此以往的某种偏见提出了严峻的挑战。人们一直都想当然地认为：高失业水平是资源利用效率低下的证据，所以政府有义务和责任来不断促使就业率的上升。但弗里德曼则深刻地认识到，低失业水平也代表了一种"强制征募经济资源的象征"；并且使工人错误地认为他们的实际工资高于真正的工资水平，从而诱使工人为了一些在他们看来并不如闲暇时间珍贵的商品而牺牲他们的闲暇时间（Milton Friedman, 1976a）。另外，虽然高度刚性静态的经济可能给每一个人都提供一个固定的就职场所，但这只代表了对于经济的一种限制性的制度安排，它会以那种高度动态的、进步的经济组织形式为代价，从而失去了获得较高增长率的机会；虽然，在后一种经济中，我们有可能会需要承担一个相对高水平的失业率。

第三节　对正斜率菲利普斯曲线的论证

在对西方国家发生的较高的通货膨胀率和较高的失业率相互交织在一起的实证现象进行研究的过程中，弗里德曼运用了经济分析在政治行为方面的某些理论成果，根据对 7 个工业化国家 20 余年的研究，将菲利普斯曲线成功地推进到第三个理论阶段，即具有正斜率的菲利普斯曲线。

经过对数据的仔细研究，弗里德曼发现，在从 1956 年开始的头 10 年中，在 7 个工业化国家中，有 5 个国家的通货膨胀率与失业率具有明显的反向关系，即人们通常所期望的菲利普斯曲线。但到了第二个 10 年，只有一个国家还保持着这种关系形态，其他国家都出现了通货膨胀与失业率两者同时上升的情形。弗里德曼非常客观地看待这一变化，他首先提示石油危机同时冲击了所有国家，无论石油危机对通货膨胀有着怎样的影响，但有一点是毋庸置疑的，那就是它将对生产过程产生巨大的冲击。但弗里德曼认为，石油危机并不能完全解释上述变化，因为早在 1973 年石油价格上涨 4 倍之前，大多数国家就已经出现了同时发生通货膨胀上升与失业增长的明显趋势。当然，这也可能反映了独立因素的影响，而不是反映了通货膨胀对失业的影响。比如说，某些可能使美国自然失业率上升的因素，同样也可能在其他国家起作用，并可能独立于通货膨胀成为使这些国家失业逐渐增加的原因。但弗里德曼毫不怀疑，尽管存在着许多限制条件，但数据还是清晰地表明：至少在某些国家中，不断上升的通货膨胀与不断增加的失业是相互增强的，即较高的通货膨胀率至少在一段时间范围内，会使失业率有所提高。

虽然通货膨胀和失业率之间的正向关系完全可能是由其他因素引起的，但弗里德曼认为，只要对自然失业率假说稍加修改，就完全可以对这种正向关系进行解释。正如弗里德曼在自然失业率假说中提出的，在高通货膨胀率之下，只要这种通货膨胀被人们充分预期到，人们就可以把它纳入到每一项决策中去，所以高通货膨胀并不一定会改变劳动市场的效率，也并不一定会改变自然失业率。但是，此种假说隐含了若干假设条件：首先，通货膨胀是稳定的，或者，高通货膨胀并不比低通货膨胀更加可变，否则人们对高通货膨胀的预期就不可能与对低通货膨胀的预期同样稳定；其次，通货膨胀是公开的，即相对价格体系可以进行灵活有效的调整；最后，合约指数化可以顺利地进行。在弗里德曼的理论中，如果一个国家能以一个固定的较高通货膨胀率持续几十年，那么这些假设条件将很有可能得到满足，长期竖直的菲利普斯曲线将得以存在。但是，在一个国家走向通货膨胀的初期，这些必要条件也许无法得到全面满足。所以，具有正斜率的菲利普斯曲线也可能会作为一种过渡现象而发生。当然，随着经济主体不仅调整它们的预期，而且调整它们的制度安排和政治安排，以使它们适应新的实际情况，那么正斜率的菲利普斯曲线将可能会消失。

那么，为什么会有系统性地偏离竖直的菲利普斯曲线的情况发生呢？弗里德曼解释道，最根本的原因就是高通货膨胀率不大可能是稳定的。通货膨胀越高，可变性就可能越大。无论是就实际通货膨胀来说，还是就经济主体的通货膨胀预期来说，情况都是这样的。弗里德曼指出，政府引起的高通货膨胀，从来都不是由于一项明确宣布的政策而产生的，而是作为其他政策的结果出现的，特别是作为增加政府支出的充分就业政策和福利国家政策的结果出现的。但政府又受到那些持有稳定货币理念的选民的制约，所以政策经常会从一个极端到另一个极端之间摇摆不定，从而使通货膨胀率的大小存在着非常大的不确定性。总的来说，高通货膨胀率倾向于具有高度的不稳定性，而且这种趋势又由于通货膨胀对一个国家的政治凝聚力产生不利的影响而加强。紧接着，弗里德曼又提出，这种实际通货膨胀或者预期通货膨胀的可变性的增加，可能会通过下列两种完全不同的途径而提高自然失业率。

第一，通货膨胀可变性的增加，缩短了非指数合约的最优期限，并且使得指数化变得更加有利（Jo Anna Gray，1976）；但是，指数化最多只是通货膨胀一种不完全的替代物，因为，只有在经过一段时间后，人们才能得到这些价格指数，并将其运用到那些新的合约条款中去，但这无论如何都会造成经济效率的降低，并增加失业。

第二，通货膨胀可变性还会降低市场价格作为协调经济活动机制的效率。价格体系的一项基本功能就是恰当地、高效地、低成本地传递经济主体所需要的信息。如果价格水平一般来说比较稳定或者以稳定的速度变化，那么从观测的绝对价格中抽象出有关相对的价格信息就是比较容易的；反之，通货膨胀率的可变性越大，抽取价格信息的过程就越困难，因为"相对价格的传播会受到通货膨胀传播的干扰"（Robert E. Lucas，1973）。这些因素对失业的具体影响还不是十分明确，但弗里德曼相信，价格体系引导经济活动能力的降低会在所有的市场范围内引入更大的摩擦，从而扭曲相对价格体系并产生更高的失业率（Milton Friedman，1976b，Ch. 12）。

总之，随着通货膨胀可变性的不断增加以及政府对价格体系干预的不断增加，这种高通货膨胀与高失业率并存的现象就有可能存在。考虑到这种制度变化当一种存在着"正常的"价格水平的体系，在向另外一种与长期高水平可能是高度不稳定的通货膨胀水平相一致的货币体系转变时，这种正斜率的菲利普斯曲线就有可能作为一种过渡现象而得以进行合理的解释。

第四节　对弗里德曼关于菲利普斯曲线研究的简要评价

以上，我们回顾了弗里德曼在菲利普斯曲线理论方面所作的重大补充与完善。弗里德曼首先对菲利普斯曲线得以存在的两条理论假设提出了质疑：第一，根据菲利普斯曲线的理论论述，经济学家应当研究失业率与名义工资而不是实际工资之间的相互关系，同时，隐含地认为预期名义工资的变动等于预期实际工资的变动。第二，弗里德曼指出，菲利普斯曲线得以成立的实证证据都来自一个较狭长的时间范围，而这些范围的共同特点就是：尽管价格在短期内是剧烈波动的，但是，长期价格水平却是相当稳定的，而且人们普遍预期价格水平会继续保持稳定。因此，当将这些数据当中所隐含的一种假设的特殊性质放到较长期的时间数据中去的时候，其普适性就值得怀疑。于是，弗里德曼对此种假说进行了彻底的修正。这次修正强调了意外事件的重要性，即强调了实际变量与预期变量之间的差别的重要性，而且提出将实际变量与名义变量区分开来的重要性。弗里德曼认为，在任何时候，都存在着由实际因素决定的"自然失业率"。在这一点上，货币是中性的。经济中也存在着对"自然失业率"的偏离，但这种偏离只是暂时的，虽然在这些偏离由于预期调整而得以纠正并最终消除之前，这种偏离还有可能存在相当长的一段时间。

就在弗里德曼和费尔普斯提出这些观点的时候，美国对持续通货膨胀并没有多少经验，所以他们的观点实际上是预测，而不是试图对存在事实的解释。到了20世纪70年代，连续不断的通货膨胀证实了他们的假设。果然，通货膨胀和失业率之间的负相关关系如他们所预测的那样失效了。1970年通货膨胀率增长到两位数，失业率仍然居高不下，甚至高于价格保

弗里德曼的补充与完善，使菲利普斯曲线理论具有更广泛的适应性，更接近实际经济生活状况。

持稳定的 20 世纪 50 年代和 60 年代，经历了自大萧条以来最严重的高失业率的痛苦时光。

另外一点特别值得说明的是，弗里德曼不仅通过运用个人理性的概念在宏观经济学中取得重大跨越，他也明白到哪里应该停下来。1970 年，有些经济学家把弗里德曼对通货膨胀的分析往前更进一步，主张即使从短期看，通货膨胀和失业率之间也不能有效地协调平衡，因为人们将预测到政府采取的措施，因而根据以往经验把定价和工资协商问题预先考虑。这个被称为"理性预期"的主张迅速在学术界蔓延开来（Robert E. Lucas, 1973），但是弗里德曼从来没有参与。他的现实意识警告这个做法把经济人的概念推向极端了。后来确实证明弗里德曼 1967 年的演说经得起时间的考验，而 20 世纪 70 年代和 80 年代理性预期理论家提出的很多极端观点都没有被实践证明。

理论是脆弱的。历史和现实才是硬道理。

第三章　货币政策与制度安排

　　弗里德曼既是一位超然的知识分子，又是一位积极的改革者，他在货币理论方面的远见卓识以及他所具有的学术专业精神使得他在货币政策的舆论导向方面具有很大的话语权。作为诺贝尔经济学奖的获得者和数位总统的资深经济顾问，弗里德曼一直积极参与货币政策的制定与货币制度的改革。弗里德曼的许多政策建议已经成为现实并深刻地影响着当今世界经济生活的方方面面，当然，也有一些政策建议由于各种原因而始终停留在纸面上。在弗里德曼的货币政策建议中具有一些固定不变的主张，但更为令人感兴趣的是，随着时代的进步，弗里德曼也在对其许多政策建议进行不断地反省与完善，其中包括关于负责国内货币安排的特定人物的个性对货币政策的影响问题、如何实施国内货币政策以提供一种稳定的货币环境等。弗里德曼早期的许多政策建议都颇为激进，如让市场来自行决定记账单位、冻结高能货币、取消对金融中介机构的任何管制，甚至他对中央银行存在的必要性也提出了怀疑，他的这些激进的主张也为他带来了一个"异类"的标签："货币主义的反革命"。虽然他的许多观点已经极大地改变了经济学界关于货币在经济运行中重要性的看法，但他目前仍然无法说服主流经济学家们接受中央银行无法控制实际变量，由中央银行进行的相机调控不仅无法使价格水平稳定，而且反而会带来实际经济的波动。无论如何，能够系统而客观地回顾弗里德曼在货币政策方面的主要主张，会使我们细细领略这位伟大的经济学家缜密的思维与革新的勇气。

第一节　货币政策的功能与局限

一、关于货币政策作用的讨论的历史沿革

弗里德曼所生活的那个时代，同时也是一个凯恩斯主义大行其道的年代。人们关于货币政策作用方面的看法一直在发生着剧烈的变化。在20世纪20年代，人们普遍把当时的经济稳定归功于联邦储备体系的微调，并认为货币技术的进步已经使经济周期变得过时了。然而这种乐观的情绪很快被大萧条冲得烟消云散，在这个时候，凯恩斯主义登上了历史舞台。凯恩斯提出：在制止经济萧条方面，货币政策效力弱，即人们现在所熟知的那种格言式的理论：货币政策是一种应急手段，你能够用货币政策来制止通货膨胀但却不能使用它来制止经济衰退，就像你能够将马牵到水边，却不能迫使它喝水。凯恩斯用自己严密而复杂的分析取代了这种格言式的理论。另外，凯恩斯还对制止经济萧条的货币政策提出了一种替代性的政策，即如果流动性偏好是绝对的或者近似绝对的，那么货币政策就不能降低利率，更进一步，如果投资和消费都几乎不受利率的影响，那么，即使货币政策可以降低利率，较低的利率也起不到什么作用。所以，货币政策不可能制止那种由于投资崩溃、投资机会匮乏或厉行节约而导致的经济紧缩。与此相反，财政政策作为一种替代性的措施，却可以通过增加政府支出和减少税收来弥补有效需求和私人投资的不足。在此之后，货币政策被"流放"到一个冷僻而尴尬的位置，大多数人都认为货币政策无关紧要，它唯一的作用就是：使利率维持在低水平上，以便降低政府预算中的利息支付，使"食利者悄然消失"，而且还有可能稍微刺激投资，从而与政府支出一起将总需求维持在一个相对较高的水平上。再后来，由于各国政府根据上述理论所采取的低息货币政策造成了严重的通货膨胀，以及哈伯勒等关于货币量可以通过财富的变动来影响总需求等创新性理论的提出，又逐渐恢复了人们对于货币政策的信心，对货币政策在1929—1933年经济危机中所起的作用的重新评估更促使人们重新审视货币政策

无效性的理论依据。正是在这个时候，弗里德曼对货币政策的功能与局限适时地发表了一系列主张，从而将我们对货币政策的理解带入了一个新的阶段。

二、货币政策的功能

弗里德曼对于货币政策功能的思想可以简单地概括为以下几个方面。

第一，货币政策能够防止货币本身成为经济扰动的根源。弗里德曼指出，美国发生过的每一次重要的经济紧缩，要么是由于货币紊乱引起的，要么是由于货币紊乱而被极大地加剧的（Milton Friedman，1968）。大萧条就是一个最生动的例子，但并不是唯一的例子。同样，每一次重要的通货膨胀几乎都是由于货币扩张而发生的——尤其是当货币当局面临战争压力的时候。所以，货币当局本身肩负着一项积极的、重要的任务：提出改进货币的建议，从而降低货币自身发生故障的可能性，并且运用货币本身的力量，促使它保持良好的运转状态。

第二，货币政策力所能及的第二件事情就是为经济提供一个稳定的环境。弗里德曼认为，如果所有的人，生产者和消费者、雇主和雇员都能够满怀信心地认为，平均价格水平今后将按照预期的方式发生变动，或者平均价格水平将是高度稳定的，那么，在这种条件下经济制度将运行得最好。但此种价格水平的稳定是一种具有弹性的稳定，我们必须保持价格和工资的这种有限的弹性，以便实现对偏好和技术的动态变化进行调整所必需的相对价格变动和相对工资变动。

第三，货币政策能够有助于抵消经济体系中来自其他根源的主要扰动。弗里德曼举例说，如果存在着一种独立的、长期的经济高涨，那么，货币政策就可以通过实行一个低于原有理想水平的货币增长率，从而有助于控制局面。反过来，如果一场大规模战争的结束给这个国家提供了一个将资源由战时生产转向和平时期生产的机会，那么，货币政策就可以通过实行一个高于原有理想水平的货币增长率，从而使这个转变得以顺利进行。但是，在这里所需要进行的一个重要声明是：弗里德曼本人对所提出的货币政策的最后一个功能，一直持有一种极端审慎而保留的态度。他一直认为，货币政策在抵消那些导致经济不稳定的其他因素方面的潜力，要比人们普遍认为的潜力有限得多。由于人们在这个方面的认识水平是十分有限的，所以过多的干预反而会令自己处于某种"危险"的境地，"要求太高可能反而难以成功"，所以，只有在其他扰动造成了"明显的、立即的危险"的时候，才有必要使用货币政策来抵消这些扰动。

三、货币政策的局限性

尽管如上文所言，弗里德曼认为货币政策具有诸多功能，但他也不否认货币政策同时存在着一些局限性。

第一，弗里德曼认为力图通过货币政策来盯住利率的做法是货币政策本身力所不能及的。弗里德曼分析道，使货币量的增长速度快于它一直保持的增长速度，这种做法所产生的初始影响是暂时地降低利率，但这只是这个过程的开始而非整个过程的终结。首先，更加迅速的货币增长将刺激支出，并通过高于理想水平的现金余额来影响相对价格；其次，一个人的支出就是另一个人的收入，收入的增长将使流动性偏好曲线向上移动，并使贷款需求增加；再次，收入的增长会使价格上涨，从而使实际货币量下降；最后，如果货币量的加速增长导致价格上涨，并且假定公众预期价格将会以更高的速度上涨，那么，这种预期效应会进一步刺激利率的升高，使其高于货币量加速增长以前一直盛行的利率水平。综上所述，虽然货币量的增加会得到利率暂时下调的效果，但是时过不久，上述影响就会使最初对利率的向下压力发生逆转。再经过一段时间，如果经济中存在过度反应的倾向，利率甚至就会超过货币量调整之前的利率水平。因此，我们也经常目睹许多国家每一次力图使利率保持在低水平的努力，都反而迫使货币当局持续地进行规模越来越大的公开市场购买。弗里德曼还运用了巴西、智利等国家的实际情况说明，许多时候，高利率一直与货币量的迅速增长联系在一起。而瑞士的情况则说明了较低的名义利率反而与货币量的缓慢增长有着相当密切的联系。因此，弗里德曼认为运用货币政策来盯住利率的做法超出了货币政策本身力所能及的范围，而且，利率本身还会成为一个对货币政策是"紧缩的"还是"宽松的"令人误解的指示器（Milton Friedman，1968）。

第二，与采用货币政策盯住利率的做法非常类似的是，将就业作为货

一个自由的、发达的、参与者众多、清算效率极高的货币市场，对利率和汇率合理形成，比中央银行重要得多。

币政策的一个目标在弗里德曼的眼中也不是一个可行的选择。其原因与前者是相同的，即这种政策的即时效果和之后效果是不同的。在就业市场上，存在的自然失业率倾向于稳定在一种相对均衡的状态。虽然它并不是不可改变的，但如果通过实行通货膨胀，货币当局使得失业率得以暂时保持在自然失业率以下的水平，那么，一旦人们开始普遍预期会发生这种通货膨胀，反过来，这又会刺激提高自然失业率本身，从而需要更加迅速的通货膨胀来降低失业率。更重要的是，即使货币当局选择"自然失业率"作为政策目标，货币当局也不能采取任何一种方法来准确估计出"自然失业率"的确切水平；更进一步，即使货币当局知道"自然失业率"，货币当局也不可能制定出一种明确的货币政策，因为，在通货膨胀与失业之间，永远都只存在暂时性的替代，而不存在永久性的替代。而且，这种暂时性的替代并不是来自通货膨胀本身，而是来自没有预期到的通货膨胀，一般来说，就是来自不断提高的通货膨胀。

第二节　货币政策的实施与战术架构

一、货币政策实施的原则

关于如何实施货币政策从而使货币政策为我们的目标作出力所能及的贡献，弗里德曼认为存在两条基本的原则。

第一条基本原则就是货币当局应该以他能够控制的数量作为自己的指南，而不应该以他不能控制的数量作为自己的指南。弗里德曼进一步解释道，在货币当局能够控制的可供选择的各种变量中，对于货币政策比较有意义的是汇率、以一些指数定义的价格水平以及某种货币总量。但弗里德曼认为，汇率是一个不符合要求的指南，因为如果让大多数经济部门对由对外贸易组成的微小部分进行调整的话是十分不值得的。如果能够通过浮动汇率，让市场对世界情况进行自我调整，同时保留货币政策，以促进国内的大多数的资源更加有效率的利用，则情况要好得多。另外，价格水平作为一项指南的作用在弗里德曼的眼中也是十分值得商榷的。因为和货币当局的政策行动与几种货币总量之中的任何一种货币总量之间的关系相比，货币当局的政策行动与价格水平之间的关系都要来得更加间接。更重要的是，货币政策影响价格水平所需要的时间，长于货币行动影响货币总量所需要的时间，而且这两种影响的时滞和大小都随着经济状况的变化而变化，难以准确预测。所以，弗里德曼坚信：某种货币总量是当前可以得到的、最好的货币政策的直接指南或标准（Milton Friedman，1968）。

弗里德曼的第二条基本原则是货币当局应该避免货币政策的激烈摆动。弗里德曼指出，货币当局一般具有反应过度的倾向，原因似乎是明显的：货币当局没有考虑到他们的行动与后来对经济产生的影响之间的时滞。弗里德曼提出的解决这个问题的办法是，货币当局应该通过公开地采取一种货币政策，使某种特定的货币总量保持一个稳定的增长率，从而自始至终地避免货币政策的摆动。使货币总量保持一个稳定的增长率一般会带来一个较稳定的通货膨胀或者通货紧缩，与世界经济所经历过的广泛的、反复无常的经济混乱相比，这种适度的通货膨胀或者通货紧缩无疑要好得多。

高度发达的货币市场不仅是货币政策操作的平台，也是货币政策制定的依据；不仅是金融机构融通资金的平台，也是全社会资金供求关系、经济趋势展示的窗口。所以，重视货币市场建设和实体经济研究，是货币政策成功的两大法宝。

二、货币政策实施的战术安排

首先，在关于中间目标的选择问题上，弗里德曼倾向于选择一个单一的货币总量作为货币政策的中间目标。只要目标被公开地确定，那么货币增长就将是高度稳定的。在他看来，联储之所以确定几个货币总量为目标，主要是为了混淆视听，减少所负的责任（Milton Friedman，1982，pp. 98 – 118）。而且，这种做法是十分不可取的，这是因为，联储只有一种重要的货币控制工具，即对高能货币的控制，它的其他工具，如贴现率和法定准备金要求是非常不完善的，所以联储不能独立地控制几种货币总量。

其次，在关于目标路径的问题上，弗里德曼指出，联储一直是以一个增长率区间的形式来表述它的目标的，但随着年限的延长，货币供应量的基础年复一年地发生变动，这种做法提供了一个对绝对货币供应量的不断加宽的锥形限制，从而在长期模糊了联储所应担负的责任（Milton Friedman，1968，pp. 1 – 17）。所以，弗里德曼提出了一个更好的替代办法，即将绝对货币供应量作为一个中心目标，再在两边分别加上或减去一个额度，如1.5%，这种用绝对货币供应量作为目标的做法，无疑会使问题变得更加清晰明了。

最后，为使联储能够在短期内准确地控制货币增长率，弗里德曼也提出了一些在程序和条例上的配套安排，如同步准备金结算、选择单一货币目标以结束在目标间的摇摆、对被联储选择为目标的货币总量中的所有存款规定相同比例的法定准备金要求、采用总准备金而不是非借入准备金作为短期操作工具、将贴现率与某种市场比率联系起来并使贴现率成为一种惩罚性利率、减少联储在公开市场操作方面的过度买卖等。所有的以上措施都建立在弗里德曼本人那深植于内心的信念，即金融市场已经明确地证明：它们具有充分的适应性，能够处理可能需要的任何日常调整或季节性调整。

三、货币政策的架构

在货币政策架构的讨论中，弗里德曼本人认为：架构改革中至关重要的问题，是减少货币增长的变动性，限制货币当局的处理权限，同时提供一个稳定的货币环境。弗里德曼关于货币政策架构方面的主要建议如下：

第一，弗里德曼主张不需要货币制度方面的任何重大变化，只要对联邦储备系统强加一套货币规则，就可以在货币政策方面取得很大的进展。从经济学的角度来看，通过与国民收入的相应变动有紧密且一致关系的某种货币总量——例如 M_1——来表述这一规则将是非常理想的。而且，为了保证此规则的严肃性和不可侵犯性以及防止货币当局日后以这样或那样的理由进行推诿，弗里德曼建议通过立法来制定并明确实施这一规则。

第二，建立一种国际性的货币规则。以罗纳德·麦金农（Mckinnon, R.I.）为代表的一些经济学家提出：如果在本国的基础上应用弗里德曼所提出的单一规则，则它可能会因别种市场的通货对受该规则控制的这种通货的替代而几乎毫无效果。因此，他们建议一系列国家在它们的货币供给总量问题上，接受某种规则。但弗里德曼认为，实证结果并没有明确支持这种由其他种类的货币对总量进行控制的美元进行替代的观点，而且，他认为，此种涉及多国的协议的实施不仅是难以监督的，而且也会在各国的国内遭遇经济和政治上的强大反对压力。

第三，弗里德曼建议将联储的管制性功能与货币性功能区分开来。这是因为，目前管制性功能吸引了联邦储备系统大部分的注意力。更有甚者，他们将这两种极为不同且在某种程度上不一致的功能混淆起来，从而掩盖了对货币控制所应负的责任。他主张建立一个独立的货币控制机构，这个机构可以是一个很小的实体，只负责通过公开市场业务来决定高能货币总量。其功能将是明确的、清晰可见的，同时又将受到实际上承担责任的制约。这在今天的观点看来，无疑是中央银行分业监管的雏形。

第四，弗里德曼提议中止联储的独立性，其具体办法是：将联储转变为财政部的一个署，从而结束联储与财政部相互推诿责任的现状。针对如此激烈的变革自然会有人站出来大声反对，认为此种激进的做法会使货币政策沦为政治的玩物。但弗里德曼在这一点上毫不妥协，他认为，联储从来也没有在其自身所宣称的最充分的意义上独立过，它一直都与执政当局存在着千丝万缕的联系。更重要的是，所谓的中央银行的独立性会赋予小部分人影响深远的巨大权力，而这种带有人治痕迹的相机抉择一旦发生错误，就会带来灾难性的后果。所以，这也成为弗里德曼强烈反对联储独立性的重要理由。对这个问题的讨论是令人颇有兴趣的，因为，在弗里德曼自己提出上述观点的 20 年后，随着联储在宏观调控方面所取得的一系列成功，弗里德曼自己也在不断更新自己的观点。他不得不承认"过去的 20 年的经验使我改变了对一个问题的看法，即对个性的重要性的看法。虽然个性有时会导致巨大的差异，虽然那些所谓的负责人在个性和背景方面具有很大的差异，但是，越来越多的经验和研究使我对联储政策的连续性有了深刻的印象"（Milton Friedman，1968）。

第三节　对弗里德曼关于货币政策建议的简要评价

弗里德曼在货币政策方面的建议与其货币理论是相辅相成的。值得注意的是，弗里德曼本人从未声称自己创造了某种货币理论体系，他最杰出的、最具影响力的贡献并不在于他揭示了某种货币影响经济变量的精密运行机制——他自己认为这几乎是不可能的，而在于他从货币历史的角度所作的许多经验性的分析能够从某种宏观的角度大体把握货币与其他经济变量间的那种稳定而密切的联系。他自己在不同的场合多次重申这种联系是紧密但非精确的，除非能够了解货币传导机制的每一个细节，否则试图通过建立一些精密的数学模型并以此作为制定政策依据的做法就不仅仅是有害的，而且是十分危险的。因为只要有一个细节不能被考虑周全，那么那些所谓的模型都会带来失之毫厘，谬以千里的后果。而且这些模型本身都不是排他性的，更提不上严谨了。所以最好的方法就是尽可能地实行一种较为简单的货币政策，从而防止货币政策本身成为经济波动的根源。上述理论也为他的"单一货币政策"奠定了理论基础。

在复杂的经济生活面前，再复杂的数学模型也过于简单。

另外，弗里德曼对美国货币史以及大萧条期间所作研究的成果也深深地体现在他的货币政策建议当中，那就是他觉得货币当局的某些行为很可能会随着执政者的改变而改变，会随着执政者的意志与看法的改变而改变。更有甚者，货币政策会成为权力斗争的牺牲品，在他眼中，1929 年前的联储就是这样一个典型的例子。他的这些研究理念促使他提出了许多延伸性的政策建议，即尽可能地减少针对货币政策的这种"不可靠"的相机抉择，以某种固定的甚至立法的形式将货币政策目标确定下来，限制并分散中央银行的权力等。

绝大多数人自由选择的规则，比依赖个人的智慧重要。

此外，弗里德曼还对金本位制度、货币的竞争性发行和冻结高能货币等方面的问题发表了一系列看法，这些激进观点无一不反映出他对法律和制度性安排的信任以及对政策取决于人的个性的担心。就像他自己所说的那样，"问题并不碰巧在于是谁担任美联储主席，而在于制度"。

第四章 浮动汇率理论

20世纪50年代初期，当布雷顿森林体系声誉日隆的时候，弗里德曼就预见到了布雷顿森林固定汇率体系的终结。虽然他的前瞻性理论在当时还无法被广大的经济学者理解，但弗里德曼自己却始终不移地大力倡导浮动汇率体系的建立。时至今日，当布雷顿森林体系早已成为历史，大多数国家都建立了浮动汇率体系的时候，我们重新回顾弗里德曼教授20世纪50年代就已经提出的浮动汇率理论，仍为其精邃而富有远见的分析所深深震撼。

第一节 国际收支调节的各种方法

浮动汇率本意是更准确、更及时反映贸易参与国经济实力的相对变化，但是一旦被结算货币国或强势经济体操纵，浮动汇率就会成为弱肉强食的隐形工具。

弗里德曼认为，对于实现并保持一个从事不受限制的多边贸易的自由而繁荣的世界共同体这一基本经济目标来说，刚性的汇率都将引起严重的、不必要的困难。而只有建立弹性的、浮动的汇率体系，这种不受限制的多边贸易体系才会成为一种现实的可能，而且也才不会对各国追求国内经济稳定的努力产生消极的影响。弗里德曼强调，第一，提倡可变汇率并不等于提倡不稳定的汇率。我们的最终目标是这样一个世界：在这一世界当中，汇率在自由变动的同时，事实上是高度稳定的。汇率的不稳定，只不过是作为基础的经济结构不稳定的征兆。通过对汇率的冻结管理来消除这一征兆，不会解决任何根本性困难，而只会使对这些困难所作的调整更为痛苦。第二，不受限制的多边贸易，是指这样一种制度：在这种制度中，不存在对进口或出口的直接数量控制；在这种制度中，关税及出口补助金是相当稳定的和非歧视性的，而不会受到操纵从而影响收支平衡；在这种制度中，国际贸易的相当大一部分处于私人的（非政府的）控制之下（Milton Friedman，1953）。在上述条件下，弗里德曼从国际收支的变动着手对浮动汇率理论进行分析，他认为存在四种对国际收支变动进行调整的方法。

一、通过汇率的变动

对于通过汇率变动来保持国际收支平衡的两种不同机制，必须明确地加以区分：浮动汇率、暂时刚性汇率的官方变动。

（一）浮动汇率

弗里德曼认为，在由公开市场决定的浮动汇率制度下，国际收支账户的任何顺差或逆差趋势，首先都会影响到汇率。如果某国存在收入大于支出的早期顺差——对其货币的过度需求——那么汇率将趋于提高。如果它存在早期逆差，那么汇率将趋于下降。一方面，如果人们普遍认为汇率的上升或下降的那些情况是暂时的，那么实际的或潜在的该国货币的持有者将趋向于以一种缓和汇率变动的方式来改变他们的持有量。例如，如果汇率的某一上升被预期为暂时的，那么该国货币的持有者将有动力来卖出他们持有量中的一部分，而买进外国货币，以期望以后再以较低的价格买回该国货币。在这样做的同时，他们提供了额外的本国货币，来满足造成汇率最初上升的那部分过度需求。反之，如果汇率的某一下降被预期为暂时的，那么将存在为了以更高的价格再出售而购买本国货币的积极性，对本国货币的这种购买将提供外国货币，以部分弥补在以前的汇率水平上的外汇赤字。以这种方式，即这种"投机性"交易实际上为该国提供了储备金，来吸收暂时的盈余或弥补暂时的亏损。另一方面，如果汇率的变动被广泛地看作是永久性的根本性因素所产生的，那么，这里所存在的动力则刚好是上面所列出的那些动力的反面，而投机性交易将加速汇率的上升或下降，从而加速其到达最终位置的进程。另外，国际收支不平衡通过汇率的变化会导致国内外相对价格的变化，从而倾向于自发地抵消最初的顺差或逆差所造成的压力。而且，更重要的是，如果一个广泛的、活跃的、较完善的外汇市场发展起来的话，那么汇率作为一种极其敏感的价格，其变化将是迅速的、自发的、连续的，从而倾向于在紧张形势加剧和危机发生以前产生修正性运动。总之，在弗里德曼看来，浮动汇率无疑是最适合的调整方法。

（二）刚性汇率的官方变动

弗里德曼一直强调，在浮动汇率与那种暂时被保持为刚性的，但随政府为对付严重困难所采取的行动而变化的汇率之间存在明显差别。虽然后者对商品贸易的影响与浮动汇率制度下自动产生的那些影响是完全相同的，但它们对投机性交易的影响却是截然不同的。部分地出于这一原因，部分地由于它们固有的不连续性，所以，每一次汇率变动都成为危机的诱因。在这种汇率制度下，不存在任何能够使汇率按照所要求的规模发生变动的机制，也不存在任何可以用来改正错误的机制，而且为了在两次汇率变动之间的时期内保持均衡，政府还必须采取其他的一些机制——包括国内价格或收入的变动，直接控制和改变货币储备。

即使某次汇率变动原本不会成为危机的诱因，投机性波动也非常有可能将它转变成危机的诱因。原因在于这种制度肯定会导致投机行为的最大化。由于汇率的变动并不经常进行，而且只是为了对付严重的困难才进行，所以，汇率的变动通常是在困难出现之后才出现，而且会尽可能地推迟进行，通常是在对汇率的实质性压力加剧之后才进行的。这样一来，如果汇率有所变动的话，那么汇率变动的方向则几乎是毫无疑问的。从怀疑汇率可能出现变动到实际出现变动这一期间里，如果人们的预期是贬值的话，那么人们有足够的动力来卖出该国货币，如果人们的预期是升值的话，那么人们有足够的动力来买进该国货币。这与可变汇率下的情况形成了鲜明的对比。在可变汇率下，当汇率的下降与某种货币的抛售同时发生，并且是作为货币抛售的结果而发生时，汇率的下降抑制了该种货币的出售，从而阻止或惩罚抛售行为。简而言之，弗里德曼认为，偶尔发生变动的暂时刚性汇率制度是最糟糕的一种汇率制度。因为它既没有提供在贸易不受限制的世界中那种真正刚性、稳定的汇率所能提供的预期稳定性以及根据国外条件调整国内价格结构的意愿和能力，也没有提供浮动汇率所具有的连续的敏感性。这在今天我国的汇率改革当中仍具有深刻的现实意义。

二、通过国内价格和收入的变动

原则上，国内价格的变动能够对国际贸易产生的影响，与汇率的变动对国际贸易的影响是相同的。所以，如果国内价格和汇率都是弹性的，那么，通过汇率的变动来进行调整与通过国内价格的同等变动来进行调整，两者对经济的影响也几乎没有任何差异。但问题是上述条件显然并没有得到满足。在不存在冻结汇率的行政措施的情况下，汇率可能是弹性的；但就目前的情况而言，价格则仍具有相当的刚性。弗里德曼指出，价格上升的弹性大于下降的弹性，但即使是对于上升来说，也不是所有的价格都具有相同的弹性。价格的刚性或弹性的程度不同，意味着不同部门对外部条件的变化将作出不同的调整。在一些部门，调整将主要以价格变动的形式进行，而在其他部门，调整将可能以产量变动的形式进行。弗里德曼分析到，一方面，对实际的具有刚性的变量例如工资水平的调整，往往会同时导致失业的增加和经济的紧缩，所以它显然是一种非常低效率的应对外界变化的调整方法。另一方面，由于所需要进行的调整是连续的，并且很多调整是因为根本性的货币现象而发生的，所以，如果能够通过汇率的变动来迅速抵消这些货币现象，那么这些货币现象就不需要实际资源配置发生变动。在弗里德曼看来，随着各国政府对国内经济事务和充分就业的广泛重视，通过国内实际经济资源的变动来进行调整显然是不合时宜且得不偿失的。

三、通过直接控制

在理想的情况下，对进口、出口和资本流动的直接控制能够对贸易和国际收支产生与前两种手段相同的影响，但前提条件是我们必须可以事先预测在资本交易及进出口构成方面的变化。如果在技术上可能选择性地控制每一类进口、出口和资本交易，那么这种直接控制的做法也可以被采纳。但问题是显而易见的，这种预测是不可能做到的，而且，这种直接控制的做法会波及国内事务的许多方面，并且妨碍商品的有效分配和生产。

特别是，弗里德曼提出，当货币当局采用直接控制来解决问题时，所产生的这种明显的逆差要大于那种不存在直接控制而在相同水平上产生的逆差。这是由于直接控制的存在会使得此种货币对于好多目的来说都变得不太可取，所以对这种兑换受到限制的货币的需求就会大规模减少。此外，在进出口的限制条件下，价格都达不到使市场"出清"的状态，从而会造成"低价"进口配额使用的低效率，以及"受保护"的出口产业在国际市场上的竞争力不足而导致的份额减少的情况。更严重的是，只要存在着这样那样的管制，只要存在着足够的激励，人们就会寻找办法来逃避这些控制，再完善的法律也无法阻止这一点。

四、使用外汇储备

弗里德曼认为，如果外汇储备充足，那么通过货币储备的使用来进行调整的方法，对于一些微小的、暂时性的波动来说，是完全可以应付的。但很显然的是，如果这些变动是微小的、暂时的，那么，这种调整基本上就是不必要的。对于那些规模大、持续时间长的波动来说，采用储备来对付波动的做法会受到各种条件的制约。首先，这种做法会受到储备规模的限制；其次，由于货币当局的对冲措施还会造成价格的波动；再次，如果货币当局为了解决逆差的问题而无限地积累外汇储备，那么，外汇储备的利用效率也是一个值得考量的问题；最后，也是最为严重的是，货币当局根本就无法知道任何特定的国际收支的困难局面是否会得到迅速扭转，即这种困难局面是由暂时性的因素造成的还是永久性因素造成的结果。而且，庞大的外汇储备规模会使货币当局具有一种长期依靠外汇储备的倾向，从而延误货币当局本应该及时采取的修正性措施，导致直到储备的状况严重恶化，才迫使货币当局采取激烈行动的被动局面。

第二节　浮动汇率理论所面临的问题

在通过比较几种不同的国际收支调整方法，弗里德曼清晰地向大众传递了浮动汇率所具有的独特的比较优势。他甚至举了一个有趣的例子，即支持浮动汇率的理由与支持夏令时的理由几乎是完全相同的，通过将所有的人的时钟拨快一小时就能达到目的的做法无疑要比改变每一个人的生活习惯的做法要简单得多。

即使是这样，在 20 世纪 50 年代初期，浮动汇率作为一种新生的汇率模式难免还要面对人们的许多质疑，弗里德曼也对这些质疑作了积极有效的解释。

一、浮动汇率与不确定性

弗里德曼首先直面的是人们关于浮动汇率会带来不确定性的担心。他毫不怀疑地指出：如果浮动汇率变成了一种不稳定的汇率，那么，这主要是因为决定国际贸易的那些经济条件根本上是不稳定的。而刚性汇率本身虽然名义上是稳定的，但它却可能维持并加剧经济中的其他不稳定因素。通过套期保值等形式，投机者承担了汇率未来变动的风险。通过浮动汇率来代替刚性汇率，只是改变了外汇市场不确定性的表现形式，实际上，它甚至会降低不确定性。另外，对于汇率已经被人们看作是通货膨胀的一个敏感指标，从而，汇率的下降会导致人们普遍采取先行变动，从而加剧国内经济波动的说法，弗里德曼解释道，如果人们有一些关于汇率与价格的日常波动之间缺乏直接的、密切的联系的亲身体验，那么上述途径的影响就立即会减小到可以忽略不计的程度；而且，人们能够认识到汇率的大幅度下降是国内通货膨胀的征兆或预示，这并不是一件坏事：这意味着浮动汇率会提供某种屏障，以防止政府实行高度通货膨胀的国内政策。

二、浮动汇率与国内价格

也有一些人认为，在浮动汇率制度下，国际收支的逆差会导致汇率下降，以本国货币表示的外国商品的价格就会高于以前的水平。而外国商品价格的上升将意味着生活费用的上升，反过来，这将促使人们要求增加工资，引起"工资—物价螺旋式上升"。由于上述原因，本国商品的价格将与外国商品的价格同幅度上涨，相对价格保持不变。而且，没有任何市场力量来消除最初导致汇率下降的国际收支逆差。

弗里德曼对上述观点进行了尖锐的反驳。他认为这种观点只适用于相

浮动汇率最接近真实汇率的前提是：1. 市场是完全自由的、开放的、透明的；2. 没有操纵力量存在；3. 各国经济数据是真实的，市场对这些数据极为敏感；4. 利率是国内资金供求关系的真实反映。

当特殊的情况，尤其是并不适用于货币升值的情况。假定其他国家的货币紧缩导致某个国家出现了国际收支的逆差趋势。那么，该国货币的贬值将阻止外国价格的下降传导到该国；它将阻止以本国货币表示的外国商品价格的被迫下降。该国政府无法消除其他国家"实际"国民收入下降的影响；浮动汇率可以防止这种影响通过货币扰动而扩大。如果汇率的下降反映了国内公开的通货膨胀性波动，那么在这种情况下，货币贬值显然是通货膨胀的结果，而不是通货膨胀的原因。

第三节　浮动汇率的调整时机

弗里德曼认为，当外部条件发生了实质性的变动的时候，国内生产资源的配置和可以用来消费和投资的商品的构成就会相应地发生调整。弗里德曼假定存在一种针对上述外界变化的最优的调整速度和时机。那么，以浮动汇率制度实现的调整速度和时机是对最优的调整速度和时机的近似吗？弗里德曼认为，首先，实际生产因素针对外界变化所做的调整将不会被立即完成。这是因为，无论是商品销路的转换，还是消费者消费习惯的转换都具有一定的惯性，而开辟新的市场更需要时间，尤其是各种调整所需要的时间的差别也是非常大的，有的如食品轻工业等需要的时间较短，而有的重型工业的调整则需要相当长的时间。所以，如果能够通过汇率等货币性因素来平滑上述的调整过程将是一个理想的选择。其次，弗里德曼也分析到，这种浮动汇率的调整过程具有某些特点，汇率的最初变动将大于所需要进行的最终变动。因为在开始调整的时候，所有的调整都必须由那些可能而且相对容易的即期调整来承担。随着时间的推移，速度较慢的那些调整将逐渐承担部分调整责任，并允许汇率向最终的汇率水平反弹，"实际的调整路径也许包括多次高出最终位置和低于最终位置，从而导致围绕着最终位置的一系列周期运动或者其他运动模式。"（Milton Friedman，1953）但是，弗里德曼认为，为了避免某些最初的暂时性的调整而支付一定的代价，是符合社会利益的。所以，弗里德曼将通过汇率引发的资源配置变动的最优调整速度和时机定义为既不是充分的立即调整，也不是完全避免调整，而是介于这两个极端之间的调整方式。

而且，弗里德曼还认识到，在一个相当广泛的、自由的市场以及投机者具有正确预期，浮动汇率制度的优点就可以体现出来：一方面，由于汇率的最初下降幅度具有大于最终下降幅度的倾向，所以这给投机者提供了一个现在购买这种货币并在以后以较高的价格再销售它的获利机会。这种投机活动在客观上完全等价于投机者借款给货币已经贬值的那个国家，所以这种活动会平滑汇率的波动过程。另一方面，由于浮动汇率制度下，对外国贷款人的吸引力并不需要涉及国内贷款利率的变动，所以国内货币政策的独立性得以保持。综上所述，尽管存在这样那样的非理想的地方，如外汇市场狭小，预期不完善，私人投机活动主要由社会上不相关的政治因素所支配，但弗里德曼坚信，相比其他几种可能的调整方式，浮动汇率仍是一种最具适应能力、前途最为光明的调整方式。而他的远见卓识也已经被历史的发展所一一证明。

第五章 对弗里德曼主要货币理论观点的评述

第一节 弗里德曼的货币理论框架

通过前四章的论述，我们回顾了弗里德曼在一些主要的货币理论方面的立场与见解。在此部分，我们将对弗里德曼的主要观点进行归纳，并试图以今天的观点对其在经济中的作用与不完善的地方作一些简明的评述。

一、弗里德曼货币理论的规范部分

弗里德曼对货币如何影响经济运行的基本看法可以归纳如下（Milton Friedman，1970）：

（1）货币增长速度和名义收入增长速度之间存在稳定（但不是精确）的关系；

（2）然而，这种关系并不明显，因为货币增长和名义收入增长之间存在时滞，而这种时滞本身是可变的；

（3）平均来说，货币增长和名义收入增长之间的时滞为 6~9 个月；

（4）名义收入增长的变化首先表现在产出上，开始阶段对价格几乎没有影响；

（5）但是，经过 6~9 个月的时滞之后，货币增长的影响就会表现在价格上；

（6）同样，两者之间的实证关系很不完善；

（7）尽管货币增长在短期内影响产出，但长期来看，产出严格受到实

"时滞"概念的提出，意义深远；货币政策当局必须具备半年以上预测能力。

际因素（如储蓄和企业）的影响；

（8）通货膨胀永远是一种货币现象，因为这种现象只有在货币增长快于产出增长的情况下才能发生，但导致货币增长的因素可能有许多种；

（9）政府支出对通货膨胀的影响取决于它的融资方式；

（10）货币扩张通过影响所有资产价格而不仅仅是短期利率来发挥作用；

（11）放松货币能在短期降低利率，但在长期会提高利率。

首先，弗里德曼对前 6 条中有关货币对经济动态影响的实证分析在当今大多数决策者和经济学家看来都"非常准确"。在多项学术研究中，众多的学者都曾使用向量自回归和其他时间序列模型，以量化分析货币政策对经济的影响（崔建军，2003）。通过这些方法推算的经济动态影响非常接近弗里德曼上述观点中的结论。正如弗里德曼所强调的，名义收入中的数量和价格部分对货币扩张的反映具有明显的时间差异。在对几乎所有国家进行的实证研究中，无论是采用向量自回归分析，还是采用其他更加结构化的方式，都得出了这种结果。用于预测和政策分析的几乎所有现代数量经济模型反映的也是这种情况。因此，弗里德曼对货币扩张或紧缩所带来的动态经济影响的分析已在很大程度上被现代研究成果所证实。

弗里德曼在上述第（7）条中认为，尽管货币增长在短期内影响产出，但长期来看，产出严格受到实际因素（如储蓄和企业）的影响；这一论点的重要性也已经日益显现。目前，货币经济学家已经普遍接受这一观点，即货币在长期没有实际影响——通常被称为"长期中性"原则。然而，弗里德曼当年提出这一观点时，人们的普遍看法是可以采用货币政策在无限的时间段内影响实际结果，如降低失业率。这种认为货币政策具有长期效应的观点，不仅有误，而且非常有害。一个最为明显的例子是，尽管弗里德曼在 1968 年作为美国经济协会的主席发表讲话时反复告诫这一点，但人们在菲利普斯曲线上的投机行为还是在很大程度上导致了 20 世纪 70 年代的高通货膨胀，这是继 30 年代大萧条之后人们在 20 世纪所犯的第二个最严重的货币政策失误。

弗里德曼提出的第（8）条有关通货膨胀多由货币过度增长引起的观点，现在虽为人们普遍接受，但当时人们的普遍观点却是通货膨胀可以由多种非货币因素引起，包括工会和公司的权力以及石油生产国的贪婪等。这种理论认识的误区也直接导致了尼克松政府试图通过采取限制工资等措施来解决通货膨胀问题，也由此引起了非常严重的后果。事实上如果没有20世纪60年代末和70年代实施的过度扩张的货币政策，就不可能发生后来的严重通货膨胀。

弗里德曼提出的第（9）条观点，财政赤字只有在带来货币创造的情况下，才具有通货膨胀效应。这一观点基本上仍然为大家所接受，但由于此观点涉及过多的财政政策与货币政策的交织，本书在此不作深入讨论。

弗里德曼提出的第（10）条观点，即货币政策通过影响所有资产价格而不仅仅是短期利率来发挥作用，在日本表现得最为明显。20世纪90年代，日本的短期利率经多次下降后变为零，迫使日本银行采取所谓的"数量放松"方式。其间隐含的观点是，即使短期名义利率下降到零，货币存量的增加也将会提高资产价格并刺激经济。有证据显示这种数量放松已经产生积极效果，但这些效果到底有多大还是一个值得认真探讨的问题。

在弗里德曼提出的第（11）条观点中，货币供应量变动的即期与长期效应显然具有相当大的差别，所以名义利率并非表示政策态势的良好指标，因为名义利率高既可能表示货币紧缩，也可能表示货币放松，这要取决于通货膨胀预期状况。实际上，将低名义利率与货币放松相混淆正是20世纪30年代出现问题的原因，它可能也是日本近几年出现的一个问题。作为政策态势的另一个候选指标——实际短期利率也不令人满意，因为它把货币因素与实际因素——如生产率的增长——混淆起来。此外，具体政策指标的价值还受到中央银行所采用的操作机制的影响。

二、弗里德曼货币理论的实证部分

除了说明货币对经济的影响之外，弗里德曼也对货币政策提出了建议，这就是他提出的货币框架的实证部分。

首先，弗里德曼强调货币政策涉及一个基本原则，即货币政策能够防止货币本身成为经济扰动的根源。根据他对美国货币历史的研究，在很多时候，虽然货币当局的出发点可能是好的，但它们采取的行动对经济运行造成了干扰。其中具有代表性的例子就是20世纪30年代的大萧条。米尔顿和罗斯认为，造成大萧条的原因是联储在 20 世纪 20 年代末采取的紧缩政策以及未能遏制住 20 世纪 30 年代初的银行倒闭风潮，结果导致货币、价格和产出出现大幅下滑。弗里德曼对大萧条的研究促使他努力寻找其他方式（如提出保持货币稳定增长的建议）来确保货币机制不出现失控。

第二条建议同样颇值得回味，那就是，弗里德曼始终是一个浮动利率坚定不移的支持者。弗里德曼认为，当货币当局对国内经济稳定的重视程度超过了对国际收支平衡的重视程度，固定汇率制在经济面临压力时可能变得不稳。他指出，20 世纪 30 年代的金本位制，以及战后实行的布雷顿森林体系都属于这种情况。为了在固定汇率和国内稳定之间取得平衡，决策者必然会实行资本管制或对贸易实行限制，但这样会损害经济效率。弗里德曼认为，灵活的汇率机制可以在不对资本或产品流动实行限制的情况下达到国内经济稳定和货币政策独立的双重目标。当年弗里德曼就固定汇率和浮动汇率体制进行评论时，大多数人都认为从布雷顿森林体系下的固定汇率制转向浮动汇率制似乎还是件不可能的事情。但自布雷顿森林体系在 20 世纪 70 年代初崩溃以来，世界上的主要货币迄今都成功地实行了浮动。弗里德曼的先知先觉在这件事上无疑得到了充分的体现。

弗里德曼最重要的政策建议是鼓励决策者为经济提供稳定的货币环境。其中的原理非常简单：货币稳定能够自发地促进经济效率和增长。在货币稳定（或者说名义稳定）能够带来的好处上，弗里德曼是正确的。实际上，过去 20 年来，在世界许多地方，通货膨胀稳定性的加强都伴随着产出和就业的稳定上升。

第二节　弗里德曼货币理论框架的不足之处

弗里德曼一直坚持把货币增长作为反映货币政策态势的主要指标或工具。但货币政策首先影响的是银行准备金的供应和基础货币。随着金融创新的日新月异，货币增长速度可以在很大程度上受到许多与货币政策本身无关的因素的影响，例如抵押贷款再融资活动、金融创新的速度等。因此，如何及时地对 M_2 进行统计与计量将是一个很大的问题。将货币增长作为货币政策指标，在当今这样一个不断充满变革的经济社会中，其可靠性值得商榷。因此，要判断经济的货币环境是否稳定最终还是要综合考虑诸如名义 GDP 增长率和通货膨胀这样的宏观经济指标。

此外，在弗里德曼对名义稳定的重视中隐含的另一个观点是，中央银行应当避免采用过激的行动来管理实际经济，因为这样可能会加剧名义和实际的波动性。所以在中央银行对事态的控制能力这一点上，弗里德曼可能表现得过于悲观，他担心中央银行既无技术能力也缺乏正确的激励来控制通货膨胀。从实际来看，有决心的中央银行能够直接控制通货膨胀，特别是以格林斯潘为首的美联储在过去的 20 年中的出色表现使得弗里德曼本人也不得不承认在这一点上自己的看法有着重新考量的空间。

最后，弗里德曼的浮动汇率体系虽然在许多国家得以建立，但与此同时我们也不得不提到许多有价值的不同观点。

（1）浮动汇率制带来的金融资产价格的无常变动，使得实物资产的价格调整滞后地受其影响，并扭曲实物资产的配置效率（Dornbusch，1976）。

（2）虽然企业可以在远期外汇市场和期货市场进行对冲操作以规避风险，但这意味着交易成本的上升。而且，无论金融市场如何有效，私人部门不可能对所有潜在的汇率风险进行对冲（霍尔伍德和麦克唐纳，1996）。

（3）在发展中国家，由于外汇市场不成熟，套期保值渠道的相对缺乏，它们在浮动汇率面前尤其显得束手无策。汇率的极端易变性意味着货币错配（currency misalignment）将会发生，而这将导致资源配置不当，减少投资和外贸，引起经济增速降低，这对于缺乏远期套期保值的国家来说尤其如此（Bird and Rajan，2001）。

由此看来，浮动汇率的普适性值得怀疑，对于那些经济实力较强的大国来说，浮动汇率所带来的好处要远远大于其不好的地方，但对于广大的发展中国家来说，对浮动汇率所带来的冲击一定要慎重考虑。

更值得注意的是，弗里德曼本身所倡导的货币理念在许多国家并没有得到很好的验证。当美国和英国在 20 世纪 70 年代试图把弗里德曼的政策建议付诸实施的时候，两国都经受了让人惊讶的结果：两国在货币供应上的稳定增长都没有防止严重的经济衰退。美联储 1979 年正式采用弗里德曼式的货币目标，但是到了 1982 年失业率达到两位数后便基本放弃了，从此

> 此外，稳定的货币环境与浮动汇率衔接也是问题。

以后美联储开始了弗里德曼谴责的便宜行事的适度微调策略。此外，自从20世纪80年代初期以来，美联储和其他国家的中央银行工作相当出色，也削弱了弗里德曼把中央银行描述为"不可挽救的笨蛋"的说服力。

1965年在对弗里德曼和施瓦茨的《美国货币史》的评论中，耶鲁大学经济学家、诺贝尔奖获得者詹姆斯·托宾曾经委婉地指责作者走得太远了。他写道："考虑一下下面三个观点：货币不重要，货币太重要了，货币是唯一最重要的。人们太容易越过第二个观点直接进入第三个观点"。他接着说："虽然他们热情和精力充沛，弗里德曼和他的追随者常常正是落入这样的陷阱。"

无论如何，从长远来看，伟大人物被人纪念是因为他们的长处，而非缺点。弗里德曼确实是个伟大的人，一个有思想和智慧勇气的人，有史以来最重要的经济学家之一，很可能是向大众传播经济学思想的最聪明的宣传家。弗里德曼的货币框架对当代货币理论和操作的影响怎样说都不为过。他发现了一些关键的实证事实，并为我们提供了广泛的政策建议。尽管在一些事情上，弗里德曼的正确性并非是完全的，尽管在一些观点上，至今仍存在着这样或那样的争论与诘责，但他在当今经济理论界与现实生活中都占有举足轻重的地位，虽然我们必须指出，弗里德曼主义不管是作为主张还是在实际应用中都走得太远了。"当弗里德曼作为公共知识分子开始其生涯的时候，反对凯恩斯主义的反改革时机正好成熟，所以成就了他这个英雄"（Paul Krugman）。

参考文献

［1］崔建军：《中国货币供求的弗里德曼验证》，载《金融教学与研究》，2003（8）。

［2］弗里德曼：《弗里德曼文萃》，中文版，北京，首都经济贸易大学出版社，2001。

［3］霍尔伍德、麦克唐纳：《国际货币与金融》，中文版，北京，北京师范大学出版社，1996。

［4］欧阳卫民：《儒家文化与中国经济》，成都，西南财经大学出版社，1995。

［5］欧阳卫民：《中国古代货币理论的主要成就》，载《中国主流金融思想研究》，

厦门，厦门大学出版社，2004。

［6］陶江：《货币速度与"弗里德曼悖论"》，载《南开经济研究》，2005（3）。

［7］A. W. Phillips（1958），The Relationship between Unemployment and the Rate of Change of Money Wage Rates in the United Kingdom. 1861 – 1957，*Economica*，Vol. 25，pp. 283 – 299.

［8］Carl Snyder（1940），Capitalism the Creator，Macmillan，p. 203.

［9］Dornbusch，R.（1976），Expectations and Exchange Rate Dynamics，*Journal of Political Economy*，Vol. 84，pp. 1161 – 1176.

［10］E. S. Phelps（1967），Phillips Curve，Expectations of Inflation and Optimal Unemployment Over Time，*Economica*，Vol. 34，pp. 254 – 281.

［11］F. H. Hahn（1971），Professor Friedman's Views on Money，*Economica*，*New Series*，Vol. 38，pp. 61 – 80.

［12］Bird，G.，Rajan，R.（2001），Economic Globalization：How Far and How Much Further?，Adelaide University，SA 5005 Australia（April，2001）.

［13］J. Bradford De Long（2000），The Triumph of Monetarism?，*The Journal of Economic Perspectives*，Vol. 14，pp. 83 – 94.

［14］James Tobin（1972），Friedman's Theoretical Framework，*the Journal of Political Economy*，Vol. 80，pp. 852 – 863.

［15］James B. Jeffreys and Dorothy Walters，National Income and Expenditure of the United Kingdom，1870 – 1952，Income and Wealth，series 5［C］.

［16］Jo Anna Gray（1976），Essays on Wage Indexation，University of Chicago.

［17］Karl Brunner，Allan H. Meltzer（1972），Friedman's Monetary Theory，*The Journal of Political Economy*，Vol. 80，pp. 837 – 851.

［18］Milton Friedman（1953），Essays in Positive Economics，Chicago：University of Chicago Press.

［19］Milton Friedman（1957），The Relationship of Prices to Economic Stability and Growth，Joint Economic Committee Print，Washington，D. C.：U. S. Government Printing Office.

［20］Milton Friedman（1958），The Supply of Money and Changes in Prices and Output in Relationship of Prices to Economic Stability and Growth.

［21］Milton Friedman（1968），The Role of Monetary Policy，*American Economic Review*，Vol. 58.

［22］ Milton Friedman（1970），The Counter-Revolution in Monetary Theory，IEA Occasional Paper，No. 33，London：Institute of Economic Affairs.

［23］ Milton Friedman（1973），Studies in the Quantity Theory of Money，Chicago：University of Chicago Press.

［24］ Milton Friedman（1976a），Inflation and Unemployment，Nobel Memorial Lecture.

［25］ Milton Friedman（1976b），Price Theory，Aldine Transaction.

［26］ Milton Friedman（1982），Monetary Policy：Theory and Practice，*Journal of Money，Credit，and Banking*，Vol. 14，pp. 98 – 118.

［27］ Milton Friedman and Anna Jacobson Schwartz（1963），A Monetary History of the United States 1867 – 1960，National Bureau of Economic Research.

［28］ Paul Krugman，Who Was Milton Friedman？，*The New York Review of Books*，Vol. 54，No. 2.

［29］ Phillip Cagan（1973），The Monetary Dynamics of Hyperinflation，chap 2 in Studies in the Quantity Theory of Money，Chicago：University of Chicago Press.

［30］ Robert E. Lucas（1973），Some International Evidence on Output Inflation Trade-offs，*American Economic Review*，Vol. 66，pp. 326 – 334.

第六编

蒙代尔的最优货币区理论

MENGDAIER DE ZUIYOU HUOBIQU LILUN

Robert A. Mundell（1932— ）

蒙代尔生平简介

罗伯特·蒙代尔（Robert A. Mundell），1999 年诺贝尔经济学奖得主，美国哥伦比亚大学经济学教授，世界经理人集团（World Executive Group）董事会主席。蒙代尔教授被誉为最优化货币理论之父，他系统地描述了什么是标准的国际宏观经济学模型，是货币和财政政策相结合理论的开拓者。蒙代尔改写了通货膨胀和利息理论，倡导利用货币方法来解决支付平衡。此外，他还是供应学派的倡导者之一。

第一章　蒙代尔经济思想综述

第一节　古典国际贸易理论

19世纪英国古典经济学家是国际贸易理论领域的开拓者。所谓古典模型，首先，就该模型的研究主题而言，其早期开拓者乃是秉承英国经济学传统的几位学术大师：李嘉图、图伦、穆勒、马歇尔和埃奇沃斯，他们通常被称为"古典"经济学家。其次，就该模型的研究方法，其基本假设是充分就业经济，不同于"凯恩斯模型"，后者假设经济体系存在未被利用的资源。最后，就该模型的学术地位而言，它们为整个经济理论确立了规范，位居经济理论体系的核心，至今仍然是现代经济学家必不可少的工具。

蒙代尔教授根据古典二分法的重要应用，研究了交换和贸易的纯理论，并且将"纯"理论和货币理论结合起来，开辟了崭新的研究领域。

在古典国际贸易理论中，蒙代尔利用独创的"比较静态方法"，假定调节变量为常数，计算政策变化所引起的过度需求，然后计算调节变量世纪变动所产生的过度供给。国际贸易中的运输成本一直是古典贸易模型中显著的理论空白，蒙代尔引入几何方法来分析运输成本，说明区分离岸价格贸易条件和到岸价格贸易条件的必要性，提出了分析两国运输产业市场份额的方法。通过假设不同的相互需求的弹性，论述了运输成本如何影响国际贸易均衡，运输成本的存在和运输成本大小的变化如何改变国际转移支付理论、最优关税理论，以及赫克歇尔—俄林模型中贸易条件和真实要素收益之间的关系。

在国际贸易和要素流动方面，蒙代尔提出：限制贸易会刺激要素流动，限制要素流动会刺激贸易，在这个意义上，贸易和要素流动互为替代。因此，增加关税和其他贸易限制措施将刺激要素流动，而要素流动障碍增加则刺激贸易。

蒙代尔的贸易纯理论和货币调节机制的结合，开启了国际收支分析的一般均衡货币方法，该方法随后被扩展到全球的经济分析中。该理论的基本假设是没有资本市场。这意味着货币政策和财政政策没有区分。

第二节　货币与宏观经济理论

纵观历史，国际货币体系对货币、财政、公债和汇率政策具有深刻影响。有关国际货币体系理念的转变总是给财政政策和货币政策带来新的观点和视野。19 世纪各国普遍实行金本位制，任何偏离财政政策和货币政策约束的行为都将遭受金融危机的惩罚，财政保守主义因而成为主流思想。第一次世界大战摧毁了绝大多数财政政策和货币政策约束，紧随而来的是汇率震荡。20 世纪 20 年代后期恢复了金本位制，暂时回归到了财政保守主义。30 年代末金本位制再次崩溃，宏观经济政策新试验和国家管理货币的时代来临。第二次世界大战之后，货币政策和财政政策越来越局限于实现内部经济稳定目标，势必与国际收支调节政策发生严重冲突，后者旨在维持固定汇率的国际货币体系。结果是国际货币体系在 20 世纪 70 年代早期轰然倒台。

货币与商品平衡，物价就稳定，反之，要么走向通货膨胀，要么陷入通货紧缩。采取什么本位并不重要。

20 世纪 70 年代初期国际货币体系的崩溃以及黄金锚的摧毁，导致全世界货币政策约束的空前弱化，整个世界经济体系出现前所未有的通货膨胀，即使战争时期的通货膨胀也相形见绌。各国用了好长时间才逐步认识到：没有明确致力于控制通货膨胀的货币政策，迈向浮动汇率体系就不是一项能够实现内部稳定的经济政策。

蒙代尔在他的论文（1963）《固定和浮动汇率下资本流动和稳定政策》及弗莱明（1962）的《固定和浮动汇率制下国内金融政策》论文中，利用凯恩斯理论的宏观分析扩展框架，即 IS－LM 模型，由美国经济学家汉森和英国经济学家希克斯在凯恩斯《就业、利息和货币通论》基础上创立的并融入国际收支的均衡，对开放经济条件下内外均衡的现实问题进行了研究。蒙代尔—弗莱明模型系统地分析了在不同的汇率制度下，国际资本的流动性对宏观经济政策有效性分析中的重要作用，其综合地体现了凯恩斯的收入—支出模型和米德的政策搭配思想。其中，该模型假定短期内价格水平不发生改变，充分地继承了凯恩斯刚性价格思想。作为宏观经济的一般均衡分析模型，蒙代尔—弗莱明模型涵盖三个市场，即商品市场、货币市场以及外汇市场。在这里，外汇市场的均衡不仅仅是经常项目的均衡，而是随着第二次世界大战后国际资本流动的增强，加入资本项目的分析，其假定资本流动是国内和国外利差的函数。在均衡状态的条件下，资本项目的赤字或盈余用于抵消经常项目下的盈余或赤字，值得注意的是，模型不仅重视商品流动的作用，而且特别关注资本流动对政策选择的影响，将开放经济的分析由实体领域扩展到金融领域。

资本的逐利性决定资本流动的必然性。试图阻止这种流动，最终是徒劳的和无效的。

蒙代尔—弗莱明模型的一个重要贡献是把资产市场和资本流动融入到开放经济条件下的宏观经济学中。该模型重点研究了在不同的汇率制度下和不同的资本流动条件下宏观经济政策——货币政策和财政政策的效果。该模型的重要性在于它的政策含义，即一国怎样通过宏观经济政策搭配实现宏观经济的内外均衡，它是在布雷顿森林体系下的固定汇率制度的条件下建立的理论模型，同样也适用于浮动汇率条件下分析宏观经济政策的搭配，这也是该模型生命力长期不衰的一个重要原因。

同时蒙代尔也提出了这个模型的局限性。这个模型应用最好的三个国家是世界上最大的三个经济体：美国、德国和日本，他们拥有强大的货币，拥有最发达的资本市场，他们实施财政扩张式的各种条件，都能够保持货币紧缩。而对于发展中国家该模型具有局限性。发展中国家由于没有本国货币交易的发达资本市场，所以发展中国家实施财政扩张时，通常都伴随着银根放松和外部投机资本对本国货币的冲击。同时这个模型忽略了国际收支的反馈效应和外国对本国政策的可能反应。

蒙代尔—弗莱明模型的另外两个缺陷是价格水平不变和静态预期。假定价格水平是不变的，表明它是一种非充分就业的均衡分析，没有从长期角度来考虑价格水平的调整；静态预期没有包括时滞效果。

尽管如此，蒙代尔—弗莱明模型仍然是开放经济下宏观经济学的优秀模型，不能否认其对理论界的贡献是颇为巨大的，同时它也对之后的货币和资产市场的汇率决定理论奠定了基础。直到现在，蒙代尔—弗莱明模型依然具备重要的理论价值和实际意义，政府也将其作为调整宏观经济均衡的一个重要的分析方法。

第三节 最优货币区理论

所谓最优货币区（Optimal Currency Areas，OCA），即是一个最优地理区域：该区域内，单一的货币或是几种货币作为支付手段，而这几种货币之间具有无限的可兑换性，在进行经常交易和资本交易时互相盯住，其汇率保持不变；区域内与区域外的国家之间的汇率仍然保持浮动；最优即意味着内部平衡与外部平衡得以同时实现。蒙代尔认为，要素能自由流动是形成"最优货币区"的首要标准；货币区内的汇率必须被固定；有能力稳定区内就业和价格水平的能力即是"最优"的标志。国家边界不是划定最优货币区的标准，而是由地理区域限定的。

假设有 A、B 两个国家，两国拥有各自的法定货币和中央银行。在两国货币之间采用浮动汇率的情况下，若 A 国与 B 国之间的需求转移将导致国际收支不平衡，则通过汇率浮动可以达到外部的平衡。例如在 A 币升值、B 币贬值的情形下，A 国则进口增加，物价下跌；则 B 国出口增加，失业率减少；与此同时，可能会造成 A 国失业率增加、B 国通胀，那么汇率浮动将无法实现内部平衡的目的。然而，当要素市场一体化、区内成员货币之间汇率固定时，A 国超额需求与 B 国超额供给随要素 B 向 A 转移而逐渐消失。因此，要素自由流动可以部分地替代价格——工资的自由浮动，最终达成区域内成员国之间外部平衡的目的。

概括来讲，区域性货币一体化的收益大体可以归纳为以下几点：

首先，有利于促进本区经济一体化，并极大地提高货币区内总的经济福利。区域货币一体化的前提之一，即是实现人力、资本及商品等要素能

世界经济不平衡主要原因是认为造成要素不能自由流动。

在货币区内的自由流动与统一共享。货币区内要素的自由流动，不仅有利于货币区内贸易自由化，进而极大地提高区域内自由贸易的效率，还有利于充分利用区域内的人力、物力与财力，实现资源的整合与优化配置，从而在宏观经济政策制度制定上更易于达成一致，并直接推进本区域经济一体化的进程。

其次，有助于降低货币兑换成本，避免区域内货币间的汇率风险。区域货币一体化的初级形式为：区域内成员间货币可自由兑换，且比价固定。毫无疑问，该规则将会锁定区域内成员间的汇率风险，并使区域内成员国之间的贸易结算更为便捷。当区域货币一体化逐步进入单一货币——最高形式时，则区域内各成员国货币将退出历史舞台，"大一统"的单一货币形式成为主流。区域内成员国之间的贸易形式就变成了内部贸易，成员国之间的货币兑换成本也就不复存在。

再次，对整合区域内金融资源有积极影响，有效地降低了投融资成本和风险。现如今，国际投融资成本高，且风险大。区域货币一体化则大大促进了区域内金融资源的共享，在固定汇率情况下，锁定汇率风险，同时在共同货币政策下，锁定利率风险，这样，各成员国将不需保留过多的国际储备，进而总资源闲置成本也会降低。对于人力、商品及资本等要素的整合，金融资源的整合无疑处于核心地位，因此，实现区域内单一货币的目标是区域经济一体化的最高表现形式。

最后，有利于加强区域内一体化协作，并一致对外抵御竞争风险。区域一体化是一股强大的国际力量，它不仅有利于经济上的联盟，而且还有利于区内成员国之间结成政治上和军事上的强大联盟，他们一致对外，采用一个声音说话，往往能获得一种放大的效果。

从成本角度看，区域经济一体化对各成员国来讲可能带来以下成本：

首先，成员国将会失去货币政策的独立性和自主性。根据蒙代尔"铁三角结构"原理（又称蒙代尔悖论）：一国不可能同时实现固定汇率制、资本自由流动及独立的货币政策三大目标。

区域货币一体化以固定汇率制和资本自由流动作为前提，那么，货币政策就将不能独立存在。于是，在一体化的货币区内，任何一个成员国都将不再拥有自主实施货币政策以反周期调控的自主权。从各成员国的利益来讲，这无异于将要呈现"少数服从多数"或"个别服从全局"的局面。

其次，汇率政策工具会因固定汇率而失去用武之地。区域货币一体化要求各成员国锁定汇率，且不能任意调整变动，这就意味着将无法使用该国汇率政策工具。由于国际收支不能再动用汇率政策工具来调节，那么只能将要素转移来实现外部均衡与内部均衡的统一，进而达到调节国际收支的目的。

最后，各成员国的铸币税将随着区域内流通单一货币的形成而不复存在。铸币税是一种无形的税收，是指政府通过垄断货币发行权从而获取由货币面值与币材成本之间的差价。故若区域内实现单一货币，各国将必须放弃各国的货币和铸币税产生的收益。

由此可见，最优货币区理论实际上阐述的是一个最优货币区联盟或货币一体化所应该具备的条件及汇率制度安排的理论。在这最优货币区，即指的是能实现内部平衡和外部平衡的相关国家及地区联合形成的货币联盟，在货币联盟区域内，各成员国将采用固定汇率，而对外实行浮动汇率。在 2001 年上海的 APEC 会议期间，蒙代尔曾预言："未来 10 年，世界将出现三大货币区，即欧元区、美元区和亚洲货币区。在全球货币缺少的情况下，亚洲或亚太地区建立一个统一货币是大势所趋。"

根据最优货币区理论，实行单一货币有利于各成员国的利益协调一致。第一，实行单一货币，可以节约大量的兑换和交易成本，降低了货币兑换和兑现的频率，货币使用的效益将大大提高，且经济与贸易的发展也将有效地刺激，提高市场透明度，有利于促进经济一体化的进程。第二，外汇储备将减少，减轻了因调节国际收支平衡而对中央银行带来的负担，消除汇率波动，外部游资冲击的能力也将得到缓解，从而降低金融风险。第三，通货膨胀和对通胀的预期可以得到有效降低，有效低贷款的风险溢价，不正常上升的国内利率得到抑制，从而稳定和深化国际金融市场，并进一步有助于贸易和投资的发展，为经济的快速增长创造良好的宏观经济环境。

如果每一个国家都把货币当作是一个谋利的工具、政策调整的手段，那么，这些国家就不可能形成一个"货币区"。

10 年是不够的。100 年后是可能的。因为亚洲与欧洲的差距至少在 100 年以上。

第二章 最优货币区理论发展及实践

第一节 最优货币区理论的发展

一、艾默生的"一个市场，一种货币"的理论

20世纪80年代中期，在经过近20年的停滞后，欧洲经济一体化的思想开始复兴，进程也明显加快，货币一体化的理论研究也随之跨入第二个活跃期。在这个时期，对货币一体化的研究主流方向也开始从"确立一个给定货币的最佳地理流通空间"转向"为一个几乎给定的地理区设计一个最佳货币"转移。而新增长理论、博弈论等诸多理论的新发展为该领域的研究提供了理论与方法上的支持，研究基础和研究动力则来源于欧洲货币一体化的实践。

"一个国家，一种货币"的传统主权概念

在传统的政治制度中，更看重的是国家主权的独立性，反映在货币关系上就是"一个国家，一种货币"的货币主权观。从19世纪以来的相当长时期内，调节市场的核心的主体是国家这一事实被确认，国家在货币创造、货币供应、货币信誉等货币制度方面享有高度统治解释权，所以就货币的空间关系而言，以国家疆界作为市场空间顺理成章，则基于当时市场状况及现实条件，"一个国家，一种货币"的货币制度安排是理性选择，

人类走向统一有多种方式、方法。欧洲人也曾试图走武力统一的道路，但几次尝试几次失败。现在选择货币、经济一体化道路，是明智和有效的。

在政治领域，我们看到了人权和主权的矛盾，在经济领域，我们则看到了市场和主权的矛盾。

不可否认在相当长时间以来，在空间上，国家的确是最稳定、最完整的市场。

但是随着经济的交流和发展，因超越国家疆界而形成的市场融合不断扩大时，仅依靠一个国家货币制度或以各个国家简单融合而成的国际货币制度安排，是很难达到市场对货币服务的要求，相反甚至可能形成障碍。特别是，在经济全球一体化的进程中，涉及货币层面时，市场对货币竞争的驱动相当大程度上改变了货币关系的空间构成，使得国家对货币垄断权力不断被侵蚀。所以世界需要就货币运行的功能性进行分析，按每个货币的有效使用和影响力辐射的完整范围而不是政治疆界，来重新构筑货币层面市场—制度关系的新框架，这便产生了"一个市场，一种货币"的新思想、新理念。

二、"一个市场，一种货币"的新思想、新理念

20世纪90年代初期，艾默生和格罗斯系统地阐述了"一个市场，一种货币"的新思想。他们的研究理论认为，市场上使用的货币，根本上，应由市场状况特别是取决于市场需求，货币空间应由实际的货币交易网络进行具体划分，而每个划分的货币空间即是其功能性权威的影响范围，即"货币圈"——完整市场在货币层面的响应。值得注意的是，这里所指是空间的功能性意义而非空间的物理意义。因此，货币作为一种交换工具和价值工具，真正用于服务市场，只要是一个统一的大市场，无论这个市场有多大，涉及多少国家，单一货币即是最优选择。

艾默生和格罗斯的贡献在于为在一个市场区域中的货币统一提供了认识上的保障。在以往的阶段，货币总是被认为代表一个国家的主权，货币统一成国家统一的重要标志，从而主权国家都认为失去本国货币的控制权，就失去了国家的主权。在艾默生等经济学家的"一个市场，一种货币"的思想影响下，越来越多的国家认识到货币本质上是服务于市场的，国际经济深化交流是需要货币融合作为基础的。若一个国家无法更有效地发挥好货币的职能与作用时，货币权的让渡则会有助于发展经济和提高国家和人民的利益，那么适时地将货币的主导权移交更高层次的超国家机关显得尤为重要。

历史上，随着疆域的扩大、市场的扩大，货币一体化进程就没有停止过，政治、经济强势的货币一直在排斥甚至消灭弱势货币。

20 世纪 90 年代后，随着欧元和拉丁美洲美元化进程的加快，国际货币体系即将被分成几个大的货币区，每个国家都面临着是否参与区域经济和区域货币一体的选择。譬如，丹麦、英国和瑞士作出了暂缓加入欧元区的决策。这样，关于一个区域内各经济体是否参与货币区的理论应运而生，美国经济学家克鲁格曼在"GG－LL 模型"就阐述研究了单一国家如何判断是否加入货币区以及加入货币区后的收益和成本之前会否有一个相应的权衡标准。克鲁格曼以欧盟和芬兰为例，就芬兰加入欧盟的成本收益曲线进行研究，得出芬兰加入欧洲货币体系的收益大小取决于芬兰与欧洲货币体系成员贸易关系的一体化程度。此外，克鲁格曼用"GG－LL"模型说明了最优货币理论，指出最优货币区是通过商品贸易和服务贸易及要素流动，促进多国经济紧密相连的区域。若各国间的贸易和要素流动大，则组建货币区会有益于各成员国，反之亦然。这对货币一体化的实践也具有重要的指导意义。

"货币"是促进商业流通便利化的工具。商业越紧密，参与贸易的企业和自然人越多，采取同一种货币计算的愿望越强烈。

第二节　欧元的产生和发展

一、欧元概述

欧元（Euro）是欧元区内各国使用的统一货币。欧元的诞生是欧洲一体化进程的一次飞跃，同时也是 20 世纪末国际社会的一件大事，意义非凡，影响深远。

在欧元启动之前，欧洲中央银行固定了各自成员国货币与欧元的兑换比率。进入欧元区时代，欧元区成员国不再具有各自独立的货币政策，取而代之的是欧洲中央银行（European Central Bank，ECB）和欧洲中央银行体系（European System of Central Bank，ESCB）制定的货币政策。

欧洲中央银行负责欧元的发行，制定一个在整个欧洲范围内统一的货币政策，各成员国的中央银行，则在实施该货币政策的过程中发挥作用——欧洲中央银行和欧洲联盟的各成员国的中央银行共同组成了"欧洲中央银行体系"。

货币的价值通常分为对内和对外两种，对内价值就是指货币在国内的实际购买力，一般用通货膨胀率来衡量；对外价值则是指货币的国际购买力，通常以汇率来度量。欧元诞生十多年来，其对内价值始终保持着相对的稳定性，而对外价值即汇率则颇有波动，这一方面反映了国际流动资本的货币需求发生结构性转移，是国际外汇市场上欧元与其他货币的供求关系发生了变化；另一方面也体现了欧洲银行货币政策对欧元的对内价值的关注高于对外，主要是因为维护内部价格稳定是其首要目标，只有在汇率变动可能导致欧元区内部的通货膨胀或紧缩时，欧洲中央银行才会出手干预外汇市场。

欧元经历了价值的高估、低估到反复震荡、价值回归这样一段历程，其影响因素包括政治、经济、社会、军事、突发事件等。应该说，欧元十多年的运行是成功的，作为一个新生的货币，它基本上是稳定的。在相当一段时期内，它还是无法对美元的主导地位构成威胁。但是它必将在世界货币体系中占有越来越重要的地位。

二、欧元的发展历程

1806 年拿破仑率先提出欧洲统一货币。

1969 年 2 月，欧共体执委会提出了建立经济货币联盟的"巴雷计划"。

1969 年 12 月，欧洲共同体国家在海牙召开的首脑会议上就提出以建立统一货币为中心的"欧洲经济货币联盟"。

1969 年，蒙代尔第一次提出统一欧洲货币的计划。

1970 年 10 月，维尔纳主持的"维尔纳小组"提交了经济和货币联盟计划，但因货币危机而被搁置。

1971 年 2 月，欧洲货币联盟成立《罗马条约》，欧洲统一货币的萌芽
144 欧洲支付联盟（EPU），欧洲货币合作的开始。

1979 年 3 月，欧洲货币体系宣告诞生，为欧共体 9 国的货币确定一个中心汇率，并设立埃居为统一货币的兑换单位。欧洲货币体系的主要内容包括：一是创建欧洲货币单位。"欧洲货币单位"是欧洲货币体系的核心，是按"一篮子"原则由共同市场各国货币混合构成的货币单位。其定值方法则根据成员国的国民生产总值和在共同市场内部贸易所占的比重大小，

确定各国货币在"欧洲货币单位"所占的加权数，并用加权平均法逐日计算欧洲货币单位的币值。二是建立双重的中心汇率制。共同体成员国对内实行固定汇率，对外实行联合浮动。三是建立欧洲货币基金。根据欧洲货币体系的规定，要求各成员国缴出其黄金外汇储备的20%，其中10%为黄金，创建欧洲货币基金，用于向成员国发放中短期贷款，帮助有困难的成员国摆脱国际收支上的困难，保持其汇率相对稳定。

1988年6月，汉诺威首脑会议决定成立以德洛尔为首的"经济和货币联盟委员会"。该委员会于1989年4月提出分三阶段实现单一货币的报告，同年6月马德里首脑会通过这一报告。

1990年7月1日，经货联盟进入第一阶段，各成员国开始资本自由流通，加强经济政策协调。

1992年2月7日，签署《马斯特里赫特条约》，欧盟取代了欧共体，并规定了一国参加货币同盟的条件和欧元推进的时间表。

1994年1月1日，经货联盟进入第二阶段，各国经济政策根据5项趋同标准互相靠拢，各国中央银行获独立地位，设立欧洲货币局。

1995年12月，马德里首脑会确定欧元为单一货币单位。

1996年6月，都柏林首脑会确定欧元体系国与非欧元兑换机制，确定欧元法律地位和票面图案，并就《稳定与增长公约》达成一致。

1997年6月，阿姆斯特丹首脑会通过了《稳定与增长公约》。

1997年12月，卢森堡首脑会议接受德法建议，决定设立由欧元国财长参加的欧元委员会，讨论对欧元的管理。

1998年5月，布鲁塞尔特别首脑会确定了首批11个欧元国名单；公布了欧元国货币与欧元的汇率；欧洲中央银行成立，确定杜森贝格为首任行长；开始印制欧元。

1998年12月1日，欧元区11国财长就欧元对外代表权达成协议，决定由欧元委员会轮值主席和7国集团成员德意法3国中的一国共同代表欧元说话。

1998年12月3日，欧元区各国除意大利外决定把利率降至3%，意大利降至3.5%。

1998年12月31日，最后确定欧元国货币同欧元不可更改的兑换率。

1999 年 1 月 1 日，经货联盟进入第三阶段，欧洲中央银行正式承担欧元货币政策责任。欧元宣告正式问世。

1999 年 1 月 1 日至 2002 年 1 月 1 日为过渡阶段，欧元同欧元区各国货币共存。

2002 年 1 月 1 日至 6 月 30 日，欧元区各国货币开始退出市场，欧元纸币和硬币正式进入流通市场。

2002 年 7 月 1 日，欧元取代各国货币成为欧洲单一货币。

第三节　欧洲货币一体化的分析

一、欧元成员国在欧洲统一货币中获利分析

货币统一的主要收益来源于整个经济体中经济效率的提高，这样的收益不仅体现在一个国家的微观经济领域，也体现在宏观经济领域。

（一）降低交易成本的收益

首先，加入欧盟后，由于使用相同的货币，这样就消除了成员国货币之间的兑换成本，这是货币统一带来的最直接的收益。根据欧盟委员会的估计，这笔费用每年高达 200 多亿美元，占欧盟 GDP 的 0.5%。同时，由于银行兑换费用的取消，大量的银行资源解放出来，可以从事许多其他的盈利项目，从而提高社会的净福利水平。

其次，在市场被分割的情况下，由于汇兑成本、管理成本以及税收差异等原因，价格歧视普遍存在。在统一货币区内，交易成本的降低将减少货币区内的市场价格歧视，使同一种产品在不同的市场范围内价格趋向相同，而且汇兑成本的消除便于消费者比较不同国家的价格，选择最便宜的市场购买所需的产品，从而提高消费者的福利。

（二）消除汇率不确定带来的收益

汇率变化的不确定必然影响到投资者的收益变化，使风险厌恶者慎于

好的制度安排可以产生社会收益，节省社会成本，相反，增加成本开支。银行因为货币兑换而取得手续费，从社会进步角度看，是没有意义的。

贸易和投资。在国际贸易和跨国投资中，汇率变动的不确定性影响人们的信心，加大贸易和投资的风险。货币统一之后，消除了汇率的变化，使投资者在贸易过程中，对未来的收益更加确定，将促使投资者扩张自己的贸易行为，增加社会财富的积累。统一货币的结果，可以说消除了汇率波动产生的原因，实际上为各国货币提供了无成本的、无限制的保值。这是传统的最优货币区理论的最重要的观点。

对于投机资本来说，风险意味着利益空间。

（三）形成更完善的价格机制及降低资金使用成本

价格是引导生产者和消费者行为的重要信号。如果汇率不稳定，将导致商品价格的波动，进而影响商品生产者的决策质量，增加商品的成本，所以在区域内使用统一的货币，将减小汇率因素形成的价格波动，使价格体系更有效地指导市场行为。同时，统一的货币将降低区域内成员国的资金使用成本。根据欧洲市场多年的经验证明，即使是两国的汇率基本固定，但是由于市场对汇率变化的疑虑，实际上两国的利息率也存在很大的差异，不会完全均等。那么，各国间统一货币后，消除了市场疑虑的根源，实现利率均等变化，资金成本的降低有助于投资的发展。

二、实行欧元存在的问题

自 1999 年欧元以非现金方式投入流通，到 2002 年欧元现钞取代成员国货币成为欧元区唯一合法流通的法定货币，欧元的引入基本比较顺利地实现了。在这个过程中，欧元不仅得到欧元区各国的接受和认同，而且相对于原有的成员国货币，欧元在国际结算、国际金融市场交易和国际外汇储备等方面的作用也有所加强，对于一个新生的货币来说，这已经是一个了不起的成就。从物价方面看，欧元区 1999 年至 2003 年 5 年的通货膨胀率分别为 1.1%、2.1%、2.4%、2.3% 和 2.1%，基本上是在 2.1% 的中期膨胀率目标周围波动，可以被认为是实现了《马斯特里赫特条约》规定的物价稳定的目标。

财政收支不平衡，特别是寅吃卯粮，会导致商品、货币的不平衡，从而影响物价稳定，亦即币值的稳定。只有当生产能力过剩，商品供过于求，货币供给滞后，赤字财政适度规模，才不会影响货币的稳定。

然而伴随着欧洲经济的不景气，欧元的稳定运行开始受到挑战，这其中突出的是财政赤字问题，1997 年的《稳定与增长公约》要求成员国应致力于实现"财政预算平衡或略有盈余"的目标，以给财政政策的自动稳定

调节作用提供空间，并规定了 3% 的赤字警戒线，超过警戒线必须限期改正，否则接受处罚。然而，自 2001 年起欧元区成员国的财政赤字为 1.6%，2002 年起上升到 2.3%，2003 年更达到了 2.7%。2001 年葡萄牙的财政赤字率先突破警戒线，后虽然采取一次性措施得到纠正，但仍然存在着反弹的趋势；2002 年德国和法国两个大国财政赤字分别超过警戒水平，分别达到 3.5% 和 3.2%；2003 年的情况则更加糟糕，不仅德法两国的财政赤字进一步恶化，而且荷兰和英国也分别达到和超过警戒水平，而在 2001 年，这两个国家分别有 2.2% 和 3.8% 的财政盈余。财政赤字的迅速增长可能主要由于两个方面的原因：一是经济增长的乏力以及失业率高居不下，欧元区 1999—2003 年的经济增长率分别是 2.8%、3.5%、1.6%、0.9% 和 0.4%，而同期失业率则达到 9.4%、8.5%、8.0%、8.4% 和 8.8%。二是因为欧盟劳动力市场结构和社会福利制度改革进程缓慢。

　　不可逆性是货币一体化进程中的显著特征，因此，当欧元形成后如果再返回到各个成员国货币就会付出巨大的退出成本。因此，从某种程度上来说，欧盟成员国财政赤字的状况不一定会导致欧元的垮台，但财政赤字的存在一定会威胁欧元的稳定运行。通过对欧盟成员国的剖析，我们得知欧盟各国经济处于较慢的增长状态，失业率也处于较高的水平，这其中有短期需求因素的影响，但从本质上来说是知识创新和技术创新滞后、社会福利制度和劳动力市场结构不合理等因素所致。在应付短期经济波动方面政府通常会采取货币政策和财政政策。但从长期来说，知识积累和技术进步才是经济增长的主要推动力。以美国为例，经济最长的增长周期中，赤字并不是拉动经济增长的主要因素，在克林顿执政期内美国的经济在消灭财政赤字的基础上同时实现了盈余。所以，欧盟国家如果想走出经济低谷应该在产业升级和技术进步方面下工夫。另外，欧盟国家僵化的劳动力市场和传统的高福利也大大影响了经济的增长。目前，加重的人口老龄化和对应的高福利制度更是使欧盟经济雪上加霜，因此，传统的福利改革在一定程度上会减轻欧盟的财政预算压力，而且对于欧元的稳定运行和长期经济增长有积极的推动作用。

第三章　中国构建最优货币区的优势条件与面临困难分析

第一节　构建最优货币区的优势条件

一、同文同种、同族同家的国族、历史、文化亲缘关系

大陆与台湾，内地与香港、澳门文化同宗同源、人员相亲，血浓于水，同属中华文明范畴，延续着一致的文化传承，人民、同胞皆为华夏儿女，饱含同样的"国家"和"民族"情结。尤其是粤港澳地区，同属珠江文化范畴，珠江文化作为中华文化的一个重要的组成部分，在传统中华文化的基础之上，由岭南文化、粤文化及毗邻的港澳文化、湘文化、云贵文化、赣文化融汇发展而来，对多元的文化内涵有积极的推动作用，也增加了珠江文化资源内部的多样性。文化的同质性并不是地域内部文化的完全一致性，只有在互动基础上的一致才具有生机和活力。同时，推陈出新、与时俱进的时代精神和自强自立、反抗外侮的民族精神是珠江文化最大的特点和优势，也是珠江文化的本质所在。粤港澳在区域内文化上的同质性和其特有的优势，有助于个性化合作机制的建构，对区域整体合作效能的提高有积极的推动力。类似地，台湾与内地在文化认同、历史传承等方面的整体一致性，对于构建最优货币区起到积极作用。

二、地域相连、地缘相近的地理区位优势

港澳与内地山水相依、地域相连，台湾与大陆隔水相望、地域相近。香港与广东一衣带水，唇齿相依。香港、澳门自然资源缺乏，第一产业占比可以忽略，在这种情况下内地的资源供给就显得非常重要。比如，香港、澳门地区没有较大的河流和湖泊，基岩又不利于储水，故水资源十分匮乏，严重影响了港澳地区的经济发展和居民生活。从1960年开始，内地开始向香港供水，目前内地供水已占到香港年用水量的30%左右。此外，香港的农业受耕地面积影响规模比较小，农副产品近半数也由内地供应。内地海峡西岸与台湾隔海相望，尤其是厦门岛与金门最近处仅有1000多米，两地地域相近，具备在发展两岸紧密合作中发挥纽带平台作用的潜力。大陆、港澳台间独有的地理区位优势，对构建最优货币区起到极大的促进作用。

三、频密的商品贸易关系

中国内地与港澳台的贸易发展迅速，特别是中国内地与香港地区之间，香港地区已成为中国内地除欧盟、美国、日本之外的第四大贸易伙伴，双方贸易总额由1978年的14亿美元上升到2014年的3760.9亿美元，年均递增17.3%。从香港地区看，从1983年开始，中国内地一直是香港地区的最大贸易伙伴，占香港地区外贸总额的40%以上，中国内地已经成为香港地区最大的进出口市场和最大的转口货源供应地。中国内地与澳门地区之间的贸易也保持着发展的态势，贸易总额由1980年的2.6亿美元升至2014年的38.2亿美元。具体数据如表6.1所示。

表6.1　贸易概况　　　　　　　　　　　　　　单位：亿美元

年份	内地—香港	内地—澳门	大陆—台湾	香港—澳门	香港—台湾	台湾—澳门
2000	1623.18	12.12	106.21	5.21	211.58	2.41
2001	1584.65	13.16	107.98	4.90	184.90	1.82
2002	1716.54	14.57	184.95	5.17	194.18	1.90
2003	1971.83	15.73	339.09	5.30	216.09	1.83

续表

年份	内地—香港	内地—澳门	大陆—台湾	香港—澳门	香港—台湾	台湾—澳门
2004	2331.38	19.81	531.42	5.94	261.84	1.99
2005	2660.52	21.00	637.37	6.47	282.13	1.84
2006	3031.18	24.88	765.92	7.67	318.74	1.67
2007	3403.85	27.31	904.32	8.97	332.95	2.24
2008	3588.62	24.10	982.75	9.60	318.69	2.09
2009	3242.09	16.18	786.72	8.99	297.24	1.63
2010	4036.09	18.90	1128.81	9.73	378.54	1.60
2011	4444.08	25.79	1275.57	13.64	420.89	1.83
2012	4772.41	31.34	1216.22	15.70	420.30	1.84
2013	5021.13	35.741	243.77	19.59	437.75	1.73
2014	5117.39	40.041	301.60	19.19	489.77	1.81

数据来源：Wind 数据库。

（一）内地与香港、澳门、台湾商品流动性分析

从 1982 年起，内地就一直是香港的最大货物供应地。历年来香港自内地进口货物的情况。从进口商品类别来看，香港自内地进口的主要商品包括电动机械、器具及用具，电讯及声音录播器具及设备，办公室器材，服装、衣服配件及纺织品等。从进口货值来看，无论是哪一种类型的商品，香港自内地进口的货值都是逐年增长的，唯一的例外是 2009 年，这主要是因为全球性的金融危机造成了世界性的贸易缩减。2010 年，情况好转，香港自内地进口的货物总值达 1969 亿美元，占香港进口总额的 43.3%。

长期以来，澳门对内地商品存在着很大的依赖性，民众的基本生活品，例如粮食、蔬菜、水果甚至饮用水等都主要来自内地，另外，内地还是澳门商品原材料的重要来源地。澳门主要从内地进口的货物有纺织纱、织物、制成品及有关产品、服装及衣服配件、电力、主要生活必需品等。另外，澳门从内地进口的货物值随着时间而增长，这也说明，自澳门回归后，内地向澳门的商品流动性愈加增强。

（二）港澳台商品流动性分析

从货物总值来看，澳门从香港进口的值远远低于向内地进口的值，这是与香港、澳门的经济总量和制造业规模相称的。从进口商品结构来看，澳门从香港主要进口的货物为生活必需品和纺织纱、织物、制成品及有关产品，且生活必需品最近几年维持着基本不变的态势。但是纺织产品的进口则呈急剧下降趋势，从 2000 年的 1781 百万澳门元下降到 2010 年 186 百万澳门元，下降了近 90%，造成这一趋势的原因有两点：第一，近几年澳门的商品贸易深受全球经济衰退的影响；第二，纺织制衣业是澳门制造业的主要部分，本地市场需求的减少和经济衰退的影响。

从总货值来看，台湾在与澳门的商品贸易中占据顺差地位。澳门自台湾进口的主要商品是纺织纱、织物、制成品及有关产品，而台湾自澳门进口的主要商品是成衣。再与内地、香港的情况相比，台湾与澳门的商品贸易规模小，商品种类相对较少，相应地，商品的流动性较低。香港在对台湾的商品进出口贸易中处于逆差地位，进口的主要货物为电动机械、器具、用具及其电动部件，其次是纺织品类商品。2000 年至今，原产地为香港的商品对台出口一直呈下降态势，出口方面以转出口为主。相反地，香港自台湾的进口一直随着时间而增长，同时，香港从台湾的转进口贸易额也呈上升趋势，并且，转进口贸易额占总商品贸易额很大一部分比重，这充分说明，在香港和台湾的商品贸易中，转口贸易起了很大的作用。

四、密切的人员流动与投资关系

（一）人员流动

中国内地与香港、澳门、台湾地区之间区域面积和平均收入水平相差很大，劳动力市场的全面开放将会对香港、澳门、台湾地区经济产生很大的影响。虽然近年来中国内地与港澳台地区的人员往来呈不断上升趋势，已经具有一定规模。但是其中主要是旅游、购物等因素引起的人员流动，其次是商务活动引起的人员往来，属于劳动力流动的比例流动较小。从表6.2、表6.3、表6.4 可以看出，大陆、港澳台间的人员往来越来越频繁，且呈持续稳定增长的态势。

表 6.2　中国内地、香港、台湾旅客入境澳门人次

年份	中国内地	香港	台湾
2002	4240446	5101439	1532929
2003	5742036	4623162	1022831
2004	9529739	5051068	1286954
2005	10462966	5614892	1482483
2006	11985617	6940656	1437824
2007	14866391	8174064	1444082
2008	11613171	7016479	1315865
2009	10989533	6727822	1292551
2010	13229058	7466139	1292734
2011	16162747	7582923	1215162
2012	16902499	7081153	1072052
2013	18632207	6766044	1001189
2014	21252410	6426608	953753

数据来源：Wind 数据库。

表 6.3　中国内地、澳门、台湾旅客入境香港人次

年份	中国内地	澳门	台湾
2002	6825199	534590	2428776
2003	8467211	443622	1852378
2004	12245862	484038	2074795
2005	12541400	510031	2130565
2006	13591342	577792	2177232
2007	15485789	626103	2238731
2008	16862003	696829	2240481
2009	17956731	671389	2009644
2010	22684388	780388	2164750
2011	28100129	843330	2148733
2012	34911395	883479	2088745
2013	40745277	958215	2100098
2014	47247675	1001732	2031883

数据来源：Wind 数据库。

现有的两地劳动力流动形式，主要是港澳台商设立在中国内地商贸公司的工作人员，设在香港的中资企业和各类机构工作人员。随着中国内地对外开放步伐的不断加快，以及沿海发达城市工资收入水平的提高，将会有越来越多的港澳台籍人员选择赴内地工作。另外，中国内地的劳动力丰富，工会力量与欧美国家比较而言较弱，加上本地区尚未制定雇员税法和就业保障法，使得工资基本上由劳动力市场供求决定，因而工资价格弹性较大，从而保证了产品价格的高弹性。

表6.4　华侨旅客入境台湾情况说明

年份	人次	增长率	占比	年份	人次	增长率	占比
1995	256216	− 11.25%	17.65%	2007	727248	9.49%	19.57%
2000	221404	− 6.02%	11.45%	2008	882651	21.37%	22.95%
2001	265601	− 1.83%	11.39%	2009	1624922	84.10%	36.97%
2002	313367	6.01%	11.94%	2010	2331800	43.50%	41.88%
2003	539164	72.06%	19.04%	2011	2498757	7.16%	41.05%
2004	436083	− 30.08%	19.40%	2012	3479835	39.26%	47.59%
2005	579	11.08%	17.17%	2013	3920681	12.67%	48.91%
2006	664198	14.54%	18.87%	2014	5223156	33.22%	52.70%

数据来源：Wind 数据库。

（二）投资关系

改革开放以来，港澳台地区对中国内地的直接投资经历了飞速发展，尤其是香港在中国内地的投资。这不仅促进了中国内地的经济发展，也为港澳台的经济转型、产业升级带来了巨大效益，更推动了大陆、港澳台的经济融合和贸易往来。

表6.5　港澳台地区对中国内地的直接投资　　　　单位：美元

年份	香港		澳门		台湾		港澳台地区合计	
	FDI	占比	FDI	占比	FDI	占比	FDI	占比
2000	2006037	53.46%	43982	1.17%	316155	8.43%	2366174	63.06%
2001	1549998	38.07%	34733	0.85%	229658	5.64%	1814389	44.56%

年份	香港		澳门		台湾		港澳台地区合计	
	FDI	占比	FDI	占比	FDI	占比	FDI	占比
2002	1671730	35.66%	32113	0.69%	297994	6.36%	2001837	42.70%
2003	1786093	33.86%	46838	0.89%	397064	7.53%	2229995	42.28%
2004	1770010	33.08%	41660	0.78%	337724	6.31%	2149394	40.17%
2005	1899830	31.33%	54639	0.90%	311749	5.14%	2266218	37.38%
2006	1794879	29.75%	60046	1.00%	215171	3.57%	2070096	34.32%
2007	2023292	32.11%	60290	0.96%	213583	3.39%	2297165	36.45%
2008	2770342	37.05%	63700	0.85%	177437	2.37%	3011479	40.28%
2009	4103640	44.41%	58161	0.63%	189868	2.05%	4351669	47.10%
2010	4607547	51.18%	81471	0.90%	188055	2.09%	4877073	54.17%
2011	6056677	57.28%	65524	0.62%	247574	2.34%	6369775	60.24%
2012	7050016	60.77%	68043	0.59%	218343	1.88%	7336402	63.24%
2013	6556119	58.69%	50556	0.45%	284707	2.55%	6891382	61.69%
2014	7339667	62.42%	46020	0.39%	208771	1.78%	7594458	64.59%

数据来源：Wind 数据库。

表 6.6　内地对港澳台的直接投资流量　　　单位：万美元

年份	香港	澳门	台湾
2004	114901	3171	—
2005	262840	2658	—
2006	341974	834 -	
2007	693096	−4251	−3
2008	1373235	4731	−5
2009	3864030	64338	−6
2010	3560057	45634	4
2011	3850521	9604	1735
2012	3565484	20288	1108
2013	5123844	1660	11288
2014	6282378	39477	17667

数据来源：Wind 数据库。

如表 6.6 所示，港澳台地区对内地的投资额保持稳中有升的态势。具体来看，改革开放初期，外商直接投资份额中港澳台地区对内地的投资占比长期维持在 60% 以上。在中国加入世界贸易组织后，受外资大量涌入的影响，尽管港澳台地区对内地投资保持持续稳定增长，但所占份额降至 40% 左右，而又以 2008 年全球金融危机为拐点，西方国家资本回流态势及海外投资步伐放慢明显，港澳台资在内地投资份额占比又重新站上 60%。近年来，随着中国内地对外投资力度的加大，尤其是对港澳台地区投资规模的不断扩大，投资项目数量也不断增加，2013 年内地对香港、澳门、台湾的直接投资流量分别达到 628.23 亿美元、3.94 亿美元和 1.76 亿美元。

五、CEPA、ECFA 等区域自由贸易协定

2003 年，内地与香港、澳门特区政府分别签署了内地与香港、澳门《关于建立更紧密经贸关系的安排》（以下简称 CEPA），CEPA 是内地第一个全面实施的自由贸易协议，是内地在经贸领域支持港澳的一项重要措施。2004 年以来，内地与港澳又相继签署了 10 个 CEPA 补充协议。货物贸易领域，有 2838 个税号的港澳产品享受零关税待遇；服务贸易领域，内地对香港、澳门开放的领域已分别达到 44 个和 43 个，优惠措施累计 278 项和 262 项。CEPA 及其补充协议的实施，对港澳经济的复苏和发展起到了重要的推动作用，也为内地经济带来了新的活力。

表 6.7　CEPA 签署以来内地对原产香港、澳门实行零关税的产品种类

	香港	澳门
第一批（2004 年 1 月 1 日起）	273 种	273 种
第二批（2005 年 1 月 1 日起）	529 种	124 种
第三批（2006 年 1 月 1 日起）	对输往内地原产于港澳的产品实施零关税	

资料来源：商务部台港澳司。

2010 年 6 月 29 日，海协会与台湾海基会领导人在重庆签署了《海峡两岸经济合作框架协议》（Economic Cooperation Framework Agreement，EC-FA）。ECFA 协议参考了中国—东盟经济整合模式，在世界贸易组织允许

框架下，规范两岸之间经济合作的基本活动，推动两岸经贸关系的正常化、制度化和机制化。ECFA 协议内容基本涵盖了海峡两岸之间的主要经济活动：在货物贸易方面，大陆方面将对 339 项原产于台湾的产品实施降税政策，包括农产品、机械产品、汽车零部件、轻工产品、仪器仪表产品、化工产品、电子产品、纺织产品、冶金产品、医疗产品等十类。台湾方面也将对 267 项原产于大陆的产品实施降税措施，降税产品包括石化产品、纺织产品、机械产品及其他产品等四类。

双方将在早期计划实施后不超过 2 年的时间内分 3 步对早期收获产品实现零关税的政策。在服务贸易方面，尤其是对货币金融的开放规定中，大陆向台湾金融业提供一系列早收待遇，部分已经超过在世界贸易组织待遇。CEPA、ECFA 签署体现了各方意在通过取消货物贸易壁垒、实现服务贸易自由化、促进贸易和投资便利化、经贸市场融合的愿望，也揭开了两岸、内地与港澳货币合作正常化和机制化的序幕，加速了合作进程。

六、两岸、内地与港澳经济、金融的分工合作和互补性优势

内地与港澳台地区在经济结构上互补性强。内地资源丰富，生产要素价格相对低廉，市场广阔，在劳动密集型产业领域具有比较优势；香港人力资源的受教育程度较高、法律体系完善，在提供复杂的金融服务、航运服务、现代管理技能等知识、资本密集型产业方面具有优势；澳门特点鲜明——以博彩业为主导，会展业及旅游业协同发展，台湾是全球重要的研发中心和设计中心，拥有先进的专业技术和资本运作能力，在电子科技、金融等领域具有比较优势。因此，两岸、内地与港澳较大差异化的产业特征，一体化产生的协同作用将推动两岸、内地与港澳经济发展保持在高增长轨道上，在遭受外部经济冲击时，区内各成员遭受的随机冲击就可以相互抵消。

在过去的 30 年时间里，香港一直是内地参与全球经济的通道，两地经济互动持续活跃，香港是内地最重要的转口港、离岸贸易中心，内地也经由香港吸引了大量的国际资本，与此同时，中间贸易和内地资本通道成了香港经济的重要形式，也极大地改变了其经济结构；内地与台湾

尽管存在意识形态差异和偶发的政治紧张局势，但20世纪90年代以来两岸经济联系迅速发展，官方统计数据显示2014年台湾对内地直接投资20.87亿美元，相关研究指出台湾在内地的整体投资规模仅次于香港，且在美国之上。正如Yin－Wong Cheung所言，两岸、内地与港澳经济结构上的互补性，在一定程度上促进了这种有别于欧盟"先法理后事实"的一体化形式的形成，即受大陆开放政策和台湾对与大陆建立经济联系的宽松政策影响，两岸、内地与港澳的经济力量"超越"了政治力量。

第二节　构建最优货币区面临的困难

一、"一国两制"和"一个中国"原则条件下的制度、法律差异

香港、澳门长期游离于祖国内地，在殖民管治时期，内地与港澳形成中、英、葡"三国分治"的局面，回归以后实行"一国两制"。因此，无论是在殖民管治还是"一国两制"时期，内地与港、澳之间的制度差异均是非常明显的。同样地，尽管两岸的"宪法"都宣称"只有一个中国"，而不是两个独立国家，但台湾远离大陆、长期自治，岛内政制、政治与法律框架与大陆存在明显差异。

有学者认为，内地、港、澳三地由于历史原因而造成的制度差异的现象已经成为一种客观事实，在这个历史过程中已经孕育制度竞争的酵母。然而，由于受明、清时期政府闭关锁国政策的影响，尤其是晚清政府的影响，因此，开放社会中很重要的一种形式——制度竞争的功效在很长一段时期并没有得到有效的发挥，彼此之间尽管存在制度差异却没有有效地进行制度的正面制度交流、碰撞和融合，更不可能出现制度模仿或者制度学习的现象。随着内地实行对外开放政策后，在开放条件下进行各项制度的交融碰撞以及制度竞争，内地、港、澳三方在制度绩效上的积极方面和消极方面都一览无遗地显现出来。

从现实来看，以粤港次区域合作为例，粤港双方间的制度摩擦、制度障碍甚至制度壁垒还甚为普遍，有些甚至积重难返。这主要表现在：（1）交易费用和制度成本问题。（2）政府公共管理模式的差异。（3）地方主义和同质竞争严重。（4）"龙头"情结意犹未尽。

二、经济、社会和民生发展水平的明显差距

与香港、澳门、台湾地区成熟的市场经济环境相比，内地尚处于向市场经济转变的转型过渡期，经济自由化、市场开放程度存在一定差异。在经济社会发展水平方面，大陆与台湾、内地与港澳存在严重的不对称，从经济规模上看，内地经济体量、经常账户余额、国际储备等方面远超过港澳台地区的总和，而人均 GDP、社会发展和民生差异依然明显。

表 6.8 　　　　　　　　　　GDP 与人均 GDP 概览

年份	GDP（十亿美元）				人均 GDP（美元）			
	内地	香港	澳门	台湾	内地	香港	澳门	台湾
2004	728.01	144.65	6.56	274.73	604.21	23497.50	16405.12	12906.23
2005	1198.47	171.67	6.10	326.21	949.23	25756.76	14127.63	14519.08
2006	2256.90	181.57	11.79	364.83	1731.12	26649.84	25189.83	15714.23
2007	2712.95	193.54	14.57	376.37	2069.33	28224.23	30363.64	16111.05
2008	3494.06	211.60	18.05	393.13	2651.32	30594.03	36606.84	16855.56
2009	4521.83	219.28	20.73	400.13	3413.64	31515.76	40847.12	17116.74
2010	4991.26	214.05	21.31	377.53	3478.50	30697.32	40860.00	16901.51
2011	5949.79	228.70	28.36	428.19	4433.32	32550.00	53045.97	19090.36
2012	7314.43	248.73	36.80	465.19	5447.33	35142.55	67062.54	20625.87
2013	8358.36	263.26	43.58	475.26	6092.85	36707.93	77196.18	21082.06
2014	9177.59	273.63	47.64	489.23	6807.40	38123.52	91376.01	21558.10

数据来源：Wind 宏观经济数据库，世界银行 World Bank Database 数据库（www.worldbank.org.）。

表6.9 经常账户差额与国际储备

年份	经常账户差额（十亿美元）				国际储备（十亿美元）			
	内地	香港	澳门	台湾	内地	香港	澳门	台湾
2004	1.62	—	—	5.47	80.29	55.42	2.26	—
2005	20.52	6.99	—	8.90	171.76	107.56	3.32	—
2006	132.38	21.57	2.94	17.58	831.41	124.28	6.69	253.29
2007	231.84	24.56	2.44	26.32	1080.76	133.21	9.13	266.15
2008	353.18	27.55	4.31	35.15	1546.36	152.69	13.23	270.31
2009	420.57	32.87	4.04	27.51	1966.04	182.53	15.93	291.71
2010	243.26	20.34	6.79	42.91	2452.90	255.84	18.35	348.20
2011	237.81	15.00	12.19	39.90	2913.71	268.74	23.73	382.01
2012	136.10	11.94	16.13	41.69	3254.67	285.40	34.03	385.55
2013	193.14	4.15	19.02	50.67	3387.51	317.36	16.60	403.17
2014	182.81	5.10	22.36	57.75	3821.30	311.12	16.15	416.81

数据来源：Wind 宏观经济数据库，世界银行 World Bank Database 数据库（www.worldbank.org.）。

三、人民币不能自由兑换和缺乏流动性

人民币尚不是可兑换货币，在流动性方面较港元、澳门元和新台币尚有较大差距。从实际情况看，香港和澳门采取的是"货币发行局"制度，同时，澳门元从1972年开始与港元建立官方联系汇率（103 澳门元兑100港元）。相应地，1983年港元实行盯住美元的联系汇率制度，保持了港元的自由兑换、自由进出和币值稳定，澳门元也通过港元与美元挂钩。台湾于1978年放弃盯住美元改为实行自由浮动汇率制，汇率基本受市场供求关系决定，且对资本流动较少实行管制。当前，人民币实行有管理的浮动汇率制度，对资本流动尚存在较多限制，同时考虑到内地经济市场化程度、金融体系抵抗外来冲击的能力尚需不断提高与完善，人民币实现完全的自由兑换也会是一个较长的过程。

四、资本市场、货币市场和金融投资市场还未实现一体化

从合作进程来看，内地与港澳的货物贸易已经实现自由化，内地与台湾的货物贸易也基本完成，下一步的工作重点则在于更高层次的服务贸易，以及资本市场、货币市场、金融投资市场的深入合作。

从资本市场一体化方面来看，随着沪港通、深港通的落地，沪台通仍在概念阶段，资本市场联系正在稳步发展，但是发展层次及深入程度整体依然处于早期阶段；从货币市场一体化方面来看，人民币与港元、澳门元的自由兑换已经取得了实质性的进展，而对于人民币与新台币的兑换则仍然受到较多的限制；从金融市场投资来看，CEPA 中对规定，内地（主要是广东）率先对香港、澳门地区的金融开放，保险、银行等其他金融服务已经享受国民待遇，而港澳对内地的开放则相对滞后；ECFA 协议中，内地承诺在相关金融领域向台资开放，2013 年签署的《海峡两岸服务贸易协议》（以下简称服贸协议）进一步向台资进行金融领域开放，包括开放部分保险业务、允许在内地发起设立村镇银行、支持银行业间的股权投资合作、允许台资金融机构以 RQFII 方式投资内地资本市场等相关措施，但台湾仍然设有较高的门槛，两岸金融开放呈现不对等的情形，"服贸协议"的落实并不顺利，两岸在资本市场、货币市场和金融投资市场等实现一体化仍需要更大的努力。

五、非理性政治因素的干扰与影响

在推进货币合作过程中，不可避免地要直面政治议题，在相当大程度上，政治障碍和政治信息沟通的阻隔成为地区合作推向前进的最大绊脚石。在内地与港澳台关系中，澳门局势稳定，"台独""港独"等势力仍然相对活跃。2000 年"台独"势力民进党上台，国民党长期坚持的"一个中国"政策受到前所未有的挑战，一时"台独"与反"台独"成为了两岸间的主要矛盾。尽管 2008 年，马英九上台，国民党重新执政，两岸恢复了制度性协商、实现了直接"三通"，签订《海峡两岸经济合作框架协议》（ECFA），两岸经贸关系出现改善和积极发展，但 2014 年台湾爆发的太阳

花运动和"反服贸抗争"事件，再次暴露出两岸关系稳定发展中不可小觑的"台独"势力扰动，两岸的货币合作势必会因岛内政治的复杂性与民进党"逢陆必反"政治理念而受到制约。当前，台湾当局的决断力和执行力很难在矛盾重重的岛内政治环境中进一步突破限制。2014 年地方选举和2016 年的台湾地区领导人选举，使金融货币等方面进一步的合作协商很难短期内获得突破。对于香港，始于 2014 年 10 月前后的占领中环运动也将积蓄已久的"港独"问题暴露出来，以"港人自治"、普选政治、反水货客等不同噱头的团体活动一时间在舆论层面上将内地与香港对立，在"港独"势力不息、"反官仇中"思维不灭的背景下，内地与香港在构建最优货币区的合作中同样面临较大的政治与政制挑战。

第四章 中国构建最优货币区的实证研究

第一节 市场开放度和金融一体化的实证分析

一、经济对外开放程度分析

经济开放度是一个十分复杂的量化指标。一般地，经济开放度以对外贸易占经济总量的比率来衡量，即经济开放程度＝对外贸易总额/GDP。

表6.10 经济开放度和资本市场开放度

年份	经济和资本开放度			
	内地	香港	澳门	台湾
2004	0.386	2.557	0.616	0.788
2005	0.396	2.428	0.846	0.895
2006	0.630	3.262	1.004	1.044
2007	0.649	3.402	0.949	1.134
2008	0.622	3.400	0.903	1.185
2009	0.567	3.481	0.937	1.240
2010	0.442	3.185	0.971	1.001
2011	0.500	3.682	0.941	1.228
2012	0.598	3.886	1.239	1.268
2013	0.563	3.975	1.230	1.203
2014	0.553	4.225	1.232	1.176

数据来源：《中国统计年鉴》各年份数据。

从表 6.10 可以得出以下几点结论：

1. 经济开放程度持续升高。但是在 2008 年和 2009 年，四地的开放度指标呈现递减趋势，这是因为 2008 年发生了全球性的金融危机，极大地影响了世界经济，进出口贸易均受到不同程度的影响，尤其是出口均遭受了重创，因此经济开放度指标较之于从前有所降低。但是，2010 年各地区的经济开放度指标都开始回升，这也是与全球经济有所改善息息相关的，这也从另外一个侧面说明了大陆、港澳台已经充分融入到了经济全球化的浪潮中，世界经济的波动将极大地影响地区内各成员的经济状况。

2. 各经济区域对外开放度不同。香港和澳门历来就是自由贸易港经济开放程度最高的地区，这也从对外开放度指标中可以看出来，内地的开放度则相对较低。

二、金融一体化程度分析

根据 Ingram 提出的国际金融一体化标准，在决定最优货币区的区域时，必须考察区域内各地的金融特征。理论界普遍认为，一国应在经过金融市场一体化阶段后，再采用共同货币，共同货币是区内金融一体化的最高水平。要考察区内成员金融一体化程度，就要从考察区内金融市场自由化、金融市场结构的差异和相似性入手。金融市场的主要作用是为资金需求者和资金供给者搭建交流平台，银行体系间接融资的稳定性和股票市场直接融资的资金活跃度，成为各国和地区在考虑金融合作和金融一体化过程中的主要平衡条件。

表 6.11　金融市场结构概览

年份	经济开放程度							
	内地	香港	澳门	台湾	内地	香港	澳门	台湾
2001	48.5	363.1		84.5	119.7	42.0	134.0	166.8
2002	39.5	298.7		102.6	123.0	32.0	136.2	160.4
2003	31.9	278.4		85.4	143.5	21.8	140.3	128.9
2004	41.5	341.6		116.7	151.9	13.4	143.5	130.0
2005	33.1	393.4		119.2	140.4	4.1	143.9	135.2
2006	34.6	381.9		130.0	134.3	2.4	139.8	142.6

续表

年份	经济开放程度							
	内地	香港	澳门	台湾	内地	香港	澳门	台湾
2007	89.4	462.6		154.3	133.5	−2.9	132.0	140.2
2008	178.2	549.4		162.6	127.8	−4.7	122.7	136.1
2009	61.8	606.0		90.5	120.8	−8.2	122.3	142.8
2010	100.3	427.9		163.1	145.1	−16.5	164.1	144.2
2011	80.3	472.2		169.6	146.3	−21.2	195.4	141.4
2012	46.3	358.0		136.0	145.4	−28.0	207.1	148.3
2013	44.9	421.9		151.9	155.1	−13.2	201.1	181.5
2014	42.1	411.9		168.4	163.0	−10.7	224.0	183.5

数据来源：中国内地及港澳数据源于世界银行的 World Bank Database 数据库（www.worldbank.org.），台湾数据来自《中华人民共和国统计年鉴》（2001—2014 年）。

具体来看，表 6.11 揭示了大陆、港澳台的股票市值和银行信贷相对规模。从表中不难看出，内地高度依赖银行体系进行融资，资金融通方式主要在货币市场进行，以银行信贷的间接融资为主，间接融资比例是通过股票直接融资的 4 倍。台湾地区对银行体系的依赖性也比较明显，银行信贷规模与 GDP 比例和大陆的水平相仿，但是数值略高。从动态角度看，台湾地区股票市场成长性超过货币市场。值得注意的是，香港金融市场高度发达，资金融资方式主要以股市直接融资为主，且银行间接融资已经萎缩到 0 以下；同时，由于澳门本地没有证券交易所，所以股市融资部分空缺，因此澳门地区的银行间接融资比例也是大陆、港澳台中最高的。

第二节　构建最优货币区的成本与效益分析

一、构建最优货币区的成本分析

（一）丧失货币政策独立性

根据蒙代尔—弗莱明模型或"不可能三角"原理可知，一国不可能同时实现固定汇率制、资本项目开放和独立的货币政策。最优货币区的构建需要实现区内汇率固定和资本项目开放，这就使得大陆、港澳台放弃独立的货币政策，即让渡货币主权。货币政策作为调节与稳定经济周期的重要手段，一旦丧失则不再拥有实施反周期货币政策的自主权，也会引起经济体产出波动加剧，国内价格和就业的波动可能引发经济不稳定。内地与香港、澳门、台湾同属"一个中国"，在一定程度上避免了这一难题，但大陆、港澳台"一国四币"的格局和差异化的货币政策制定执行机制仍然客观存在，因此，内地与港澳台地区一旦丧失独立的货币政策所带来的损失将是巨大的。

（二）丧失汇率政策工具

从汇率制度安排来看，内地实行有管理的浮动汇率制度、香港和澳门地区实行货币发行局制度、台湾地区实行浮动汇率制度，汇率制度安排差异明显，组建大陆、港澳台最优货币区后汇率政策工具的调整成本比较大，也意味着有的经济体必须放弃当前实行的汇率制度安排及放弃通过汇率调节国际收支平衡的机制。尤其是，工资价格弹性低、劳动力流动性差的经济体，在遭受非对称性冲击下，放弃汇率政策工具对冲机制将蒙受重大经济损失，尤其是对于当前出口导向型经济体的影响更为强烈。考虑大陆、港澳台经济结构、劳动力结构和工资价格弹性的差异，最优货币区构建对四地的影响也是异质化的。

（三）组织与协调成本

从欧元的诞生来看，区域货币合作乃至统一流通货币需要有各方政府层面协调、统一货币制度的设计、实施等严密周详的计划，需要经过会谈、商讨、修订等循环过程并逐步确定，过程中需要大量的力成本、组织成本和时间成本。在最优货币区进入管理运作期后，持续的运作管理成本也不容忽视，为了防止成员的机会主义行为需要付出较多的监督成本和调试成本。大陆、港澳台实行的是"三种金融制度、四个监管机构、四种货币"的模式，在制度安排、监管办法、运行环境等方面有很大不同。

二、构建最优货币区的收益分析

（一）减少汇兑损失、降低交易成本与融资成本

组建最优货币区最直接的好处是减少汇兑损失、降低交易成本。梁隆斌（2010）指出组建货币区能够消除域内各经济体的汇兑损失，对小型开放经济体而言，降低的汇兑损失约占 GDP 的 1%，对大国而言约占其 GDP 的 0.1%～0.2%，综合整个区域而言减少的汇兑损失可达 GDP 的 0.4%。根据世界银行 2014 年统计数据，内地与港澳台的 GDP 分别为 9.24 万亿美元、2891.83 亿美元、517.53 亿美元和 5295.15 亿美元，按照上述标准估算出所节约的汇兑总额将超过 400 亿美元。实际上，一旦货币区组建完成，考虑到由贸易量增加、资本转移加速、人员往来便利化等因素刺激货币的跨境单位流量，所减少的汇兑损失远不止 400 亿美元。

同时，还能降低融资成本，有助于企业扩大投资。Boris Hofmann 和 Hermann Remsperger 对欧元区内 10 个国家进行企业数据调查，结果显示企业成本因货币风险降低而下降，同时企业借债融资能力也显著增强。大陆、港澳台一旦组建最优货币区，区内统一的大市场将促使域内企业融资便利化，推动企业扩大发展、提升区域影响力。

（二）消除汇率风险，促进大陆、港澳台贸易、增加福利收益

大陆、港澳台最优货币区的组建消除了汇率波动风险、降低了交易成本，有助于促进区内贸易发展。George S. Tavlas（2009）指出统一的货币等同于边界消除，会激励货币联盟内贸易开展，其内在逻辑是消除汇率风险、降低信息成本、价格透明度提高，减少了市场细分并鼓励了竞争。Rose（1999）指出货币区内的两个国家的贸易量，比区外类似的两个国家的贸易量高出 3 倍，其逻辑在于边界或他国概念的淡化，进而形成一种本国偏好。根据 Charles Engel 和 Richard Rogers 指出边界因素带来的价格因素差异相当于 2500 英里的距离效应，Jonquiere（1990）的研究表明，在没有贸易壁垒的情形下，跨区域的商品价格差异仍可能高达 40%～70%。因此，随着大陆、港澳台经贸往来越来越频密，最优货币区的构建将提高区

内的市场价格及供求关系透明度，降低信息传达及消化成本。

（三）集中外汇储备减少非对称经济冲击

任何经济体都可能面临国际收支顺差或逆差，这就要求各经济体持有一定规模的外汇储备。最优货币区的构建能够节约成员国或地区之间国际收支事宜而持有的外汇，节省了储备成本、盘活了节储资源、提高了资金利用效率。据相关数据统计，欧元启动后，欧元区国家的外汇储备需求从3000亿欧元减少到500亿欧元，节省储备超过80%。类似地，2014年，内地与香港的外贸总额达5117.39亿美元，内地与台湾的贸易总额达1301.60亿美元，港澳台地区两两贸易总额合计超过500亿美元；同时，2014年大陆、港澳台官方统计的外汇储备总额合计41246.46亿美元，其中内地外汇储备超过3万亿美元，香港外汇储备3300亿美元，台湾外汇储备4180亿美元，澳门外汇储备相对较少，各经济体的外汇储备总额均超过国际公认的三个月进口所需储备。大陆、港澳台可节约的外汇储备将是巨大的。

同时，通过最优货币区的构建，实现区内经济体的外汇储备资产集中，能够发挥规模经济作用，也能够更好地应对域外的投机性冲击或减少金融危机的影响。

第五章　中国"最优货币区"的基本构想

第一节　构建最优货币区的目标

经过上文论证，大陆、港澳台已经在相当程度上满足了构建最优货币区的标准，那么接下来的核心问题实际是选择何种模式进行合作的问题。从全球范围来看，多边货币合作模式共有三种：一是欧洲的单一货币模式，又称欧元模式；二是拉美国家的主导区域货币模式，又称美元化模式；三是多重货币联盟模式。从现实基础来看，大陆、港澳台不具备类似于美元化模式的背景和条件，多重货币并存的格局将得到延续；从趋势看，选择一种货币作为核心货币进行由低级向高级的货币合作，并长期坚持多种货币各司其职的模式符合大陆、港澳台的实际情况。同时考虑到"一带一路"战略、亚投行建设等的落实，人民币国际化进程将达到新的高度，可以预见人民币将在地区间发挥更大作用、承担更多职能。

当前，大陆、港澳台构建最优货币区绝非以区内的货币替代为根本性目标，而是构建一种人民币为主导（或核心）、港澳台货币各司其职的合作模式。笔者认为，该模式下两岸货币合作需要坚持"渐进性"原则、"平等性"原则、"互惠性"原则，以及"制度化"原则。大陆、港澳台货币合作的最终目标应该是建立一种稳定的制度安排，在长期最大限度地减少外部冲击对区域的危害，形成以紧密的政策协调为手段，以区域内稳定的汇率水平为基础，以大陆、港澳台整体经济持续稳定增长为表现的货币联盟。具体而言：

（1）促进大陆、港澳台金融货币市场协调发展，通过促进人员、资本等在两岸之间流动的政策来实现。

（2）实现区域双边汇率的稳定。便于内地、香港、澳门、台湾等地区经济稳定，协调货币财政政策等对汇率的干预，由限制汇率波动范围转到实现固定汇率。

（3）维护大陆、港澳台区域金融安全。在区域内建立危机预警、危机防范和危机救助机制，以货币基金和共同储备方式完成最后贷款人角色的构建。

（4）最大限度地实现大陆、港澳台经济共同发展。这是货币合作的根本原则和目标，在区域经济共同发展和大陆、台湾地区发展面前，货币合作只是保证其实现的手段，具体采取何种合作模式，在怎样的合作原则下进行合作路径选择，取决于两岸最终达成的共识。

第二节 构建最优货币区的路径

大陆、港澳台货币合作路径选择是本文研究的另一个重要问题。综合前文的分析，笔者认为大陆、港澳台应该分阶段、分步骤地进行，具体路径设计如下：

货币合作的短期，这一阶段主要加强各项经济指标趋同性，建立两岸货币合作的现实经济合作基础，增加当期货币合作的收益；深化两岸之间的货币金融合作，包括建立信息交流机制、组建统一的机构协商机制和讨论如何进行金融监控等；减少对外界尤其是美元的依赖；建立两岸货币互换制度；争取政治当局对货币合作的有力支持，减少政治阻碍。

货币合作中长期是汇率合作机制的建立，该阶段在第一阶段专门协商机构基础上建立常态交流的组织机构；建立货币合作的制度化机制，界定大陆、港澳台各职能部门的干预范围和责任；建立货币合作基金，保证市场干预的顺利和应对国际收支方面可能出现的问题；建立适当的汇率目标区，减小双边汇率波动幅度和增强汇率政策的同步性。

在长期两岸统一区域内，最终实现两岸间只有一种货币流动，该种货币可以是某种现有货币，也可以是新创建出的货币种类，如有学者提出的华元；大陆、港澳台只存在一个中央银行，负责共同货币的发行和统一的货币政策的制定；财政政策一定程度的协调和统一，有可能的话，成立专门的财政机构，负责财政政策的制定和实施。当然协调财政政策统一在世界范围内尚无实例，达到这一阶段，需要大陆、港澳台倾注更多的努力。

第三节　构建最优货币区的策略

一、尊重各方政治制度、经济结构和社会文化等方面的差异

针对大陆、港澳台在政治制度、经济结构和社会文化等方面的差异，内地作为区域核心（国际经济、政治影响力）一方面应积极推动货币一体化并发挥引领作用，另一方面又要尊重各方意愿，调动区域合作的积极性，消除区域货币一体化对政治、社会和文化等其他方面可能的消极影响，在签署双边或多边协议以及制定有关十坝规则时保持强币与弱币的平等地位，最大化平衡四地的责任与义务。

二、加快落实推进内地对接香港、澳门、台湾地区的自由贸易区建设

在 CEPA 和 ECFA 协议内容基础上，进一步加深大陆、港澳台经贸和金融合作，实现要素自由流动。2003 年至今，内地与香港、澳门签署了《关于建立更紧密经贸关系的安排》及十份补充协议，2010 年内地与台湾地区也签署了《海峡两岸经济合作框架协议》，贸易自由化和投资便利化为大陆、港澳台经济协作、融合和发展起到积极作用。就目前而言，内地与港澳之间货物贸易及商品流动自由化已基本实现，下一步是继续加紧落实服务贸易领域的相关政策，促进服务贸易自由化和三地人员的自由流动，而内地与台湾地区之间目前尚未完成通商的目标。今后，要充分利用 CEPA 先行先试政策，落实粤港澳区域性跨境自由贸易区，要充分利用厦门对台优势和作用，扩大对台开放。

在自贸区内，大陆、港澳台共享自由贸易带来的便利与福利效应，积极倡导区内贸易以人民币计价和结算，推动人民币成为内地与港澳台的重要结算货币。在金融合作方面，降低港澳台 QFII 投资者的资质要求，允许内地 QDII 以人民币形式赴港澳台投资，为长期相互投资提供便利，积极研究与落实四地基金、期货、证券等方面的人民币合作。

三、加快推进人民币国际化进程、放松内地资本账户管制、实现人民币可自由兑换

从实证结果可以看出，内地与香港、澳门、台湾地区在外部冲击上表现出显著不相关，内地对人民币资本项目兑换、跨境资本交易及其货币兑换的管制已阻碍了区域货币一体化，逐步实现人民币自由兑换是大陆、港澳台货币一体化与人民币国际化的必经之路。自 2009 年中国正式启动跨境贸易人民币结算试点以来，香港的人民币业务进入一个新的阶段，加快香港人民币离岸中心建设和着手启动台湾地区人民币离岸市场，有益于推进人民币国际化进程及发挥更大的作用。当今，人民币已在边境贸易中发挥一定的作用，下一步要在此基础上改善人民币投资环境，多元化人民币投资环境，扩大周边国家和地区人民币支付结算、贮藏价值和流通手段的功能。

四、构建大陆、港澳台汇率协调、危机预警与风险救助机制

货币汇率的名义锚基于脉冲响应分析显示结果不难发现，人民币、港元、澳门元和新台币实际有效汇率对各自经济结构冲击的响应路径有一定的相似性，这表明四种货币汇率相互盯住及实现自由兑换是可行的。从实际情况看，澳门元从 1972 年与港元建立官方联系汇率（103 澳门元兑 100 港元），1983 年港元实行盯住美元的联系汇率制度，澳门元也通过港元与美元挂钩，当前新台币和人民币分别实行自由浮动汇率制度和有管理的浮动汇率制度，不难看出，港澳台三地货币对美元高度依赖，大陆、港澳台货币间汇率容易受到国际外汇市场汇率波动影响，加剧了贸易风险。亚洲金融危机中，人民币的坚挺为危机中港元的稳定和香港经济复苏提供了强力支持，以及 2008 年美国金融危机后中国政府及人民币的负责任表现，率

先带领港澳台地区走出危机阴影。因此，大陆、港澳台迫切需要建立汇率稳定协调机制、危机预警与风险救助机制以应对不确定的汇率风险乃至全球经济动荡。人民币当前币值整体相对稳定，推动港元、澳门元与新台币参考人民币汇率浮动，实行以人民币为主导的相对稳定的区域汇率制度，并组成对外汇率协同浮动的货币联盟，缓解外汇市场压力。同时，加强大陆、港澳台金融监管、潜在危机预警、可能导致金融危机的经济隐患评估和经济政策决策等方面的协作，推动人民币成为港澳台储备货币。

第六章 结论与展望

综合整个文章的观点，我们分析国际货币一体化的理论基础就是最优货币理论。我们根据这种理论来考察不同地区之间的相似程度到底如何，比如说生产要素的流动性、经济结构、通货膨胀状况、财政政策、货币政策的一致性以及其他各种经济上的特征来比较这些不同地区之间是不是相通、是不是一致、是不是共同。如果这种趋同的特征比较明显，按照这个理论货币合作比较顺利。甚至于可以实行汇率盯住的一种政策安排，那么再进一步可以过渡到使用同一种货币。现在理论界、学术界都比较多地用这样一种理论来考察货币一体化的条件是不是成熟，按照欧洲货币一体化之后欧元发展的经验，它在现实上有实际的可行性。可能一开始通过货币数量的减少，货币一体化程度的加剧，一些地区逐步地使用一种主流货币，然后最终有可能实现到单一货币，也就是整个世界都可能实现单一货币。比如说美洲地区可能北美自由贸易区已经比较成功了，这些地区已经可能逐步形成以美元为主体的货币。最终发展的前景不排除拉美也使用美元的制度，因为我们知道拉美有一些国家已经使用了美元制度，所以这种前景也是存在的。如果拉美有一种货币可以成为在州内使用的货币，这就和区域内的发展是相一致的。

根据理论和实证分析，我们讨论大陆、港澳台最优货币区的情况可以得出以下结论：

1. 大陆、港澳台同属一个中国，在文化、历史、民族传承上一脉相通，地域相连、地缘相亲，区位优势明显。同时，内地实施改革开放以来，大陆、港澳台贸易互动、人员往来频密，官方制度性安排协议（如CEPA、ECFA）不断有新进展，为进一步的货币合作奠定良好基础；但在

天下大同，
货币一种。

意识形态、法律制度框架、经济社会发展程度等方面差异也比较明显，加上政治方面的扰动及人民币尚未完全实现可自由兑换等因素影响，大陆、港澳台构建最优货币区也面临着较多的困难。

2. 大陆、港澳台经济开放程度持续增强，金融一体化程度存在差异且在持续缩小。

3. 根据经济冲击对称性研究结果，结合脉冲响应函数的研究结果可知：人民币、港元、澳门元和新台币实际有效汇率对结构冲击响应路径的相似程度，可以判断当前大陆、港澳台组建"最优货币区"具有一定的可行性，但整体条件尚未完全成熟。

4. 近年来，在港澳台货币汇率波动中人民币发挥着越来越重要的作用，这种状况使人民币在大陆、港澳台最优货币区的建立中具有举足轻重的作用。但在实际的经济运行中也有很多现实因素在制约着大陆、港澳台最优货币区的建立。例如，港澳台三地货币对美元高度依赖，大陆、港澳台货币间汇率容易受到国际外汇市场汇率波动影响，使贸易风险进一步加剧。因此，大陆、港澳台迫切需要一种汇率稳定协调机制的建立、危机预警与风险救助机制的健全，这样就可以最大限度地应对和减轻不确定的汇率风险和全球经济动荡对最优货币区产生的影响。人民币的当前币值总体来说比较稳定，这样可以使港元、新台币、澳门元能够参考人民币汇率的浮动而相应地变化。因此，以人民币为主导的相对稳定的区域汇率制度能够稳步推进，在此基础上可以形成对外汇率协同浮动的货币联盟，能够大大减轻外汇市场的压力和所带来的冲击力。

5. 内地与港澳台之间需要进一步加强经贸往来，循序渐进地克服政治、法律制度、意识形态的阻碍，以市场为导向，渐进地分阶段推进最优货币区建设。参照区域经济一体化理论，应首先推动大陆、港澳台实现自由贸易，发展"共同市场"，稳步推进货币合作，最终实现货币一体化。

限于能力，文章尚有不足之处有待进一步研究与完善。

1. 进一步完善理论框架。文章以最优货币区理论为中心，在研究框架中增加了"一国两制"理论、区域经济一体化理论、货币锚理论，在理论框架搭建上尚有空间。

2. 进一步尝试实证工具。其根据目前所收集的文献来看，关于最优货币区的实证研究中，常用的方法有协整检验、货币锚效应模型、成本收益分析法等，在模型效果上学术界各执一词，并没有明确的优劣指向，且限于研究主体存在差异，日后将在方法工具选择上作深入探讨与研究。

3. 持续关注大陆、港澳台关系新进展。国外虽然有构建最优货币区的成功案例，如欧元区，但因为大陆、港澳台相互间特殊的历史纠葛、所处的复杂的政治环境和拥有不同的社会制度，打破"一国四币"的禁锢乃至实现货币统一尚需时日，且不能简单复制国外的做法，且随着四地关系的新变化新进展会衍生出更多的课题。

参考文献

［1］杜厚文、李小牧、王广中：《欧元：区域货币一体化的矛盾与挑战》，北京，中国金融出版社，2003。

［2］欧阳卫民：《感悟金融——中国金融之要义》，北京，法律出版社，1999。

［3］易纲、吴有昌：《货币银行学》，上海，上海人民出版社，1999。

［4］欧阳卫民：《现代支付论》，北京，中国长安出版社，2010。

［5］蒙代尔著，向松祚译：《蒙代尔经济学文集（第一卷）：古典国际贸易理论》，北京，中国金融出版社，2003。

［6］蒙代尔著，向松祚译：《蒙代尔经济学文集（第二卷）：一般货币与宏观经济理论》，北京，中国金融出版社，2003。

［7］蒙代尔著，向松祚译：《蒙代尔经济学文集（第三卷）：国际宏观经济模型》，北京，中国金融出版社，2003。

［8］蒙代尔著，向松祚译：《蒙代尔经济学文集（第四卷）：宏观经济学与国际货币史》，北京，中国金融出版社，2003。

［9］蒙代尔著，向松祚译：《蒙代尔经济学文集（第五卷）：汇率和最优货币区》，北京，中国金融出版社，2003。

［10］蒙代尔著，向松祚译：《蒙代尔经济学文集（第六卷）：国际货币：过去、现在和未来》，北京，中国金融出版社，2003。

［11］欧阳卫民：《二十世纪重要经济学家货币金融思想》，北京，中国金融出版社，2009。

［12］陈秀山、张可云：《区域经济理论》，北京，商务印书馆，2003。

［13］方霞：《东亚区域货币锚之研究》，北京，经济科学出版社，2009。

［14］杨逢珉、张永安：《欧洲联盟经济学》，上海，上海人民出版社，2008。

［15］曾庆宾、刘明勋：《中元论——中国两岸四地实行统一货币研究》，广州，中山大学出版社，2004。

［16］黄达：《黄达—蒙代尔讲座（第 2 辑）》，北京，中国人民大学出版社，2008。

［17］陈勇：《新区域主义与东亚经济一体化》，北京，社会科学文献出版社，2006。

［18］陈岩：《亚元》，北京，经济科学出版社，2007。

［19］成思危：《东亚金融危机的分析与启示》，北京，民主与建设出版社，1999。

［20］孔庆亮：《东亚金融动荡与中国经济》，北京，中国经济出版社，1998。

［21］李富有：《区域货币合作：理论实践与亚洲的选择》，北京，中国金融出版社，2004。

［22］刘容欣：《东亚经济国际竞争力比较研究》，呼和浩特，内蒙古人民出版社，2003。

［23］李平、刘沛志、于茂荣：《东亚地区货币合作与协调》，北京，中国财政经济出版社，2004。

［24］马宏伟：《东亚崛起与危机的制度分析》，北京，中国金融出版社，2005。

［25］邵志勤：《东亚经济的发展与调整》，北京，世界知识出版社，2003。

［26］万志宏：《东亚货币合作的经济基础研究》，北京，中国商务出版社，2004。

［27］中村哲著，吕永和译：《近代东亚经济的发展和世界市场》，北京，商务印书馆，1994。

［28］钟伟：《亚洲单一货币：路途遥远但值得期待》，载《中国外汇管理》，2001。

［29］祝小兵：《东亚金融合作——可行性、路径与中国的战略研究》，上海，上海财经大学出版社，2006。

［30］柴瑜：《东亚经济合作的进展及其思考》，载《世界经济》，2004。

［31］宋卫刚：《最优货币区标准的内生性假设评述》，载《经济学动态》，2006。

［32］Brownbridge, M. and C. Kirkpatrick. (1999), Financial sector regulation：The lessons of the Asian crisis. *Development Policy Review*.

［33］Fischer, S. (1998) The IMF and the Asian Crisis. Forum Funds Lecture at UCLA, Los Angeles.

［34］Alesina, A., and P. J. Barro. Currency Unions. ［J］. *Quarterly Journal of Eco-*

nomics, 2002.

[35] Castellano, Marc. East Asian MonetaryUnion: More Than Just Talk? [J], *JIE Report* 2000.

[36] Dieter, Heribert, Monetary Regionalism: Regional Integration without Financial Crises [C]. CSGR Working Paper University of Warwick, 2000.

[37] Eichengreen B. The parallel currency approach to Asian monetary integration [J]. *Am Econ Rev* 2006.

[38] Eiji Ogawa, Doo Yong Yang. The dilemma of exchange rate arrangements in East Asia [J]. *Japan and the World Economy*, 2006.

[39] Kawai M. Towards a regional exchange rate regime inEast Asia [C]. ADB Institute Discussion Paper, 2007.

[40] Michael Vatikiotis, Bertil Lintner. The Renminbi Zone. *Far Eastern Economic Review*, May 29, 2003.

[41] Wang, Y. (2000) The Asian Financial Crisis and Its Aftermath: Do We Need a Regional Financial Arrangement?. ASEAN Economic Bulletin, 17.

[42] Lloyd, P J. and H. H. Lee. (2001) Subregionalism in East Asia and Its Relation with APEC. *Journal of the Korean Economy* 2.

[43] Paolo Pesenti & Cedric Tille (2000) The economics of currency crises and contagion: and introduction, *Economic Policy Review*, Federal Reserve Bank of New York, issue Sep.

[44] Michael Vatikiotis, Bertil Lintner. The Renminbi Zone. *Far Eastern Economic Review*, May 29, 2003.

[45] Benassy-Quere, A. (1999) Optimal Pegs for Asian Currencies. *Journal of the Japanese and International Economies* 13.

第七编

麦金农的"金融抑制"思想与国际实践

MAIJINNONG DE "JINRONGYIZHI"
SIXIANG YU GUOJI SHIJIAN

Ronald I. Mckinnon（1935—2014）

麦金农生平简介

罗纳德·麦金农（Ronald I. Mckinnon），1935 年生于加拿大的埃德蒙特。1957 年获埃尔伯塔大学文学学士学位，1961 年获明尼苏达大学博士学位。他长期执教于美国斯坦福大学经济系，自 1984 年开始担任该系 W. D. 依贝尔（William D. Eberle）国际经济学教授。他长期为国际货币基金组织、世界银行、亚洲开发银行以及广大发展中国家政府提供货币政策和经济金融发展的专业咨询。

罗纳德·麦金农是应用经济学家，主要研究领域是国际经济学和经济发展，主要关注转型经济体和财政政策；主要的教学和研究领域包括金融体系和货币体系；研究范围包括落后国家的银行和金融市场监管，以及国际和地区货币体系的历史演变；发表过大量相关专著与文章。

麦金农与斯坦福大学的 Edward S. Shaw 教授开创了"金融抑制"对于经济发展阻碍的分析研究。他的第一本专著《经济发展中的货币与资本》（1973）分析了 20 世纪 60—70 年代的主流经济学派为什么容许通胀和政府对信贷市场的干预。在 1993 年的《经济自由化的秩序：转向市场经济中的金融控制》一书中，他描述了为了得到开放市场，政府要施行正确的放开国内金融和外贸的政策。他将此分析应用于发展中国家和东欧及东亚的前共产主义国家，他特别对于中国为什么能把放开的次序做"对"感兴趣。

他还对国际货币与金融感兴趣。在《国际汇率中的货币：可变货币体系》（1979）一书中，他分析了为什么美元成为国际储备货币和国际商品贸易结算支付手段。在《游戏规则：国际货币和汇率》（1996）一书中，他分析了美元本位规则经过修改可以使战后的世界经济更稳定。

他的研究重点是密切分工合作与竞争的国家的区域汇率制度安排。虽然欧元为欧洲提供了一个共同货币，但是在其他贸易区，如东亚和拉美，还存在巨大的汇率和贸易不平衡。因为在这些地方施行类似"欧元"的政治条件不成熟，只有对美元本位制度进行修改，才能达到汇率稳定。

他与 Kenichi Ohno 合著了《美元与日元：解决美日间的经济冲突》（1997），即《东亚汇率困境与世界美元体制》。

在研究的过程中，麦金农先生与亚洲、拉美、北美、欧洲的各国央行和一些国际组织，如 IMF、世界银行和亚洲开发银行等进行过广泛的交流。

第一章 麦金农金融抑制思想综述

第一节 金融抑制与金融深化出台的背景和理论渊源

1929—1933 年全球经济陷入大萧条，凯恩斯提出政府要采取干预手段，以低利率刺激投资，促进就业，拉动经济增长。在看不见的手失灵的情况下，凯恩斯的政府干预和通货管理思想逐渐替代古典主义，使世界经济开始复苏，发达国家逐渐迈入快速发展期。第二次世界大战结束至 20 世纪 50—60 年代，发展中国家也大多奉行国家干预主义，强制国民储蓄。著名的菲利普斯曲线，强调以通货膨胀率为代价来降低失业率，推动经济发展，从而给发展中国家的经济政策提供了一定的理论支撑。发展中国家开始人为压低市场利率，运用信贷配额等手段，向支柱产业提供充足的信贷，增加社会投资。东欧等社会主义计划经济国家的快速发展极大地激励了发展中国家。整个拉美、非洲和部分亚洲欠发达国家也开始普遍采用国家干预，压制金融市场以服从政府的经济目标。20 世纪 70 年代石油危机的爆发，给全球经济蒙上了"滞胀"阴影。这一时期，发展中国家实施金融抑制政策的不良后果也开始显现，表现为：金融体制僵化、价格体系扭曲、财政收支失衡、通货膨胀严重及经济增长停滞。以弗里德曼为代表的货币主义开始对凯恩斯主义发起攻击，极力反对政府干预，倡导自由主义。麦金农的"金融抑制"概念就是在这样的背景下提出的。

"中庸之道"不只是人生哲理之一，也是金融政策制定时要遵循的规则之一。

在自由主义思想影响下，麦金农和肖两人于 1973 年创立了金融抑制和金融深化理论，提出了发展中国家走金融自由化道路的主张。尽管麦金农和肖是金融深化理论的集大成者，但之前各位经济学者所作的有关金融与经济增长关系的开创性研究则是麦金农和肖思想的重要理论渊源。

早在 20 世纪初，奥地利经济学家熊彼特（Joseph）就将货币和信用视为经济发展的重要因素，提出银行具有信用创造功能，可以满足经济发展的资本需求，因此能推动经济增长（Joseph，1912）。随后，在 20 世纪 50—60 年代，美国斯坦福大学的 Gurley 和 Shaw、美国耶鲁大学的 Raymond W. Goldsmith 和 Patrick、英国诺贝尔奖得主 Hicks 等经济学家也从不同角度对金融和经济发展的关系进行了开拓性的研究，为麦金农—肖理论的建立奠定了基础。Gurley 和 Shaw 阐述了各种金融中介体，特别是非货币金融中介体（non-monetary intermediaries）在储蓄—投资转换过程中的重要作用，并建立一个由初始向高级、从简单向复杂逐步演进的金融发展模型，证明金融对实体经济的影响如何随着经济发展阶段提高而逐渐加强（Gurley，1955；Shaw，1956）。美国耶鲁大学经济学家 Patrick 则认为金融中介可以改变资本的所有权和构成，可以加快资本积累的速度，可以促使资本从低生产率部门向高生产率部门流动，从而提高资本配置效率，促进储蓄—投资的良性循环（Patrick，1966）。Hicks 在考察了金融对工业革命的影响后认为，工业革命不是技术创新的直接结果，而是金融革命的结果（Hicks，1969）。Goldsmith 创新性地提出一个衡量一国金融结构和金融发展水平的非常重要的指标——金融相关比率（Financial Interrelations Ratio，FIR），即某一时点上现存金融资产总额与国民财富（实物资产总额加上对外净资产）之比，为金融深化理论的实证研究提供了方向。他通过实证分析发现：FIR 与通货膨胀水平负相关，而与经济发展水平正相关。FIR 在提高到一定的阶段后，将会趋于平稳。发达国家的 FIR 指标往往高于不发达国家，且不同经济发展阶段具有不同的金融结构模式（Raymond W. Goldsmith，1969）。

自由与抑制是对立统一的。没有绝对的正确，也没有绝对的错误。因势利导，因地制宜即可。

第二节　麦金农—肖金融深化理论的形成与应用（1973 年至 80 年代末）

1973 年，麦金农和肖几乎同时出版了《经济发展中的货币与资本》和《经济发展中的金融深化》两部著作，两人从不同角度对发展中国家的金融现状进行剖析，得出大致相同的论述。经济学界通常将两者的理论归为同一个模型，即麦金农—肖金融抑制和金融深化模型（也称 M—S 模型），反映金融抑制和金融深化对储蓄—投资的影响（如图 7.1 所示）。

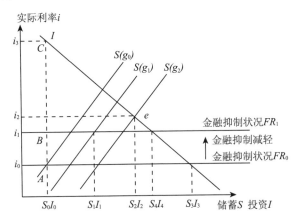

图 7.1　麦金农—肖的金融抑制和金融深化模型（M—S）

麦金农和肖认为造成发展中国家的资本匮乏现象的原因，除了数量不足外，更多的是"金融抑制"，即包括利率和汇率在内的金融价格扭曲以及其他手段导致实际利率过低（i_0），从而大大降低了实际货币的积累（S_0）。储蓄水平下降，使经济体发展所需的融资缺口（$I_3 - S_0$）增加。由于经济发展所需资金无法获得，从而阻碍投资增长，导致实际经济增长率下降，同时滋生银行业的腐败与低效率。

麦金农和肖详细剖析了发展中国家"金融抑制"的表现：一是经济单位之间的相互"割裂"，由此带来要素及产品价格和资产报酬率的不同；二是金融体系的"二元"结构，即现代化金融机构与民间金融机构并存；三

有钱赚，才会有钱来。成本、利润、经商环境等对商人至关重要。

是存在严格的金融管制，导致实际存、贷款利率被人为压低，利率无法真实反映资金的稀缺程度和供求状况，从而难以发挥撬动投资的作用。其中资金价格的扭曲、强制性地规定存款和放款利率的最高限额是金融抑制与深化理论所强调的一个重要的金融抑制现象。

基于发展中国家的严峻现实，麦金农和肖对凯恩斯主义和货币主义这两种已经被普遍接受的货币理论和金融传导理论进行了批判，认为这两大主流学派有关货币市场与资本市场极为发达与完善的基本假定（即在资本市场上存在着单一的主导性利率或一种利率期限结构）完全不符合不发达国家的现实。欠发达经济政府对金融存在"干预综合征"。再加上金融市场不健全、非货币金融资产不发达，在外源融资比较困难的情况下，企业生产者要进行实物投资，必须先积累一定量的货币资金。因此，发展中国家的货币与实物资产存在"互补"关系，而不是传统理论中的"替代和竞争"关系，新古典学派和凯恩斯学派的政策主张不适合落后经济体。

在"互补"假设基础上，麦金农和肖提出与凯恩斯主义者所倡导的低利率政策截然相反的政策主张，即倡导以高利率刺激储蓄与投资，从而拉动经济增长。他们认为，发展中国家合乎逻辑的发展道路是解除对利率的人为抑制，深入推进金融自由化改革，即通过改革金融制度安排，消除政府对金融体系的过度干预，放松对金融机构和金融市场的不必要的控制，通过市场机制的作用有效提高资金使用效率，降低对外资的依赖。并放松对利率和汇率的价格管制，使利率真实反映资金供求关系，汇率真实反映外汇供求关系，提高国民储蓄率，最终达到充分利用国内外金融资源，推动经济增长的目的（Mckinnon-Shaw，1973）。从图 7.1 可以看出，随着政府逐步废除对利率的干预和管制，利率将尽可能接近市场均衡利率（i_2），储蓄与投资的缺口随之逐渐减少，最终实现均衡。

麦金农的《经济发展中的货币与资本》和肖的《经济发展中的金融深化》两本书的出版，标志着以发展中国家或地区为研究对象的麦金农—肖金融抑制和金融深化理论正式形成。两人的突出贡献在于，他们抛弃了之前主流观点所认为的金融部门的有效运行离不开政府干预的看法，提出金融部门和其他经济部门一样，通过市场机制的自发力量可以达到帕累托最优均衡状态；同时剖析了发展中国家存在的"金融抑制现象"，提出了发展中国家进行系统性金融改革和金融深化的基本模式，即减少政府对金融机构的过度干预，让市场机制决定利率水平，同时采取措施控制通胀，避免实际利率因通胀因素而过分偏离市场均衡利率。总之，麦金农和肖的政策主张非常直接：取消利率上限、降低准备金要求、放弃直接的信贷配给；解除金融机构利率水平、业务范围和经营的地域选择等方面的限制，让金融体系充分发挥其有效的配置资金作用，恢复金融业的竞争，以提高金融业效率。

麦金农和肖的理论促进了世界范围的金融自由化浪潮。在发展中国家货币金融方面的政策制定与改革实践中都能看到该理论的影子。在理论支持下，拉美和亚洲的一些发展中国家先后启动了以利率自由化、金融业务自由化、金融机构自由化以及资本流动自由化为主要内容的金融深化改革，与此同时，发达国家也相继放松金融管制。初期的自由化改革对经济增长的确起到了一定的推动作用。大多数国家在金融自由化之后，私人金融资产增长较快，对私人部门的信贷也大幅提高，如韩国在金融改革三年后私人部门的信贷与 GDP 的比率平均达到了 68%，实际 GDP 的平均增长率达到 9.5%。

> 金融很重要，但并不起决定性作用，也不具备基础地位。

但令麦金农和肖没有想到的是，从 20 世纪 80 年代初期开始，这些国家在金融自由化后不久便遭受到金融危机的打击，严重扰乱了金融部门的发展，并导致实际国内生产总值大幅下降。东欧和巴西、阿根廷等一些实施改革的拉美国家相继发生了严重的债务危机或金融危机。

东欧和拉美经济自由化实践的失败，使得经济学界不得不对麦金农—肖的金融深化理论进行反思，提出麦金农—肖理论的几大缺陷：

第一，忽视了金融发展的内生约束性。斯蒂格利茨和魏斯认为，金融市场存在信息不对称状况，从而产生道德风险和逆向选择，导致利率的资金价格信号失灵，金融机构无法对贷款人的风险特征进行有效甄别，金融风险增加。金融市场的内生约束和金融机构的脆弱性是金融危机产生的重要原因（Joseph Stiglitz 和 Weiss，1981）。而麦金农和肖的理论则严格假定资金市场是完全竞争市场，利率可以充分发挥资源的有效配置作用，外生金融约束可以通过改革政府的政策放松甚至消除，金融发展只存在外生约

> 就金融解释金融，是解释不清楚的。

束，即法律与制度约束，如利率管制和政府的信用分配等（吴松涛，2005）。

第二，忽视了金融发展的微观基础和市场条件。金融自由化的推进需要良好的微观基础，尤其是完善的企业制度。麦金农和肖的分析框架假定企业存在硬预算约束，不存在普遍的道德风险和逆向选择问题，也不存在内部人为控制。事实上，在发展中国家，金融部门和实体部门都受到政府的严格控制，在公有制不完善或市场机制不健全的情况下，企业的预算约束是软的，企业投资对利率的需求弹性较低，在这种情况下，利率同样无法实现对资源的最优配置。

第三，忽视了发展中国家不具备健全的资本市场的事实。资本市场发展不健全，企业负债的代理成本就高，无法形成有效的现代企业治理结构。良好的资本市场的发展是放松利率和银行业管制的前提。在受管制较重的发展中国家，股票和资本市场的充分发展应先于利率、外汇和银行业的自由化。东欧在转轨过程中之所以造成经济近乎瘫痪的状态，很重要的一个原因就是在企业私有化的同时，政府过早地放弃了对银行业、利率和汇率的控制。

第四，麦金农—肖的金融抑制模型过于简单，模型的假设和结论带有一定的先验性，缺乏严格的数学论证。

不是理论出了问题，而是假设脱离了实际。

总之，麦金农—肖的金融深化理论之所以会遭到如此重大的理论与实践挑战，其根本原因在于忽视了金融自由化的阶段性。金融自由化需要具备一定的前提条件。美国、英国、德国等都实施了大幅度的金融自由化措施，但在这些国家金融体系脆弱性并没有同步增长，因为这些国家进行金融自由化的初始条件比较充分。许多发展中国家在初始条件不具备的情况下仓促推行全面的自由化，则大大增加了金融体系的脆弱性，从而将经济中潜藏的问题快速释放出来。可以说，金融自由化的过程不仅仅是放松管制，发展中国家金融抑制与金融自由化之间有一个"合情合理"的过渡期而不是非此即彼的关系。在没有做好全面自由化的准备之前，发展中国家金融市场存在典型的金融抑制与金融自由化并存特征。

第三节　对麦金农—肖金融理论的完善与修正

一、第一代"麦金农—肖"学派（20 世纪 70—80 年代）

第一代麦金农和肖学派主要对麦金农和肖分析框架进行了严格的模型化处理，代表人物包括巴桑特·卡普尔（Kapur），唐纳德·马西森（Mathieson）、维森特·加尔比斯（Galbis）、马克斯韦尔·J. 弗赖伊、杨帕李·李和尤恩·热·丘等。他们在麦金农和肖的分析框架基础上，相继提出了一些逻辑严密、论证规范的金融抑制模型，被学术界称为"麦金农—肖第一代拓展"（叶维武，2012）。

Kapur（1976）放弃了麦金农的资金需求企业只局限于内部融资的假设，认为企业可以通过外部渠道的银行贷款来筹集投资资金。他认为，商业银行可以通过为企业提供信贷从而对实际经济产生影响，存款利率上升能促进银行存款增加，并扩大银行信贷规模，从而扩大全社会的投资总量。Mathieson（1979）则舍弃了麦金农和肖封闭经济状态的前提假设，探讨了开放经济情况下，金融机构对储蓄及投资规模的影响，并论证了发展中国家的金融改革、经济增长及经济稳定三者的关系，详细阐述了发展中国家如何通过适当的经济政策和金融体制改革来同时实现经济增长与经济稳定。

Galbis（1977）则运用两部门经济模型，专门分析了在社会闲置资本总额固定前提下金融抑制对经济体投资效率的消极影响。他假设部门一是投资收益率较低的传统部门，主要依靠内部融资；部门二是投资收益率较高的现代部门，主要依靠外部的银行信贷融资。Galbis 认为金融自由化可以通过改善投资质量来提高经济绩效。在利率被压制时，传统部门作为盈利部门，会通过盈余资金的再利用来扩大再生产，从而将资金保留在部门内部，而不是借贷给效率更高的现代部门。在利率市场化改革之后，利率能自发调节资金的配置效率，使资金由低效率部门向高效率部门流动，从而推动经济的良性发展。

二、第二代"麦金农—肖"学派（20 世纪 80—90 年代）

在 20 世纪 80 年代，以保罗·罗默（Romer，1986）和罗伯特·卢卡斯（Lucas，1988）为代表的内生经济增长理论兴起，掀起了理论界对经济内生性增长讨论的高潮，也引发经济学者对金融内生性问题的研究热情。内生增长理论的基本观点是：经济增长由内生的技术变化决定，而不是外部力量推动的结果。许多经济学家汲取当时内生增长理论的一些重要成果，舍弃了麦金农—肖学派将金融中介和金融市场视作外生变量的假设，对第一代拓展模型中的金融中介和金融市场等外生变量进行内生化处理，并对金融发展和经济增长的关系进行了实证研究。通过一系列金融中介模型的建立，他们解释了金融机构和金融市场如何将非生产性储蓄转化为生产性投资，从而提高投资规模和资金的配置效率等问题，为进一步研究金融自由化对经济增长的影响提供了新的研究思路。代表人物包括：Bencivenga 和 Smith、Schreft 和 Smith 以及 Durra 和 Kapur、King 和 Levine、Marco Pagano、Greenwood 和 Smith。

Bencivenga 和 Smith（1991）、Schreft 和 Smith（1998）、Durra 和 Kapur（1998）以及 Greenwood 和 Smith（1997）等从效用函数入手，在微观模型基础上，引入了不对称信息下的道德风险、逆向选择、监督成本及其他不确定因素，包括偏好冲击和流动性冲击等与完全竞争模型完全相悖的变量因子，并对在不同情境下的效用水平进行比较研究，从而对金融中介和金融市场的形成进行了规范解释。如 Bencivenga 和 Smith（1991）的模型研究了金融机构如何通过降低流动性风险，实现短期流动资本向生产性投资资本的转化，从而促进了生产率的提高。King 和 Levine（1993）的研究发现，金融机构（商业银行，投资银行或其他金融机构）的存在可以降低个体直接从事市场融资的成本和风险，从而提高资源配置效率，推动经济增长。Marco Pagano（1993）运用"AK"模型对金融发展对实际经济增长的影响机制进行了研究，认为解除利率管制，实施金融自由化，可以提高储蓄水平和投资效率，增加流向产业部门的可贷资金量，从而提高银行效率，促进经济增长。

Greenwood 和 Jovanovic（1990，1997）以及 Levine（1993）等则对经

济发展对金融市场的促进作用进行了分析。他们在模型中引入了固定的交易成本，假定交易成本随着金融服务复杂程度的提高而提高，论证了金融中介和金融市场如何随着人均收入和人均财富的增加而从简单阶段向复杂阶段演化的过程，证明诸如投资银行之类的复杂金融中介体只有在经济增长达到一定水平之后才可能出现。

内生金融增长模型所探讨的是稳定状态下的金融发展，对金融条件发生变化情况下的动态变迁路径没有提供任何深入的分析，这是内生金融增长模型的不足。上述理论为金融深化理论提供了进一步发展的空间，为金融深化理论注入了新的活力。

三、"麦金农—肖"研究范式的进一步拓展（20世纪90年代至21世纪初）

20世纪90年代中期，新制度经济学兴起，信息经济学的成就被广泛应用到各个领域，进一步拓宽了金融发展理论的研究视角，研究范围开始从传统的金融发展与经济增长关系等显性问题向更加隐性的金融体系结构与制度变迁规律、信息不完全前提下金融领域的道德风险、逆向选择等问题扩展。分析框架也渐渐开始由只涉及经济变量到试探性引入正式制度变量进而发展到全面运用非正式制度变量来解释金融发展问题，政治法律、宗教伦理和社会习俗等制度因素都被囊括其中。

La Porta、Lopez-de-Silanes、Shleifer 和 Vishny（1998）考察了49个国家法律制度的完善程度，第一次明确地将法律因素纳入金融发展与经济增长关系的研究框架。他们发现法律制度完善且有效力的国家的金融市场发展更为完备。Demirguc-kunt 和 Mak simovic（1998）从微观企业角度，考察了法律环境对企业融资能力和竞争力的影响，认为投资于法律越有利的地方，企业的外部融资能力和竞争力就越强，越有利于金融的良好发展和地区经济增长。Rasmusen（2004）则研究了信息不对称情形下金融体系因道德风险和逆向选择所存在的委托—代理问题。

四、"麦金农—肖"金融自由化理论的反对学派

20世纪80年代上半期，金融自由化的实践导致发展中国家普遍陷入

金融危机之中。理论与实践的巨大反差激发了人们对麦金农—肖 M—S 理论的质疑。新结构主义、新凯恩斯主义、新制度主义等流派纷纷对 M—S 理论提出反对，使得麦金农不得不对早期的理论重新进行修正，于 1993 年提出了金融控制论。而在 20 世纪 90 年代中期，金融控制论又遭遇一个新的流派——金融约束论的抗衡。

新结构主义学派的 Van Wijnbergen（1983）、Taylor（1983）和 Buffie（1984）等首先对金融自由化的逻辑提出质疑。他们认为，发展中国家的金融体系与发达经济体完全不同，具有明显的二元经济特征，即正规金融市场（正规信贷市场）和落后的场外金融市场（非正规信贷市场）同时并存。正规金融市场因为要缴纳法定准备金，往往会发生资金"漏损"。他们主张，发展中国家应该做的不是进行金融自由化的改革，而是好好保护已经效率很高的非正规信贷市场。

凯恩斯主义学派也对倡导高利率的金融自由化理论的科学性提出批评。他们从有效需求观点出发，认为利率的提高会增加企业的筹资成本或超过企业实际利润率，从而出现投资抑制现象，投资的缩减将通过乘数效应加速经济增长率的下滑。利率的提高可能带来储蓄的上升，但也会导致居民实际消费下降，从而降低社会消费的总需求。此外，金融自由化往往伴随贸易和资本流动的放松和自由化，导致外资流入，汇率高估，从而抑制出口需求；实际利率提高也会使银行减少项目融资或促使银行从事高风险项目融资，增加金融系统的不稳定性。

新制度主义学派认为麦金农和肖的金融自由化理论忽视了制度对经济绩效的影响。他们区分了需求引致型金融和供给主导型金融，认为经济不太发达国家的金融供给及金融机构能够自主地促进工业化和经济增长。金融抑制政策是否一定导致资金来源短缺和投资不足，很大程度上还取决于银行行为和金融市场的结构。即使利率不上升，也存在金融深化的可能，从而否定了金融自由化的必然性。

以 Stigilitz（1981，1996）为代表的新的流派提出金融约束论，发起了对金融自由化理论的猛烈攻击。他认为，由于发展中国家普遍存在不完全信息或不完全市场，政府采取适当的金融抑制措施反而能够提高资金配置的效率。而推行金融自由化导致的利率迅速上升则是导致银行贷款投资的

场外的往往是真实的。

利率的影响是显然的。但是否正面，要看当时、当地的经济状况。

恶化，危及金融和经济体系稳定的罪魁祸首。

金融约束论提出后不久，便爆发了 1997 年的东南亚金融危机，金融约束理论立即得到了相当部分国家和学者的认同，但也遭到奉行金融自由化改革的经济学家的批评。麦金农在对这些反对意见和实践教训总结的基础上，重新对早期的完全自由化思想进行了反思和修正。

五、麦金农对早期理论的修正与完善——"金融控制论"

1986 年，麦金农出版了《金融自由化与经济发展》一书，开始倡导渐进的自由化之路，其核心就是解决经济自由化应该遵循何种顺序才能维持价格水平的稳定及金融稳定，提出发展中国家应在自由化进程中加强对金融体系的有效监管的建议。1990 年前后俄罗斯和东欧等转轨国家"休克疗法"的失败及学术界的反对之声，进一步引发麦金农深刻的反思。

他发现，东欧的前社会主义国家都未能建立起能充分支持其经济市场化的金融体系。事实上，许多东欧小国为建立"社会主义市场经济"努力了十几年，却长期陷入通货膨胀和产出下降的困局。前苏联各国更处于严重的金融混乱之中。而这一阶段，亚洲各国，包括中国、越南、老挝在这一时期奉行了渐进式的经济自由化改革，逐步在传统的计划经济中引入市场经济的成分。在这个时期，中国的市场化改革主要表现在以下四个方面：第一，在工业部门实行扩大国营企业自主权的政策，并逐步引入市场机制，使得计划和市场并存，出现了"价格双轨制"，采取企业经营承包责任制；第二，在农村实行家庭联产承包责任制，将 8 亿农民初步解放了出来，为以后的农村劳动力转移奠定了基础，从 1985 年开始取消了于 20 世纪 50 年代初建立的粮食征购计划；第三，以经济特区作为对外开放的窗口，吸引外资，而不是追求绝对的贸易自由；第四，逐步开放民营经济，作为公有经济的补充。尽管当 1988 年中国政府宣布全面的价格体制改革时，通货膨胀迅速加剧，政府因此提出了经济紧缩计划，中国经济也进入了长达四年的"治理整顿"时期，但中国所奉行的渐进式经济自由化的改革方式，要比苏联和东欧的激进式改革好得多。

麦金农在比较了东亚各国渐进式改革取得的成就和转轨国家激进式自由化导致的危机后，在 1991 年出版的《经济自由化的顺序——向市场经济过渡中的金融控制》一书中完整论述了其"金融控制论"思想，核心就是强调发展中国家的金融自由化改革应适当控制节奏，要循序渐进。麦金农认为，要从一个压抑国内外贸易的中央集权化控制的经济向完全的市场型经济过渡，存在一个最优的金融政策秩序。财政、货币和外汇政策如何排列顺序至关重要，政府不能够或许也不该同时采取全部的自由化措施。各国最初的国情不同，自由化的顺序也应依国家的不同而不同，但存在一些共同的特点。

首先，平衡中央政府融资，即财政的控制应该先于金融的自由化。只有在税基比较广泛的情况下，政府才可能收集到足够的收入以避免通货膨胀，而无须重新去获取企业的利润或个人的财产。麦金农认为，20世纪80年代，拉美国家的墨西哥、阿根廷和巴西就是严重依赖国内债务，导致国内债务的高利率的累积效应，从而政府无力偿还债务，不得不依靠非通货膨胀的措施，比如冻结巴西公司和个人手中债务的80%等手段来弥补财政赤字，从而使得人们对政府未来的财政政策普遍丧失信心。

其次，开放国内资本市场，即实行价格的自由化。这一政策的前提是必须对财政进行严格的控制，降低政府对通货膨胀税和对存款者超额准备金税融资的依赖。在开放的同时，加强对银行的监管，并建立商业规则，将私人资本市场也纳入监管框架内，以降低价格水平的大幅波动。

最后，在国内贸易和金融自由化后，以适当的步伐进行外汇自由化的改革。在对外贸易自由化的同时，放开国内商品和劳务贸易的价格。在允许企业向国际资本市场借贷前，要先完全放开国内的资本市场。只有当国内借贷可以在均衡利率水平上进行，国内通货膨胀得到抑制以使汇率无须不断贬值时，才是允许国际资本自由流动的正确时机。过早取消对外国资本流动的汇兑管制，可能导致资本外逃或外债增加，因此资本项目的外汇可兑换是经济自由化最优顺序中的最后一步。

商品与货币失去平衡，货币多了，不论是从子孙后代那儿挪来的（赤字），还是从印钞厂印出来的，其后果都是一样的：通胀。

第四节　麦金农金融抑制理论对中国的启示

麦金农和肖金融抑制及深化理论的产生、发展与演进完全与社会实践的进程相一致，并由社会实践所推动。不同时期的金融自由化理论所处的内部和外部环境、宏观和微观环境都发生了变化。金融控制论和金融约束论的产生，使金融自由化的政策主张从最初实行完全无政府干预的自由化，向强调宏观经济稳定条件下的自由化转变，并最终转变为政府适度干预的自由化（吴崇伯，2005），从而为发展中国家在实施全面金融深化的政策操作上提供了一个初步的路径选择（如图7.2所示）。

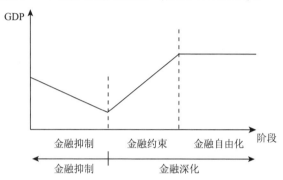

图7.2　金融抑制、金融约束、金融自由化、金融深化四者关系

　　尽管自由化实践不断遭遇各种危机的考验，但越来越多的经济学家和决策者对渐进改革持肯定的态度（Ries and Sweeney，1997）。Funke（1993）对发展中国家有关经济改革和政策措施排序的研究文献进行总结，发现大多数学者把财政与货币政策的稳定放在第一位，也有学者把国内金融体系的改革放在第一位，但大多把资本账户自由化放在改革的最后一位。转型经济国家的学者多把体制改革置于首位，同时认为财政与货币稳定也应首先启动，而资本账户自由化应最后启动。Williamson（1997）特别指出，把资本账户开放安排在改革后期进行是正确的。过早开放资本账户还会引起资本的大量外流，从而抬高本国利率，增加大部分企业的融资成本。但并非所有的新古典主义学者都同意这一观点。雷特和桑德勒简（1990）提出，采取渐进式自由化改革会导致自由化自身的扭曲，并且增加这个过程中政治支持能力的难度。更为普遍的观点是，随着时间的推移，实施金融自由化改革的政治意愿将会衰减，因此在改革的政治热情尚未退却时立即进行金融自由化改革，效果会更好一些。Guitian（1997）也认为，排序归根结底取决于初始条件和一国的经济结构。如果外部条件稳定而国内政策健全，可以不按先后次序，而是同时实行经常账户和资本账户的开放。

从整个金融自由化发展的进程中多角度、多维度、动态地来理解金融自由化，而不是单纯依靠单一理论和方法来研究，是金融自由化理论未来的发展方向。麦金农—肖理论所未能解决的最关键的实践问题是，为什么同样推行金融自由化，频发的金融危机却主要出现在进行金融自由化改革的发展中国家和转型经济国家？对此，金融控制论、金融约束论、新结构主义、新制度主义、信息学派以及不同时期的麦金农—肖学派等基于不同的现实假设，运用越来越先进的数学方法，对危机的爆发进行解释，对于发展中国家的金融理论研究和金融发展实践具有重要的借鉴和参考价值。

从理论和实践层面看，金融自由化的深度与成败往往取决于以下五方面：

一是改革是否在稳定的宏观经济环境中进行。宏观经济环境的稳定性主要表现在财政收支是否平衡，是否发生了通货膨胀。实践中很多失败的改革都与宏观经济不稳定有关。

二是金融机构是否初步建立规范的企业制度，包括金融机构是否具有独立性，以及是否建立了内部管理制度。大多数发展中国家以利率自由化改革作为金融改革的突破口和重点，而往往忽视金融中介机构改革的重要性，导致利率机制在金融市场上无法发挥作用。

三是是否具备及时消除金融脆弱性的能力。银行业在借贷过程中累积了大量的不良资产，为保证借贷资金能够得到偿还，不得不向企业不断提供"关系型高风险融资"，形成不良资产与信贷之间的恶性循环，严重时导致金融系统性风险的爆发。

四是是否具备良好的市场基础和制度环境，包括公共基础设施建设、立法执法建设、会计和审计体系建设、信息披露制度建设等。制度建设对于一国能否在自由化进程中保持金融和宏观经济的稳定至关重要。

五是是否建立起金融监管框架。金融自由化应该是资金融通效率与金融监管的有机结合体。在不完备的监管框架下，金融业的道德风险和逆向选择将导致风险贷款的增加以及金融产品的虚拟创新。过度金融创新导致的虚拟经济泡沫以及金融监管的缺失是 2008 年国际金融危机爆发的主要

表面复制、片面效仿，知其然，不知其所以然，是必然要付出代价的。

原因。

　　这并非说必须五大因素完全具备后才能进行自由化改革，而是说，在改革的进程中各国应根据其发展水平和不同的发展阶段，对这五大因素的重要性进行权衡和调整，作为合理安排自由化顺序和深度的参考标准，尽量避免改革的过激或过缓。

第二章　金融自由化改革的国际实践与中国的自由化改革

麦金农—肖金融深化理论的提出掀起了世界各国金融自由化改革的热潮。20世纪80年代以来，因循金融深化理论的思路，发达国家拉开了金融创新的序幕，新兴市场国家也先后进行了金融自由化改革，形成了一场全球性的影响深远的金融革命。时至今日，金融自由化的实践仍然还在如火如荼地进行，各国都希望能通过金融自由化改革融入并分享全球化带来的利益。

金融自由化在不同时期、不同国家有不同的内涵。1998年威廉姆森（Williamson）将金融自由化的内容扩展到放松利率管制、消除贷款控制、金融服务业的自由进入、尊重金融机构自主权、银行私有化及国际资本流动自由化六个方面。世界银行和IMF则将金融自由化总结为：公共金融机构的私有化、允许外资金融机构进入、以市场竞争促进金融市场的发展、降低存款准备金要求、取消指导性贷款、利率市场化和开放资本市场等几方面。尽管对金融自由化的概念和分类不同，各国的实践基本围绕四大方面展开：一是价格自由化，包括取消对利率、汇率的限制，充分发挥公开市场操作、央行再贴现和法定准备率要求等货币政策工具的市场调节作用；二是业务自由化，即允许各类金融机构从事交叉业务，进行公平竞争，即所谓混业经营；三是金融市场自由化，即放松各类金融机构进入金融市场的限制，完善金融市场的融资工具和技术；四是资本流动自由化，即放宽本国资本和金融机构进入外国市场的准入条件。

Abiad（2003）将金融自由化改革的路径分为三种：震荡型、渐进型和延缓型。震荡——全面型改革往往会在较短的时间里，大幅度地放开对资

站在什么样的立场，就有什么样的观点和主张。

本、国内金融与证券市场的管制；渐进——部分型改革的特点是国家采取谨慎的态度，对不同金融部分安排不同的自由化进程表，循序渐进地加深改革；而延缓——有限型金融改革的步伐缓慢，开放项目有限，改革深度也很浅，且时有拖延或倒退。在此基础上，Abiad 和 Mody（2005）又将短期改革的类型分为大幅改革、缓慢改革、无改革与改革倒退四类。认为通过观察各国政府在资本账户、国内金融部门与证券市场上实施的具体措施，可以确定其改革速度、改革深度和广度（见表 7.1）。

表 7.1　金融自由化改革的三种长期路径

改革路径	改革步伐	改革范围	改革幅度
震荡——全面型改革	快	广	深
渐进——部分型改革	中	部分	中
延缓——有限型改革	慢	有限	浅

由于发达国家与新兴市场国家经济发展水平、经济体制、政治体制、人文环境等存在很大差异，二者在进行金融体制改革时，市场化模式、步骤和结果也大相径庭。

第一节　发达国家的金融自由化改革

20 世纪 30 年代世界经济的大萧条使以美国为首的西方国家遭遇重大打击，金融业几乎陷入瘫痪。美国便率先采用凯恩斯主义经济理论和政策对经济进行干预，加强对金融机构和金融市场的管制，逐渐推动了经济的稳定复苏，致使其他国家纷纷效仿。第二次世界大战到 20 世纪 60 年代，西方发达国家大多经历了一个经济高速增长的"黄金时期"，工业国家的 GDP 平均增速为 7%～10%。但凯恩斯政府干预政策的长期推行也逐渐使这些国家的经济发展丧失活力，在 60 年代末普遍陷入"滞胀"泥潭。70 年代初世界范围内石油危机的爆发，进一步加剧了发达国家的通货膨胀。为了摆脱窘境，发达国家纷纷放松金融管制，其中首要的是推行利率市场化的改革。

此一时也，彼一时也，识时务者当随机行事。

　　与发展中国家不同，发达国家金融自由化主要是为了解决市场深化进程中出现的金融结构与金融管理体制的矛盾与冲突，即以金融创新为特点，本质是市场深化进程中的金融重构。由于具备完善的市场条件，美国等发达国家的金融自由化主要由市场力量推动，微观经济取代政府在本轮金融改革中发挥了主导作用。激烈的市场竞争，激发了商业银行等金融机构的创新热情，金融创新成为发达国家金融自由化改革的重要内容。

　　金融机构之间的业务合作明显增加，新型金融工具与新的交易方式不断涌现，业务经营日益多样化。随着信息技术的发展和世界金融市场的不断连接，银行业和证券市场业务国际化步伐大大加快。政府的角色被定位为从制度层面为金融改革创造条件，具体表现在：

　　（1）20世纪80年代以来，各国中央银行开始将货币总量控制作为降低通货膨胀的必要手段，用货币供应量控制替换以前的利率控制作为货币政策的中间目标，同时修正了衡量货币供应量的官方标准，扩大了货币范围。

　　（2）放松信贷和利率管制，废除了证券交易中的固定佣金制度，使金融资产的价格得以重新发挥其市场调节作用，这是发达国家金融自由化的重要内容。

　　（3）消除对金融机构的各种束缚，改革落后的法律法规，完善金融监管体制，加强金融风险监管以确保金融稳定等。

　　（4）放开国内金融市场，取消外国居民在本国金融市场筹集资金的限制，允许外资银行自由进入本国证券交易市场，并打破金融市场分割局面，加快与其他国家金融市场的融合。

　　（5）实行浮动汇率制，放松外汇管制，提升国际资本流动的自由度。

　　同样是利率市场化改革，美英等国却采取了不同的改革方式。英国、新西兰等国实行的是激进式的金融改革。英国于1971年颁布《竞争和信贷控制法案》，一举废止利率协定，实现利率市场化。1979年撒切尔政府主推自由经济，大刀阔斧地改革政府管制，降低通货膨胀率和维持物价稳定。英国的金融"大爆炸"全面推垮了英国金融分业经营的体制，加速了金融机构之间的融合，逐渐涌现出一批超级全能金融集团，业务领域涵盖了银行、证券、保险、信托等各个方面，金融体制僵化和金融机构低效率的局面大大改观。该项改革带来了持续时间长达 7 年的经济增长，国际收支大大盈余，政府金融地位最高。

美国、日本等国却实行的是渐进式的改革。美国在利率市场化过程中伴随着金融工具的不断创新，是美国利率市场化过程中最显著的特点。日本则是放开资本管制在先，国内金融自由化推进在后。1964 年日本就实现了经常项目下的可兑换，16 年后到 1980 年才实现了资本项目下的可兑换，随后又花了 15 年的时间，到 1994 年才完成利率自由化的进程。但异曲同工，由于具备较高的发展水平及发达的资本和劳动力等要素市场基础，这些国家的金融自由化改革都取得了较好的效果。

第二节　新兴市场国家的金融自由化改革

新兴市场国家在金融自由化战略之前，普遍存在二元经济结构、生产力落后、市场发育不完全、金融抑制严重等特点，政府对金融系统进行严格管制，造成国内投资效率低下，资金缺失。效率高的企业只能依赖内源融资或从地下市场以较高的利率获取资金。抑制型金融体系妨碍了国家经济的发展，它决定了这些国家金融自由化的首要目标必然是消除金融抑制，提高利率水平，从而调动国内储蓄，促进投资生产活动，降低对外国资本的依赖。

由于新兴市场国家的市场化程度低于发达国家，市场机制不完善，因此金融自由化大多与经济市场化同步进行，构成了经济市场化、自由化的一部分，这是与发达国家以市场为基础的金融自由化的根本不同。从外部环境看，从 20 世纪 70 年代开始，全球出现经济一体化和金融国际化的趋势，IMF 等国际机构对发展中国家提出实行利率自由化的要求，使得这些国家的政府和金融当局对金融系统的管制逐步弱化。各国以不同的步伐，进行金融自由化的实践。

拉美国家自由化的推进源于这些国家长期隐藏的高通货膨胀与低经济增长率、高财政赤字的巨大矛盾。从 20 世纪 70 年代中期开始，以阿根廷、智利和乌拉圭为首的南美国家激进地实行了由金融压制向金融自由化的改

自由化的基本前提是：金融市场能够自治、金融企业能够自律、金融从业人员能够自觉、金融法制能够自我完善。

革。改革措施主要包括：建立国内资本市场,放开利率管制,大幅取消信贷限制,降低银行准备金要求,实施国有银行私有化,降低金融部门的准入门槛,允许在国内开设存款账户以及逐步放松对外资流入和流出的限制等。

拉美国家在没有考虑本国的金融体制完善程度、经济承受能力等因素的情况下,大刀阔斧地开始了金融自由化改革。改革初期取得非常突出的成绩：通货膨胀率急速下降,GDP 增长率迅速提升,利率快速上升,储蓄和信贷迅速增加。但同时也给经济埋下严重隐患,比如实际利率过高导致外资大幅快速地流入,外债显著增加,越来越多的金融机构开始从事高风险业务,贸易不平衡加剧。高利率破坏了宏观经济的稳定,再加上微观基础建设程度不高,金融业脆弱性增加,最终导致新一轮的金融危机。

IMF 的研究表明,金融自由化与银行危机的频繁爆发有着十分密切的关系。在金融自由化的进度安排与经济发展水平、金融市场状况等不衔接,且缺乏适度谨慎监督的情况下,一味追求金融的全面自由化,会带来严重不良后果。以巴西为例,20 世纪 80 年代后期,美国针对拉美危机提出了新自由主义原则——华盛顿共识,核心内容即为贸易自由化、价格市场化、私有化。巴西新一代领导人科洛尔深受芝加哥学派等新自由主义经济理论的影响,在上台后进行大刀阔斧地以稳定经济和降低通货膨胀率为主要目标的新自由主义结构改革。改革的主要内容包括贸易自由化、价格自由化、货币自由兑换、国企私有化等。20 世纪 90 年代实行的私有化,无论规模和速度都史无前例。但由于其经济体制及经济基础与西方市场经济存在很大差异,新旧制度之间难以迅速融合,导致巴西在转型初期,经济出现严重衰退,通胀急剧上升。历届政府实施的"克鲁扎多计划"(1986 年 2 月)、"布雷尔计划"(1987 年 6 月)、"夏季计划"(1989 年 1 月)、"新巴西计划"(1990 年 3 月)等都未能制止日益加速的通货膨胀。1994 年通胀率高达 2000%。1994 年,卡多佐总统提出了雷亚尔计划。以利率控制通货膨胀是雷亚尔计划实施以来巴西经济政策的基本点；推动外资对巴西私企的合并、兼并,是卡多佐重组巴西经济的另一重点。迅速的进口自由化和高额利率,使外国资本得以轻易排挤、取代巴西本国资本。为了缩小收入差距,卡多佐照搬西方的福利政策,提出"福利赶超"。但

某些"限制"对发展中国家来说是必要的,是弱者的一种"自我保护"。自由化要求取消一切限制,对于发达国家和发展中国家感受是完全不一样的。巴西是个教训。

在跨国公司领导下进行的巴西经济现代化，既没有促进巴西资本积累率的提高，也没有促进巴西的国际竞争力。2001 年巴西人均收入跌至 2920 美元，倒退回 20 世纪 50 年代的水平，失去了世界第八大经济体的地位（如图 7.3、图 7.4 所示）。

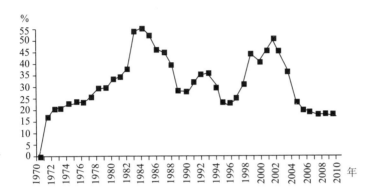

数据来源：世界银行发展指标2012。

图 7.3　1970—2011 年巴西的外债存量（占 GNI 比例）

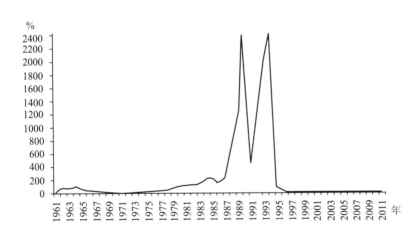

数据来源：世界银行发展指标 2012。

图 7.4　1961—2011 年以 GDP 平减指数衡量的巴西年度通货膨胀率

俄罗斯、东欧、独联体等转轨国家也在 1991—1995 年基本完成了金融自由化改革。1991 年 8 月俄罗斯正式宣布脱离苏联独立，并从 1992

年初开始实施激进的经济自由化改革（休克疗法）。俄罗斯经济政策的制定者在脱离国情的情况下，照搬成熟市场经济国家的经济自由化改革方案，制定了一系列全面快速自由化、私有化、紧缩货币财政政策等激进的改革措施，致使俄罗斯的经济发展和转型在这一时期遭受了重大的挫折。国民经济发展遭遇连续大幅下挫。俄罗斯 1998 年国民生产总值相对于 1991 年市场经济改革之前下降了 40% 以上，相对于苏联解体之前的 1989 年下降近 50%，改革不仅没有促进俄罗斯经济增长，反而对其生产力造成了严重的破坏作用。严重的经济下滑，进一步引发了全面的财政和金融危机，卢布的大幅贬值和持续的恶性通货膨胀（1992 年通货膨胀率高达 1490%），还导致贫困人口激增，收入状况和生活水平恶化，贫富差距不断扩大，爆发严重的社会危机。直到 1999 年由于宏观经济政策的大幅调整和外部环境的变化，经济才得以避免继续大幅下挫并且取得了较快的增长。

与拉美和前苏联国家不同，亚洲国家利率市场化改革大都集中在 20 世纪 80 年代，并且采取了谨慎、渐进式的自由化改革战略。措施包括：有步骤、分阶段地进行利率自由化改革，逐步降低信贷控制，增加汇率灵活性，促进金融体系的竞争和效率，逐步取消外汇管制，加强监管和法律法规的建设等。由于亚洲国家的改革多是在国内宏观经济形势较为稳定、通货膨胀得以有效控制的前提下进行，并且政府适当管制，改革没有给经济带来太大的波动。

对比智利、韩国、巴西三个新兴市场国家自由化变革的演进，在国内金融、政治的运作上，三国都受到过美国政府的干预，同样经历过民主化改革。在金融改革前，都属于金融抑制体系，在金融自由化进程中，均面临同样或类似的外部冲击，包括二次石油危机、1980 年的债务危机以及 1997 年亚洲金融危机。虽然 1990 年后，三国的金融体系均朝着自由化加深的方向演变，但三国的金融改革路径却大相径庭。智利属于震荡——全面型改革，首次开放资本账户、国内金融部门与证券市场的时间最长。韩国为渐进——部分型改革，巴西的改革时间跨度最长，首次开放国内证券市场的时间比智利和韩国早（1973 年前），但在 1990 年才放开金融部门，期间间隔了至少 17 年（见表 7.2）。

表7.2 1961—2002 年，智利、韩国、巴西三国金融自由化改革的演变

智利		韩国		巴西	
1979—1973	无	1961—1979	倒退	1961—1964	无改革
1973—1975	缓慢	1980—1983	无	1964—1967	大幅
1979—1989	大幅	1984—1987	倒退	1967—1969	倒退
1990—2000	无	1988—1989	大幅	1969—1974	倒退
		1990—1992	倒退	1974—1979	倒退
		1993	大幅	1979—1985	无
		1994—1997	倒退	1985—1994	缓慢
		1998—2000	大幅	1995—2002	大幅

　　其他发展中国家的金融自由化进程起步更晚。非洲始于 20 世纪 80 年代中后期，从 1983 年 4 月到 1991 年 5 月，加纳、南非、赞比亚、肯尼亚、尼日利亚、突尼斯、马拉维、津巴布韦、埃及等，先后实现了存贷款利率的自由化。非洲国家虽然进行了消除金融压制的金融自由化改革，但改革的成果极为有限。

　　尽管拉美与亚洲的国家和地区采取了不同的金融自由化改革方式，改革的结果也完全不同，但金融自由化实践确实给新兴市场国家的金融业带来了许多机遇：利率放开，促进了国内储蓄—投资的良性循环；开放促进了国家出口的增长和多元化；金融机构竞争的加剧，提高了金融体系的运作效率等。但这些国家和地区也不得不同时面临一些负面挑战：过多依赖外资外贸，易受国际市场动荡的冲击，金融业的风险和脆弱性增加，资本的大进大出导致经济不稳定性增加等。

第三节　世界各国和各地区金融
自由化进程的横向比较

　　从图7.5 可以看出，1970 年以来，全球的金融体系出现自由化的共同趋势，金融自由化已成为国际经济社会发展进程中的一股不可阻挡的潮流，且全球经济区域间有朝着金融一体化体系汇聚的趋势。尤其 20 世纪

90 年代后，国际经贸一体化进程的加快以及国际金融市场的迅速壮大和相互联结，大大地扩展了金融自由化的进程和内涵。而在金融自由化这一世界潮流中，发达经济体（Advanced Economics）是这种潮流的推动者、倡导者，发展中国家则是这种潮流的跟随者，其中新兴及发展中的亚洲经济体（Emerging and developing Asia）自 70 年代以来金融自由化程度稳步提高，而拉美国家（Latin America）的自由化之路则在 70—80 年代曲折反复，时而急速展开，时而又大幅倒退。非洲（Sub-Saharan Africa 以及 Middle East 和 North Africa）和转型经济体国家（Transition Economics）则普遍在 90 年代后才加快了金融自由化改革步伐。

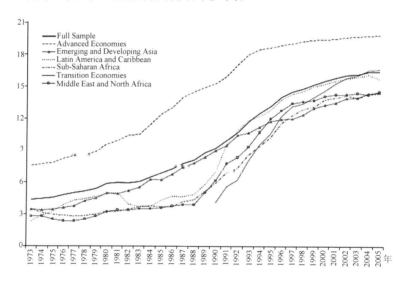

注：金融自由化指数为 0～18，0 表示完全压抑的金融体系，18 表示完全自由化的金融体系。

数据来源：Abiad(2008)。

图 7.5　世界各经济区域金融自由化程度的变动趋势（1973—2005）

金融自由化是针对金融不同领域的制度框架改革，其进程较多体现在政策法规的制定上，国内外许多学者通过整理分析政策法规，配合采用相应的数量方法度量了金融自由化程度。Abiad 等（2008）衡量了 1975 年至 2005 年 91 个国家金融体系中七个方面的金融抑制政策，分别是：信贷控制、利率控制、银行业进入限制、国有银行在银行业中所占的比重、金融行业的政府干预、资本项目管制、资本市场管制。他们将每个政策变量得分控制在 0～3，得分越高表示该政策抑制程度越低。

从表 7.3 可以看出，发达国家的金融自由化程度非常高，仅在信贷控制、银行业管制及银行私有化等几方面存在轻微管控。而发展中国家的金融抑制则体现在金融领域的各个方面，尤以对银行业管制、对银行私有化程度的管制及对资本市场管制最为严重。其中不同的发展中地区在金融抑制方面表现出不同特点：与拉美国家相比，亚洲新兴和发展中国家侧重加强对银行业、银行私有化和资本项目的监管；拉美国家则偏重对银行业及资本市场进行管制；非洲国家普遍实施了更大范围的对银行业、银行私有化、资本项目和资本市场的管制。

表 7.3　世界各地区金融抑制指标各政策所反映的抑制程度比较（2005 年均值）

	发达国家	亚洲新兴和发展中国家	拉美国家	撒哈拉以南非洲	转型国家	中东和北非
信贷控制	2.784	2.154	2.191	2.304	2.292	2.286
利率控制	3	2.615	2.765	2.429	2.611	2.857
银行业准入限制	3	2.3852	2.706	2.714	2.778	2.429
银行业的管制	2.636	1.538	1.706	1.5	2.167	1.857
银行的私有化	2.409	1.231	2	2.357	2.111	1.143
资本项目管制	3	2.154	2.412	1.5	2.556	1.857
资本市场管制	3	2.385	1.941	1.571	2.111	2.143

注：以各自由化政策衡量的金融自由化程度得分均在0～3之间，其中0表示完全压抑的金融政策，3表示完全自由化的金融政策。

数据来源：Abiad（2008）。

对各国金融自由化进程的一些实证研究也表明，必须留意金融自由化过程中的信贷规模。利率市场化及更广泛的金融自由化会削弱银行在金融体系中的主导地位、推动影子银行的发展，并可能增强金融市场波动性。卡明斯基和施穆克勒（2003）的研究也表明，多数国家在金融自由化之后会出现金融市场的繁荣。金融自由化之后，往往伴随信贷的更快扩张：一是贷款利率上升推动银行更多地放贷；二是在自由化之后，金融市场包括影子信贷市场的发展会为信贷扩张创造出更多渠道。瑞银证券估算发现，美国、日本、韩国和我国台湾地区信贷占 GDP 比重均在金融自由化改革之后出现明显上升趋势，其中美国非银行信贷（包括影子银行）发展尤为迅速，最终为 2008 年的危机爆发留下隐患（如图 7.6～图 7.9 所示）。

非金融私人领域信贷（占GDP的比重，%）

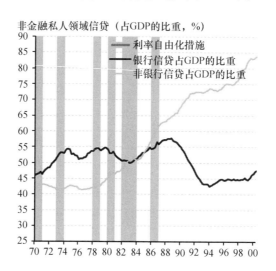

数据来源：Haver/BIS，瑞银证券估算。

图 7.6　美国信贷占 GDP 的比重

非金融私人领域信贷（占GDP的比重，%）

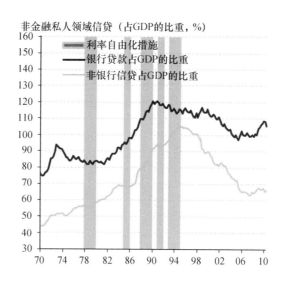

数据来源：Haver/BIS，瑞银证券估算。

图 7.7　日本信贷占 GDP 的比重

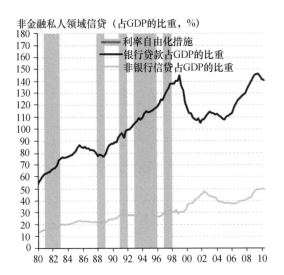

数据来源：Haver/BIS，瑞银证券估算。

图 7.8　韩国信贷占 GDP 的比重

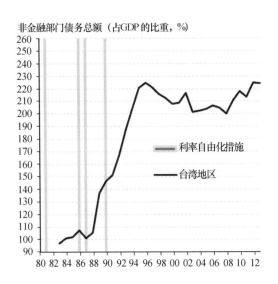

数据来源：Haver/BIS，瑞银证券估算。

图 7.9　我国台湾地区信贷（债务）占 GDP 的比重

　　直接融资比重的增加适应了我国发展的需要，其中债权融资比重的增加是融资市场结构趋于合理的必然结果，美国等西方发达国家都主要通过债权融资方式扩大直接融资。以美国为例，美国2010年债券融资总量达到1.9万亿美元，而股票融资仅为0.26万亿美元，二者比例达到7.3∶1，相比较而言，我国的债权融资占比仍有待提高。

　　此外，金融自由化之后，要警惕外汇管制放松带来的外债的增加速度。瑞银证券的估算显示，韩国和我国台湾地区在20世纪90年代初的金融自由化之后，外汇管制放松使当地企业得以以较低成本从海外大量融资。因此在亚洲金融危机前的几年，外债占GDP及国内信贷的比重迅速攀升（如图7.10所示）。

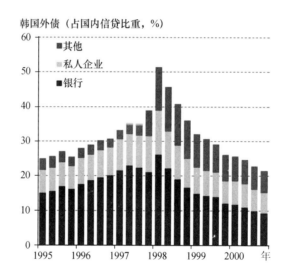

数据来源：Haver/BIS，瑞银证券估算。

图7.10　金融危机前后韩国外债占比

金融市场规模越大，运作越成熟，抗风险能力就越强。

　　在放开资本项目管制时，必须警惕国际资本大进大出对一国资本市场可能产生的剧烈冲击。在这方面，印度尼西亚和巴西等国给我们的启示非常深刻。印度尼西亚和巴西都是较早全面放开资本管制的国家（如图7.11所示）。2001年后，巴西金融市场的全面对外开放，吸引了大量国际资本涌入。巴西对外资采取了完全开放的政策。据国际金融公司对世界多个新兴市场的评估报告，巴西被评定为"可以完全自由进入的市场"，这在其他发展中国家是不多见的。

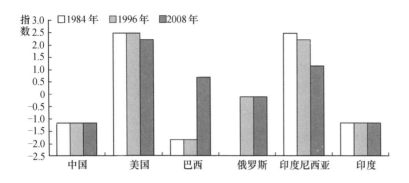

图 7.11 各国资本账户开放指数

巴西净资本流入快速、大规模增加。因向国际资本支付巨额投资收益的需要，巴西常年维持庞大的收益项逆差，造成巴西经常项目重回大规模赤字，缺口必须依赖国际资本的继续流入来填补，从而形成一个恶性循环。2008 年金融危机期间，国际资本集中出逃，巴西的资本金融账户经历剧烈波动，最低跌至赤字 200 亿美元以上。美联储出台量化宽松政策后，金融市场和经济形势企稳，国际资本又以更加疯狂的态势涌入巴西（如图7.12、图 7.13 所示）。2013 年，美国量化宽松释放出退出信号，国际资本又开始大规模逃离，给巴西、印度尼西亚等新兴市场国家经济的可持续发展带来极大隐患。

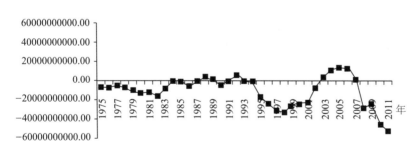

数据来源：世界银行发展指标 2012。

图 7.12 巴西经常账户余额（现价美元）

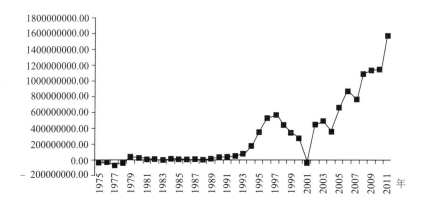

数据来源：世界银行发展指标 2012。

图 7.13　巴西净资本账户（现价美元）

第四节　中国的金融自由化改革历程

一、中国金融自由化改革的内容与进程

在改革开放之前，中国的利率水平长期不变，实际利率低于市场均衡利率，符合麦金农和肖对于发展中国家存在金融抑制的陈述。1953—1978年的 20 多年，中国的存款利率只变动了 6 次。1978 年以后，中国开启了经济体制改革的历程。与经济运行的市场进程化相适应，金融体制也进入改革阶段。

中国的金融改革与经济改革一样，都是从计划调节逐步走向市场运行的过程，是从政府严格的直接管制逐步过渡到通过制定法规规范市场的间接调控的过程。中国人民银行在计划经济体制下独揽了中央银行和商业银行的全部职能，直到 1984 年 12 月 1 日，经国务院批准才专门行使中央银行职能。1994 年初我国又对中央银行进行了较为全面的改革，明确中央银行的职能是稳定货币和监管金融业，自此，中国金融改革的步伐逐步加快。

利率自由化改革是中国金融改革的核心内容。1995 年，中国人民银行

《关于"九五"时期深化利率改革的方案》提出利率市场化改革的基本思路，逐步放开了对银行间拆借利率、债券发行利率、金融机构贷款利率、人民币存贷款利率的管制；不断简化存贷款利率管理，提高了商业银行管理利率的自主性；先后扩大对中小企业贷款的利率浮动幅度；逐渐放宽了外资银行的准入制度，特别是2006年12月给予外资银行以国民待遇，人民币存贷款业务全面开放，标志着外资银行全面进入中国。在渐进主义模式的引导下，处在中国经济转轨大背景下的金融自由化改革取得了积极的进展（见表7.4）。

表7.4 我国利率市场化改革进程

1996 年	放开银行间同业拆借市场利率上限，由拆借双方自主定价。 随后，财政部在证券交易所市场采取利率招标、划款期招标等多种方式启动国债利率市场化。
1997 年	银行间债券市场建立，放开了银行间债券市场债券回购和现券交易利率。
1998 年	改革再贴现利率及贴现利率的生成机制。 国家开发银行和中国进出口银行以利率招标的方式发行了政策性金融债券，放开了政策性银行发行金融债券的利率。
1999 年	国债发行开始采用在银行间债券市场利率招标形式；央行批准中资商业银行法人与中资保险公司法人试办自定利率的大额定期存款；连续三次扩大金融机构贷款利率浮动区间，银行间债券市场全面实现利率市场化。 对保险公司3000万元以上、5年期以上的大额定期存款，实行保险公司与商业银行双方协商利率的办法。 扩大了金融机构对小企业的贷款利率的最高上浮幅度，由10%扩大到20%；扩大了农村信用社的贷款利率的最高上浮幅度，由40%扩大到50%。 允许县以下金融机构贷款利率最高可上浮30%。 将对小企业贷款利率的最高可上浮30%的规定扩大到所有中型企业。
2000 年	境内外币贷款利率和大额外币存款实现利率市场化。
2002 年	统一中、外资金融机构外币利率管理政策。

续表

2003 年	允许商业银行、农信社开办邮政储蓄协议贷款，放开英镑、瑞士法郎和加拿大元的外币小额存款利率管理，对美元、日元、港元、欧元小额存款利率实行上限管理。
2004 年	完全放开金融机构人民币贷款利率上限（除城乡信用社）；放开小额外币存款 2 年期的存款利率下限，保留上限。
2005 年	放开金融机构同业存款利率；债券远期交易正式登陆全国银行间债券市场。
2006 年	计划建立报价式的中国货币市场基准利率 Shibor；明确开展人民币利率互换交易试点的有关事项；正式开始人民币利率互换交易。个人住房贷款利率可下浮至基准利率的 0.85 倍。
2007 年	中国货币市场基准利率 Shibor 正式投入运行。
2012 年	金融机构存款利率浮动区间的上限调整为基准利率的 1.1 倍，贷款下限扩大至 0.7 倍。
2013 年	推出了自由定价的同业大额存单。

资料来源：中国人民银行网站。

经过 30 年左右的发展，我国的金融体制取得了长足的发展。金融机构在数量和种类上都有了很大发展。各种金融机构相互补充，构成了一个完整的金融机构体系（如图 7.14、图 7.15 所示）。

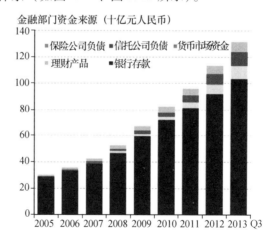

数据来源：银监会，CEIC，瑞银证券估算。

图 7.14　金融部门资金来源结构的变动

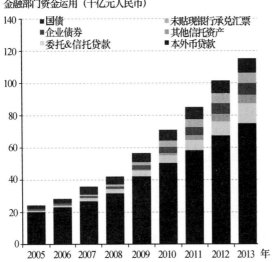

金融部门资金运用（十亿元人民币）

■国债　　　　　　■未贴现银行承兑汇票
■企业债券　　　　■其他信托资产
■委托&信托贷款　 ■本外币贷款

数据来源：银监会，CEIC，瑞银证券估算。

图 7.15　金融部门信贷结构的变动

随着信贷管制的放松、经常账户的开放以及银行自治等政策的逐步推进，30 年来金融改革的措施，主要有五个方面：

一是构建金融体系的框架。比如 1984 年设立专门的中央银行，1991 年、1992 年建立深圳、上海股票交易所。

二是扩大金融部门的规模。比如增加银行、保险、证券等金融机构的数量，扩大贷款的总量和证券市场的市值。

三是金融机构改革。（1）完善金融体系建设。截至目前，按地位和功能划分，我国的金融机构有四大类：第一类,中央银行，即中国人民银行；第二类，银行。包括政策性银行、商业银行，村镇银行；第三类，非银行金融机构，主要包括国有及股份制的保险公司，城市信用合作社，证券公司（投资银行），财务公司等；第四类，在境内开办的外资、侨资、中外合资金融机构。（2）进行金融机构的内部改革，包括处理国有商业银行的不良贷款、采用新的会计制度、注入国有资本、引入外部战略投资者及在海内外股票市场上市等，使银行业的资产质量和资本充足率得到显著提高。

　　四是开放市场。比如逐步减少对利率、汇率的干预和对市场竞争、资本流动的限制。中国对资本项目采取了渐进审慎的自由化改革。从严格限制资本流出到有序管理资本流入，再到鼓励资本流出、严格控制热钱流入等，还加强了外债管理，加大了对流入房地产市场的直接投资的规模和流向的监管力度，有效防范了金融危机的冲击。

　　五是基础设施建设。特别是建立了现代化支付清算系统。

二、中国金融自由化改革的特征

　　图 7.16 列示了 1991—2007 年中国金融自由化指数趋势，其中实线为依据庄晓玖（2007）研究而量化的金融自由化指数（CFLI1），虚线为依据范学俊（2008）研究而量化的金融自由化指数（CFLI1）。从中可以看出，虽然中国金融自由化的步伐不像其他发展中国家那么快，但 20 世纪 90 年代以来，中国金融自由化程度在不断提高。没有任何国家能够达到绝对的自由化，按照完全自由化为 100 来看，中国的自由化指数在 2007 年已经接近 50（CFLI1），也就是说，中国的金融自由化改革已经走过了超过一半的路程。

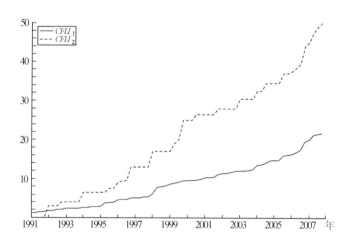

图 7.16　中国的金融自由化指数（1991—2007）

　　但无论在货币市场还是在资本市场，无论是国有银行的改革还是农村金融市场和正规金融的发展，中国都选择了一条与世界上已有模式大不相同的道路，存在鲜明的特征：

特征一：金融自由化改革以渐进的方式进行

不同于泰国、印度尼西亚以及澳大利亚等国快速金融自由化和金融开放的实践，我国的金融改革，类似于产品市场的经济改革，循序渐进改革的路线，金融体系没有像很多其他发展中国家那样高速全面地放开。利率自由化改革是中国金融改革的核心内容。继 1996 年银行间市场成立之后，20 世纪 90 年代末货币市场利率和债券收益率一直在逐步放开管制。而经济中最为重要的两个利率，即商业银行存贷款利率的自由化，则耗时更久。

正是这种渐进式的改革，较大地降低了如东南亚金融危机、美国次贷危机等外部冲击对我国经济和金融体系的影响，维护了我国经济的持续增长，使中国成为 2008 年国际金融危机以来推动世界经济复苏的最大贡献者。

特征二：金融发展与金融抑制并存

中国在构建金融体系框架和扩大金融市场规模方面取得了非常大的成就。中国刚刚改革开放时基本上只有中国人民银行在发挥作用，而目前已经形成数量庞大、体系健全的包括各式银行、各种保险、不同层级证券市场等在内的复杂的金融体系。中国的经济规模比美国小，但广义货币供应（M_2）已经超过了美国。M_2/GDP 的比例向来是反映一国金融发展程度的重要指标，目前该指标在中国已经高达 170%，居于世界前列。但在金融机构改革和放开价格（利率和汇率）管制方面的进展较小。换言之，中国的金融改革更多着眼于量的扩张和金融框架的搭建，而在机制建设和金融机构质量和效率方面的力度不足，导致中国长期存在金融的快速扩张与普遍的金融抑制并存的现象。中国的金融抑制体现在各项政策中，集中表现为：

（1）利率管制。金融抑制的主要表现是利率自由化相对于中国经济改革和对外开放的整体步伐进程非常缓慢。严重的"金融抑制"及较高的国内储蓄，使国内市场利率持续偏低，利率不能完全真实反映资金的供求，极大抑制了社会资源的使用效率。自 1999 年以来，我国对银行贷款利率的控制逐步放松，并最终在 2013 年 7 月全面取消管制。但时至今日，存款利率上限依然存在，成为将来利率改革的重点。作为利率市场化核心的存贷款利率至今没有完全放开，且实际存款利率水平非常低，甚至是负数，利率改革仍然把利率作为利益分配的一种手段进行。Garnaut 等（2001）的研究表明，中国官方利率至少比市场利率平均低 50% ~100%，且绝大部分低息贷款配置给了与政府关系密切的国有企业（如图 7.17 所示）。

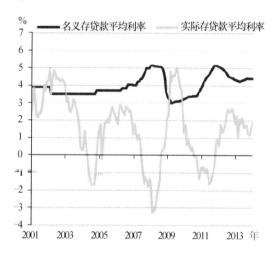

数据来源：CEIC，瑞银证券估算。

图 7.17　中国的名义和实际存贷款平均利率

（2）信贷配给。政府仍然干预信贷分配。国有企业对工业产出的贡献在逐步降低，但向它们年发放的贷款仍然占到银行贷款余额的一半以上。

（3）高存款准备金要求。改革开放初期，中国人民银行对中国商业银行的存款准备金率非常高，随后央行频繁调整存款保证金比例。尽管 1985—2008 年存款准备金率下降到了 5% ~15% 的区间，但在金融危机后，又逐渐回到大约 20% 的水平。Abiad 等（2008）在判断准备金要求是否过度时采用 20% 作为临界值水平，按照这一标准，中国目前的准备金水平偏高，需要在未来的金融改革中得到解决（如图 7.18 所示）。

上面放水，下面修坝，不是好的治水办法。源头维稳（控制货币供给）要比以后提高准备金率、设置信贷规模等办法可靠得多、有效得多。

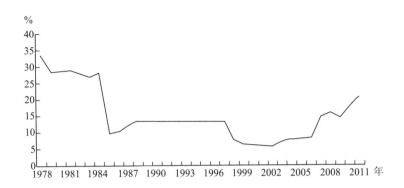

数据来源：中国国家统计局。

图 7.18　存款准备金要求（1978—2011）

（4）垄断性的金融体系。国有金融机构仍然主导中国的金融体系，政府对非国有机构包括外资机构的进入，事实上有更多的隐性限制。

银行部门是中国金融体系中最重要的组成部分。多年来，银行资产在总金融资产中所占比例超过90%。目前金融体系的一个重要特征仍然是四大国有股份制商业银行在银行体系中占据主导地位。1996—2008年，无论从银行资产、吸收存款还是发放贷款方面衡量，四大行在全国银行业中的份额均达到60%以上，中小金融机构的比重相对较低。与国有企业相似，国有商业银行仍然较多受到政府干预。全球金融危机期间，大量贷款扩张说明了政策干预的有效性，也显示了风险控制机制的缺失。金融机构改革以来，外资银行对国内金融机构竞争加大，并带来了管理技术、风险控制体系、优质的服务、新产品和现代企业制度，对国内金融机构服务质量的提升发挥了一定作用。

中国金融体系仍以银行为主，股票、债券等证券市场发展相对滞后。证券监管机构以及交易所受政府主导，受到较多行政干预。利用证券市场进行融资的主体是国有企业，中小企业上市融资存在严格的审批程序。国外投资者投资国内证券市场需通过合格境外机构投资者（QFII），并被限制交易的规模和种类。此外，股票市场在信息披露、保护投资者合法权益方面，仍较薄弱。

（5）较高的资本和外汇管制。国家仍然干预外汇市场并控制跨境资本流动。

中国实施金融改革的目的比较清楚，金融发展和金融抑制政策的出台，根本目的是服务中国经济增长需要。高增长是中国过去30年发展最重要的特征，投资和出口则是拉动中国经济增长的重要驱动力。对利率和汇率的适度放松和管制，释放了中国经济改革的动力，极大地促进了中国的投资和出口增长。对国有银行的控制，在某种程度上，使政府早期能够更好地调度资金，服务于基础设施建设投资和重点经济部门的发展，确保资金的使用和配置效率。对汇率和资本流动的控制，有力地保障了中国金融系统的稳定。可以说，如果没有政府的干预，在中国改革初期经济基础薄弱、市场发育不完善的情况下，中国经济就无法保持持续稳定增长，也不可能在全球金融危机期间成为拉动世界经济的重要力量。但金融抑制带来的不良后果也不可小觑。林毅夫等（1994）指出，金融抑制形成的历史原因是政府的重工业优先发展战略。金融抑制政策服务于中国工业化战略的需要，使中国的有限资源大部分流向了制造业部门，人为阻碍了资源向服务业的流动。资金成本扭曲是要素市场所有扭曲中最严重的一个。金融抑制的另一个后果是导致中国经济存在严重失衡。投资/GDP比重非常高，经常项目存在高额顺差，压抑了消费需求对经济的拉动力，使中国经济当前面临转型的严峻考验。

特征三：国家对金融体系的强力控制

我国近年来的市场化改革在金融领域的效果比在其他领域小得多，市场机制在配置金融资源的过程中所起的作用很小，政府对银行贷款存在绝对的隐性保险。对中国的金融控制，钱颖一（1995）认为，假如没有政府对国有银行的金融控制，那么国有企业的资金需求将得不到有效保障，从而中国当时所选择的非平衡发展模式将难以持续下去。而林毅夫、蔡昉和李周（1994）在总结中国工业化发展模式时，强调国家对金融机构的控制是农业剩余向城市和国有部门转移的重要手段之一。可以说，早期的金融控制是支持中国金融稳定、确保改革信心的重要因素。

但同时，银行业高度集中，无法形成良性的商业银行竞争环境，导致商业银行效率低下。虽然国有商业银行的不良贷款通过重组而剥离，使其数量大大减少，但不良贷款整体而言数量还依然庞大，隐含非常大的风险。国家对金融体系的过度干预也导致银行与国有企业的道德风险。此外，金融体系基础薄弱，资本市场不完善，远不能发挥其有效配置资源的功能。具体来讲，我国证券市场还存在如下问题：比如股票市场波动剧烈，股市换手率过高，存在过度投机现象，因此我国股市极易出现投机泡沫。此外，金融体系的监管体制落后，缺乏实施法制的"软环境"。我国的金融监管机构、银行中介与国有企业都不同程度受到政府管制。同时监管机构不具备一定的独立性，所以也就谈不上有效的监管机制。此外，虽然我国在不断完善各种金融立法，但由于历史原因，整个社会普遍缺乏法律意识及诚信观念，加上对企业及个人的诚信我们尚未建立一个全国范围内的诚信记录平台，潜在的"道德风险"问题将导致金融体系的风险加大。

要正确评价中国金融监管的有效性和金融稳定的事实。不要忽视有待改善的地方，更不要忽视成功的经验。

特征四：正规金融和非正规金融并存的"二元结构"

正规金融主要是以银行等金融中介机构为主导并实行市场化运作的金融制度安排，而非正规金融是在社会关系基础上发生的借贷关系（欧阳卫民，2001）。由于金融抑制的长期存在，以银行贷款为主的主要金融融资渠道偏向于大型国有企业，中小企业融资成本较高。民间金融不仅成为我国民营经济的主要资金供应者，而且成为改革开放30多年中国财富增长的重要推动力量之一。尤其最近几年，利率自由化一直通过非正规渠道进行，影子银行产品的快速扩张，主要包括发展定价更自由的表外信贷、同业业务和债券市场，以及理财产品。2005年，银行贷款占信贷余额的比重超过90%，其余基本是国债。而到2013年，银行贷款所占比重降至约1/2强，而企业债券、表外信贷增长较为迅速。这同时带来了金融部门资金来源和用途两方面的结构性变化。影子银行的急速膨胀给银行和金融体系监管带来进一步的困难，加剧了金融领域的潜在风险（如图7.19所示）。

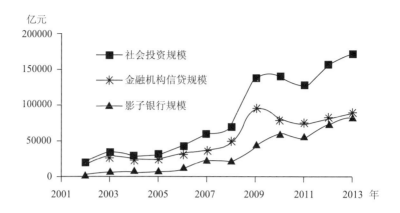

数据来源：中国人民银行网站。

图 7.19　社会融资总规模、银行信贷及影子银行规模的变动（2002—2013）

第五节　各国金融自由化进程对中国的启示

金融自由化改革已经是世界不可阻挡的趋势。但 20 世纪 80 年代至 90 年代工业化国家和发展中国家金融脆化出现了明显上升现象。20 世纪 80 年代的美国储贷危机，1980 年、1989 年、1995 年的阿根廷银行危机，1982 年的智利银行危机，1994 年的墨西哥金融危机，1997 年的东南亚金融危机以及现在的全球金融危机，所有这些危机都直接与金融自由化相关。金融自由化使各国的金融稳定乃至经济稳定、社会稳定受到日趋严峻的挑战。自由化在给经济发展带来活力的同时如果政策措施不得当，也会诱致负面效应，阻碍经济增长。通过对国外金融自由化进程的比较分析，可以看出其中既有成功的经验，也有失败的教训：

第一，金融自由化改革以渐进的方式进行，逐步放开利率和汇率管制，可以为经济的平稳发展创造制度环境，更深度地释放改革红利。

第二，金融深化需要具备一定的市场和制度条件，要与一国经济市场化进程保持一致，与政府、企业和金融机构的治理能力相一致。亚洲和拉美国家金融自由化改革成败的关键差别在于改革时的速度和广度是否与当时的国情相适应。

第三，金融深化的推进必须建立和完善风险预警体系和金融监管体系。2008 年以来的经济和金融危机给我们的深刻教训是：金融自由化必须是资金融通效率和金融监管高效稳健的有机结合。金融自由化要由市场发挥主导作用，但政策实施离不开政府的适度监管和间接调控。政府要建立和完善风险预警体系和金融监管体系，防范国内金融系统性风险和国际金融危机的冲击。

第四，积极推进金融基础制度建设和法律建设，以保证改革的顺利进行和稳步推进，确保改革的成果。国外的研究显示，制度基础薄弱或法律不完善的国家在金融自由化期间发生银行危机的可能性要远大于法治完备的国家（Demirguc 和 Detragiache，1999）。

第五，在开放资本市场的进程中，尤其要警惕外汇管制放松带来的外债的增加速度以及一国信贷规模扩张的速度，避免出现信贷的大起大落和资本流动的大进大出。

第三章 "金融抑制"对中国经济发展影响的实证研究

第一节 实证研究的理论基础

利率在促进储蓄转化为投资的过程中有重要作用，但对中国来说，资本市场进一步对内、对外放开，进一步自由化更加重要。

　　国内外有关金融发展与经济增长关系的研究主要理论基础是 Gold Smith（1969）的金融结构理论以及麦金农和肖的"金融抑制论"和"金融深化论"。麦金农和肖认为，金融对经济增长的贡献是通过"利率—储蓄—投资"的转化实现的，即最终依赖投资规模增长和效率提高推动经济增长。Gold Smith 提出金融发展首先要优化金融结构，并提出金融转化率的概念。国内外大多的研究都是基于正规金融市场的投融资状况，探讨金融抑制和金融深化之间的关系及对经济增长的影响。如沈坤荣和汪建（2000）研究了 1978—1998 年我国实际利率与经济增长的影响。楚尔鸣和赵明勋（2003）、王勋和黄易平（2011）都采用主成分分析法构建中国的金融抑制综合指标，并对金融深化、经济增长和实际利率的关系进行实证检验。另一部分学者研究金融抑制对居民消费、生产结构、通货膨胀、收入分配等的影响（张军等，2005；伍戈，2010；王勋，2013；林毅夫等，2012）。

　　遗憾的是，大部分研究没有考虑非正规金融对中国经济增长及金融稳定性的影响。影子银行的快速发展是导致 2008 年世界性金融危机爆发的重要诱因。影子银行在中国最近几年的迅速扩张，将会给中国金融体系的改革和宏观经济的稳定带来什么样的冲击，相关方面的理论研究还比较欠缺。有鉴于此，本文仍以 M—S 的基本理论为基础，首先实证分析金融抑制的缓解是否真如理论所述在中国过去 30 年经济增长中发挥了重要作用；随后引入两部门金融体系的理论假设，考察非金融市场的急速发展对中国经济增长及金融稳定性的影响。

第二节 模型构建和变量选择

经典利率理论大多沿着利率→储蓄→投资数量、投资质量→经济增长的思路进行。M－S 理论认为，由于发展中国家普遍存在金融抑制，政府人为控制存款利率水平，使实际利率长期持续偏低，甚至为负值，无法实现资金的有效配置。因此金融改革的首要目标是提高利率。实际利率的提高，有助于提升居民储蓄的积极性，进而增加社会投资所需资金来源，带动投资规模的扩张和投资质量的改善，从而推动经济增长。可见，在这一机制中，实际利率是反映金融抑制程度的一个关键信号，而投资和居民储蓄则是影响该传导的两个重要变量。考虑到本节的研究目的，在这里用银行信贷代表正规金融市场的融资水平，用影子银行的规模反映非正规金融的融资水平，二者之和可以反映社会的投资需求。据此，金融抑制与经济增长关系的模型可以建立为：

$$GDP = f(RR, BL, NBL, FSI, YW) \qquad (1)$$

$$BS = f(RR) \qquad (2)$$

$$BL = f(BS) \qquad (3)$$

其中，*GDP* 代表国内生产总值，*RR* 代表实际利率，*BL* 代表正规金融体系的信贷，*NBL* 代表非正规金融的规模。*BL* 与 *NBL* 之和构成国内的总信贷规模，可以侧面反映国内的投资水平。*FSI* ＝投资/储蓄，即银行将储蓄转化为投资的能力，该值是反映银行效率的指标。*YW* 为非正规金融占总社会融资规模的比重，用于反映中国非正规金融发展的状况。*BS* 反映居民在金融机构的储蓄水平。

式（1）说明，金融对经济增长的贡献不仅取决于扩张信贷规模，满足社会投资需求，还取决于金融体系自身效率的提升及系统的稳定。式（2）和式（3）则反映实际利率如何通过影响居民储蓄行为，进而影响银

一些国家和政府除了靠税收敛财以外，就靠货币贬值了。

储蓄转化为投资，银行效率很关键，资本市场的开放程度也很关键。

行的信贷规模及效率。

第三节　数据来源

宏观经济数据，包括 GDP、银行信贷、储蓄水平、利率等都来自历年的《中国统计年鉴》和《中国金融年鉴》，具体数值见表 7.5。

表 7.5　1979—2012 年我国主要宏观经济数据

年份	GDP（亿元）	GDP 实际增长率（%）	名义利率（%）	通货膨胀率（%）	实际利率（%）
1979	4062.6	7.6	5.04	2	3.04
1980	4545.6	7.8	5.76	6	-0.24
1981	4891.6	5.2	5.76	2.4	3.36
1982	5323.4	9.1	6.84	1.9	4.94
1983	5962.7	10.9	6.84	1.5	5.34
1984	7200.1	15.2	6.84	2.8	4.04
1985	9016	13.5	7.02	9.3	-2.28
1986	10275.2	8.8	7.2	6.5	0.7
1987	12058.6	11.6	7.2	7.3	-0.1
1988	15042.8	11.3	8.64	18.8	-10.16
1989	16992.3	4.1	11.3	18	-6.7
1990	18667.8	3.8	10.1	3.1	7
1991	21781.5	9.2	7.56	3.4	4.16
1992	26923.5	14.2	7.56	6.4	1.16
1993	35333.9	13.5	10.98	14.7	-3.72
1994	48197.9	12.6	10.98	24.1	-13.12
1995	60793.7	10.5	10.98	17.1	-6.12
1996	71176.6	9.6	8.33	8.3	0.03
1997	78973	8.8	5.67	2.8	2.87
1998	84402.3	7.8	4.59	-0.8	5.39
1999	89677.1	7.1	2.25	-1.4	3.65

年份	GDP （亿元）	GDP 实际 增长率（%）	名义利率 （%）	通货膨胀率 （%）	实际利率 （%）
2000	99214.6	8	2.25	0.4	1.85
2001	109655.2	7.5	2.25	0.7	1.55
2002	120332.7	8.3	1.98	-0.8	2.78
2003	135822.8	9.5	1.98	1.2	0.78
2004	159878.3	10.1	2.07	3.9	-1.83
2005	184937.4	10.4	2.07	1.8	0.27
2006	216314.4	11.6	2.52	1.5	1.02
2007	265810.3	11.9	3.47	4.8	-1.33
2008	314045.4	9.6	3.06	5.9	-2.84
2009	340902.8	9.2	2.25	-0.7	2.95
2010	401202	10.4	2.3	5.1	-2.8
2011	472882	9.2	3.28	5.4	-2.12
2012	519470	7.7	3	2.6	0.4

注：表里的名义利率用一年期储蓄存款利率衡量，通货膨胀率用 CPI 来衡量，实际利率＝名义利率－通货膨胀率。

数据来源：摘编自《中国统计年鉴》和《中国金融年鉴》相应年份。

非正规金融规模数据考虑数据的可得性，2002—2013 年的数据用中国人民银行公布的社会融资总规模数据扣除当期的金融机构人民币贷款间接算出的影子银行的融资规模来代替（见表 7.6）。

表 7.6 2002—2013 年我国影子银行和社会融资规模的变动

年份	社会融资 规模（亿元）	金融机构 人民币贷款 （亿元）	影子银行 规模（亿元）	金融机构的 融资占比	影子银行的 融资占比
2002	20113	18475	1638	0.92	0.08
2003	34113	27652	6461	0.81	0.19
2004	28630	22673	5957	0.79	0.21
2005	30008	23543	6465	0.78	0.22

续表

年份	社会融资规模（亿元）	金融机构人民币贷款（亿元）	影子银行规模（亿元）	金融机构的融资占比	影子银行的融资占比
2006	42697	31522	11175	0.74	0.26
2007	59664	36324	23340	0.61	0.39
2008	69804	49042	20762	0.70	0.30
2009	139105	95943	43162	0.69	0.31
2010	140191	79450	60741	0.57	0.43
2011	128286	74715	53571	0.58	0.42
2012	157631	81963	75668	0.52	0.48
2013	173168	88916	84252	0.51	0.49

注：影子银行规模＝社会融资规模－金融机构的人民币贷款；金融机构和影子银行的融资占比均为它们各自规模除以社会融资规模。社会融资规模的数据摘编自央行网站。按央行统计口径，社会融资规模包括银行表内融资，委托贷款、信托贷款和未贴现的银行承兑汇票等表外融资，还包括企业债券、股票融资等。业内普遍认为，表外融资即属于典型的影子银行。

1978—2001 年非正规金融或影子银行的数据均没有官方统计，也缺乏统一的衡量口径。本文采用影响较大的中央财经大学所做有关中国地下金融规模的调研报告中的数据，以 1978—2001 年地下金融的规模数据反映早期非正规金融的发展状况。

第四节　时间序列数据的平稳性检验

对非平稳时间序列变量直接进行线性回归存在伪回归问题，这里采用 ADF（Augmented Dickey-Fuller）法首先对各变量原始数据进行平稳性检验，判断数列是否含有单位根，并依据 Schwarz 信息准则确定变量的滞后阶数。另外为了消除数据中存在的异方差问题，对 GDP、银行信贷 BL、非正规金融 NBL 三个绝对值变量取对数。检验结果见表 7.7。

表 7.7　ADF 单位根检验

变量	ADF 值	DW 检验值	临界值
$gGDP$	-8.247	2.743	-3.480^{**}
ΔRR	-7.926	1.984	-3.480^{*}
$\ln GDP$	0.432	1.625	-3.3571
$\ln BL$	0.741	1.831	-3.3571
$\ln BS$	0.356	1.727	-3.3571
$\Delta \ln GDP$	-4.359	2.132	-3.827
$\Delta \ln BL$	-4.724	2.039	-3.827
$\Delta \ln NBL$	-4.023	1.809	-3.827

注：(C, T, K) 中各项分别表示 ADF 检验式中包含截距项 C，趋势项 T 及变量滞后阶数 K。D 表示变量的一阶差分。$**$ 为 5% 临界值，$*$ 为 1% 临界值。

从检验结果看，原始序列 ADF 值小于其临界值的，说明序列平稳，而 ADF 值大于临界值的，其原始序列均为非平稳。对非平稳序列进行一阶差分后，均变得平稳，所以 $\Delta \ln GDP$、$\Delta \ln BL$ 和 $\Delta \ln NBL$ 都是一阶单整序列。

由于 ΔRR、$\Delta \ln BL$ 和 $\Delta \ln BS$ 三个变量都是一阶单整，符合协整分析的前提条件，分别对 $\ln BS$ 和 RR、$\ln BL$ 和 $\ln BS$ 做普通最小二乘回归，并对残差进行单位根检验，若残差序列平稳，则协整关系存在，否则不存在协整关系。协整检验结果为

$$\ln BS = 10.676 + 0.02RR \tag{4}$$
$$(20.292)\quad(2.041)$$

$$\ln BL = 1.455 + 0.861\ln BS \tag{5}$$
$$(29.692)\quad(48.848)$$

对两组残差进行单位根检验，两组残差序列分别在 5% 和 1% 的显著性水平下平稳，可见储蓄与实际利率、居民储蓄与银行信贷之间存在长期均衡关系。式（4）表明实际利率的上升会显著提升金融体系的储蓄水平。式（5）表明，储蓄增加，可贷资金上升，社会投资水平也将随之上升，这与麦金农—肖的理论一致。

第五节　金融抑制对经济增长
影响的实证结果分析

　　根据表 7.5，我们绘制了 1978—2012 年中国实际利率和 GDP 实际增长率的变动趋势（如图 7.20 所示）。可以看出，过去 30 年，中国的实际利率的确长期偏低，且受通货膨胀影响较大。高通胀的年度如 1985 年、1987—1989 年、1992—1996 年、2007—2008 年以及 2010—2011 年都导致实际利率为负。图 7.20 也清晰地反映出在改革开放最初的十年（1978—1990 年）实际利率与经济增长率之间高度的正相关关系，而后随着改革的深度推进，在 1990 年后又出现了完全背道而驰的现象，一直延续到现在。这也让我们不得不思考，为什么早期发挥了积极作用的利率自由化机制却在中国的金融自由化程度更加深化之后失去了效用？经济增长背后的金融逻辑到底是怎样？

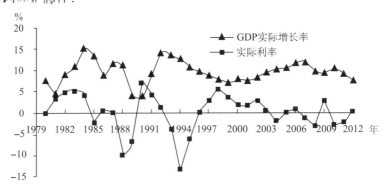

图 7.20　我国实际利率与实际经济增长率的变动（1979—2012）

　　为了回答这些问题，我们首先对实际利率和经济增长之间的相关关系进行统计回归分析。研究显示，利率政策对经济增长的影响并不是及时的，往往存在一年的时滞，这在图 7.20 中可以清楚地观察到。因此我们采用以下模型进行分析：

$$gGDP = a_0 + b_0 \times RR_{-1} \tag{6}$$

　　其中，$gGDP$ 为 GDP 的实际增长率，为因变量；RR_{-1} 代表一阶滞后的

当政府作为监管者，规则会相对公平、公正，当政府既是监管者，又是"商人"时，规则会有利于政府的商业行为和政府资本积聚。

实际利率，a_0 为自变量，b_0 为相关系数。

运用 SPSS 软件，采用普通最小二乘法进行回归，并用广义差分方法去除掉一阶自相关后，我们得到以下回归结果：

$$gGDP = 9.568 + 0.189 \times RR_{-1} \tag{7}$$
$$(22.119) \quad (2.895)$$

$$R^2 = 0.101 \quad F = 4.590 \quad DW = 0.945$$

模型通过了 t 检验和 F 检验，证明我国的实际利率与实际 GDP 增长率之间存在正线性相关关系，即实际利率的上升对经济增长有显著拉动作用，每上升一个点，将拉动 GDP 增长率上升 0.189 个点。证明麦金农和肖的理论在我国具有一定的适应性。但由于模型方程的拟合优度只有 0.101，考虑到图 7.20 中显示的 1990 年是我国利率政策的一个转折点，为能反映利率与经济增长之间最为真实的关系，这里分两个时间段对模型进行重新回归，即 1979—1990 年和 1990—2012 年。分阶段回归后的方程如下：

1990 年前：$gGDP = 9.795 + 0.278 \times RR_{-1}$ （8）
$$(27.388) \quad (3.199)$$

$$R^2 = 0.224 \quad F = 4.590 \quad DW = 1.070$$

实际利率和实际增长率在这一阶段存在显著的相关关系，说明改革初期，在利率水平低于均衡利率水平时，解除金融抑制，有助于政府解决市场失灵和金融风险问题，从而释放改革红利。

而 1991—2001 年：$gGDP = 9.109 + 0.064 \times RR_{-1}$ （9）
$$(9.108) \quad (0.300)$$

$$R^2 = 0.136 \quad F = 1.090 \quad DW = 0.277$$

回归结果清楚地显示，在 1990 年后，实际利率对经济增长的拉动效应变得不显著，二者之间不再存在必然的联系。为什么在中国金融自由化步伐开始加快之后，金融抑制理论反而失灵了呢？

从计量结果看，1991 年后，模型的线性拟合程度下降（仅为 0.136），说明麦金农—肖的金融深化影响现实经济的传导机制可能出现障碍，导致传统理论在这一时期的适用性下降。国外学者在研究中也发现类似情况。Burkett 等（1991）对此的解释是：随着国内金融市场和金融工具的逐步完善，货币与资本之间出现替代关系，对储蓄的愿望降低，反而导致社会总投资水平下降。而我国的情况与此不同，1991—1992 年是中国经济的一个重要的转折点，中国的金融自由化改革从这一年起加快了步伐，开始从计划经济向市场经济体制转变，市场类型从卖方市场转向买方市场。这一时期我国的储蓄结构发生明显变化，居民取代政府成为最大的储蓄主体。这一时期，投资结构也发生重大变化，自主经营的企业成为中国最大的投资主体。储蓄与投资主体的分离决定储蓄向投资的转化不再像计划经济体制下的政府主导型财政分配方式那样，而是开始向金融市场主导型方式转变。

但从现实的情况看，20 世纪 90 年代以来，随着市场化进程的加快，经济货币化程度不断上升，居民住房、医疗、养老、教育和保险等价格随之上涨，使得居民只有不断储蓄，才能累积实现对耐用消费品的"消费"，从而导致中国储蓄率不断攀升（如图 7.21 所示），国内消费需求明显不足。

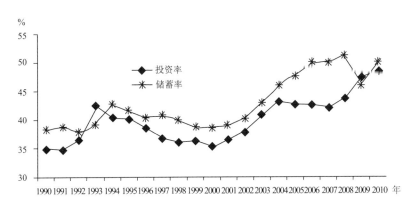

数据来源：历年来中国统计年鉴(1990—2010)。

图 7.21　1990—2010 年中国投资率与居民储蓄率变动趋势

从 1990—1999 年的投资情况看（见表7.8），20 世纪 90 年代以来，我国金融机构不良贷款对 GDP 的比率逐年增加，而资产回报率却逐年下降。说明政府的利率管制政策通过不断扩大银行存贷差，给予了银行补贴，而这种补贴不但没有提高银行的资本回报率，反而导致信贷资源流向错配和金融机构的低效率。从另外两个指标看，在固定资产投资资金中，私人信贷占总信贷比重逐年下降，企业自筹资金比率不断上升，从另一个层面反映出这一时期中国金融市场的抑制程度，金融机构不能有效促进储蓄向投资的转化。

表7.8　金融机构指标

年份	不良贷款总额（亿元）	不良贷款对GDP比率（%）	资产回报率（%）	存贷利差	企业自筹资金比率	私人信贷比总信贷
1990	1740	9.4	0.9	0	65.4	19.6
1991	1862	8.6	0.9	1.1	64	19.8
1992	3000	11.3	0.7	1.1	62.5	20.9
1993	6500	18.8	0.4	0.2	65.5	21
1994	7000	15.1	0.3	0.2	64.7	15.5
1995	8000	13.9	0.3	1.1	65.3	15.4
1996	11000	16.2	0.3	2.6	66	4.8
1997	14000	18.8	0.2	3	67.7	5.1
1998	17000	21.7	0.1	2.6	67.4	5.1
1999	20000	24.4	0.2	3.6	67.79	—

注：存贷利差指一年期流动资金贷款利率与一年期定期存款利率之差。

资料来源：《中国统计年鉴》《中国金融年鉴》。

第六节　金融体系信贷规模及效率变动
对经济增长影响的实证结果分析

这里着重针对模型 $GDP = f(RR, BL, NBL, FSI, YW)$，分析金融结构（非正规金融占比）变化和金融体系效率改变对经济增长的影响，普通最小二乘法的回归结果如下：

$$GDP = 3.214 + 0.820 \times BL + 0.803 \times YW - 0.067 \times NBL - 0.744 \times FSI$$

$$\tag{10}$$

$$(6.514)\ (12.667)\ (3.426)\qquad (-1.451)\qquad (-5.198)$$

根据方程显示，总体看，正规金融系统信贷 BL 前的系数为正，表明信贷的正常扩张对经济增长有明显的拉动作用。但储蓄投资转化率指标 FSI 的系数为负，表明我国实际利率持续偏低，某种程度上抑制了储蓄向投资的转化，降低了银行的资金使用效率。

分阶段看，式（11）表明，1990 年前，正规金融信贷市场的扩张对经济增长的拉动作用非常明显，此阶段金融抑制程度的降低，有效地促进了储蓄向投资的转化（FSI 前的系数为正）。

1990 年前：

$$GDP = 1.765 + 0.810 \times BL + 34.257 \times YW - 0.0258 \times NBL + 0.559 \times FSI$$
$$(11)$$
$$(4.405)\ (10.343)\ (2.694)\quad (-2.341)\qquad (2.304)$$

1990 年后，银行资金使用效率的降低严重制约了储蓄向投资的转化，这部分解释了 1990 年后我国实际利率对经济增长的作用变得不明显的原因［式（12）］。

1990 年后：

$$GDP = 7.179 + 0.590 \times BL + 1.637 \times YW - 0.102 \times NBL - 0.026 \times FSI$$
$$(12)$$
$$(4.965)\ (5.384)\ (3.270)\quad (-1.454)\qquad (-4.397)$$

第七节　影子银行规模扩张对经济发展影响的实证结果分析

2005 年后，随着我国股权分置改革的推进，企业债、公司债、中期票据、短期融资券等信用债的大量发行以及创业板的推出，我国直接融资市场得以快速发展，非金融企业直接融资比重不断提高，银行贷款在社会融资总量中的比重有所下降。同时影子银行以迅猛的速度扩张，其在社会总融资规模中的比重 2013 年几乎已经要与银行持平。中国通过影子银行提供的借贷总额几乎已经占到社会融资总规模的一半，与银行各坐半壁江山。而且影子银行扩张速度极快，2007 年以来的平均增速在 40%。影子银行的

无论银行、影子银行，金融业优先、独立发展都不是国民经济之福。必须让金融业从属于实业，而不是相反。

发展突破了不同类型的金融市场之间由于分业监管形成的市场分割与扭曲，提高了市场的整体流动性与深度，而且推动了中国金融市场的整合与扩张，为各种类型的企业提供了必要的流动性缓冲，在一定程度上缓解了宏观调控对企业层面造成的负面冲击。可以说，在金融抑制尚存的条件下，影子银行通过扭曲的形式拓宽了金融服务的可能性边界，从而有助于减缓金融抑制对于有效资源配置产生的负面效应，推动经济发展；另一方面，融资结构变异增加了金融体系中的流动性风险。如何衡量我国融资结构变异给我国金融体系带来的影响，以及在融资结构发生变异的情况下，我国经济是否能稳健发展是本文打算解决的问题。

从模型的测算结果看，YW（影子银行占社会融资规模的比例）指标系数为正，表明这些年非正规金融弥补了社会资金需求的不足，打破了银行信贷的诸多门槛，确实为我国经济增长助力不少。其占社会融资规模的比重每上升 1%，都会拉动经济 0.8% 的增长 ［见式（10）］。非正规金融体系中的民间借贷业务在促进经济增长方面的作用不容小觑。但同时，还要看到影子银行的缺陷。影子银行具有极大的隐蔽性，控制难度高，且以追逐较高的利润为目标，不及早进行监管，防范其盲目扩张，可能会造成经济和金融系统的不稳。式（10）、式（11）和式（12）的回归结果都得到非正规金融（影子银行）规模 NBL 指标的系数为负，充分显示：非正规金融(影子银行) 规模的无序扩张很可能会对国民经济的稳定性带来冲击，尽管这种冲击现在看来还在安全范围内，对经济的短期影响也不显著。

Demirguc 和 Detragiache（1998）、Christian（1999）、Tornell 等（2003）等人的研究表明，金融自由化在促进总体经济增长、金融体系效率提高的同时，也使得金融体系脆弱性加剧，金融危机爆发的概率加大。中国目前条件下的影子银行，清晰地折射出金融抑制这一体制特征。在利益的驱使下，商业银行不断推出表外融资，给银行带来巨大收益，同时增加了市场中的流动性，对经济增长起到一定的促进作用。但影子银行是一把"双刃剑"，其中问题最为突出的是民间借贷，其交易的不透明性、跨市场多中介的业务特点以及缺乏类似于正规金融机构的法定存款准备金、资本充足率等监管约束，无限制的信用扩张将给经济带来巨大的金融隐患，包括期限错配风险、流动性转换风险、信用转换风险和高杠杆风险

（张明，2013）。根据估计，民间借贷总量在各类影子银行贷款中，占比约为33%。根据中国人民银行温州市中心支行的一份报告，中小企业等实体经济依然是民间借贷资金的主要流向，约占35%；房地产是民间借贷资金的第二大投资领域，约占20%。还有近40%的借贷资金用于还贷垫款、票据保证金垫款、验资垫款等短期周转；而剩余的5%去向不明，多被用于玩单纯的"炒钱"游戏，即像历史上的"庞氏骗局"一样，在借贷市场空转（如图7.22所示）。

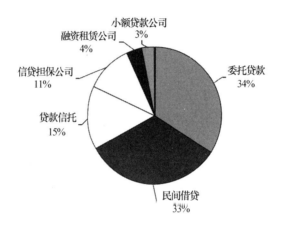

资料来源：中国人民银行。

图7.22 各类影子银行贷款占比

总而言之，我国"影子银行"的繁荣已成定式。对我国影子银行风险大小的判断存在两种观点：一种认为，当前国内影子银行隐藏巨大的金融风险，2011年温州民间借贷危机的爆发的确暴露出中国非正规金融的风险，并牵连当地的银行系统；另一种则认为，与正规银行体系内的风险相比，影子银行的风险目前还处于可控状态，不会对系统性金融风险造成重大威胁。

2008年的金融危机显示，在危机发生时，影子银行是金融链条中最薄弱的环节，极易成为系统性风险的诱因，如何防范和消除影子银行对金融系统性风险的冲击，创新影子银行的监管模式，是我国亟待探索和解决的课题。

第八节 政策建议

首先，我国政府对利率的管制导致严重的金融抑制，这符合麦金农和肖的金融抑制理论。在当前我国经济转型的关键时期，要继续深化利率市场化改革，将通货膨胀控制在一定范围之内，提高实际利率，以均衡利率引导社会资金的流动。

其次，多元化的金融市场结构有利于金融创新和分解系统性风险，提升经济活力。要逐步打破当前的几大国有银行垄断格局，加快中小金融机构改革，扶持正规的民间信贷机构，形成金融市场的竞争态势，把提高商业银行效率作为重点，并采取"消肿"手段，严格市场退出机制，淘汰那些经营差、效率低的金融企业，提升金融系统整体的服务水平和服务质量，为中国金融自由化的推进提供基础保障。也可以探索建立介于民间信贷与正规金融之间的第三方金融机构，比如设立民营银行或中小企业投资基金等，为中小企业融资创造有利的市场环境。

再次，要加强金融监管，保证金融自由化的顺利推进。成功的自由化应当是资金融通效率和金融监管高效稳健的有机结合。审慎的金融监管已经成功用于发达国家的金融监管实践。经验表明，监管手段要从行政命令式向法律规范式方向转变，并建立统一的监管机构和监管规则，提高监管的专业性和及时性。目前监管的综合化趋势已经出现，并在发达国家取得实质性进展。我国要继续完善目前的人民银行、银监会、证监会、保监会四大监管机构之间的协调机制，同时要致力于建立监管机构之间的信息交流和共享平台，重视行业自律和社会监督的作用，多元化金融监管体系。在资本项目逐步放开后，还要加强风险防范，比如影子银行的风险、外债的风险、资本流动的风险。要建立风险的预警机制，加强金融监管的国际合作与协调，共同应对金融风险在各国之间的扩散与转移。

最后，要通过制度创新规范民间金融市场交易行为。影子银行在中国目前的发展状况下将长期存在，实现向正规金融体系的快速转化目前还不具备市场条件和制度条件。但影子银行快速扩张的负面效应已经部分显现。对此，短期内不应把现有影子银行的所有形式都强制性地转化，而是要进行分类监管，区别合法和非法的金融活动，对正常的民间金融活动可以通过给予一定的利率浮动区间，立法保护其合法利润收入等手段进行引导和规范，使其发挥对正规金融的补充作用。

第四章 总 结

　　本篇系统回顾了麦金农和肖的金融抑制和金融深化理论的起源、形成以及演进过程，并对世界各国的金融自由化实践进行了横向和纵向的比较。两部分的文献综述告诉我们，金融自由化是全球不可阻挡的历史潮流。但金融抑制和金融深化理论的适用性不仅依赖于严格的现实基础，还必须随着外部环境条件的变化而进行步骤和节奏的调整。理论和实践都证明成功的金融自由化改革往往与以下五大条件息息相关：

　　一是宏观经济环境是否稳定，主要体现在财政收支是否平衡以及是否发生了通货膨胀。

　　二是金融机构企业制度的初步建立，包括金融机构的独立性建设以及内部管理制度的完善。大多数发展中国家忽视金融中介机构改革的重要性，从而导致利率改革无法取得成效。

　　三是金融脆弱性及时消除，尤其对银行不良资产的处置。

　　四是良好的制度基础和市场基础，涉及公共基础设施、会计和审计、信息披露以及法制建设等。

　　五是金融监管框架的基本形成。金融自由化应该是资金融通效率与金融监管的有机结合体。完备的金融监管可以降低金融业的道德风险和逆向选择。

　　各国的实践也证明，金融深化需要具备一定的市场和制度条件，要与一国经济市场化进程保持一致，与政府、企业和金融机构的治理能力相一致。

　　我国金融业在历经了30年摸着石头过河的渐进式改革之后，金融体系的基本框架已经形成，金融规模迅速扩大，并进行了一系列的金融机构改革，取得了显著成绩。但同时金融改革呈现出鲜明的特征：利率自由化改革是中国金融改革的核心内容，但放松管制耗时又极长；金融发展与金融抑制并存；正规金融和非正规金融的"二元结构"并存；还有就是存在金融垄断，国家对金融体系的控制力极强。金融抑制状况在中国表现得还十分明显。对金融抑制与经济增长影响的实证分析也显示，实际利率的提高，在改革初期的确有力地推动了我国经济的发展，但随着经济发展水平的上升以及金融市场的不断完善，反而抑制了储蓄向投资转化，失去对经济增长的拉动作用。中国必须继续深化利率市场化改革，将通货膨胀控制在一定范围之内，提高实际利率，以均衡利率引导社会资金的流动。

银行信贷的增加以及非正规金融在社会融资规模中比重的提高，在中国自由化进程中对经济发展起到了重要的推动作用。但中国长期依赖数量扩张的经济和金融发展模式在金融危机后已经显示出弊端，金融改革必须从依靠单纯的规模和体系扩张转变到提高金融机构竞争力和服务质量上来。要逐步打破当前的几大国有银行垄断格局，加快中小金融机构改革，扶持正规的民间信贷机构，形成多元化的金融市场结构。

本轮经济和金融危机给我们的深刻教训是：金融自由化必须是资金融通效率和金融监管高效稳健的有机结合。金融自由化要由市场发挥主导作用，但政策实施离不开政府的适度监管和间接调控。中国要吸取危机经验，及早建立和完善金融风险预警体系和金融监管体系，防范国内金融系统性风险，并在资本市场放开后，加大对外债和资本流动的监管，避免信贷的大起大落和资本流动的大进大出。

这些年影子银行弥补了社会资金需求的不足，打破了银行信贷的诸多门槛，帮助中小企业实现了资金融通，有力地推动了我国经济的增长。但影子银行快速扩张的负面效应已经部分显现。短期内中国不可能把现有影子银行全部强制性地转化到正规金融体系中，可以进行分类监管，区别合法和非法的金融活动，对正常的民间金融活动给予立法保护，使其发挥对正规金融的补充作用。而对于以盈利为目的的地下钱庄、洗黑钱等非法活动则要坚决取缔。

总之，中国的金融改革不能急于求成，要遵循与宏观经济发展水平、市场发育程度、金融体系抵御风险的能力相适应的原则，循序渐进地稳步推进。同时积极推进金融基础制度建设和法治建设，确保改革的成果。

参考文献

[1] 巴曙松：《从改善金融结构角度评估"影子银行"》，中国金融四十人论坛，2013。

[2] 陈华、伍志文：《银行体系脆弱性：理论及基于中国的实证分析》，载《数量经济技术经济研究》，2004（9）。

[3] 沈坤荣、汪建：《实际利率水平与中国经济增长》，载《金融研究》，2000（8）。

[4] 楚尔鸣、赵明勋：《金融抑制、金融深化与经济增长——基于中国的经验检验》，载《湘潭大学社会科学学报》，2003（1）。

[5] 范洪波：《国有商业银行体系脆弱性的实证分析和政策建议》，载《金融论坛》，2004（7）。

[6] 诸葛隽：《民间金融——基于温州的探索》，北京，中国经济出版社，2007。

[7] 韩俊：《银行体系稳定性研究》，北京，中国金融出版社，2000。

[8] 胡祖六：《东亚的银行体系与金融危机》，载《国际经济评论》，1998（3）。

[9] 黄桂田、何石军：《结构扭曲与中国货币之谜——基于转型经济金融抑制的视角》，载《金融研究》，2011（7）。

[10] 李辉：《中国商业银行体系脆弱性分析——基于不确定性思想的视角》，北京，中国社会科学出版社，2011。

[11] 李焰：《关于利率与我国居民储蓄关系的探讨》，载《经济研究》，1999（11）。

[12] 刘卫江：《中国银行体系脆弱性问题的实证研究》，载《管理世界》，2002（7）。

[13] 刘仁伍：《金融稳定：机理与评价》，北京，中国财政经济出版社，2007。

[14] 麦金农：《麦金农经济学文集（1）——经济发展中的货币与资本》，北京，中国金融出版社，2006。

[15] 麦金农：《麦金农经济学文集（2）——国际交易中的货币：可交换货币的体系》，北京，中国金融出版社，2006。

[16] 麦金农：《麦金农经济学文集（3）——经济自由化的次序：向市场经济过渡时期的金融控制》，北京，中国金融出版社，2006。

[17] 麦金农：《麦金农经济学文集（4）——游戏规则：国际货币和汇率》，北

京，中国金融出版社，2006。

[18] 麦金农：《麦金农经济学文集（5）——美元和日元：化解美日两国的经济冲突》，北京，中国金融出版社，2006。

[19] 麦金农：《麦金农经济学文集（6）——美元本位下的汇率：东亚高储蓄两难》，北京，中国金融出版社，2006。

[20] 易宪容：《影子银行体系信贷危机的金融分析》，载《江海学刊》，2009（3）。

[21] 中国人民大学信托与基金研究所：《2012 年中国信托公司经营蓝皮书》，北京，中国经济出版社，2012。

[22] 邹薇：《银行体系稳定性——理论及基于中国的实证研究》，北京，经济科学出版社，2005。

[23] 张军、金煜：《中国的金融深化和生产率关系的再检验：1987—2001》，载《经济研究》，2005（11）。

[24] 伍戈：《实际利率与宏观经济：中国的若干典型特征》，载《国际经济评论》，2010（6）。

[25] 王国松：《中国的利率管制和利率市场化》，载《经济研究》，2001（6）。

[26] 许东江：《中国居民、银行、企业对利率市场化的理性反应：利率市场化发挥积极效应的一种思路》，载《世界经济》，2002（5）。

[27] 林毅夫、蔡昉、李周：《中国的奇迹：发展战略与经济改革》，上海，上海三联书店，上海人民出版社，1994。

[28] 钱颖一：《企业的治理结构改革和融资结构改革》，载《经济研究》，1995（1）。

[29] 吴松涛：《从金融深化理伦看发展中国家金融自由化进程》，载《经济论坛》，2005（7）。

[30] 吴崇伯：《20 世纪 80 年代以来印度尼西亚金融自由化研究》，厦门大学博士学位论文，2005。

[31] 叶维武：《发展金融理论：一个文献综述》，载《北京市经济管理干部学院院报》，2012 年第 27 卷第 1 期总第 96 期。

[32] A Demirgüç-Kunt, 1998, Law, Finance, and Firm Growth. Asli Demirgüç-Kunt; Vojislav Maksimovic. *The Journal of Finance*, Vol. 53, No. 6. (Dec., 1998), pp. 2107 – 2137.

[33] Allen, F., A. M. Santomero. The Theory of Financial Intermediation [J]. *Journal of Banking and Finance*, 1998 (21).

[34] Bencivenga, Valerie R. , and Bruce D. Smith, 1991, Financial Intermediation and Endogenous Growth, *Review of Economic Studies*, 1991, 5 (8).

[35] Christian, E. W. , 2001, Financial Crises after Financial Liberalization: Exceptional Cir3cumstances or Structural Weakness, *The Journal of Development Studies*, 38 (1): 98 – 127.

[36] Demirguc-Kunt and Detragiache, E, 1998, Financial Liberalization and Financial Fragility, The World Bank: Policy Research Working Paper.

[37] Donald J. Mathieso, 1980, Financial reform and stabilization policy in a developing economy, *Journal of Development Economics*, 1980, Vol.

[38] Edward S. Shaw, 1973, Financial deepening in economic development. New York: Oxford University Press, 1973.

[39] Kapur, Basant K. , 1976: Alternative Stabilization Policies for Less-developed and Economic Growth, *Journal of Development Economics*, Vol. 39, pp. 5 – 30, 1976, 8 (4).

[40] John Hicks, 1969, A Theory of Economic History, Oxford: Clarendon Press,1969.

[41] Joseph Alois Schumpeter, 1934, The Theory of Economic Development: An Inquiry Into Profits, Capital, Credit, Interest, and the Business Cycle, Cambridge, Harvard University Press, 1934.

[42] Maxwell J. Fry, 1982, Models of financially repressed developing economies, World Development 01/1982, 10 (4).

[43] Patrick, Hugh T. 1966. Financial Development and Economic Growth in Underdeveloped Countries. *Economic Development and Cultural Change*, 14 (2).

[44] Raymond W. Goldsmith, 1969, Financial Structure and Development, Yale University Press.

[45] Robert E. LUCAS, 1988, On the mechanics of economic development , *Journal of Monetary Economics* 22 (1988) 3 – 42.

[46] Robert G. King and Ross Levine, 1993, Finance, Entrepreneurship, and Growth: Theory and Evidence. *Journal of Monetary Economics* 1993, 32 (5).

[47] Ronald I. McKinnon, 1973, Money and capital in economic development. Brookings Institution, 1973.

[48] Tornell, A. , Westermann, F. , and Martinez, L. , 2003, Liberalization, Growth, and Financial Crises: Lessons from Mexico and the Developing World, Brookings Papers on Economic Activity.

第八编

古德哈特的货币政策理论

GUDEHATE DE HUOBI ZHENGCE LILUN

Charles Goodhart（1936— ）

古德哈特生平简介

查尔斯·古德哈特（Charles Goodhart）1936 年出生于英国伦敦的一个贵族家庭。其父亲任教于剑桥和牛津大学，1936 年成为牛津大学法理学教授，并于 1951 年至 1963 年担任大学学院的院长。

将门无犬子。

古德哈特于 1957 年 10 月进入剑桥大学，自己选择学习经济学。大学的最后一年，拜 David Champernowne 为导师（该导师同时指导的另外一名学生名叫詹姆斯·莫里斯，即于 1996 年获得诺贝尔经济学奖的詹姆斯爵士）。期间，年轻的古德哈特通过对研究代理人如何应对不确定未来的 Shackle 理论的解读，给出了潜在意外函数和三维图表，并以此撰写论文获得了亚当·斯密论文奖。

在这篇论文中，他提出那种"每个人"都知道世界真实模型的观念是荒谬的，没有人知道真实的模型。认为代理人会采取一种模型期望的思想（代理人在建立模型时应当假定其他代理人会在此模型正确的前提下行动）不仅在现实中是错误的，还可能低估了通过观察别人学习可能导致行为反应的"羊群效应"以及市场行为明显非理性突然变化的程度等。这种"对不切实际的假设进行质疑"的态度成为他日后进行深入货币经济学研究和政策分析的假设导向和学术风格。

> 不切实际的"假设"导致理论脱离实际。看上去很美，但没有实际价值。

1960 年，古德哈特去哈佛学习，研究的主题是贸易周期。由于发现了贸易周期的模型和现实经济之间存在某种不一致性，即模型预计经济衰退/停滞的时间较长，而现实经济的情况通常是衰退时期比繁荣时期要短得多这一现象，古德哈特决定以此为题进行研究。为了确保研究的正确性，他需要国民收入的高频数据，但是由于 1906 年至 1909 年这段重要时间的数据是缺失的，他只能转向求助于丰富的货币和银行业的高频数据，从此和货币经济学结缘。

1962 年，古德哈特完成在哈佛的学业返回英国剑桥，拿到了三一学院的成绩优良奖学金，在系里担任助教。在成功解读了美国 1900—1914 年货币史之后，他将这一研究应用于英国，收集、检查和整理了现存的尽可能多的月度银行业和宏观经济数据，并于 1972 年发表《1891—1914 年的银行业务》一文。正是由于这段研究，培养了古德哈特格外重视历史数据和历史现实状况的学术习惯，成为他日后批判那些与现实不符的纯理论研究的起点。

> 史料和数据分析是经济研究的基础方法。

1964—1966 年，古德哈特从剑桥大学被借调到当时英国新成立的"经济事务部"，以经济学家的身份参与负责能源部门和住房与建筑业领域的研究和政策制定。这是他第一次站在政府政策制定者的立场来开展工作和考虑问题。因为国际收支出现了黑洞，这项"国家计划"最终没能付诸实施，这对古德哈特产生了强烈而直观的触动。这也更加坚定了他"理论服从于实践"的学术信念。

1966 年，古德哈特离开"经济事务部"，随后选择前往伦敦经济学院（Harry 研讨会所在地）当讲师，继续进行货币研究。期间完成了两项重要的研究，第一个是对英国当时货币政策的研究，受波士顿联邦储备银行委托，比较研究了 12 个工业化国家的货币政策；第二个是在"政治经济学"领域写了第一篇严肃的实证文章，用一系列宏观经济（通胀和失业）和政治周期变量对盖洛普民意调查数据表示的政治声望进行了回归分析。虽然古德哈特的《政治经济学》一文并未直接列入本文的研究范畴，但他于这段时间的研究对其货币政策理论的形成却起到了至关重要的作用。首先，他对工业化国家的货币政策制定初衷、理论依据及实践效果有了系统的了解，成为日后研究的现实基础；其次，开启了其"实证研究"之路，这成为其对比凯恩斯主义和货币主义展开比较和评判的研究方法，在下文中会有详细论述；此外，他还清楚地认识到，民主体制下政治家为了选举而对货币当局制定实施货币政策进行"掣肘"是必然发生的事情，这对其日后专心研究适用于现实而不是仅仅停留在空想和空谈的货币理论产生了深远的影响。

1968 年，古德哈特欣然接受了英格兰银行的借调邀请，成为英格兰银行专职货币学家，开始了他作为英国乃至国际一线货币政策研究人员的职业生涯。当时英格兰银行的经济学家一般都支持 Radcliffe 报告中概括的凯恩斯主义的经济分析。他们相信维持国内经济稳定的最重要方式是采取恰当的财政政策，认为在危机时期需要以某种类型的收入政策作为支持。没有恰当的财政政策，货币政策本身不能抵抗趋势。利率调整可以用来暂时抵制和维持国际收支，但根本要求还是使用财政政策来维持经济平衡。

从古德哈特到任那一刻起，Radcliffe 和凯恩斯主义对货币政策的任务和作用的看法就受到了威胁和攻击。当时正值以米尔顿·弗里德曼为首的"货币主义"理论兴起之际，由于 Radcliffe 报告否认了货币流通速度这个概念的稳定性甚至有用性，导致接受凯恩斯主义洗礼多年的英国货币当局很难接受"货币需求函数"的重要作用。在这种背景下，古德哈特找到了他在英格兰银行的"定位"，即"试着在银行内部解释外部货币主义经济学家的主张，同时尝试向外部经济学家解释英格兰银行的观点"。这注定了他"尴尬"的身份：在英格兰银行内部，古德哈特被看作常住的"货币主义者"，而对于外部经济学家来说，他被认定是一个"顽固的凯恩斯主义者"。古德哈特认为凯恩斯主义和货币主义的重要差别在于货币需求是

一般来讲，经济运行效率越高，货币流通速度越快。在电子支付时代，表现为支付笔数越多，支付金额越大。

否是可以预测的。在随后的《货币重要性》（1970 年）一文中提出"未必非要在两者中取其一"的历史性观点，并对两者进行了实证检验和充分论述，其中含蓄地表示了其实两者皆不可取的独特观点。本文将在第四章对此作出充分论述和解读。

实证分析结果显示，从计量上讲，确实存在比较稳定的货币需求函数，对于广义货币（M_3）和狭义货币（M_1）都如此。考虑到 M_3 的变动可以通过对应的信贷来分析，经济学家更偏好用它来作为衡量货币状况的主要指标。古德哈特认为如果货币需求函数是稳定的话，货币当局就可以依靠利率调整来维持货币稳定，而不是直接的信贷控制。以此为基础制定的货币需求函数，在随后两年中因为利率在 1973 年上升到 13% 而宣告失效。古德哈特在认真研究这段时期货币和实体经济的变化后，找到症结在于制度变迁鼓励银行竞相以相对于货币市场利率更有竞争力的利率提供更有吸引力的存款负债，特别是大额可转换存款。用更通俗的话来表述，问题就在于银行高息揽储破坏了应有的借贷平衡，导致信用良好的借款人有"借贷套利"的空间（低息贷款和高息存款）。

通过横向比较研究，在 1972 —1974 年，大多数发达国家之前估计的货币需求函数都运行不正常，而且无一例外的总是那些被中央银行选作优先货币指标的货币需求函数显著地失效了。基于这个普遍现象，古德哈特于 1975 年提出了国际著名的"古德哈特定理"，该定理指的是"一旦政府将之前观测到的统计规律用于控制目的，这个规律就失效了。"

"古德哈特定理"是古德哈特货币金融思想精髓的集中体现，它不仅表现了一种独立于凯恩斯主义和货币主义之外的货币思想，同时与之前那些期望以某一数据模型或者单一理论框架来解决复杂的现实问题的经济学家们分道扬镳。如今，"古德哈特定理"已经成为通用国际货币经济学教材中不可缺少的一部分。

1984 年，古德哈特辞去英格兰银行高级顾问的职务，来到伦敦经济学院，回归到学术工作上来，后来成为该院经济系主任，退休后成为该学院的终身教授。1997 年，古德哈特成为新创立的货币政策委员会的外部（非来自英格兰银行）成员。其后期学术研究主要集中于两个领域：第一个是有关货币政策问题的研究；第二个是关于汇率变动的决定。

利率必须具有真实性，并且可自由浮动。

现实远比理论复杂多变，但理论还是有利于把方向、定目标、找规律。

　　1983 年的香港地区、1988/1989 年的新西兰和 1997 年的英国，世界上三次主要的中央银行制度变革中，古德哈特都以外部顾问的身份直接参与其中。丰富的实务经验造就了古德哈特不同于其他经济学家们的学术风格和思想体系。不管对于货币的性质和货币总量的理解，还是中央银行的作用与不足，抑或是货币政策目标的选择，甚至是政治家和普通民众对货币政策的影响等各个方面古德哈特都作出了独特论证与阐述，向人们展示了与众不同的货币金融思想。

　　事实表明，经济学家的思想往往与其从事的职业有关。凯恩斯代表了最明显的"政府干预"思想；弗里德曼和哈耶克则强调"市场调节"的作用，相比之下，哈耶克的思想更为极端，完全否认政府的经济调节功能；熊彼特本质上也是不赞成"政府干预"的，但他的观察视角更微观，他注重企业家、银行家对经济发展的作用。在这四位经济学家中，只有凯恩斯是政府官员，其余三位是学者。因此，在回答"调节经济，政府还是市场"的问题上，只有官员凯恩斯主张"政府干预经济"，不同的职业使他们在相同的问题上给出不同的答案。

　　我国学者欧阳卫民也曾于 2009 年提出过"经济生活远比经济学要复杂"、"数据模型做得再精妙，也涵盖不了复杂的经济活动的全部"等论点，这与古德哈特的思想有异曲同工之妙，为了方便与凯恩斯主义和货币主义进行区分和表述，笔者称他们为"实用主义者"。通过观察二人简历可以发现，欧阳卫民与古德哈特作为中外"实用主义者"的代表人物，有着显著的共同点，即都曾经在各自国家的中央银行长期从事本国货币政策的研究与制定工作，也许正是这种特殊的经历，为以"经世济用"为追求的终极目标的"实用主义"经济学家们提供了思想土壤。

第一章 货 币

第一节 货币的定义

在这个时代，货币被定义为"用作交易媒介、贮藏价值和记账单位的一种工具，是专门在物资与服务交换中充当等价物的特殊商品。"通常被认定为货币的资产，其显著特征是具有交易媒介的功能。

古德哈特认为上述定义没有考虑到货币资产和非货币资产在实践中的显著差别。在实践中，尤其是用于分析时，这种定义显得过于模糊。准确区分哪一种资产最符合货币的定义非常困难，现金肯定是，一般情况下银行活期存款应该也符合条件（美国银行持有的补偿性存款除外），那么定期存款和信用透支额度是否也属于货币资产呢？古德哈特认为如果人们接受或者提供其他金融资产用于交易支付从经济上更有益，那么这些其他金融资产也都应该被视为货币。

关于在现实中哪种资产属于货币资产，可以通过资产间的近似替代关系进行划分。如果人们把银行定期存款作为活期存款的近似替代，那么银行定期存款就符合货币的定义；同理，如果人们不将其他金融机构定期存款作为活期存款的近似替代，那么其他金融机构定期存款就不符合货币定义。理论中货币资产的定义是死板的，现实中货币资产的状态是鲜活的。理解货币的含义，需要紧密联系实际，灵活变通。

正确理解货币含义具有重要的现实意义，以此为基础才能更清晰地观察到市场变化，准确把握经济运行脉搏，从而明确政策调控方向并科学制定货币政策，运用货币经济学的理论更好地服务于民众的经济生活。

关于货币资产，将在本文后续章节进一步展开讨论。

第二节　M 理论与 C 理论

关于货币，一直存在两种不同学派之间的争论：M 理论学派和 C 理论学派。M 理论（金属货币论者和门格尔主义者）认为通货的价值主要或完全取决于其背后支撑金属内在的价值。货币的演进是以市场为导向的，私人部门为了克服物物交换所固有的交易成本而自发产生的反应，即货币是在私人部门使交易成本最小化的过程中产生的。另一方 C 理论（货币名目论者）认为货币的使用主要基于货币发行当局的权力，流通手段之所以最终演变成货币，根本上是由于硬币（货币工具）是和君主的地位联系在一起的，而不是由于它们恰巧由金、银、铜和后来的纸所制成的。在货币的使用和演进上，通常是国家政权起了核心作用。

在研究方法上，M 学派虽然拥有更严谨的理论框架，同时其分析能以更加正式和优雅的形式表达出来，但是在内容和构成上却缺少制度细节和历史经验。而 C 学派的研究方法得到了绝大多数其他领域里（人类学、钱币学和历史学）关注货币起源的学者们的支持。

理论的分歧、对立，源于观察思考的片面性。

毋庸置疑，M 学派里集中了更多的杰出经济学家，而且得到亚里士多德（约公元前 340 年）和洛克（1960 年）的认可。有早期的经济学家，如 Jevons（1875 年）、Menger（1892 年）、Von Mises（1912 年）、Brunner（1971 年）、Alchian（1977 年），和后来的 Kiyotaki（1989 年）、Wright（1993 年），在近代 M 学派的支持者中，最著名的要属蒙代尔和麦金农这两位大师。与此相比，C 学派里混杂了各色边缘经济学家，如德国的 Knapp（1905 年）、法国的 Mireaux（1930 年）以及英国和美国的"后凯恩斯主义"学者，在近代 C 学派的支持者中，最著名的就要属本文的研究对象——查尔斯·古德哈特。

作为坚定的 C 学派支持者，古德哈特认为 C 理论不仅在经验上更具说服力，而且比最优货币区模型（M 理论延伸）更能准确地预测所观察到的各主权国家与其货币之间的关系。他着重从货币的性质及起源入手，对两种理论的现实差别作出详尽阐述，并对 M 理论存在的问题进行了深刻剖析与批判。

第三节　货币的起源

许多经济学家和历史学家都注意到物物交换中显著的交易成本，以及贵金属作为交换媒介的优良特性。这种关联导致大量 M 学派的经济学家创建模型以展示私人部门如何为了使交易成本最小化而朝着货币经济的方向发展演化，并且这个过程被完全置于私人部门系统内部，而无须政府参与。

古德哈特认为这类模型除了缺少历史性支持以外（不是只有一点历史证据就可以被视为足够必要），还存在一个主要弱点，即它们没有认识到使用贵金属作为货币的信息问题，即如何鉴别这些贵金属的成色？虽然这种鉴别问题后来在很大程度上被铸币过程中的技术革新所攻克，从而鉴别成本通过在硬币上刻有代表质量担保的印章而被大大降低，但是这并不能掩盖在贵金属充当交易媒介初期，花费在这种鉴别过程中的时间和成本不可忽视的这个问题。不可否认，未经加工的贵金属作为支付手段的情况在物物交换中比在货币经济中更为普遍。对于普通人来说，无论是鉴定未加工还是伪造的贵金属的成色，都需要花费很高的成本，这种成本比鉴定日常生活中经常使用的商品，比如盐、谷物和牲畜所花费的成本更高。在卓别林的电影中，商人和酒吧侍从在接受支付之前需要称量和检查砂金就是对这一状况的直观展现，可以想象将此场景还原到几千年前是何种景象。

因为后来多数人都直观地看到了铸币过程中的技术革新成果，所以很少有人认为贵金属在最初只有在鉴别问题解决之后才能充当交换媒介。以此为基础，M 理论认为，"贵金属的特性加上鉴别成本的降低共同使私人部门得以向货币体系演化"。古德哈特认为这个论述不符合历史事实。

尽管表面上看起来，一旦铸造货币的技术方法被发明和传播，铸币就可以像其他金属加工行业一样由私人部门来进行，但历史事实表明，绝大部分的货币铸造活动都是由政府或公共部门来操纵。即便在那些为数不多的货币由私人部门经营的案例中，大多数情况也是政府不仅制定了铸币的成色标准，还从中收取租金或铸币税，而这集中了绝大部分可得收益。在政府支持下，货币集中的趋势不是偶然的，原因有二：首先，铸币厂要为自身的贵金属存货寻求保护者，很显然这个保护者的理想选择就是拥有武装和强权的政府，保护者以"保护费"的名义榨取了大部分收益。其次，铸币厂主总有降低铸币成色的动机，因为这样会快速地大发横财，这就需要一个拥有可靠信用的监督者，显然政府是最合适的。

> 国家垄断铸币生产，有公信力问题，也有公共利益问题。

古德哈特承认很少有发明创造是由政府部门作出的。虽然冶金学的发展以及银行券的发明都是私人部门主导的，但是货币的主要角色——作为支付手段和财政根基的辅助，却都与政府有关。支付首先产生于罪行赔偿、婚姻聘金、宗教集会等活动，其时间应该比货币作为交换媒介产生得更早。早期货币的一种重要作用是罪行赔偿，这个实践行为逐步传播到其他人际关系中，比如婚嫁聘金和奴隶买卖，这些活动都要早于正式市场的形成和货币在其他贸易中的兴起。

> 能用于支付的，不一定是货币；但货币天生就是支付工具。所以这个说法是有道理的。货币的支付功能与媒介功能是同时产生的，互为前提的。

古德哈特认为在讨论货币性质问题时存在一个重要的隐含假设，即法律和规则的制定设计必须有统治机构的参与。而 M 学派的理论和方法中，恰恰没有正视这个隐含假设。如果法律和规则这种确保合同执行的强制力量，以及使市场（和货币）正常运行的一整套维护合同行为的基础设施，确实与我们社会的统治机构无关的话，那么 M 学派的方法就具有说服力。如果政府对这些必要的保障性基础措施存有抵触的话，就更能为 M 学派的理论提供实际依据。可是，纵观人类发展历史的各个阶段，这种现象都是不存在的，所谓法律和规则与政府无关的概念只是无政府主义者心中纯粹的憧憬。

除了上述政府在货币创造中所起到的基础作用之外，古德哈特还专门强调了货币创造和税收之间的联系。首先，如果没有货币，那么征税的范围就很难扩大到货物的生产、运输和交易以外，因为只有货物和劳动时间（我国封建社会的劳役）可以被征税。其次，政府通过税收所得的货物和劳务并不一定是公共部门的支出所需要的。一旦存在货币，则税种的设置及征收都会比较灵活和容易。可以说，货币的产生减少了政府部门的交易

> 货币的出现是场革命。它让许多行为变得更加灵活、方便、广泛、隐蔽。

成本，也附带地减少了私人部门的交易成本。同时，支付税收也要采用货币的形式，这就引起了对基础货币的需求。政府不仅可以依赖货币进行更广泛的征税，而且由税收导致的货币需求还为政府带来了铸币税，那么货币将对财政状况有双重的改善作用。这就是为何政府要创造货币并强行推广使用，而货币发行又都是由政府主导这一现象的根本原因。关于这一点，客观历史事实能够成为佐证，而 M 理论的论点则明显缺乏历史依据，成为脱离历史和实际的纯粹理论。通过查阅相关资料，发现关于货币创造和税收之间的联系这个课题目前还没有被系统研究过，很大程度上和占主力地位的 M 理论否定了这种关联对货币供给的重要性和必要性有关。

第四节　货币的演变

货币作为一般等价物的本质是不变的。从金属货币到纸币，从纸币到电子货币（银行账户数字的变化），改变的是形式和计量方法。人们在经济生活中越来越方便、有效的同时，政府"敛财"（通胀）也越来越方便、低廉和隐秘。

至于货币的演变，一旦货币创造和税收之间（以及二者和政府的潜在结构及稳定性）的关联被充分理解，那么从金属铸币到法币或纸币的转变就变得直白得多了。即使 M 理论关于金属硬币演化发展的观点能被接受，当应用这一理论的纯粹形式去解释以下问题时，也很难说得通。即为何所有的经济部门会突然愿意从使用代表对贵金属最终索取权的纸币（如与黄金挂钩）转向使用没有任何特定资产支撑的纸币（信用货币）？而这些纸币由政府权力（如关于法币的法律）及其强制规定能够使用法币支付税款（及其国境内所有其他支付）的能力来担保。

可见，M 理论对于解释法币的产生和应用存在很大困难。而 C 理论就很容易对其进行解释。国家权力的增长以及若提早推行法币可以获得的额外铸币税，推进了对法币的采用。而延迟这一转变发生的原因，则是历史惯性、信用影响（法币的低质量问题）和对伪造的担心。

古德哈特认为，从现实角度出发，M 理论很难在一般均衡的模型中解释货币的角色或存在。从使用角度，或在现金现行模型中，货币的产生不需要太多强制力。如果意识到这类模型仍然是从存在政府作用的现实中抽象出来的，那么这个难题就不难理解了。因为，正是 C 理论强调的税收和货币需求之间的关系、法律和制度的存在、合同形式和强制力等社会规则的一系列基础设施，才使私人部门的市场活动作为附带产物得以实现。

第五节　小　结

古德哈特认同"恶是货币之源"（Evil is the root of all money）这个对货币本性的基本阐述。他认为人类无法履行偿还债务承诺（即违约）的弱点，具体构成了我们货币体系的核心。人类社会的另一个缺陷就是偏好欺负弱者（经常是暴力的）。为了阻止社会陷入霍布斯式混乱，就需要有政府（强权）。

M 理论否定或忽略了政府在货币产生和发展中所发挥的作用，同时，其理论转化的现实保障因素又都来源于政府，这种存在严重内部矛盾性的理论不仅在历史的角度得不到印证和肯定，在处理现实问题时也会缺乏有效的支撑。而 C 理论认为货币在社会成员之间及其与政府之间发挥支付手段的职能要早于其在主要市场交易中的交换媒介的职能。同时，国家、政府（政体）和货币的一切职能之间的关系一直都是紧密和直接联系的。这些论点既符合历史事实，又与现实操作相符。正因为如此，虽然 M 理论在现有经济学研究中拥有主流影响地位，但古德哈特认为 C 理论才是值得被关注并被政策制定者采纳的。

此外，古德哈特在强调国家政权重要性的同时，表示私人并非不能在没有政府参与的情况下创造出自己的货币体系，比如太茨帝国的可可豆货币和纳粹战俘营中的香烟货币，以及在外汇交易中的周转货币都曾经客观存在过。还有许多经济体自愿持有其他国家发行的货币，如美元几乎在世界各地都被接受。这些情况虽然存在，但也都与国家政权的强弱和影响范围，以及政府的自愿选择有关，也都与国家政权处于某些特殊的历史阶段从而无力把控财政政策有关。只有在政府无意或者无力为之时，私人机构才被允许或者说才有机会发挥替代性作用。

政府不能无节制地增加货币供应量，因为市场可以抛弃一种货币，而选择另外一种。

第二章　传导机制

第一节　导　论

所谓传导机制，就是财政政策在发挥作用的过程中，各政策工具通过某种媒介相互作用形成的一个有机联系的整体。它能够反映货币政策对支出决策的影响。

一般来说，当某种商品或资产的边际效用不等于边际成本时，货币持有者会首先调整近似替代品的权重。当市场出现变动时，尤其是政府干预金融市场时，人们就会相应地调整其资产组合，正是这种方式决定了传导机制。作为一种反应机制，传导机制取决于人们将哪种资产认定为货币资产的最好替代品。关于这个问题，存在着两种主要理论方法，一种称为"凯恩斯主义"，另一种称为"新数量理论"或"货币主义"。这两种理论在传导机制层面的主要分歧在于货币和其他金融资产，以及金融资产和实物资产之间的替代程度。

通过凸显两者的不同之处，古德哈特对两种方法进行了分析和比较。虽然这种对比分析某种程度上夸大了它们之间的差别，但其分析方法和理论思想是值得深入研究和借鉴的。

两利相权取其重，两害相权取其轻。

第二节 "凯恩斯主义"分析

凯恩斯主义者坚信具有短期流动性的金融资产是货币的近似替代品，而商品和实物资产却不是。

凯恩斯主义者强调：

关于哪种资产实际构成了货币存量是很难确定的；

通过改变金融资产组合来调整现金的头寸是比较容易的；

金融资产性质的相似性使彼此间构成一个流动性系列（如从流动性最强的现金到流动性较差的股票）。

如果货币当局通过公开市场操作增加了货币存量，在其他条件相同的情况下，货币增加带来的额外便利就会与机会成本不匹配（整个社会闲钱多了没处花），这种机会成本是指投资其他资产所带来的收益。在这种情况下，根据凯恩斯主义理论，为了重新恢复投资组合的平衡，投资者会更多地购买货币的替代品，比如其他流动性资产，而不是商品和实物资产。这会导致这些金融资产的价格上升，收益率下降，从而导致投资者进一步购买其他流动性稍差的资产。货币供给变化的影响就像是沿着金融资产系列的波纹，随着距离初始干扰越来越远，这种影响在范围和预测力方面都不断减弱，最终到达金融市场的另外一端，并改变收益率，从而导致资本成本和资本收益的不匹配。

凯恩斯主义者认为，货币供应量变化对支出决策的影响几乎都是通过调整金融资产的利率来实现的。如果这种结论是正确的，那么它对货币政策有着非常直接和重要的意义。货币政策只需要直接影响和控制利率，而非控制货币存量，这意味着货币政策实施的确定性更大。

除了资本成本效应外，利率变化对支出的影响还包括"可得性"效应和"财富"效应。可得性效应源于某些利率存在一定刚性，以及这种刚性利率与自由市场利率的差异。比如住房市场中的信贷，其可得性效应就相当显著。财富效应常常发生，因为利率变化会改变已有实物资产的现值。比如通常情况下，利率下降会导致实物资产现值上升，使得实物资产的拥

二级市场越发达，资产流动性越强。

利率是资金（货币）的价格。作为一般等价物的价格，其变动必然影响实物资产的评估值。

405

有者在不会感到效用降低的情况下获得更多的收益。

古德哈特认为，从长期来看，利率变化是否能对支出决策产生很大影响还存在疑义。因为一般来说，支出决策似乎对利率变化很不敏感，可能归因于利率与预期未来通胀率同时变动的巧合，以至于实际利率变化的大部分（即与名义收益率的变动方向相同）被掩盖了。同时，他还认为，很多情况下，公众对市场化金融资产需求变动的主要原因是对未来通胀的预期发生变化。比如货币当局在金边债券市场上实施顺势而动的政策时，如果人们担心通胀加剧从而开始变卖金边债券，货币当局（仅能观察到名义利率变化）对市场的支持会阻止利率调整到相应水平，从而无法反映出市场对通胀预期的悲观态度。

更多详尽的实证调查表明存在某种显著的利率效应，其中大多数的调查都是基于美国的数据。英格兰银行业在开始计划利用过去几十年来积累的信息对这个领域进行深入研究时，遇到了和美国同样的问题，即当仅能观察到名义利率时，如何估计实际利率水平？

当市场出现波动时，为了恢复货币需求和供给平衡，资产的收益率会发生变化。某种金融资产对货币的替代程度越低，该资产的收益率变动就会越大。金融资产对货币的替代程度越高，货币供给变动对支出的预期影响就越小。关于这一点，古德哈特认为实践中还存在一定的困难，比如能否维持一个有效和灵活的金融中介体系，而且这种政策要求公众坚信货币供应量与利率之间存在着非常稳定的关系。

如果货币和其他金融资产之间的替代程度较强，并且公众对这种替代关系相当信任，那么货币供应量的变化就会对金融资产的收益率产生较小但可预测的影响。如果金融资产不是货币的良好替代品，而且两者的替代关系也存在很大变动，那么货币供应量变动的影响就会很大，也很不稳定。

有鉴于此，古德哈特建议货币当局在控制货币数量时应该慎重考虑替代关系的重要性和可信性。当然，货币当局也应该意识到，货币政策的关键因素也许并不是对货币供给的控制，而是其他货币指标，比如说货币存量和货币存量增速等。

利率的真实程度影响利率调整的效果。一般来说，越真实，越市场化，效果越好。有些需求是刚性的、急迫的，利率的作用会受到限制。

人们通过利率的高低变化来感受、判断货币供应量的多少，就像通过商品价格的涨跌来感受、判断商品供应量的多少一样。

第三节　"货币主义"分析

货币主义者认为货币不仅仅是纸质金融资产的近似替代。事实上，货币是具有独特属性的资产，因此它不是一小部分资产的替代品，而是更广意义上的所有相似资产的替代品，无论金融资产还是实物。

货币政策的"信贷"效应（凯恩斯主义）和"货币"效应（货币主义）的关键区别并不是货币存量的变化是否影响利率，而是影响利率的程度。"信贷"观点认为货币政策对资本资产以及相关支出的影响比较小，范围也比较狭窄；"货币"观点则认为货币政策对资本资产和相关支出的影响范围较大。

不用于及时消费的商品和资产能够产生未来的服务。那些未来服务的价值与资产当前成本之间的关系可以认为是一种收益率，定义为相关资产的"本身利率"。凯恩斯主义者认为仅是金融资产才具有本身利率，而货币主义者认为本身利率是所有资产的共同特性。因此，当人们拥有的货币存量大于他们所需时，凯恩斯主义者认为人们会购买金融资产，而货币主义者认为人们会直接购买包括耐用消费品等实物资产在内的广义资产。

货币主义者还认为货币政策会对所有计划支出产生微小但全面的影响，无论是金融资产还是商品。货币存量变化的影响将会是广泛和全面的，而不仅仅通过特定利率渠道。无论是金融资产还是实物资产，支出对本身利率的变化都非常敏感。货币主义者和凯恩斯主义者观点的关键区别在于他们所认定的金融资产与货币存量之间的替代程度不同；而且货币存量和金融资产的替代程度是否与货币存量和实物资产的替代程度存在差别也有显著的不同。

古德哈特确定货币主义者通常比凯恩斯主义者更相信大多数支出决策都对利率的变化很敏感。他认为由于每一种资产的特性不同，货币政策对所有本身利率的一般性影响要大于对每一种资产利率的特定影响，因此，任何一种利率都不可以作为反映货币政策所有影响的代表性利率或指标性利率。由于货币变化的影响是全面的，而且这种影响是作用于实际利率

资产只有当作资本投入时才有收益率（"本身利率"）问题；一般的实物资产，折旧率更有意义，更加准确。

通货膨胀率会影响人们的选择。通货膨胀率低，人们会更多地选择购买金融资产，追求收益和流动性；相反，通胀严重（收益为负数），人们会选择购买实物，追求保值、增值。

的，因此寻求一种代表性利率——尤其是某种金融资产的利率——是没有意义的。

如果金融资产是货币存量的最好近似替代品，那么货币政策（为改变利率而对货币数量进行的限制意义上的操作）将是收效甚微的。如果是相反的情况，则货币政策将是非常有效的。如果人们认定所有的流动性资产之间的替代程度非常高，那么那些被"武断"地定义为货币资产的子分类就没有任何意义。因此，阐述货币的定义和重要性的问题就取决于这样一种实证研究，即能否识别出具有如此特性的流动性资产——其子分类资产之间的替代程度很高，但与其他金融资产的替代程度很低。无论这种子分类的组成如何，它一定包含那些常用于支付的资产，即现金和活期存款。

第四节　对两种观点的验证

明确控制货币存量重要性的第一阶段就是探求货币是否是没有近似替代品的唯一金融资产。估计任意两种资产的替代程度的通常方法是，当这两种资产的相对价格（利率）发生变化时，其他条件相同，观察对这两种资产需求数量的变化。判断货币是否是某种金融资产的近似替代品的通常程序是，验证该金融资产价格（利率）变化导致的货币需求数量的变化程度。

大量实证分析学者致力于研究究竟哪类货币才是其他金融资产的近似替代品，M_1（现金加银行活期存款之和），还是 M_2（现金加银行活期和定期存款）。在那些研究货币需求特性的文献中，货币总量通常与收入水平和某种基础金融资产（如短期国库券）的利率有关。另外一种方法是，货币与收入的比率（货币流通速度的倒数）可以替代货币总量作为被解释变量。

搜索文献结果显示，针对收入（财富）变量形式的争论尤其多。然而，古德哈特认为这些争论对于货币和其他金融资产的替代程度问题没有什么意义。本文将不展开阐述和介绍。

古德哈特的实证（详见"货币重要性"附1，1970）结果表明利率与货币存量之间通常存在着比较显著的负相关关系。当以 M_1 作为解释变量时，利率弹性的区间为 -0.1 至 -1.0，这个区间夸大了结论的差异性，因为数据的内生性会导致估计的利率弹性随着设定方程的特定形式而变动。如果设定 M_2 而非 M_1 为被解释变量，估计的利率弹性就会较低，因为利率上升会造成活期存款和定期存款之间的部分转换。如果选取短期利率而非长期利率作为解释变量，估计的利率弹性也会较低，因为短期利率的方差更大。事实上，以 M_1（年度数据）为因变量，以长期利率为自变量的研究文献得到的货币需求利率弹性往往接近区间顶端。而基于 M_2 和短期利率的研究文献中的利率弹性接近区间的底端。

这些实证结论一致反驳了凯恩斯学派和货币主义学派的极端形式。严格的货币主义理论假设利率弹性为零，从而货币总量变化之后，一般均衡的实现完全通过名义收入的直接变化来实现（而非通过利率的变化）。另一方面，估计的利率弹性值非常低，远不能够支持凯恩斯主义的观点，因为货币供应量的大幅变化仅会使利率发生微小而无效的变化。

古德哈特认为政府需要对一系列的其他变量作出全面一致的判断，比如生产率、通胀、失业率和国际收支之间的资源配置等，同时需要进一步理解政策工具影响名义收入的渠道。稳定政策需要考虑经济变量是如何相互影响的，需要考虑更广阔的知识体系。没有理由认为凯恩斯主义政策和货币主义政策必须取其一，也没有理由使用单一的自变量（因为没有哪个变量会总是自变量）来代表每一种类型的政策。

第五节　两种观点的一致性分析

近年来，实证分析的结果表明，双方争论的区间已经非常有限，并不断趋于一致。在没有得到更多数据支持之前，不能断言货币需求的利率弹性非常大，以至于货币政策无效；也不可能断言利率弹性非常小，从而只需关注货币存量与名义收入之间的直接关系，而忽略了金融体系内的内部联系。

古德哈特对双方观点的一致性部分作出肯定，总结如下：

对不同的经济体观察和研究，会得出不同的结论。欧美发达的市场经济体与发展中国家的情况有很大的区别，因此，这些观点，我们不会完全消化、理解。

（1）货币当局实施货币政策往往是通过其在金融市场的行为，或者通过其影响金融中介的行为。

（2）货币政策，狭义地说就是改变货币存量，对金融市场条件的影响既迅速又有效。

（3）货币政策总是通过利率渠道来传导的。

（4）货币政策对名义利率的初始影响经过一段时间会发生反转。

（5）货币政策的有效性取决于经济决策者（企业家、消费者等）对于金融资产收益率（包括货币存量的收益率）和实物资产收益率差异的反应弹性。

（6）虽然研究结论表明利率变化对支出的影响是非常小的，但是由此推断货币政策无效却无法让人接受。

此外，古德哈特还认为以下两种普遍存在的观点是错误的：一是货币存量的变化仅仅会导致利率的微小变动，而不会产生更深入的影响；二是货币流通速度会无限制地变化。

第六节　对两种观点的评价

通过实证研究，古德哈特认为货币存量的变动和金融资产收益率之间的相关性在统计上是显著的。然而，这种相关性既不强也不稳定。在大多数情况下，尽管需求利率弹性系数的估计值与该值的预期标准误差的比率非常大，足以说明该系数显著不为零，但是置信区间的范围通常非常大。这些结论，以及货币存量和经济行为之间的显著相关性，能够共同推断出控制货币存量的重要性。

古德哈特指出利率变化与货币存量之间的弱相关性可能是其他原因导致的。市场化资产的价格的预期波动存在着很大可变性，这一点可能掩盖了利率与货币存量的关系。大部分统计研究都将货币总量与市场化金融资产的赎回收益率联系起来，这种做法隐含地假设赎回收益率能够较好地代表持有期的预期收益率，但是外推性预期和回归预期的非统一共存局面导致这种假设通常是无效的。同时，研究结果不能表明金融资产不是货币的良好替代品，而是因为赎回收益率并不是实际收益率（投资者正是基于此而作出的投资决策）的无偏估计。

古德哈特还坚持认为对持有货币的机会成本作出准确度量是非常困难的事情。因为当利率普遍上升，并且人们预计利率会持续上升时，市场化资产的近期预期收益会下降，同时固定资本价值的资产会上升。

至于货币存量对于利率的影响程度，古德哈特的态度是只要公开市场操作致使金融市场的利率发生显著变化，而且只要初始效应发生了，那么这种反应的根本原因，不管是替代程度较低，还是预期不稳定，就不那么重要了。重要的是这种变化是可以预期的，并且非常大。鉴于不稳定的市场预期对市场的发展具有重要影响，在这种不确定的条件和不断变动的市场环境下，政策重点不可避免地转变为市场管理，而非对货币总量的简单操作规则。货币的重要性，或更有用货币定义的存在，很大程度上取决于能否在货币和其他金融资产的流动系列中找到替代断点。如果非常低的利率弹性不能成为流动系列中断点的确切证据，那么货币的重要性问题依然存在。

第三章　对部分著名理论的论证

第一节　导　论

古德哈特非常关注理论与事实的关系。他提出货币理论的长期困惑是"拒不面对现实"，类似前文提到过的 M 理论那样既缺乏历史事实支撑又缺乏现实预测能力和解释能力的诸多理论，往往占据了当代货币经济学的主流地位。

古德哈特认为，理论严重脱离实际是货币理论一直存在的弊端。经济学家应该关注的是如何解释现实，而不是仅仅局限于进行纯粹的推理。某种理论的有效性，是基于假设进行正确的逻辑推导。但是，理论对于某种情况的可应用性，取决于其概念在多大程度上反映了在实际情况中起作用的因素。

在这些理论中，古德哈特认为最糟糕的，除了 M 理论以外，还有以下四个：

（1）*IS—LM*：货币当局决定基础货币，而利率则由市场决定；

（2）银行存款的基础货币乘数，以及准备金率的作用；

（3）新古典主义共识的三个等式，不仅假设完全信任所有代理人，也假设一个本质上无货币的体系；

（4）货币流通速度的稳定性结论。

本章将对这四个被古德哈特重点进行批判的理论进行分析和阐述。

脱离实际，现实远远比理论复杂；深入基层，事实远远比理论简单。

第二节　关于基本的 *IS—LM* 模型

大多数经济学学生都是在 *IS—LM* 模型的指引下开始接触宏观经济学的，该模型至今仍是许多入门性教科书的核心。

为了更加直观，在此先简单阐述一下该模型：

$y = I + C$　（支出）

$y = S + C$　（收入）

达到均衡时，I 必须等于 S；

$I = f(i)$，$f' < 0$

$S = f(y)$，$f' > 0$

其中，y 是产出，I 是投资，C 是消费，S 是储蓄，i 是利率。

货币需求与货币供给必须均衡，而货币供给被认为由中央银行决定，也即 MS 是给定的，在均衡情况下 $MS = MD$，由于 $MD = f(y, i)$，$fy' > 0$，$fi' < 0$，就可以得出图 8.1。

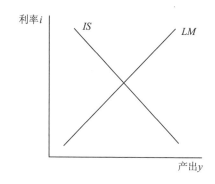

图 8.1

古德哈特认为这个公式的基本问题在于，没有哪家中央银行是按照此方式操作的。它们设定短期官方政策利率，或者使汇率盯住另一种货币而保持在一个相对固定的水平，这又反过来要求中央银行设定政策利率。这意味着 *LM* 直线在任何时点上都是水平的（如图 8.2 所示）。

货币需求（供给）量理论上是可以计算的，实际上是不可能的，也不必要。中央银行只能根据物价指数、就业率等相关指标确定一个区间，并在这个区间内进行调控。

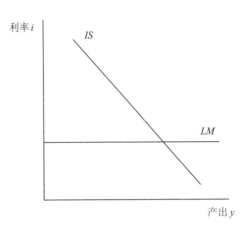

图 8.2

　　这意味着现行政策的分析与建议之间存在不一致，这个问题通常被表述为中央银行如何改变政策利率，以及如何使用基础货币发生变化的理论分析。在给定情况下，存在一个双重关系，因此一定的利率意味着一个基础货币存量的水平，反之亦然。但在不确定的情况下，中央银行并不知道什么利率水平与什么基础货币水平是相当的。在 20 世纪 80 年代中叶，货币需求函数的不稳定性确实导致了务实的货币目标机制的终结。

　　中央银行因为设定利率而非货币存量的原因，与其稳定金融提议的目标有关，而与其宏观货币价格控制目标无关。在现金及流动性资产很少的情况下，如果没有一个有保证的求助对象，能以可预计的利率获得现金需求，那么商业银行是不能在部分准备金体系下运行的。

　　解决这一理论与现实冲突的方法，就是中央银行不再外生的设定利率，而是根据当前和预期的宏观经济发展状况，尤其是通货膨胀预期，而内生设定利率。泰勒反应函数概括了这一思想：

$$i = a + b1(\pi - \pi°) + b(y)$$

　　其中，π 是通货膨胀率，$\pi°$ 是通货膨胀目标，y 是产出缺口。这函数的结论就是泰勒规则，即只要 $b1 > 1$，稳定就能实现。

　　通过泰勒反应函数，这一理论与现实的分歧得到了解决，而且它必须偏重于现实。

由于"滞后"现象的存在，中央银行的地位变得很尴尬。如果预测不准或经验缺乏，中央银行很容易在民众的责难声中从一个极端走向另一个极端。

在这个基础上，中央银行应该做什么的问题已经解决，随之而来要面对的是具体如何操作。泰勒反应函数将当前利率选择与当前通货膨胀及产出偏离目标的差异联系了起来。由于货币政策控制通货膨胀存在长时间且变化的滞后，所以在实践中，中央银行基于对未来通货膨胀率偏离目标的预期来决定当前利率变动。

古德哈特认为，在现实中，这些预期并不容易得出，中央银行公布的预期通常都是基于过去经济状况得出的，是在利率决策制定之后而不是事前，即预期引发了决策。这就可能与计量经济学的结果产生很大差异。尽管可以认为当前偏差是预测未来偏差的重要参数，然而泰勒反应函数所假定的中央银行行动方式与实际行动方式之间的差异，也扭曲了这一领域的分析与研究。

第三节　关于货币乘数

关于货币存量如何决定的分析，往往是通过分析基础货币乘数来进行的，如弗里德曼和施瓦茨的：

$$M = H \frac{1 + C/D}{R/D + C/D} \tag{1}$$

古德哈特认为这其实是一个定义等式，但这个公式经常被误解为是行为方程式。这种误解导致了许多政策失误。其推导步骤为：

$$M = D + C \tag{2}$$

（货币存量等于存款加流通中的现金）

$$H = R + C \tag{3}$$

（高能货币等于银行系统准备金加现金余额）

方程（2）与方程（3）被 D 除后再相除就得出方程（1）。因为方程（1）是一个恒等式，所以并没有给出因果关系的方向。然而，假设中央银行固定了基础货币 H，那么加上两个比率受到政策 R/D 的影响而发生的变化，以及银行体系的信心 C/D，以及其他的经济因素如相对利率等，货币存量 M 就可以决定了。

由于支付系统越来越发达，差额清算越来越普遍、方便，传统的控制货币存量的方式方法变得迟钝、低效，甚至无效。

古德哈特指出，正如人们所看到的那样，中央银行设定政策利率，在货币和信贷需求以及其他会影响上述两个比率的因素一定的情况下，所谓的简单货币乘数就可以决定高能货币 H 和银行准备金 R 的数量。为保持一定的利率水平，中央银行必须让商业银行持有准备金。实际上，基础货币乘数反过来起作用，决定的不是 M，而是 H。经济学家们经常忽略这一点，出现中央银行为了决定 M 而控制 H 的窘境。

这种误解使人们相信，提高准备金率就会对降低货币存量起到重要的直接影响。实际上，为了保持选定的利率水平，在法定存款准备金率提高之后，中央银行必须提供商业银行所需的超额存款准备金才能维持上述利率水平。这通常是通过向银行买入短期流动性资产而实现的。由于必须持有准备金，并且通常提供的是零利率或低利率，因此净效应就使得银行流动性降低，利润也降低。后者会导致银行加大存贷利差，这会在一定程度上降低货币（及信贷）扩张，但也会使银行的资产组合转向风险更高、收益更高的贷款。

至于常常被提到的中央银行面临着是否冲销外汇市场干预的选择，古德哈特的结论是，只要想要保持给定的国内政策利率水平（大于0），中央银行就不会面临这样的选择，这种干预会被自动冲销。

在2007年金融危机的时候，由于未能重视这一机制使得货币政策没能发挥出应有的作用。当银行希望拥有更多现金时，他们就会自动从中央银行获取。由于交易对手风险，以及对未来银行额外融资的预期，银行可能不会在3个月期银行同业市场上彼此借款，因此3个月期Libor利率相对于隔夜利率就是上升。为了降低后者，中央银行必须降低短期政策利率，要么进行"互换操作"，即买入（借出）3个月期商业票据，再通过净卖出（借入）隔夜票据，以使得隔夜利率与政策利率相近，并以此抵消买入的效果。过去，这种互换操作一直有效，在应对近年来的金融危机中也值得一试。

第四节　关于目前的共识模型

政策利率、理性预期的引入和微观基础最优化的需要，形成了目前的三等式共识模型（consensus model），其分析过程比以往更可信。众所周知，其形式为：

$$yt = E(y) + b1[it - E(\pi)], b1 < 0 \tag{4}$$

$$\pi t = E(\pi) + b2(y), b2 > 0 \tag{5}$$

$$it = b3(\pi - \pi°) + b4(y), b3 > 1, b4 > 0 \tag{6}$$

其中，E 是预期因子，是前瞻型和追溯型预期的组合；y 是估计的产出缺口，等式（6）是泰勒反应函数。

古德哈特认为共识模型的问题和缺点之一是，为了作出理性预期，从数学和简化分析的角度讲，基于微观的模型一般都需要引用一些（荒谬的）简化假设。比如，存在某些从不违约的代理机构。这种（无意义的）假设可以用横截条件这一术语来表达。这使得所有代理人都信誉卓著。不管在哪个水平上，所有代理人都面临着单一利率，即无风险溢价。

此三方程式共识模型是假设一个没有货币、没有银行的系统，因此并不令人意外的是，该理论的多数拥护者一般不重视或关注纯货币变量。

在正常情况下，风险溢价基本保持稳定，而且违约率极低。在这种正常情况下，共识模型及其 DSGE 背景模型会运行正常。但风险溢价不时会出现大幅度改变，信贷限制也会突然出现，2007 年的危机就是一个例子。在这种非正常情况下，违约和对未来违约的恐惧会急速上升。DSGE 和共识模型无法包含这些影响。古德哈特认为这些模型既不能预测金融动荡，在金融危机发生时也不能预测其影响范围。由于模型是根据定义从此类危机（违约）的可能性中抽象出来，所以必然会存在此类问题。

正是因为意识到任何模型都内在缺乏现实性，为了研究风险厌恶、违约概率和实体经济的内在联系，古德哈特和 D. Tsomocos 一直试图在 Matin Shubik 研究的基础上，开发实用和严密的模型，其中违约具有核心作用。目前为止，虽然违约现象以及出现违约的隐患普遍存在于经济活动的各个方面，但是这种赋予违约以核心作用的分析并未被主流接受，这也正是古德哈特认为现代货币经济学拒不面对现实的一种表现。

所谓"风险溢价"，实质是金融机构"敲诈"真正有需要的借款人的借口。一个借款人明确有"风险"存在，"溢价"只能加重风险，而不是降低风险，更不是消除风险。

第五节　关于货币流通速度的稳定性

货币流通速度是指单位货币在一定时期内的周转（或实现交换）次

数，它等于名义 GDP 与名义货币供给量之比。

古德哈特认为人们不可能非常准确地观察到资产的实际收益率（经济体中的决策者们认为他们所面对的利率），或者资产组合调整的精确过程，因此很难描述和度量货币政策的传导效应。然而，如果货币政策的单一目标是影响名义收入水平，那么理解传导机制的细节并不是非常重要。只需要将名义收入的变化与货币存量水平的变化联系起来。

研究表明，货币存量和名义收入两个变量具有显著相关性关系。既然名义收入的变化并不影响货币存量的变化，那么货币存量和名义收入在统计上的显著相关性说明货币存量的变化对名义收入有影响。到目前为止，货币存量外生性的假设已经得到认可，因此货币存量变化和名义收入变化之间的关系可以视为从货币到名义收入的因果效应。但是函数关系中的残值变异程度，尤其是在短期情况时，以及操作中长期的不稳定的时滞的存在，共同导致从控制货币供应量的严格意义角度说，货币政策无法成为微调的合适工具。

鉴于发债需求（财政赤字）和国际收支盈余都会导致经济体出现扩张性压力，古德哈特提出有理由认为名义收入的增加和货币存量是有联系的，但是货币存量和名义收入之间并不存在必然的因果关系。货币存量和名义收入之间存在统计关系，这一结论的关键在于假设货币供给，更确切地说是基础货币是外生决定的。正是这个假设使一个简单的统计关系变成了一个因果关系。而这个假设显然是不合理的：某些导致货币供给或者基础货币变化的因素是内生的，即由经济体内其他变量的同期值决定的。比如中央政府对内发债或者国际收支出现盈余都会导致经济体出现扩张性压力。

因为货币供应量不是外生的，所以货币供应量变化和名义收入之间的统计关系不能作为数量型货币政策重要性的依据。货币当局不断追求金融市场稳定的目标导致货币供应量必须和名义收入共同变动，却不需要其对名义收入有因果关系。

研究货币存量变化引起或者滞后名义收入变化的程度对于区分因果关系的主要方向非常重要。基于英国数据研究的初步结果表明，英国货币存量的变化领先于名义收入变化仅仅几个星期，但是在美国，这个时间要长一些。货币存量和名义收入的影响时滞具有双重性——2~3个月的较短先导时间和4~5个季度的更长先导时间——表明这些序列之间的关系可能源于不同的因果关系，每一种因果关系都有其自身时滞，从而货币存量水平和名义收入的关系趋于某种均衡。

增加支出的愿望可能会领先于积累现金。这种额外的货币需求可能会造成市场压力，同时政府为了维持利率在某个范围内而会部分参与对这种需求的调整。比如访问旅行社和旅游局与出游之间有很密切的关系。访问旅行社之后很可能会出游，但是前者不是后者的原因——尽管前者使后者更加便利，是出游的愿望使当事人访问旅行社。

古德哈特表示，对于货币存量的变化与名义收入的变化之间究竟是次序关系还是因果关系，由于缺少相关的证据，目前一致的观点是两者之间存在着一种表面因果关系。

这些关于货币存量变化与名义收入之间的简单统计关系的研究本身不能说明货币政策的重要性。这种统计上的相关性非常强，也许反映了货币供应量的变化随着名义收入自主变化的程度。而且，由于这种统计关系来源于过去的数据，并取决于研究期间货币当局追求的特定政策目标，因此，一旦货币当局突然调整了其操作（改变"游戏规则"），那么旧的、已经成形的规则就不再适用。这一点正是"古德哈特定理"的精髓所在，本文下一章将会对这个定理进行充分解读。

第六节　关于最优货币区理论

最优货币区（Optimal Currency Area, OCA）是指"一种'最优'的地理区域，在此区域内，支付手段或是单一的共同货币，或是几种货币，这几种货币之间具有无限的可兑换性，其汇率在进行经常交易和资本交易时互相盯住，保持不变；但是区域内的国家与区域以外的国家之间的汇率保持浮动。"这一理论是蒙代尔和麦金农依据M理论于20世纪60年代提出的。关于这一理论解释的研究成果很多，本文在此不再赘述。

依照M理论，如果货币的使用能够在追求成本最小化的过程中自发地发展演化，而不需要任何必要的政府干预，那么基于同样的原因，任何一种货币在空间上的流通范围，也能够在这种追求成本最小化的过程中确定。最优货币区理论的分析就遵循了这种方法。依据 M 学派的最优货币区理论，在货币区和主权国家的边界之间应该不存在任何联系。同时，大多数应用最优货币区理论进行的后续研究，都将主权政府与货币之间最初的和谐状态视为当然，然后应用最优货币区理论的标准原则来阐述主权国家之间的货币联盟问题。

从这些理论当中，我们很容易发现几个 M 理论无法解释的问题，如主权政府与货币之间最初的和谐状态从何而来？为什么一个主权国家不应该同时存在任何数量的货币而只能是一种（中国香港除外）？为什么货币流通的区域需要与主权国家的疆域相吻合，并且随主权国家共同产生和消亡？

古德哈特认为最优货币区理论"首先忽略了使用货币区和国境重合的政治经济因素，然后又倾向于忽略决定这种联盟成败的关键政治经济因素"。Michael Mussa 每次走向国际货币基金组织的餐厅时，都会通过陈列着各成员国货币样本的走廊，这时他总是喜欢描述他是怎样重新发现了货币经济学中一条"最强规律"的，即国家与货币一一对应的特性。这个"最强规律"常常被经济学家所忽视，他们更倾向于坚持 M 学派关于私人部门演化发展的观点。然而，标准的最优货币区理论中的经济因素对于各个货币联盟的可维持性几乎没有解释力和预测力，而政治因素却具有更优越的解释力，比如在面对联邦解体成许多独立小国或小国联合成一个较大的联合国家时，最优货币区理论就毫无建树，而只能依靠 C 理论进行解释。

按最优货币区理论的观点，如果苏联在它解体之前是一个最优货币区，那么此后它应该保持为一个货币区。如果普鲁士和巴伐利亚在德国统一之前是一个最优货币区，那么统一之后也理应如此。在我国，秦国之统一和五代十国之混乱，都进一步表明货币流通区域的变动只取决于政权区域的变化，而非取决于最优货币区理论的模型因素。很明显，历史实证证据对标准的最优货币区理论进行了证伪。

最优货币区理论在某些方面的统计上有显著的解释力，即小国（摩纳哥和安道尔等）通常不会拥有自己的货币；较大国家在统计上有采用更具有弹性的汇率制度的倾向，而较小国家则喜欢盯住汇率。但即便在这个方面，最优货币区模型也与很多现实存在的事例不符，比如利比里亚和巴拿马，都是使用美元的小国，但这符合最优货币区的模型吗？它们既不会受到与美国相似的冲击，也不会拥有与美国统一的劳动力市场，而且对于这种货币使用的原理也无法找到政治历史的先例。很明显，如果跳出最优货币区理论，而站在 C 学派的观点上来看这个问题就完全豁然了。这种现状的产生是由于小国只有非常有限的主权力量，客观上讲，它们在本国政权无法支撑其自身货币时，就已经沦为了大国的附庸。不管这些小国的私人部门如何协调，都无法在这种弱势主权下保护本国货币不受侵蚀和驱逐，因为决定货币选择本来就不是这些 M 理论所推崇的私人部门，而是政府。

诚然，最优货币区理论的支持者也会针对 C 理论的论点举出反例，比如主权国家有时候会通过承诺维持其货币对贵金属或另外一国货币保持固定比价而主动放松其权力，其中金本位就是最成功的例子。但是，事实上，与放弃本国货币的那些国家相比，实行金本位的国家是通过独立的、自愿的选择而加入国际货币体系的，而每个成员国又保持了退出的权力，并确实在特殊情况下行使了这项权力。对于一个主权国家来说，预先承诺加入一个有利于保证价格稳定的体系是明智的，但是只有当其保留了在危机时刻创造货币的独立权力时才会如此选择。

类似于欧元这种跨国的最优货币区是可能存在的，但其存在的理论核心如果是建立在 M 理论基础之上，那么这种暂时的存在不会得到长久维持。可以认为一些决定最优货币区的因素是与主权国家相伴而生的。尤其是当考虑到货币与政权分裂或跨地域的政权联盟之间的联系时，快速和显著的政治干预，使得我们很难将其视为私人部门自发演化的过程或结果。比如考虑到中国和日本现阶段的紧张关系，即便两国私人部门之间合作得再亲密无间，也很难想象其会自发演化形成一个最优货币区。同理，俄罗斯和乌克兰，朝鲜和韩国也都如此。当然，面对这种现实必然，最优货币区理论的支持者们也许会以正是由于政府对经济活动的过度干预导致私人部门之间无法按照市场规律进行运转进而无法形成统一的最优货币区为由进行反驳，但这恰恰又说明了政府是主导货币发展走向的"因"，货币的演化和发展是"果"，而最优货币区理论的模型要素充其量也只是"中间变量"而已。

在古德哈特看来，最优货币区理论只有极少或者完全没有预测及解释能力。C 理论预言，主权国家的分裂会导致货币的分裂；反之，联合国家的成立会使之前独立的各种货币统一。C 理论有这种预测和解释能力，并且这种能力已经无数次被历史现实所验证，但是 M 理论没有这种能力，最优货币区理论也没有这种能力。事实告诉人们，最优货币区理论无法解释的主权国家与货币区之间的密切关系，却在联邦国家的整个产生和消亡的过程中都顽强地存在着。

古德哈特从不同角度提出一个问题，既然 M 理论和最优货币区理论存在如此明显的弱点，为何它们还在大多数经济思想中保持了如此大的影响力？这确实是值得仔细考虑的。

随后，古德哈特给出了他自己关于这个问题的答案。他认为 M 理论的主要优点似乎在技术性和意识形态方面。技术性是指它能够创建更精确的数学模型，可以想象，即便经济学家们肯接受更有说服力和预测能力的 C 理论，并围绕 C 理论构建数学模型，其量化结果在政治家和广大人民众心里也很难得到认同；意识形态是指它的理论基础是建立在私人部门追求成本最小化的过程中，而不是建立在更加凌乱的政治经济过程中，这可能更容易得到经济学家们的认可与支持。也许 M 理论从来也不希望成为一个实际的、具有解释力的理论，而是希望成为一个标准化的理论，正如理论所应该成为的那样。

然而，古德哈特认为货币经济本应该是由经验和具有预测能力的因素驱动发展，但现实却更多的是由纯粹技术和意识形态因素来驱动发展，这是令人遗憾的。

市场是母，政府如父，货币是这对父母众多的孩子之一。

第四章　货币政策

第一节　关于中央银行

一、中央银行能做什么

关于中央银行在货币控制领域能够做什么一直是个有争议的问题。对于这个问题，经济学家和中央银行工作者之间存在着鸿沟。

几乎每一位货币经济学家都相信中央银行能够控制基础货币（M_0）和更广义的货币总量。毕竟 M_0 代表了中央银行的负债，因此一般假定 M_0 的可控性很强。正是基于中央银行能够很大程度上控制 M_0 的这个假设，经济学家针对如何建立最优规则构建了许多模拟方案。

然而，在古德哈特看来，几乎所有中央银行都认为上述观点是完全错误的，因为该观点忽略了现代商业银行体系中具有决定性的某些制度特点所导致的影响。一方面，商业银行需要保证存款能够百分之百地兑换成货币，即商业银行必须满足公众对现金的需求，这种需求具有较大并且很难预测的波动性和周期性。另一方面，商业银行在中央银行的准备金利率为零，远低于市场水平，这意味着在货币市场已经关闭或者交易惨淡的情况下，商业银行在每日末不会自愿持有超出其所需的自由准备金，以满足其后的现金需求波动。因此，如果中央银行试图在每一天都使 M_0 达到某一特定水平或利率，那么这种行为必然导致商业银行的自由准备金过多或者不足。

由于中央银行对准备金支付的利率为零，因此任何隔夜的收益对于商业银行来说都是聊胜于无的。所以当 M_0 目标导致银行持有过多的准备金时，隔夜利率就会下降到接近于零的水平。反之，在自由准备金需求降低的情况下，准备金不足导致商业银行无法满足法定的准备金要求。如果允许准备金率在某一段时期保持平均水平，这种做法会降低由于每日随机现金流导致的利率波动。因此，准备金平均计量方式使当局可以降低公开市场操作的频率，但是这种方式无法像经济学家认为的那样对 M_0 进行严格控制。

古德哈特指出中央银行意图控制基础货币的方式必然无法成功。当 M_0 目标低于银行体系所需的准备金时，中央银行需要耗费大量精力根据其自身的选择制定惩罚性利率，以调节银行体系对准备金的日常需求。否则，当基础货币目标高于体系所需时，隔夜利率就会降至零。某些经济学家也许偏好这种利率的不连贯模式，但是从实践的角度讲，这种方式是不明智的。

当然，中央银行可以将 M_0 作为信息变量，以此来决定是否调整利率以及调整的程度。然而随着准备金利率和货币市场利率之间利差的波动，银行对准备金的需求也随之变动，这一点又是中央银行无法严格控制的。

因此，中央银行通常并不将基础货币作为首要考虑因素。他们经常运用而且能够控制的工具是货币市场短期利率。虽然他们完全知道保持名义利率不变会导致不稳定，但是他们仍然不断寻找最优的反应方程，以便根据经济的发展状况确定短期利率的调整幅度和频率。

古德哈特认为利率变动和不同的货币总量之间的关系是不确定的，而且还存在较长期的不稳定时滞；同样，货币总量和名义收入以及通货膨胀之间的关系也存在上述问题。这导致货币总量作为中间目标的问题更加棘手。

古德哈特指出，即便是以市场短期利率为控制工具，中央银行在进行实际操作中也无法完全行使自主权。因为人们往往更偏好宽松的金融政策，所以从政治的角度说，提高利率是不受欢迎的，而降低利率则恰恰相反。因此，政治家往往在选举时不会对较高的通货膨胀率进行评价，而且经常出于选举的需要，他们会推延升息的时间，甚至加速降息。这会导致中央银行在对利率进行调整时出现时滞。包括美联储在内，全世界的中央银行到目前为止，都无法实现完全独立于财政政策体系之外开展自由的货币调控工作。不过，社会各界和政治界已经逐渐了解时间不一致行为的弊端，这有助于中央银行在将来决定利率时被赋予更多的自主权。

二、中央银行需要控制的宏观变量是什么

在发达国家，政府普遍希望通过公共事业来限制价格，建立更有效的服务供给体系，以及为投资者提供足够的回报等。古德哈特指出如果通货膨胀率和失业率之间存在着某种程度的替代关系，那么最优选择实际上是一种政治决定。当货币政策存在多重目标，并且需要在这些目标中寻找一种平衡时，货币政策就更容易受到政治决策的影响，中央银行也就更容易丧失独立性。只有单一的宏观目标才有利于中央银行获得更大的独立性。

现实中，如何选择一种最优方式来量化这一单一目标，还存在很多问题。其中最重要的一点在于，这个目标应该是物价通货膨胀率还是名义收入。名义收入目标计量的是实际产出与均衡产出的偏差，由于实际产量趋势是比较困难和有争议的，因此，很多采取量化最终目标的国家往往选择物价通货膨胀率目标，而放弃了名义收入目标。

古德哈特认为最终目标才是人们真正关心的，也是更容易理解的。与控制货币总量的政策相比，用于控制通货膨胀的政策更容易为人们所接受。同时，监管结果比监管政策工具更容易，因为最优工具选择取决于非常详尽的信息，而这些信息往往是不可得的。事实上，大多数官员、实际工作者，甚至中央银行的经济学家都认为实现零售物价指数这个最终目标的难度和速度远小于实现中间货币目标的难度。

既然中央银行都喜欢最终价格目标而不是中间货币目标，那么为何不让中央银行的官员们试试呢？关于这问题，在本章第二节关于货币政策实施的研究会进行讨论。

三、是否可以没有中央银行

现实表明，不论中央银行的专业技术能力是强还是弱，如果中央银行无法维持公众和正当的支持，那么这种机制就是不可持续的。自由银行学

追求中央银行的独立性，就像夸父追日一样天真、幼稚甚至可笑。

派中的一些货币经济学家认为，借助于中央银行独立性的这种方法并不是实现价格稳定的唯一方式，也不是最好的方式。他们主张通过界定基础货币来实现价格稳定；同时抛开中央银行；并允许商业银行自主发行银行票据和存款负债，同时保持合理竞争。

那么，是否正如自由银行学派所倡导的那样，政府可以抛弃中央银行直接发行法定货币并维持本币稳定呢？关于这个问题，古德哈特认为显然是不具有可操作性的。

古德哈特认为这一理论的主要问题在于抛开了中央银行的自由银行体系能否经受银行危机和恐慌考验，即该体系是否是内在稳定的？众所周知，银行挤兑并非起因于大量随机的普通私人储户从银行取现的需求，而是在信息不对称的背景下，大量的商业机构和同业银行担心它们的存款银行在资产组合投资方面损失惨重，尽管它们对此也不是很确定。在支付体系逐渐完善，共同基金银行体系不断发展，以及银行资产按市价调整等多重背景下，可以预见，未来中央银行作为最后贷款人的角色会逐渐淡化。但是那一天还没有到来，而且我们有充分的理由相信银行的危机和恐慌仍会发生。即使在那之后，部分金融系统也会受到流动性危机的影响，因此我们还是需要有最后贷款人。

古德哈特对是否可以抛弃中央银行这个问题作出的结论是，建立中央银行的主要目的之一就在于降低银行危机的发生概率。只要危机和恐慌的可能性还存在，公众和政府出于担心，仍然会保持某些干预机制，以预防系统性不稳定，而这种机制仍是中央银行。

第二节　货币政策的实施

一、货币政策的历史概况

中央银行实行其政策的主要手段是买卖金融证券，如短期国库券或外汇，并以此交换对其自身的债务，这就是所谓的公开市场操作。中央银行的官员们几乎一致认为他们对于银行系统需要的储备基础无能为力，他们

（旁注）实践证明，央行和主权国家是可以分离的，货币也是可以由商业银行按照法定规则发行和回笼的。

的工作就是制定一个利率水平，在该水平上银行的储备需求得以满足，而货币供给则同时由私人银行部门和非银行部门的资产组合偏好来决定。

不管是以货币总量增长率还是以"实际"利率为衡量指标，20 世纪 70 年代的宽松政策都导致了与以前年代相比较高的通货膨胀率，但并没有带来特别高的产出增长。前西德和瑞士采用公开的准货币主义政策取得了良好的效果，其所带来的示范效应导致了货币政策目标规则的转变。主要的工业国家都宣布其将遵守某一经过特殊定义的货币总量目标，并有时将其延伸到中等期限的长度。然而，实行这种货币政策的权力并不一定完全集中在中央银行手中，如英国、法国和澳大利亚，中央银行的身份是财政部部长或财政大臣的决策执行机构；同时，财政部在这类政策的制定中发挥了与中央银行一样的作用。甚至在那些宪法规定中央银行独立于政府的国家里，如美国和前西德，中央银行的决策也不能或很难不受政治因素的影响。

对于生产有能力、市场有潜力的经济体，宽松的货币政策是有刺激和牵引作用的。

自 20 世纪 70 年代遏制通货膨胀失败以来，人们开始重新考虑中央银行是否如大部分凯恩斯主义理论所暗含的一样，在为公众利益无私工作，或也可能被其他官僚机构的政治目标所左右。公共选择理论涉及了影响当局决策的程序动机，这是许多货币主义者偏好"规则"而不是"相机抉择"的理论依据。

因此，到了 20 世纪 80 年代，政策制定者和经济学者之间达成了一定共识，认为货币政策应该以实现货币增长目标为基础，而货币增长目标是根据在长期内货币存量和名义收入之间具有稳定关系这一假设而制定的。除了制定和维持这一货币数量目标，当局还应尽量减少对市场的干预。

然而，到了 20 世纪 80 年代末，大部分政策制定者认为，此做法中更具技术性的因素是十分失败的。与政策的最终目标相比，其机制中所蕴含的重要长期关系又比预期的要脆弱得多。这种长期关系包括货币存量和名义收入（流通速度）的关系以及两国之间的价格水平和名义汇率的关系（即购买力平价）。正因为如此，政策制定者于 80 年代后期果断地放弃了在 80 年代初期采用的货币主义理论方法。

古德哈特认为，货币当局放弃了对公众承诺一个预先制定好的货币目标的主要原因在于，这类目标是以货币增长和名义收入增长之间存在一个可预测和十分稳定的关系为基础的。既然货币目标的目的是抑制名义收入的增长率，那么无法预知货币应以多大速度增长才能满足名义收入的增长路径，也就使当局选择维持某一特定货币增长数量指标失去了意义。现存计量经济关系的瓦解，如货币需求函数的失效，是显而易见的，并且很难找到更先进、更可靠和更稳定的新关系来替代原有关系。接下来，银行开始普遍对以前不付利息的存款或利率被支付控制的存款支付与市场相关的利率。规模日渐扩大的负债管理，使政府通过改变短期利率水平而控制银行存款规模的能力受到了限制，因为政府已经无法控制存款和非货币资产的相对利率水平。政府通过利率调整这个传统方法控制货币存量的能力备受争议，而控制基础货币的替代政策则得到了强烈支持。

人们普遍开始认为，对短期利率的整体水平进行调整几乎成了唯一有效的货币政策工具。随着货币目标不再是受人青睐的关键中介目标，人们开始关心一个更传统的问题，即利率调整可能对名义收入和通货膨胀造成什么影响，而不是可能对货币总量造成什么影响。

标准凯恩斯主义者认为，传导机制仅限于一个有限的途径，即从短期利率到长期利率和股票价格，以至支出水平。货币主义及新凯恩斯主义则认为，货币/信用的冲击能够直接影响支出水平，如通过改善市场的不完全性。古德哈特认为，尽管大部分经济学家可能会认可后者的某些方面，但关于信用和货币冲击的相对重要性仍然存在极大的不确定性。

二、货币和名义收入之间的不稳定关系

计量经济学家通过直接对变量之间的长期均衡关系进行检验，其方法是检验这些变量是否协整。古德哈特认为在这种检验的一系列的方程组中，看不出哪些协整变量的哪些线性组合构成了利率的长期关系，因此有必要采取将长期和短期联合考虑的模型，以确定在哪个方程中误差纠正机制出现了，并将其识别出来。这也意味着检验短期调整的方程应该包含一个误差修正机制。这种方法不设计假设前提，因此，在货币需求和名义收入之间的关系中，长期均衡的存在不需要任何前提。然而，短期货币存量和稳定的长期需求水平之间存在明显的差距，这个差距又促进了这类模型的发展。

　　货币政策制定者们通常不关心学术上的细节，而更加关心这个未知的关系是否足够强大从而能够作为货币政策操作的基础。在美国过去的几十年中，各种货币总量和名义收入之间并不存在协整关系（只有 M_2 可能是一个例外），即货币流通速度通常是不稳定的。美联储经验研究也表明 M_2 比 M_1 更适合作为货币目标。但是英国得出的普遍结论是目前货币总量和名义收入之间并不存在简单的协整关系，不过，如果增加财富等其他变量，可以使协整关系成立。

　　面对众多对于货币流通速度变化路径的解释，古德哈特认为没有一种是完全令人满意的。

　　抵押贷款形式中利率水平的扩展使得英国私人部门借款人能够以更低的成本获得信贷，加上对特定支票存款支付市场化的利率水平使其更具吸引力。这意味着对更广泛的银行存款种类提供市场化利率将导致对其需求的增加，直到对其额外的流动性服务的需求几乎完全被满足之后，这种存款在边际意义上才只是以生息的安全资产而不是"货币"来持有。古德哈特表示，竞争也许可以使银行对存款提供完全市场化的利率，但是却对其支付和交易服务收取全额的经济成本。同时，货币与非货币资产之间的差别也会由于能够货币化资产种类的扩展和金融机构借助电子科技的支持提供支付服务的范围扩展，而进一步变得界限模糊。

三、货币调控方法

　　一旦货币调控成为政府政策的核心，就不可避免地会出现对替代政策方法的考虑，这种方法就是基础货币调控。基础货币调控吸引政府的一个特征是它从当局手中剥夺了决定名义利率的特权，并把它交还给了市场。

　　负债管理的出现削弱了当局使用其传统机制，即调整利率以控制货币增长的能力，因为银行将会和中央银行在资金方面进行竞争，只要它们能够继续获利经营，即在边际水平上以高于（批发）存款利率的水平将资金放给借款人，就会导致利率的螺旋上升。这时，对银行贷款的需求已经被证明是利率无弹性的。

　　在这种情况下，银行需要持有高能现金储备从而维持其存款可兑换成现金的承诺。通过前文对货币乘数进行的讨论，我们可以得知，货币存量

M 的决定预示着一个双重决定：短期内，由于普遍价格水平是缓慢调整的，这将反映在富有弹性的资产价格变化上，尤其是名义利率的变化。但是极其迟缓的名义利率调整正是传统机制的问题之一，更加多变的短期利率将是为实现更好的货币控制而可以接受的成本，尤其是长期资产价格由于固定了的通货膨胀预期而比过去表现得更加稳定。这个系统是一个对基础货币进行调控操作而不对银行储备施加任何强制限制的系统。

古德哈特认为，如果银行被强制要求必须维持一个储备率，那么将会存在一个更加坚固的支点及更加稳定的储备/存款比率。但如果规定储备是基于一个前期的、已知的存款基础，即一个滞后的计量规则，那么银行将无法通过自身行为，如降低目前的资产来减少他们对储备的需求。在解决这一问题时，由于 M_3 对基础货币的比率是不稳定的，也是无法预测的，因此试图使用基础货币调控体系来调节 M_3 是没有道理的。

基于此，1979 年，英国当局将其操作程序转变为具有大量基础货币控制特征的模式。古德哈特认为当局所采取的控制非借入准备金的方法是具有独创性的。他指出，计量体系仍然基于一个滞后的基础，所以银行必须维持一个规定的总储备规模，给定非借入储备的规模，它们可以通过向美联储借入储备而做到这一点。

1982 年夏天，美国下降的通货膨胀和发展中国家债务危机共同导致美联储放弃了基础货币控制。它采取了从非借入储备目标转向借入储备目标的形式。从表面上看，这似乎仍然是一种储备基础目标。然而，对借入储备的需求是市场利率和贴现率之差的函数，所以借入储备目标隐含地代表了利率目标，并且也预示在给定借入储备/利率水平的情况下，货币冲击将通过伴随的非借入储备的变动而进行调整。

而在英国，政府没有坚持实行基础货币调控政策。政府和英格兰银行终止了由英格兰银行主导每周国库券发行的方式，采用英格兰银行只关注每周国库券的招标，而放任市场均衡的新系统赋予市场设置利率更大的余地。同一时期，当局继续将 M_3 设定为政策目标，但当局失去了其能够通过调整名义利率水平而达到这一预设目标的信誉，并开始根据对货币条件和本国通货膨胀指标的综合考虑而改变利率水平。通过向非银行私人部门出售更多的超过需求的公共部门债务来降低银行对公共部门的信贷而抵消银行对私人部门信贷的快速增长。

古德哈特认为，20世纪80年代的经验已经证明，根本察觉不到经济向特定均衡的任何回归，这表明之前在货币存量和名义收入之间可预测的长期关系，似乎瓦解了，而汇率也可以长期地、大幅度地偏离购买力平价。很显然，长期均衡条件或当局采用的货币目标，"并未对远期预期赋予稳固的锚。在实践中，驱使经济体回归特定均衡的自然力量，比先前预期的要微弱得多，甚至在某些时候根本不存在，或被其他市场条件所抵消了。因此政府干预的存在就有了更多的余地，而且对当局相机抉择的需要也大大加强，因为人们无法将事情留给有效市场中的理性主体而袖手旁观。

古德哈特主张，在现实世界里，不能自信地依赖市场力量以重获经济的稳定均衡，即使当局本身并没有对经济进行干扰。同时倡导，应该由当局进行相机抉择式的干预。

关于经济学家和货币政策制定者之间的矛盾，古德哈特更加倾向于同情政策制定者。他表示，许多宏观经济理论家，十分憎恶对其早先得出的经济体认知形象作任何改动，部分是因为这引起了对其模型恰当性以及被广泛接受的理性预期概念意义的怀疑。而政策制定者一边必须应对现实情况，一边又不能驳倒理论家们更加精致和易于驾驭的模型。这导致了宏观经济理论的技术水平和实践政策分析之间分歧的持续增大。

市场主体也是由有思想的具体人来构成的，并且由于局部利益的限制，市场主体在追求共同目标的过程中更艰难。

第五章　古德哈特定理

第一节　古德哈特定理的内容与产生

古德哈特定理最先出现在 1975 年 7 月古德哈特递交给在澳大利亚储备银行（RBA）召开的会议名为"货币关系：英格兰银行视角"的论文上。虽然内容非常清晰，但该定理在论文中只是捎带提及，其表述是"一旦将其用于控制目的，所有之前观察到的统计规律就会分崩离析"。

该定理基本含义是十分清楚的。其产生的背景是银行经济学家认为他们可以通过倒转不同体制下的货币需求等式来获得特定的金融债券增长率。但事实表明这种方法并没有生效。所以该定理指出，当政策制定者使用统计估计得出的关系作为政策的基准时，这种情况就容易发生。

在英国，将货币总量作为政策制定的中间目标的决定与广义货币（M_3）的流通速度的非预期逆转同时出现，加上"名义收入与货币之间的关系可以被重新建立"的假设被证明没有根据，都进一步破坏了任何货币目标制定的统计基础。古德哈特曾经指出，源自银行和学术界以外的研究表明英国存在一个稳定的货币需求函数。这一发现对货币政策的意义被认为是，可以通过短期利率的调整去控制货币增长，而不需要借助于数量限制。其研究的主要结论是货币政策的首要中间目标应当是某种定义的货币总量（即货币存量）的增长率。而且在自由竞争的金融体系下，一般价格机制（即利率的变化）是实现该目标的主要控制工具。但在货币扩张的情况下，适度的利率变化显得无能为力，而且以前稳定的货币需求函数似乎也消失了。不但政策性利率与货币之间的联系不稳定，而且广义货币与总需求之间的关系同样如此。以此为基础，古德哈特提出了这一定理。

第二节 对古德哈特定理的解读与评价

古德哈特定理在 20 世纪 80 年代被广泛引用作为解释货币目标制不适用的原因，并且多次被引用作为完全忽视货币或者货币目标在货币政策中没有明确作用的支持证据。但实际上，古德哈特大概是英国为数不多的认为货币应当充当积极角色的经济学家之一，这是一对有趣的矛盾。

古德哈特定理在当时并没有立即说服货币政策制定者，让他们意识到货币很重要而且需要控制货币增长来避免严重的通货膨胀。虽然货币需求关系明显消失，该定理说服了当局重新使用直接控制，但对古德哈特定理令人信服的解读意味着这种控制不可能长期有效。尽管有大量稳定货币需求函数的证据，但依然可以说只有货币管理当局不再"因为控制的目的而对特定的统计关系施压"时，这种稳定的关系才可能存在。

很多经济学家认为古德哈特定理和卢卡斯批判其实是同一枚硬币的不同面而已。在经济学领域，私人部门决定经济系统的状态，但公共部门在选择和完成政策行动的过程中对系统本身有影响，正因为如此，系统在不同的政策行动下也不是一成不变的。

古德哈特定理的最突出特点是其制度性应用。这种制度环境是货币当局制定政策，以及对货币传导机制渠道的理解。该定理认为，尽管由于某个数据关系在一段时间里的稳定性可能存在一种"规律性"表象，但当它不是作为相关变量的事后观察值，相反却变成一种以货币控制为目的的事前规则时，就会出现一种打破这种"规律性"的倾向。原因是，在货币传导机制的背景下，不论当局什么时候试图打破某个已观察到的规律，当私人部门观测到当局已经开始将之前是政策姿态的指标变量作为实际控制目标的短期政策目标时，其行为方式就会发生变化。

古德哈特定理另一个明显的特点是，卢卡斯批判针对的是政策变化导致的私人部门的行为变化，古德哈特定理则专门描述政策决策机构也会导致公共部门行为的其他改变。举例来说，一个政府自己设定某个货币目标为约束条件，这可能会导致其改变财政政策来达到该目标。这本身在财政意义范围内会造成私人部门行为的更大变化，这会加强潜在数据关系中的变化。因此，古德哈特定理并不仅仅是直接与私人部门行为中导致的改变相关，也与在公共部门中影响其他政策领域的建议相关，而这对私人部门也有更为深远的影响。

第三节　古德哈特定理的延伸及影响

古德哈特定理不仅仅与货币需求有关。广义上说它是指任何的统计规律，这依赖于"为了控制目的"。因此，该定理同样适用于许多其他行为统计关系。

该定理的关键之处是，在浮动汇率、独立中央银行和通货膨胀目标制的环境下，当这种"统计规律"不再作为中央银行行为的一种事后总结，而作为一个"为达到控制目的"的政策规则时可能出现什么情况。

古德哈特定理指出了货币政策制定者的问题，即任何后来用于控制目的的统计规律都是不可靠的。因此引出的问题是，是否所有统计规律都是无效的。他认为，该定理远远不是否定货币目标制这种机制，在货币目标制下，古德哈特定理所假定的恶性循环在某些前提条件下可能消失。通过追求一个坚定的稳定性导向的政策，中央银行可以建立起一个通货膨胀预期的锚，这会对货币需求的稳定性产生积极影响。

古德哈特定理的现实指导意义是非常明显的。中央银行应该避免这些从明显稳定的关系来制定政策这样的诱惑，必须牢记 20 世纪 70 年代早期根据稳定的货币需求函数作出决策的情况。近年来，中央银行的职责是解释货币政策、消除神秘性和重点关注未来通货膨胀预期对通货膨胀目标的影响。货币政策执行包括利用短期利率来追求货币政策的最终目标，也包括很多不同传导机制及对该过程的详尽解释。将这种关系的复杂集合体简化成一个简单的统计规律，以及用于制定政策的诱惑性还会重现，古德哈特定理正是对这种做法的一个警告。

统计规律是从过去经验数据中发现、总结的，并不完全代表未来方向和目标。

当然，强调引入通货膨胀作为货币政策调控目标，不意味着中央银行可以完全忽视"货币"，相信古德哈特本人也不会希望其定理仅从该角度上被广泛引用。因为，通货膨胀不可避免地与一件事有关：货币价值。

参考文献

[1] 欧阳卫民：《二十世纪重要经济学家货币金融思想》，北京，中国金融出版社，2009。

[2] 王明权：《认识欧元》，上海，复旦大学出版社，1998。

[3] 弗里德曼：《弗里德曼文萃（中文版）》，北京，首都经贸大学出版社，2001。

[4] 欧阳卫民：《儒家文化与中国经济》，成都，西南财经大学出版社，1995。

[5] 古德哈特：《古德哈特货币经济学文集》，北京，中国金融出版社，2010。

[6] 陈银娥：《凯恩斯主义货币政策研究》，北京，中国金融出版社，2000。

[7] 胡代光、厉以宁、袁东明：《凯恩斯主义的发展和演变》，北京，清华大学出版社，2004。

[8] 凯恩斯：《就业、利息和货币通论（中文版）》，北京，商务印书馆，1999。

[9] 熊彼特：《经济分析史（中文版）》，北京，商务印书馆，1992。

[10] 哈耶克：《通往奴役之路（中文版）》，北京，中国社会科学出版社，1997。

[11] 哈耶克：《自由宪章（中文版）》，北京，中国社会科学出版社，2012。

[12] 欧阳卫民：《中国古代货币理论的主要成就》，载《金融研究》，1992（6）。

[13] 邓索：《当前我国货币政策实施通胀目标制的几点思考》，载《生产力研究》，2013（8）。

[14] 赵淑红：《关于我国货币政策中介目标的对比分析》，载《商业时代》，2014（3）。

[15] 赵帅：《货币政策及在实践中的有效性分析》，载《科技向导》，2014（2）。

[16] 柳永明：《通货膨胀目标制的理论与实践：十年回顾》，载《世界经济》，2012（1）。

[17] 范从来：《中国货币政策目标的重新定位》，载《经济学家》，2010（7）。

[18] 刘志明：《货币供应量和利率作为货币政策中介目标的适应性》，载《金融研究》，2006（1）。

[19] 陈利平：《货币存量目标制下我国货币政策低效率的理论分析》，载《金融研究》，2006（1）。

[20] 蒋瑛琨、刘艳武、赵振全：《货币渠道与信贷渠道传导机制有效性的实证分析》，载《金融研究》，2005（5）。

后　记

　　此书掩卷之时，已然秋冬交替，中国经济也正在悄然复苏，但回旋于我脑际的是经济学大师们苍茫的背影和数届学生青葱的面孔。近十年，我一直在中国人民银行研究生部兼任硕士研究生导师，而此本集子就是以隋琛、邱宇航、蒋二波、高晋等几名学生的硕士毕业论文为基础，加上我的批注、心得，整理编撰而成的。自 2005 年始，我带领学生开始了对经济学家货币金融思想的研究，以期这些年轻人能对经济运行有更宏观的视野，对经济规律有更深刻的认识。学生们则依其兴趣择一研究，通过阅读各种典籍著作与大师们进行思想交流。四年来，他们的研究遍及凯恩斯、弗里德曼、哈耶克、熊彼特等经济学家。学生们的选题本也率性，但将四篇论文集结成册时，我惊喜地看到：四位经济学家的思想竟基本概括了 20 世纪主要的货币金融思想。

　　凯恩斯、熊彼特生于 19 世纪末，卒于 20 世纪中叶，他们的思想主要来源于 20 世纪上半叶的经济现实——垄断资本主义、世界大战、经济危机。哈耶克、弗里德曼生于 20 世纪初，卒于 20 世纪末或 21 世纪初，他们经历了整个 20 世纪，除了与凯恩斯、熊彼特有相同的经历外，他们还看到了 20 世纪下半叶经济全球化、政治多极化、文化多元化及科技高速发展的新情况，他们的思想代表了整个 20 世纪。

　　20 世纪是经济学家辈出的一百年，这里选取的四位经济学家的思想当然不能完全概括所有的货币金融思想。但是我们发现：从这四位经济学家出发，我们可以聆听到众多经济学家不同的声音。凯恩斯是马歇尔的学生，但后期他反对马歇尔所代表的新古典经济学，反而从瑞典经济学家维克塞尔的思想中汲取了很多养分；凯恩斯的思想则影响了更多经济学家，以罗宾逊夫人为代表的"新剑桥学派"，以萨缪尔森、汉森等为代表的"新古典综合派"，以曼昆、伯南克、布兰查德为代表的"新凯恩斯主义"都植根于凯恩斯开创性的经济思想。熊彼特是奥地利学派代表人物庞巴维克的学生，也远赴英国向马歇尔求学过，他早期也着迷于新古典经济学的一般均衡框架，但后来他跳出新古典经济学的静态框架，创立了动态分析的思想，而此思想对后世影响深远；熊彼特的学生众多，最有代表性的却是"新古典综合派"的代表萨缪尔森和托宾。哈耶克是极端的自由市场主义者，在30年代与凯恩斯的论战后，转而研究哲学和法学，70年代又重新回到经济学领域研究货币和通胀理论；他强调市场的作用，这对弗里德曼思想的形成有很积极的作用。而以弗里德曼为领军人物的"货币学派"，在滞胀后成为代替凯恩斯主义的主流经济学派，同时在他们的基础上发展起来了以卢卡斯、巴罗为代表的"理性预期学派"。这些新兴学派的思想深刻地影响着20世纪末乃至21世纪经济学的发展，影响现在和未来经济政策的制定。

　　从思想理念来看，这四位经济学家各具特色。凯恩斯代表了最明显的"政府干预"思想；弗里德曼和哈耶克则强调"市场调节"的作用，相比之下，哈耶克的思想更为极端，完全否认政府的经济调节功能；熊彼特本质上也是不赞成"政府干预"的，但他的观察视角更微观，他注重企业家、银行家对经济发展的作用。有趣的是，在这四位经济学家中，只有凯恩斯是政府官员，其余三位都是学者。因此，在回答"调节经济，政府还是市场"的问题上，只有官员凯恩斯主张"政府干预经济"，不同的职业使他们在相同的问题上给出不同的答案。暂且不论应当如何正确回答这个问题，这一现象至少启示我们:在对待经济运行问题上,必须坚持理论与实践相结合。

　　纵观当今的货币研究与实践，我们可以处处看到四位经济学家思想的痕迹，正如本书序言中所说:"当萧条来临并蔓延，我们会自觉或不自觉地想起凯恩斯；而当政府干预过度，出现滞胀时，我们又会对哈耶克、弗里德曼表示深深的敬意；当我们裹足不前，平淡无奇时，我们会意识到熊彼特创新理论的必要性和重要性。"以铜为镜，可以正衣冠；以史为镜，可以知兴替。鉴古知今，历史是最好的老师。站在巨人肩膀上的你我，面对新情况、新挑战，不仅要汲取前人思想的精髓，更应发展前人的理论、思想，以解决当前和今后可能出现的各种问题，为后人的认识和实践积累更多的精神财富。

在浩如烟海的货币金融文献中，我们的工作仅仅是力求客观地梳理和评述。大师们的思想博大精深，著作也恢弘壮阔，相形之下，我们就如同海边拾贝人，才疏学浅但有上下求索的执著。尽管慎之又慎，囿于水平，纰漏错误之处在所难免，冀望各位读者不吝赐教，以求改正！

感谢中国人民银行研究生部，感谢中国金融出版社。

欧阳卫民

2009 年 10 月于北京